《经典中的法理》编委会

顾问： 张文显　李步云　卓泽渊

主任： 付子堂

委员： 张永和　周祖成　宋玉波　雷　勇　周尚君　陆幸福　赵树坤　郭　忠　朱学平

王　恒　庄晓华　刘　颖　胡兴建　朱　颖　董彦斌　刘文会　周　力　李为颖

杨天江　杜　苏　刘祥超　李超群　朱林方　蔡乐钊　张　琼　张　瑞　杨惠琪

张　印　孙少石　梁西圣　胡　烯

经典中的法理

JURISPRUDENCE
IN CLASSICS

（第八卷）

付子堂　主　编

社会科学文献出版社
SOCIAL SCIENCES ACADEMIC PRESS (CHINA)

本卷题旨

1789 年之后，革命与"大战"在欧洲与世界各地轮番上演。这些革命与"大战"最终终结了帝国时代，人类在政治上进入主权国家时期。自《威斯特伐利亚和约》签订以来，主权国家真正成为世界政治与外交舞台上的主角。同时，借助主权观念，国家亦获得"不分大小一律平等"的权利。在内政领域，主权国家涤荡封建残余，压制教会的反对势力，成为所辖范围内的最高权威。法律迫不及待地挣脱了自然法、神法的束缚，变为纯粹的主权者命令。至此，"主权国家"成为政治与法律思想中最核心的概念。

在对主权问题的探索中，17 世纪英格兰思想家霍布斯占据了重要位置。以"主权国家"为关键词，重新阅读霍布斯的经典论述，重新检视霍布斯对主权国家理论的勾勒，即本卷之主旨。

"重读霍布斯"专题紧紧围绕霍布斯对主权国家相关问题的宏大论述与精微阐扬，其下各篇文章力图依托霍布斯之文本，进一步挖掘"主权国家"这个具有重大意义的问题。霍布斯最知名的著作非《利维坦》莫属。不过，值得一提的是，《利维坦》绝非现代意义上的"学术"著作，它致力于解决英格兰在 17 世纪近现代民族国家生成之际最为棘手的现实问题：国家（state）之中是否应存在一个"绝对主权"？主权应该归属于谁？国王？议会？议会中的国王（king in parliament）？《绝对主权的真实面向——霍布斯政治哲学中的自然法与民约法》一文主要对霍布斯《利维坦》中的"绝对主权"问题进行重新阐释。研究霍布斯的学者，少有对其《哲学家与英格兰法律家的对话》（简称《对话》）作过深刻分析。然而，霍布斯的这部虚拟对话体著作颇有柏拉图之遗风，反映了霍布斯对王权与司法权之关系的重要思考，是对主权思想的重要补充。《王权与司法权的争执——霍布斯〈哲学家与英格兰法律家的对话〉论析》一文基于对《对话》具有的历史内涵和英格兰宪政背景的考察，对霍布斯的思想进行了崭新的阐释。《现代国家理论的起点——论霍布斯对自然法学说的重建》一文对霍布斯国家理论的基础即自然法学说进行了探讨。文章试图通过分析霍布斯关于自然法的论述，表明其政治学说与古典政治哲学传统存在内在关联。作者认为，通过将国家建立在自然权利而非自然法则之上，霍布斯宣告了与古典传统的决裂。

在霍布斯《利维坦》的原版著作中，"利维坦"是一个由全体公民构成的全新人格和独立机体。与自然机体一样，主权国家这个机体也会罹患疾病，导致政治与法律危机；甚至在未获得及时、适当的救治时，这个拟制的机体会爆发革命，走向灭亡。因此，"国家病理学"便相应成为国家学说中一门重要的子课程与技艺。在"国家与社会"这一专题中，《理性国家与现代社会——黑格尔的〈论英国改革法案〉》一文对黑格尔的最后一篇著作《论英国改革法案》及其去世后遗留下来的《论英国改革法案》的两份草稿进行了细致的文本解读，进而阐发黑格尔对于19世纪英格兰国家疾病及其救治手段的思考。

在现代主权国家观念中，国家已成为一个单纯的人造物。巨兽"利维坦"是由无数的公民个体与家庭有机组合而成的。因此，家庭与个人，尤其是个人在现代主权国家观念中占据着显要地位。家庭伦理、公民美德以及个体在公共领域中应当具备的公共德行，都是主权国家理论中的应有之义。因此，在"家庭、公民与'人'"专题，《黑格尔家庭法哲学研究》、《卢梭公民美德思想研究》和《论公共领域中的"人"——阿伦特平等思想研究》三篇文章，分别对黑格尔、卢梭和阿伦特关于家庭、公民与个体的深邃阐述进行了研读，给出独到分析并进一步发扬。

目　录

重读霍布斯

绝对主权的真实面向

　　——霍布斯政治哲学中的自然法与民约法　　　　何俊毅 / 3

王权与司法权的争执

　　——霍布斯《哲学家与英格兰法律家的对话》论析　　张　伟 / 58

现代国家理论的起点

　　——论霍布斯对自然法学说的重建　　　　　　　张大伟 / 105

国家与社会

理性国家与现代社会

　　——黑格尔的《论英国改革法案》　　　　　　　黄钰洲 / 133

家庭、公民与"人"

黑格尔家庭法哲学研究　　　　　　　　　　　　　唐冰发 / 195

卢梭公民美德思想研究　　　　　　　　　　　　　曾玉锋 / 248

论公共领域中的"人"

　　——阿伦特平等思想研究　　　　　　　　　　　程　龙 / 277

重读霍布斯

绝对主权的真实面向

——霍布斯政治哲学中的自然法与民约法

何俊毅*

内容摘要：经过几个世纪的世俗化进程，教会与世俗权威之间的力量差距进一步扩大，传统的教会与国家间的权力结构发生了彻底的颠转。霍布斯生活并写作于这样一个新旧交替的时代，他为西欧当时持久而又残酷的宗教战争（更为直接的是英国内战）所震撼。为了应对时局并为人类的继续生存与幸福"开出药方"，霍布斯构建了一个强大的利维坦。综观中西方学界关于霍布斯主权思想的研究，关于霍布斯所构建的主权究竟是绝对主权还是有限主权的争论可谓是旷日持久、莫衷一是。要解决上述问题，必须先对霍布斯自然法思想的基石——"自然"与"理性"这两个观念进行深入剖析。本文试图在梳理古希腊至近代的"自然"观念的基础上，即在古希腊至近代的宇宙论演变的整全视域下，通过对霍布斯的相关著作进行文本分析，阐释霍布斯的自然法理论，解释他所提出的自然法与民约法的关系，以期尽可能清晰地揭示霍布斯绝对主权的内在逻辑。

关键词：自然法；民约法；宇宙论；理性

> 这个世界上居然有人在摒弃了上帝与自然的一切法律之后，自己制定律法，严格遵守，思之未免令人讶异。
>
> ——帕斯卡尔（Pascal）

---

* 何俊毅，法学博士，西北师范大学法学院副教授。

引 言

霍布斯在西方政治哲学史中的地位举足轻重，尽管哲学领域有些学者对他并不关注。① 在西方政治哲学和法律哲学传统中，霍布斯是一位极具开创性的经典作家。在古今之争的视野中，他是与古典政治传统决裂②而开创出近代政治哲学传统和近代自然法理论模型③的先师。

对霍布斯自然法思想的研究就是对其道德哲学的研究，"研究这些自然法的科学是唯一真正的道德哲学；因为道德哲学就是研究人类相互谈论与交往中的善与恶的科学"④。马蒂尼奇教授指出，关于霍布斯道德哲学有两种相互对立的解释，一种为现世主义者（secularitists）所坚持，而另一种则为宗教主义者（religionists）所坚持。⑤

霍布斯的主权学说历来是霍布斯研究中广为关注的问题，国内外学者从不同的角度考察了他的绝对主权理论的内在逻辑。其中，有些学者从他的"信约—授权"理论出发去探究他提出的主权权力的绝对性；也有学者认为他的思想的一个主要脉络是源自当时法国的一种怀疑论，从这种怀疑论出发，霍布斯建构了一个确定最终裁判标准的绝对主权；⑥ 还

---

① 如安东尼·肯尼在其四卷本的《牛津西方哲学史》中对霍布斯的论述甚少，黑格尔在《哲学史讲演录》中也对他着墨不多。

② 在将传统政治哲学不声不响地等同于理想主义传统之时，霍布斯表达了他对理想主义关于政治哲学的职责和范围的观点的赞同。然而，他想要在理想主义遭到失败的地方——传统政治哲学假定，人天生就是政治或社会动物——取得成功。霍布斯拒绝了这一假定，接受了伊壁鸠鲁传统的观点，即人天生或本来是非政治的，甚至是非社会的动物，还接受了他的前提，亦即善根本而言等同于快乐。然而，比起快乐，霍布斯更强调自我保全，因此其更加接近于斯多亚派而不是伊壁鸠鲁派。霍布斯之所以强调自我保全而不是快乐，要归因于他关于自然和自然科学的观念，因此以从表面上来看并无二致的斯多亚派观点又有着完全不同的动因。参见〔美〕列奥·施特劳斯《自然权利与历史》，彭刚译，生活·读书·新知三联书店，2003，第 171 ~ 172 页。

③ Norberto Bobbio, *Thomas Hobbes and the Natural Law Tradition*, trans. by Daniela Gobetti（Chicago：University of Chicago Press，1993），pp. 1 – 25.

④ 〔英〕霍布斯：《利维坦》，黎思复、黎廷弼译，商务印书馆，1985，第 21 页。

⑤ A. P. Martinich, *The Two Gods of Leviathan：Thomas Hobbes on Religion and Politics*（Cambridge：Cambridge University Press，1992），p. 71.

⑥ 这一论证思路最早是由 Wolin 提出的，后来理查德·塔克又对其进行了发展，钱永祥在其论文《伟大的界定者：霍布斯绝对主权论的一个新解释》中对这一思路进行了全面的阐发。

有学者从霍布斯政治哲学中自然法与民约法的关系出发去考察霍布斯绝对主权理论的真实面相。

施米特是在现世主义的路径上对霍布斯进行解释的，他在《霍布斯国家学说中的利维坦》一书中详尽地分析了"利维坦"这一意象，并指出霍布斯的利维坦是由上帝、人、动物和机器混合而成的，但巨型机器这一意象是他政治建构的核心。在此，霍布斯对于国家概念的机械化超越了笛卡儿所开创的人类学形象的机械化。同时，施米特明确指出，霍布斯是现代法学实证主义的精神之父，是边沁和奥斯丁的先行者。①

施特劳斯指出，霍布斯的最终观点是君主的主权不受任何真正意义上的制约；因为自然法则，尽管显然也约束君主，但是它只在君主的支配之下才具有约束力；没有人能对自己负有义务，因为系铃者也可以解铃，所以只对自己负有义务的人便根本没有担负义务。关于这一主题，意大利著名学者博比奥在其《霍布斯与自然法传统》一书中提出了与施特劳斯非常相似的见解。博比奥认为，霍布斯发展了古典的墨守法律的正义观（the legalistic conception of justice）——它坚持认为正义在于遵守义务，而不管这一义务的内容是什么。这一正义观的实质特征在于把法律视为区分正义与不义的唯一而又不可逾越的标准，因为它是拥有合法地发布命令之权力的人所发布的命令。他所发布的命令之所以为正当，仅仅是因为它是有权发布命令之人所发布的。他所禁止之事为不义，仅仅是因为它是被有权发布命令之人所禁止的。显而易见，墨守法律的正义观念为法律实证主义②提供了一个思想上的框架。

马蒂尼奇虽未直接论及"自然法与民约法的关系"这一主题，但他认为霍布斯明确地将上帝与人类主权者进行类比，因此我们可以认为：一方面，霍布斯坚持认为人类主权者是基于其不可抵抗的权力而发布命

---

① 通过机械化那"巨人"，霍布斯从而超越了笛卡儿，对人作了一个极其重要的人类学解释。不过最初的形而上学决断归功于笛卡儿，在那一时刻，人体被看作是机器，由肉体和灵魂组成的人则在整体上被看作是一种智力加一台机器，将这个看法转而运用到"巨人"也即"国家"身上，因此近在咫尺。这由霍布斯完成，不过，如前所述，它导致巨人的灵魂也变成机器的一个零件。参见〔德〕卡尔·施米特《霍布斯国家学说中的利维坦》，应星、朱雁冰译，华东师范大学出版社，2008，第139、156页。

② 法律实证主义是这样一种法律观，它把实定法视为判断一个行为正义与否的唯一且自足的标准，这一观念排除了与自然法的关联，自然法被看作允许我们赞成和反对实定法的一系列原则和规范。

令，他所发布的命令之所以是法律，是由于它是由拥有发布命令之权力的人所发布的，这体现了霍布斯的意志论倾向；另一方面，他认为霍布斯同时又具有理性主义的倾向，即人类主权者所发布的命令须有助于人类的自我保全。由此可知，在马蒂尼奇看来，并非所有的命令都是法律，他发布的命令应当符合理性（即人类的自我保全）。

霍布斯将法律界定为命令，由于发布命令之人可以随意地解除束缚，正如系铃的人可以解铃一样，对自己负有义务之人根本不负有任何义务。但是，沃伦德认为，尽管如此，主权者仍是上帝的臣民，并且必须根据自己的良心判断遵守自然法的命令。由此，主权者对自己的良心和上帝负责。关于"主权者的责任"这一主题，沃伦德对奥克肖特的观点提出了疑问。他说，奥克肖特将霍布斯理论中的所有道德义务都奠立于公民主权所发布的意志之上，因此他最容易得出的结论便是否认主权者负有任何责任。但事实上，霍布斯在《论公民》和《利维坦》中确实花了大量篇幅对主权者的责任作了详尽的说明，因此，沃伦德认为，奥克肖特的这一解释不足为信。

高赛尔指出，奥克肖特的理性义务论①与他自己的理论是一致的。他们都认为自然法并不创生道德义务。② 他说，"人能够通过承诺约束自己"这一主张本身不是任何义务的基础，只有承诺的行为才会产生事实上的义务。③ 这样，高赛尔就抛弃了任何一种认为政治义务需要以某种先在义务为基础的理论，并且将政治义务（乃至所有的义务）奠立于承诺这一事实之上。其实，他的这一理论在很大程度上消解了自然法的影响。

国内霍布斯研究中王利所著的《国家与正义：利维坦释义》和汪栋所著的《霍布斯公民科学的宪法原理》这两部著作曾探讨过这一问题。王利在其论著中指出，在国家内部，臣民的自由、臣民的政治团体和私人团体、各类政务大臣、国法等都无法限制主权者的权利。在国家之间，

---

① 奥克肖特是这样解释理性义务的："一个人可能被阻止去为某一具体的行为，因为他看出这一行为的可能后果将对他不利。这里的阻碍是内在的，是理性认识与恐惧的结合物，它是对相信将会产生损害的事情的逃避。"

② David P. Gauthier, *The Logic of Leviathan: The Moral and Political Theory of Thomas Hobbes* (Oxford: the Clarendon Press, 2000), p. 67.

③ David P. Gauthier, *The Logic of Leviathan: The Moral and Political Theory of Thomas Hobbes* (Oxford: the Clarendon Press, 2000), p. 43.

主权者相互之间也不构成限制。唯一能对主权者构成限制的是自然法，并且只有作为上帝之命令的自然法才有此约束力，而与民约法融合为一的自然法则不具有此种约束力。① 汪栋认为，在霍布斯这里，自然法已不是客观法则，而是理性所发现的戒条和一般法则，即人类为自我保全而必须遵守的戒律。如果古典自然法和实定法的关系是前者高于后者，那么现代自然法和实定法的关系则是平行的。具体地说，现代自然法和实定法不过是社会共识的两个部分，两者的区别只在于前者隐晦，后者则通过主权者的命令而变得清晰可辨。② 由此看来，像泰勒和沃伦德那样对自然法作义务论解释，即将自然法视为神圣意志和上帝之命令，并将之作为政治义务（乃至所有义务）的基础似乎失之偏颇，因为他们并没有意识到相较于中世纪的自然法观念，"自然法"这一概念在霍布斯的体系中已经发生了巨变，尽管霍布斯仍以"自然法"之名称之。如果这一理解是正确的，那么作为上帝之命令的自然法对主权者的制约也便在很大程度上消解了。

国内外学界基本都同意主权者对臣民不负有义务，在这个意义上他们几乎都承认主权者享有绝对权力。然而，主权者是否受自然法约束？是否对上帝负有义务？如果他确实受此制约，那么他又如何受自然法制约，以及在何种程度上受自然法制约呢？鉴于此，本文试图在梳理古希腊经中世纪至近代的"自然"观念的基础上，即在揭示古希腊至近代的宇宙论演变的基础上，在宇宙论的整全视域下，结合霍布斯就主权问题所作的宗教论证，尽可能准确而又清晰地阐释霍布斯的自然法理论，分析它与民约法的关系并揭示公民对主权者的服从义务的渊源，以揭示霍布斯绝对主权的内在逻辑。

一 政治世俗化语境下的国家主权

（一）亚里士多德思想的复兴

12世纪，部分西方基督教世界的知识阶层通过闪米特人即阿拉伯人

---

① 王利：《国家与正义：利维坦释义》，上海人民出版社，2008，第77页。
② 汪栋：《霍布斯公民科学的宪法原理》，知识产权出版社，2010，第184~185页。

和犹太人这一中介，逐渐较为全面地了解了亚里士多德的著作。① 自此以后，亚里士多德的学说在西方基督教世界产生了巨大影响并带来了一场观念上的革命。无论事实上还是理论上，13 世纪的"亚里士多德洪流"标志着中世纪和现代之间的分水岭。② 在此前的几个世纪里，"自然之人"被整个阴郁的幕布所遮蔽，露不出半点生机，在这个世界中，"自然之人"是隐而不现的。只有受过洗礼的基督徒才分享有某种神性。美国历史学家查尔斯·霍默·哈斯金斯认为，在 12 世纪一种"文艺复兴"③ 就已经出现了。自此以后，先前被彻底遗忘的自然之人再一次逐渐地获得了新生。随着自然之人逐渐凸显，自然之人与受洗之人便被视为两个世界的人。对于受洗之人，重要的是他的信仰；对于自然之人，重要的则是他的人性。④ 二者之间的区分进一步强化，人的自然属性又一次恢复了往日的生机，世俗的世界再一次逐渐恢复了昔日的荣耀。

（二）地域性主权的萌生

13 世纪后半叶，地域性主权在理论和现实层面都体现出了一种新的趋向。在这一时期，法兰西、西西里等王国确立了国王在自己的地域范围内的最高统治地位，并且得到了法学家在理论上的论证和支持。他们认为，国王的统治是在其王国地域内的统治，在他的地域之外，他的法律没有任何效力，但在其地域范围内，它则具有充分的作用，任何人均不得干涉他的政府。同时，他们得出结论，皇帝的权威也同样受到地域的限制。因此，国王不可能对皇帝犯叛逆罪，因为他不是臣民：在他们的地域中，二者都是"最高统治者"。⑤ 这标志着在 13 和 14 世纪之交，地域性的国家主权概念已初具雏形。

---

① 〔美〕约瑟夫·熊彼特：《经济分析史》第一卷，朱泱等译，商务印书馆，2010，第142 页。

② 〔英〕沃尔特·厄尔曼：《中世纪政治思想史》，夏洞奇译，译林出版社，2011，第154 页。

③ 〔美〕查尔斯·霍默·哈斯金斯：《十二世纪文艺复兴》，张澜、刘疆译，上海三联书店，2008。

④ 〔英〕沃尔特·厄尔曼：《中世纪政治思想史》，夏洞奇译，译林出版社，2011，第 161 ~ 162 页。

⑤ 〔英〕沃尔特·厄尔曼：《中世纪政治思想史》，夏洞奇译，译林出版社，2011，第194 页。

这一时期，在论证公民和国家具有充分的自主性方面，帕多瓦的马西利乌斯及其著作《和平的保卫者》是当之无愧的佼佼者。他认为，自然与超自然的领域都具有充分的自主性，他将基督教的因素从政治领域清除出去。正如其著作所表明的，他是一位和平的保卫者，而不是信仰的保护者。由此可见，他更为关注政治法律等世俗层面的问题，以应对他所处时代的弊病。马西利乌斯真正坚持了权力一元论，他无法容忍国家内部有两个权力中心，教权不过是国家政权的一个部分，只不过在履行公共职能方面要严格区分开来。① 自此，在作为公民团体的国家之上，再也没有上位者了；在被理解为信众团体的教会之上，同样也没有上位者，一言以蔽之：它们都成了主权者。②

（三）宗教改革

西方社会自 12 世纪以来，尤其是通过文艺复兴和宗教改革之后，人们所关注的焦点日渐从属灵的世界转移到了属人的世界（世俗问题）之上。那些仍然关注于灵魂得救而苦苦挣扎的人们，也因为教派纷争而大伤元气，以至于再也无法像前几个世纪那样与世俗权威角力，西方社会的世俗化得到了进一步的推进。

马丁·路德追随他的圣方济各先辈，点燃了宗教改革的第一把火。然而，自从火光刚刚划亮的那一刹那，就注定这是一场熊熊燃烧着的势不可当的大火，是一场其方向和局势都无法得到控制的巨变。所以，宗教改革的实际影响恰好有悖于改革者的初衷也便不难理解。改革者们强调的是《圣经》与早期教父的著作，而本无意诋毁中世纪基督教的基本假设，他们不满的并非天主教会本身，而是使教会无法履行正当属灵任务的积弊与腐败。他们的目的是，要使教会重新取得传统的地位，成为团结为一体的基督教联邦的领袖。③ 然而，事与愿违，改革方一启动，教会便很快分裂为互不相容的教派，教派之间相互为战，内讧迭起，大大

---

① 赵明：《实践理性的政治立法——康德〈论永久和平〉的法哲学诠释》，法律出版社，2009，第 87 页。

② 〔英〕沃尔特·厄尔曼：《中世纪政治思想史》，夏洞奇译，译林出版社，2011，第212 页。

③ 〔美〕弗里德里希·沃特金斯：《西方政治传统——现代自由主义发展研究》，黄辉、杨健译，吉林人民出版社，2001，第 40~41 页。

损伤了教会的实力和元气，从而在各个领域产生了始料未及的结果。到16世纪时，教会已然大势不再，谁知屋漏偏逢连夜雨，宗教改革后教派纷争又进一步损耗了它的内力。此时的教会势力大减、时运不再，便不得不愈发地仰仗于国家。改革者革新教会组织的纲领正好迎合了世俗化进程中各路王侯的旨趣，他们认为这样正好可以一举消除教会的特权。如此一来，改革者便很容易地与各路王侯建立联盟，得到王侯们的支持。所以，在教会谴责宗教改革为异端并意欲将其消灭之时，幸有像萨克森选帝侯之类的王侯提供保护，改革运动方才免遭灭顶之灾。当改革者与罗马当局的斗争愈演愈烈之时，他们只有通过向世俗权威做出更大的让步来求得世俗力量的帮助。其结果便是，教会变得更加衰弱，再也无法制衡世俗权威的傲慢。①

在天主教与改革者的斗争中，天主教当然具有相较于改革者的力量优势，然而由于改革者取悦于世俗王侯，获得了世俗力量的支持，天主教也难奈其何。于是，罗马教会也和改革者一样，为了尽可能与世俗权威相好并获得他们的帮助，也向世俗王侯做出了各种让步。② 在这场角逐中，世俗王侯作为第三方"两边吃糖"、左右逢源，坐收渔翁之利。从此，教会与世俗权威之间的力量差距进一步扩大，传统的教会与国家间的权力结构被彻底颠覆。随着宗教战争在西方政治社会愈演愈烈，越来越多的人认识到，所有的宗教狂热一概是不堪忍受的罪恶。他们开始期盼国家专制主义的出现，认为非如此社会秩序便不得重建。霍布斯写作的时代是一个（宗教）战争盛行的时代，在这样一个时代，作家们所关注的问题大多都集中于和平与秩序之上。像哈林顿所著的《大洋国》这样一本论述共和主义的著作，也和《利维坦》有相同的愿景：稳定与和平。③ 霍布斯为西欧当时持久而又残酷的宗教战争（更为直接的是英国内战）所震撼，他为了实现人类的和平与秩序而通过理性构建了一个绝对

---

① 〔美〕弗里德里希·沃特金斯：《西方政治传统——现代自由主义发展研究》，黄辉、杨健译，吉林人民出版社，2001，第42～43页。

② 〔美〕弗里德里希·沃特金斯：《西方政治传统——现代自由主义发展研究》，黄辉、杨健译，吉林人民出版社，2001，第43页。

③ 〔英〕尼古拉斯·菲利普森、〔英〕昆廷·斯金纳：《近代英国政治话语》，潘兴明、周保巍等译，华东师范大学出版社，2005，第130页。

的利维坦。① 他所建构的这一巨大的利维坦，正是在当时宗教战争使得西欧各国血流成河、人头乱滚、纷争不断、派系林立、秩序无望的背景下的应时之作。同时，它也具有相当的普适性，为人类社会和平与秩序的构建提供了富有启发性的思考。②

二　近代自然观与霍布斯的自然法

施特劳斯在《自然权利与历史》一书中明言："只要自然的观念还不为人所知，自然权利的观念也就必定不为人所知。"③ 由此，同样有理由认为，只要关于自然的观念还不为人所知，自然法的观念也就必定不为人所知。④ 要想准确地揭示霍布斯政治哲学中自然法与民约法的关系，就必须对霍布斯体系中的自然法观念做清晰准确的理解，而要对他的自然法观念做恰切的理解，又必须以理解他的体系中的"自然"观念⑤为前提，而欲准确地认识其"自然"观念，又只有在梳理古希腊至近代的自然观（宇宙论）的宏大视域中才是可能的。

---

① 在霍布斯那里，哲学上的经验主义是不彻底的，并没有转化为政治哲学的经验主义，在政治上，霍布斯的理性独断论是突出的，因此很多人把他划归为大陆理性主义的英国余绪，其政治国家（利维坦）的构造，就是一个重要的例证。参见高全喜《何种政治？谁之现代性？：现代性政治叙事的左右版本及中国语境》，新星出版社，2007，第93页。

② 就霍布斯的著作而言，《论公民》显然比《利维坦》更具有普适性，《利维坦》主要是写给他的英国同胞的一本论著。而在《论公民》开篇"致读者的前言"中则指出"对任何特定国家的法律不加议论，即只讨论法律是什么，不谈法律条文是什么"。

③ 〔美〕列奥·施特劳斯：《自然权利与历史》，彭刚译，生活·读书·新知三联书店，2003，第82页。

④ 施特劳斯在其早期的著作如《霍布斯的政治哲学：基础与起源》中多用"自然法"概念，但以后他基本把"natural law"保留给基督教的托马斯主义传统，而用"natural right"来同时指陈古希腊的柏拉图和亚里士多德的学说以及近代从霍布斯以来的"自然权利"说。参见〔美〕列奥·施特劳斯《自然权利与历史》，彭刚译，生活·读书·新知三联书店，2003，第11页。

⑤ 柯林伍德指出，在欧洲思想史上，宇宙论经历了三个建设性的时期；而在这三个时期中，自然的思想往往是这些思想的焦点。他把这三个时期的自然观概括为：希腊的自然观（有机体的自然观）、文艺复兴的自然观（机械唯物主义的自然观）和近代的自然观（进化的自然观）。参见〔英〕罗宾·柯林伍德《自然的观念》，吴国盛、柯映红译，华夏出版社，1998，第82页。

（一）希腊的自然观（宇宙论）

在希腊时期，人们普遍认为自然界渗透并充盈着某种实体性的心灵（mind）或灵魂，它们被认为是整个宇宙的秩序和法则的最终源泉。希腊的思想家们认为，宇宙（世界）是一个自身拥有心灵和灵魂并自我运动着的有机体，而作为这一宇宙秩序之一部分的人只能（或出于必然地）遵循这源于宇宙心灵的法则和秩序。在这一宇宙论之下，人从来都是这一有机体的附庸，不得试图僭越它的理智秩序。这一宇宙心灵是超越于人而具有实体性的一种存在，它是裁决宇内一切事物之法则和准绳的最终来源。只要自然还被视为一种实体性的存在，并被当作判定一切事物之准绳，自然法就必定存在，并被视为判定实定法（民约法）正义与否的标尺。① 对希腊人来说，善好生活是人性的完善化，它是与自然相一致的生活。故而，人们可以将制约着善好生活的一般特征的准则叫作"自然法"。② 这一自然法源自具有实体性的宇宙心灵，并且出于某种必然性而制约着人们的生活。

如康福德所认为的那样，柏拉图的创世者"德木格"只是模仿某种独立的完善的理智范型，赋予已有的现成材料，亦即柏拉图所称的物质性混沌体或空间或接收器，以形式和理性秩序的创世工匠，而非《圣经》创世说中那个仅凭绝对的意志"无中生有"地创世的人格神。③ 由此可见，在希腊思想家那里，"无中生有"的创世观念尚未出现，作为创世者的"德木格"只能在自然的理性秩序内创世，它绝非一个全知全能、仅凭其意志"无中生有"的创世者。对柏拉图而言，他的创世者并非绝对的和全能的，而只是模仿自然的必然性为现有材料加上理性秩序的工匠。

正如亚里士多德所说，人天生是政治的动物，城邦之外，非神即兽。社会性是人的自然，所以一个人要追求善好的生活就必须符合其自然，在城邦中过社会性的生活。这一切都是由人的自然和城邦的自然所决定

---

① 当然，这一二元论在古希腊主要是在自然（physis）与习俗（nomos）之间的争论中体现出来的。

② 〔美〕列奥·施特劳斯：《自然权利与历史》，彭刚译，生活·读书·新知三联书店，2003，第128页。

③ 林国基：《神义论语境中的社会契约论传统》，上海三联书店，2005，第12页。

的，人所能做的只是尽可能地顺其自然，过一种符合自然的生活。同时，在古希腊的自然观之下，人与人之间的社会关系是不平等的，他们之间的关系毋宁是一种严格的等级制，所以对他们来说，主张一切人的平等权利乃最大的不义。因此，在这种自然观之下，人所负有的义务是以这种自然的等级制为基础的，它要求人们各司其职、各尽其能、各安其分，试图僭越由其自然确定的职分将是最大的不义。

后来，斯多亚派为了回应来自伊壁鸠鲁派①的挑战而强化了柏拉图和亚里士多德一元论的目的论的宇宙论，并将这种目的论贯彻得更加彻底。在他们看来，"自然"和"理性"乃是同一概念，不仅是指人的自然和理性，也是指宇宙整体的自然和理性，也就是说，人作为小宇宙只是大宇宙的一部分，且分有并顺应作为整体的大宇宙的自然或理性秩序。宇宙中存在按目的而行动的创造性力量逻各斯（logos），人的道德意志应顺从、听命于这一宇宙理性的必然性，这被斯多亚派称为"内在的自由"。由此可见，对斯多亚派来说，一切个别事物（包括人）都应该根据这一贯穿整个宇宙的不可违抗的必然性或天命来指导自己，以使自己在宇宙中获得相应的位置。②

古希腊自然观认为，人作为宇宙之一部分，必然地受到自然的理性秩序的制约，必须遵循自然的理性法则而追求善好的生活，这一切都是由超越于人的具有实体性的宇宙心灵所决定的，人在这一宇宙论中只是一个出于必然性而服从其理性法则和秩序的存在。在古希腊，人们理所当然地认为，存在一种作为客观实在的自然法，它提供着规定善和正义的规范，这种自然法适用于所有的人，包括国王和皇帝。

（二）中世纪的宇宙论

如施特劳斯所指出的，中世纪不存在自然观，但它确有一种宇宙论，这一宇宙论是以上帝之大能替换了古希腊自然观中渗透的和蕴含于自然界中的心灵或灵魂，它以上帝在"无"中生"有"的永恒秩序为旨归。这是中世纪宇宙论相对于古希腊宇宙论的一个总体性特征。然而，中世

---

① 伊壁鸠鲁派是希腊化时期存在的一种反对目的论宇宙观的思潮，对这一学派的主张在此不予赘述。

② 林国基：《神义论语境中的社会契约论传统》，上海三联书店，2005，第23~24页。

纪的宇宙论又主要包括两大传统：一是以托马斯·阿奎那为代表的唯理智论传统，另一个则是以邓斯·司各脱①和威廉·奥卡姆②为代表的唯意志论传统。

如上所述，古希腊的宇宙论具有一种自然主义的特征，而中世纪的宇宙论则强调"无"中生"有"的上帝的人格特征及意志特征。就其实质而言，中世纪的宇宙论无非是将古希腊自然观中的自然秩序和理性秩序置换为全知全能的上帝创世的永恒秩序，以上帝的理性或意志替代了渗透并充盈于宇宙中的心灵和灵魂。作为个体的人在这两种宇宙论之下都处于从属性的地位，他们出于某种必然性而受制于此种秩序。从这个意义上来说，中世纪的宇宙论与古希腊的宇宙论只是拥有不同的表象，其实质却并无不同。在中世纪的宇宙论之下，上帝创世的永恒秩序是一切事物必须予以遵循的，是外在于人的某种客观实在，它是裁决宇内一切事物的标尺。

阿奎那认为，就自然法而言，理智而非意志才是其根本规定。"上帝必然颁布而不能改变我们称之为自然法的那种律法，这一点完全源于下面的事实：上帝的意志不可能废除他最完美的本质，上帝不可能偏离他自己，像使徒所说，不可能否定他自己。这就是反对法律实证主义的基本理由。这种意志并不是律法，相反，只有当这种意志甚至在上帝那里也是受理性与理智指导时，它才是名副其实的律法。而说正义取决于单纯的意志就等于说，神的意志不是按照智慧的秩序发生的，这当然是亵渎。"③ 由此某种先于其意志，甚至是上帝的意志也不能改变的理智秩序才具有终局性。因此，在阿奎那看来，上帝创世的永恒秩序不是其自由意志的随机之作，而是出于理性的裁决力量。

然而，在 13 世纪末出现了一股与阿奎那的唯理智论传统相反的唯意志论传统。司各脱反对阿奎那关于理性是人格的中心的论断，他认为，

---

① 邓斯·司各脱（1265—1308）生于苏格兰，曾就读于牛津大学，他是弗兰西斯派的神学家，是经院哲学中最精深的哲学家，被誉为"精敏博士"，著有《牛津论著》等。

② 威廉·奥卡姆（1285—1349）是 14 世纪英国最彻底的唯名论者，当我们把他的理论与他的反对者的唯实论（realism）进行比较时，称他为概念论者（conceptualist）比唯名论者更为合适。

③ 〔德〕海因里希·罗门：《自然法的观念史和哲学》，姚中秋译，上海三联书店，2007，第47页。

上帝和人是意志，意志是普遍的，具有创造性的。除了对神的意志本身之外，没有对神的理性的理解。没有可以决定意志的东西。^① 司各脱认为，世界成为现在这个样子没有理性的必然性，对上帝而言，除了他不再是上帝，一切事情都是可能的。对理性的必然性的否定，意味着人们无法通过理性的能力推论出这个世界的秩序，所以世人必须表现出一种谦逊的态度。司各脱以上帝凭借其意志创造的实定秩序代替了所谓的理性的必然性。他通过上帝的绝对能力为后来一切的实证主义奠定了基础。^② 在上帝被定义为意志时，即上帝由他的意志决定，这世界就变成了不可计算、不能确定的了。因此，人们被迫服从实定的东西。司各脱强调意志对理性的优先性，在他看来，道德规范仰赖于上帝的意志。一物之所以是善的，不是因为它合乎上帝的自然，或者类推地说，合乎人的自然，而是因为上帝要它如此。因而，自然法就甚至不是实体性的，它没有内容，因为它与上帝的本质没有内在的关联，上帝的本质不过是他的理智的自我意识而已。^③

罗门说，奥卡姆·威廉关于自然的道德律的学说形式上走向了纯粹的道德实证主义，实际上走向了虚无主义。奥卡姆在唯意志论的思想路线上比司各脱走得更远。司各脱认为一些诫令（例如爱上帝的诫令）是自然法的内容，不是经由上帝的自由意志创造出来的。就像后来格劳秀斯所认为的那样，有些原理如"二加二等于四"是上帝也不能改变的。而奥卡姆则认为："人类行为的道德价值完全从上帝的至高无上的、绝对自由的意志中衍生出来。上帝用其绝对的能力可以指令奸淫或者偷盗，如果上帝这样做，那么这类行为不仅会不再是罪孽，反而会成为义务。"^④ 唯名论者（尤其是奥卡姆）坚信意志和理性的冲突在上帝那里只是一种形而上的冲突，而绝非事实上的冲突。

---

① 〔美〕保罗·蒂利希：《基督教思想史——从其犹太和希腊发端到存在主义》，尹大贻译，东方出版社，2008，第175页。

② 〔美〕保罗·蒂利希：《基督教思想史——从其犹太和希腊发端到存在主义》，尹大贻译，东方出版社，2008，第176页。

③ 〔德〕海因里希·罗门：《自然法的观念史和哲学》，姚中秋译，上海三联书店，2007，第53页。

④ 〔英〕安东尼·肯尼：《牛津西方哲学史（第二卷）：中世纪哲学》，袁宪军译，吉林出版集团有限责任公司，2010，第310页。

在自然的道德律变成上帝的绝对意志之后，法律自此就成为某种实证主义的产物，而不再是永恒的具有客观性的法了。当以某种实体性的自然为基础的自然法被否弃以后，所有的法都将变成实证法（positive law），它们将失去其稳固的根基和神圣不可剥夺的属性，而成为完全取决于立法者意志的产物。由此可见，中世纪晚期经院哲学中的唯名论传统为自然法的消解打开了一个巨大的缺口。自此，在古希腊和中世纪的宇宙论中所蕴含的具有实体性的自然秩序和理性秩序被逐渐瓦解殆尽，自然法作为判定一切事物之准绳的观念被抛弃了，于是自然法也将因缺失根基而逐渐走向瓦解，它将不复作为判定实定法正义与否的最高标准而存在。

（三）近代的自然观

经过中世纪晚期唯名论传统的洗礼，以及哥白尼和布鲁诺等人的努力，近代的自然观开始与古希腊和中世纪的宇宙论形成对立面。这个对立面的中心论点是：不承认自然界以及被物理科学所研究的世界是一个有机体，并且断言它既没有理智也没有生命，因而它就没有能力理性地操纵自身运动。它所展现的以及物理学家所研究的运动是外界施与的，它们的秩序所遵循的"自然律"也是外界强加的。自然界不再是一个有机体，而是一架机器：一架字面意义上的机器，一个被在它之外的理智设计好放在一起并被驱动着朝一个明确目标去的物体各部分的排列。文艺复兴的思想家们也像希腊思想家们一样，把自然界的秩序看作一个理智的表现，只不过对希腊思想家来说，这个理智就是自然本身的理智，对文艺复兴的思想家来讲，它则是不同于自然的理智，是作为主体的人的理性。①

希腊"自然作为有理智的有机体"的观念是建基于一个类比之上的，即自然界与个体的人之间的类比。那时，人们从发现自己作为个体的某些性质出发去推论整个自然界的属性，于是，作为整体的自然界就被解释成按作为个体的人的小宇宙而类推的大宇宙。近代的自然观同样是基

---

① 〔英〕罗宾·柯林伍德：《自然的观念》，吴国盛、柯映红译，华夏出版社，1998，第6页。

于这一类推，但它是以非常不同的观念秩序为先决条件的。首先，它基于基督教的创世和全能上帝的观念；其次，它基于人类设计和构造机械的经验。由于16世纪发生了工业革命，人们逐渐地大量使用各种机械，如水车、风车和钟表。基于使用机械的经验，人们对自然的理解也随之发生了变化，最终他们得出如下结论：上帝之于自然，就如同钟表匠或水车设计者之于钟表和水车。① 由此，自然不再拥有神性，而只是一种机械式的存在，然而，机械必然是由某个外在于它的力量（或存在）创造和设计出来的，这就为近代由笛卡儿开创的心物二元论奠定了基础。将自然视为一架机器的观念对古希腊目的论的一元论的自然观是致命的一击。随着有机体的自然观被逐渐否弃，自然与上帝的同一性就立刻被打破了。同时，作为裁定宇内一切事物之准绳的实体性的自然心灵也便被消解殆尽，自然界由此就只是一个干瘪的躯壳，而不再拥有任何形式的心灵或精神，剩下的只有作为小宇宙的人的理性。

由于宇宙论的这一剧变，作为个体的拥有理性的人一跃成为整个世界（机械论的世界）的主宰，成为认识世界和改造世界的主体。自此，人的主体性才在真正意义上得以确立，这在此前任何一个时期都是不可能的。因为在希腊宇宙论之下，作为个体的人只是整个有机体的一部分而已，并出于必然地遵循着蕴含于其中的理性秩序和法则。到了中世纪，宇宙被视为是超验的、全知全能的上帝的杰作，人作为上帝的造物也便只能去遵循上帝创世的永恒秩序。到了近代，作为有机体和神之造物的宇宙论被抛弃了，人的理性之外再无理性。世界被视为是一架机器，它只能是一架由人的理性设计和创造的机器。自此，"人为"便取代了"自然"的地位，获得了它往昔根本不敢奢望的荣耀，人作为宇宙的主宰，他的激情不再像以前总是处于被压制的地位，反而成为认识和思考人类社会的基点。"自然"非但不再拥有它往日的支配性地位，反而成为"人为"、"技艺"、"理性"和"秩序"的对立面，出于"自然"的东西不再是自明的善和绝对的标准，反而成为人类所应反对和摒弃的事物。

因此，对霍布斯来说，自然状态作为一种"一切人反对一切人的战

① 〔英〕罗宾·柯林伍德：《自然的观念》，吴国盛、柯映红译，华夏出版社，1998，第9~10页。

争"的状态是人类必须设法逃离的，于是，出于人为构建而成的国家，"有朽的上帝""利维坦"就成了最终的裁断者。随着对自然之理性和上帝之理性的否弃，人的理性获得了至高无上的地位，成了万物的尺度，这一进程到康德那里达到了顶峰——人为自然立法。当人的理性战胜某种作为客观实在而存在的自然理性以后，自然法所赖以维系的基础将不复存在，自然法也将逐渐失去它作为实定法之标准的地位，转而变成主权者的绝对命令。

（四）自然状态——一切人反对一切人的战争

从上述自然观（宇宙论）的演变可以看出，自古希腊至中世纪的那种作为客观实体而存在且蕴含着心灵或灵魂的自然观在近代早期已渐趋消解，近代的宇宙（自然）变成了一架僵死的、毫无生机的机器。在这一宇宙论的巨变之下，理性的观念亦发生了相应的变化。在古希腊，它是某种具有实体性的存在，是某种外在于人并蕴含着宇宙秩序的客观实在。当时，裁判一切事物善恶的准绳皆出于这一客观实在，它统摄着宇内万物，并赋予它们一定的等级秩序，使得整个宇宙井然有序。然而，到了近代早期，古典时代那个作为有机体的宇宙观念已不复为人所接受，代替它的是一个毫无生机的、僵死的宇宙，它自身不包含任何灵性，所以它的运动乃至整个宇宙的秩序便不是由它自身蕴含或赋予的，而是由一个外在的理智所赋予的。至此，这一理智已不再是那个宇宙自身所充盈的实体性存在，而是作为个体的人的理性。

当那种决定宇宙内秩序的客观理性被打破以后，作为个体的人的理性便获得它以往任何时代所不曾拥有的荣耀。然而，随着个体理性之张扬，每个人都按照个人的理性判断一切事物。"任何人的欲望的对象就他本人说来，他都称为善，而憎恶或嫌恶的对象则称为恶；轻视的对象则称为无价值和无足轻重。"[①] 由于每个人基于个人的理性所作出的判断千差万别，甚至相互冲突，一个人认为是善的东西，另一个人完全有可能视为恶或者无足轻重。于是，这种观念上的冲突如果进一步升级，就会

---

① 〔英〕霍布斯：《利维坦》，黎思复、黎廷弼译，商务印书馆，1985，第37页。

导致一切人反对一切人的战争状态。① "16 世纪晚期到 17 世纪初期的道德和政治著作（尤其是那些具有怀疑论特征的著作），充斥着明智之人应当为了使人们过上一种心理上和社会上的安全生活而悬置他关于其信念的真理或谬见的私人判断。"②

在自然状态中，人人皆享有自我保全的自然权利，正是由于拥有这种自然权利，他们也便享有为了自保和求安而无所不用其极的权利。"如果为实现这一目的（自保）而采用必要的手段的权利被否定了，那么实现这一目的的权利也就失去了意义。既然人都有自我保存的权利，那他就有采取足以保存他自己的任何手段和任何行动的权利。"③ 自然状态之中，每个人都根据个人理性判断什么是对于自己的保全有必要的事物，并对宇内万物拥有权利，每个人都可以根据自己的判断而获取他认为必要之物，如此而来，必生冲突，这也便是自然状态最初产生之根源。

"居于自然状态之人所求者本是得享万物之自由与权利，如今却适得其反。人天生皆有求利之心，此状态却南辕北辙，有害无利，因自然平等而起之争斗足以毁灭人类自身。"④ 在这种一切人反对一切人的战争状态中，"最糟糕的是人们不断处于暴力死亡的恐惧和危险之中，人的生活孤独、贫困、卑污、残忍而短寿"。⑤ 人类面临如此恐怖的生存状态，他们是否有可能摆脱困境以求自保呢？霍布斯认为人类是有可能摆脱这种状态的。"这一方面要靠人们的激情，另一方面则要靠人们的理性。"⑥ 那

---

① 这里是从个人理性判断的歧异而导致冲突进而升级为战争状态的角度去解释自然状态的起源。霍布斯的自然状态还可以从其他方面进行解释。一种思路是：由于人人生而均等，皆不过中人之资，但往往又好慕虚荣、不甘人下；同时由于物资有限，是故经常出现众人受欲念驱使而共逐一利的情形。力量均等之人为共逐利益而比权力、拳脚相加，必然导致霍布斯所描述的自然状态。另一种思路是：由于人们对语词的定义理解分殊、各有千秋、形形色色，是故难免导致人们在理解和交流上的冲突，进而由这一冲突升级为自然状态。其实，不难发现，注释中所述的这两种思路究其根本原因仍是由于个体理性占了主导地位以后所发生的情形，它们仍然是自然观（宇宙论）在近代早期发生巨变的结果。

② Tom Sorel edited, *The Cambridge Companion to Hobbes* (Cambridge University Press, 1996), p. 191.

③ 〔英〕霍布斯：《论公民》，应星、冯克利译，贵州人民出版社，2003，第 8 页。

④ 〔英〕霍布斯：《法律要义：自然法与民约法》，张书友译，中国法制出版社，2010，第 78 页。

⑤ 〔英〕霍布斯：《利维坦》，黎思复、黎廷弼译，商务印书馆，1985，第 95 页。

⑥ 〔英〕霍布斯：《利维坦》，黎思复、黎廷弼译，商务印书馆，1985，第 96 页。

么人类又如何通过激情与理性走出自然状态，过上一种安定的生活呢？霍布斯说："使人们倾向于和平的激情是对死亡的畏惧，对舒适生活所必需的事物的欲望，以及通过自己的勤劳取得这一切的希望。于是理智便提示出可以使人同意的方便易行的和平条件。这种和平条件在其他场合下也称为自然律。"①

（五）霍布斯政治法律思想中的自然法

霍布斯生活的时代，正是上述自然观和理性观发生巨变的时代，同时也正是由于这一巨变给欧洲带来了深重的灾难——连绵不断的宗教战争。霍布斯正是为这一惨状所触动而开始思考和写作他的政治法律哲学，他的体系不可避免地打上了那个时代惨痛的烙印。当然，作为他的体系中最为核心，也是最为学界所争论不已的自然法观念，无疑也深深地浸淫在这一浓郁的巨变氛围之中。

在霍布斯的体系中，自然法概念是其政治法律理论的核心，然而，要对他的自然法给出一个明确的定义又是十分困难的，甚至可能没有太大意义。因为在他的相关著述中，他为自然法下了许多定义，且这些定义又互不相同。同时，他还在其他地方对这一概念作了相应的补充，这无疑使得他的自然法理论迷雾重重、难见真相。

在《论政治体》（*De Corpore Politico*）中，霍布斯指出："因此，除了理性之外别无其他自然法，同样，除了对我们宣布的实现未来和平的手段之外也别无其他自然法的戒条。"②

在《论公民》中，霍布斯为自然法下的定义是："自然法（的定义）是正确理性的指令，它为了最持久地保存生命的可能，规定了什么是应该做的，什么是不应该做的。"③"自然法完全是正确理性的指令。除非一个人努力恰当地维持他理智思考的能力，他是不能听到这些指令的。因此，很明显，任何人如果愿意或蓄意去做对他的理性能力产

---

① 〔英〕霍布斯：《利维坦》，黎思复、黎廷弼译，商务印书馆，1985，第 96～97 页。

② *The English Works of Thomas Hobbes of Malmesbury*，Ⅳ，collected and edited by Sir William Molesworth. Bart Aalen（Germany：Scientia Verlag，1966），p. 87.

③ 〔英〕霍布斯：《论公民》，应星、冯克利译，贵州人民出版社，2003，第 15 页。

生削弱或毁灭性影响的事，那他就是愿意或蓄意去违背自然法。"① "所有这些自然法则都源自理性的一条指令，即迫使我们要追求我们自己的保存和安全（incolumitas）。"② "现在看来，我们称之为自然法的东西不过是这样一些理性可理解的结论，即什么是该做的，什么是不该做的；而严格意义的法律就是由一个人通过正当的命令要求别人做或不做什么。因此，确切地说，就自然法源自自然而言，它们并不是法律。但正如我们在下面一章要看到的，就这同一法则（laws）被《圣经》中的上帝赋予了合法性而言，称它们为'律法'（laws）是非常准确的。因为《圣经》是上帝之言，而上帝在一切事上都是站在最高的正当性上发出指令的。"③

在《利维坦》中，霍布斯是这样定义自然法的，他说："自然律是理性所发现的诫条或一般法则。这种诫条或一般法则禁止人们去做毁损自己生命或剥夺保全自己生命的手段的事情，并禁止人们不去做自己认为最有利于生命保全的事情……这种和平条件在其他场合下也称为自然法。"④ "这些理性的规定（自然法）人们一向称之为法，但却是不恰当的，因为它们只不过是有关哪些事物有助于人们的自我保全和自卫的结论或法则而已。正式说来，所谓法律是有权管辖他人的人所说的话，但我们如果认为这些法则是以有权支配万事万物的上帝的话宣布的，那么它们也就可以恰当地被称为法。"⑤ "自然法就是公道、正义、感恩以及根据它们所产生的其他道德，……这一切在单纯的自然状态下都不是正式的法律，而只是使人们倾向于和平与服从的品质。"⑥

由上述霍布斯为自然法所下的定义可以发现，霍布斯在给出自然法明确的定义时往往具有理性主义的倾向，认为它们是正确理性的命令，不管是在其前期著作还是后期著作中都是如此，他也多次明言，自然法不是真正意义上的法律，但他在后面一些地方又补充说，如果把这些法

---

① 〔英〕霍布斯：《论公民》，应星、冯克利译，贵州人民出版社，2003，第36页。
② 〔英〕霍布斯：《论公民》，应星、冯克利译，贵州人民出版社，2003，第37页。
③ 〔英〕霍布斯：《论公民》，应星、冯克利译，贵州人民出版社，2003，第40页。
④ 〔英〕霍布斯：《利维坦》，黎思复、黎廷弼译，商务印书馆，1985，第97页。
⑤ 〔英〕霍布斯：《利维坦》，黎思复、黎廷弼译，商务印书馆，1985，第122页。
⑥ 〔英〕霍布斯：《利维坦》，黎思复、黎廷弼译，商务印书馆，1985，第207页。

则当作有权支配万事万物的上帝所发布的命令时，它们可以被视为法律。很明显，这一看法只是对他的自然法定义的一种补充。

正如罗伊德所指出的："上帝之命令并不是自然法定义的题中应有之义。但它本身并不否定对自然法作上帝之命令的解释，因为霍布斯坚持认为《圣经》确证了上帝命令我们服从他所列述的自然法的要求，因此，霍布斯实际上还是将自然法视为上帝的命令。"① 马蒂尼奇认为，对霍布斯的现世主义解读是错误的，② 事实上，上帝在霍布斯的整个体系中占据着非常重要的地位。传统观点认为，由于自然法是理性规则，所以它们不是真正意义上的法律。他对此提出批判，就现世主义的解释而言，人们必须抛弃他们否定上帝之命令是自然法的必要条件的观点。由此，他得出结论：对霍布斯而言，自然法是严格意义上的法律，因为它们是上帝的命令。法律的约束性来自有权发布命令之人的权威，而非来自理性。就像几何原理虽出于理性，但它们却不具有约束力一样。③ 同时，他又指出，就自然法是由理性推导和宣布而言，它们只是原理而不是法律。自然法之所以具有法律力量，仅仅是由于上帝命令它们，并通过理性宣布它们。④

马蒂尼奇认为，霍布斯关于自然法的理论所坚持的是理性主义解释和

---

① S. A. Lloyd, *Morality in the Philosophy of Thomas Hobbes: Cases in the Law of Nature* (Cambridge: Cambridge University Press, 2009), pp. 103 – 104.

② 马蒂尼奇教授指出，关于霍布斯道德哲学有两种相互对立的解释，一种为现世主义者（secularitists）所坚持，而另一种则为宗教主义者（religionists）所坚持。现世主义者认为霍布斯的道德哲学是建立在自利（self-interest）的基础之上的，他们认为道德法则是利己主义的、审慎的命令。他们据此认为，霍布斯坚持如下观点：一个行为 A 之所以是道德的，只是因为 A 是通过理性引导而有助于自我保全。而宗教主义者则认为霍布斯的学说是一种神圣命令的道德理论，因为霍布斯坚持认为：一个行为 A 之所以依照自然法是道德的，仅是由于上帝指示行为 A 可为。而马蒂尼奇教授则认为，上帝的命令是自然道德的必要非充分条件。马蒂尼奇指出，他将给予以上两种观点以适当的关注，并回避它们各自的缺陷。他认为霍布斯所坚持的观点是：一个行为 A 之所以依照自然法是道德的，只是因为上帝指示行为 A 可为，并且行为 A 仅是由理性引导而有助于自我保全。参见 A. P. Martinich, *The Two Gods of Leviathan: Thomas Hobbes on Religion and Politics* (Cambridge: Cambridge University Press, 1992), pp. 71 – 74.

③ A. P. Martinich, *The Two Gods of Leviathan: Thomas Hobbes on Religion and Politics* (Cambridge: Cambridge University Press, 1992), p. 121.

④ A. P. Martinich, *The Two Gods of Leviathan: Thomas Hobbes on Religion and Politics* (Cambridge: Cambridge University Press, 1992), p. 123.

意志论解释的中间路线，① 这一观点认为，自然法必须既是上帝的命令，又是有助于自我保全的。那些认为霍布斯坚持"实力即正当"（might is right）的观点是具有误导性的。霍布斯并不认为所有对无法抵抗的人类力量的使用都是正当的。然而，他又确实相信不可抵抗的权力才是所有义务的源泉。② 一般认为，霍布斯把法律界定为命令，因而他们认为自然法之所以是严格意义上的法律，主要是因为它们是上帝的命令。如上所述，马蒂尼奇就坚持这种观点。然而，奥克肖特在《霍布斯著作中的道德生活》一文中对这种观点进行了详尽的考察。

对奥克肖特来说，在霍布斯的理论中，上帝作为立法者规定了追求和平的责任，但他不是所有人的统治者，而是那些相信上帝的属性，因此也知道他是立法者的人的统治者。以为霍布斯在任何地方都坚持自然法之所以对人们具有约束力是因为它们是上帝的命令，这是一种任意的见解。霍布斯只是说，如果自然法是严格意义上的法律，它便对人们具有约束力，而自然法只有在被视为上帝的命令时才被认为是严格意义上的法律，这就意味着自然法只对那些相信它们是上帝之法的人来说才是严格意义上的法律。那么，这包括哪些人呢？当然不是全人类，而是那些相信上帝是自然法的立法者的人。因此，对霍布斯来说，自然法是严格意义上的法律并约束所有人追求和平的观点是不可被接受的。③"承认"（acknowledgement）是所有义务的必要来源，否则，统治者是不会为人所知的。因此，不是全能，而是信约或承认才是上帝创立严格意义上的法律的权威之来源。④

与上述观点有所不同，高赛尔认为，既然霍布斯的道德和政治哲学

---

① 中世纪和近代早期的自然法理论家可分为两大阵营：一方坚持认为自然法是纯粹论证性的，这是理性主义的解释；另一方则认为自然法是意志论的。马蒂尼奇认为，霍布斯在《论公民》中的观点倾向于对自然法作理性主义的解释，而在《利维坦》中他则信奉神的命令的理论（divine command theory），即在《利维坦》中霍布斯倾向于对自然法作意志论的解释。

② A. P. Martinich, *The Two Gods of Leviathan: Thomas Hobbes on Religion and Politics* (Cambridge: Cambridge University Press, 1992), p.135.

③ Michael Joseph Oakeshott, *Hobbes on Civil Association* (Indianapolis: Liberty Fund, 1957), pp.113 –114.

④ Michael Joseph Oakeshott, *Hobbes on Civil Association* (Indianapolis: Liberty Fund, 1957), p.116.

所关注的问题是为人类指出一条摆脱自然状态而进入和平状态的路径，那么可以肯定的是，霍布斯的整个论证在于表明，自然法作为一些理性且可以理解的结论的观点是实质性的，而它们作为上帝之命令的观点并非其目的所必需而是次要的。① 在他看来，霍布斯并没有支持自然法是上帝所发布的命令的论证。"对霍布斯的道德和政治理论而言，作为理性之命令而非上帝之命令的自然法才是最重要的。"② 博比奥则几乎没有重视霍布斯所说的"作为上帝之命令"的自然法，他只是从作为正确理性之命令的自然法出发去理解霍布斯的自然法理论以及他的自然法与民约法的关系。

关于自然法是否是真正意义上的法律这一问题，墨菲从一个全新的视角提出了他自己的论证。霍布斯是在两重意义上把民约法描述为实证法的：内容（content）方面的实证性，它清晰明确而不像自然法那样含混不清；渊源（source）方面的实证性，它由法令予以规定，而非从习俗逐渐进化而来。他在解释霍布斯的自然法时亦坚持内容与渊源的区分：就内容而言，自然法是"自然理性的命令"，它并非严格意义上的法律；但就其渊源而言，这些命令则是上帝之命令，因此它又是严格意义上的法律。③

由上可知，关于霍布斯的自然法的理解仍是各执一词、莫衷一是。对霍布斯而言，自然法本身并不是严格意义上的法律（这一点是由霍布斯本人多次明言的），只有当它们被视为上帝之命令时才能被称为法律。自然法是正确理性的命令，而这一理性是由上帝所赋予的，如果从这个意义上来说，正确理性的命令说到底也就是上帝的命令。"自然法是上帝通过他内在于所有人的永恒之词也即自然理性而启示给人们的法。这也是我在这本小书里一直试图在揭示的法。"④ 有鉴于此，自然法是否是真正意义上的法律并无实际意义。在西方自然观（宇宙论）演变的宏大语境中

---

① David P. Gauthier, *The Logic of Leviathan*: *The Moral and Political Theory of Thomas Hobbes* (Oxford: Clarendon Press, 2000), p. 38.

② David P. Gauthier, *The Logic of Leviathan*: *The Moral and Political Theory of Thomas Hobbes* (Oxford: Clarendon Press, 2000), p. 70.

③ James Bernard Murphy, *The Philosophy of Positive Law* (*New Haven*: Yale University Press, 2005), p. 147.

④ 〔英〕霍布斯：《论公民》，应星、冯克利译，贵州人民出版社，2003，第 147 页。

去认识霍布斯的自然法才是正确理解和把握霍布斯自然法的关键所在。

就自然法而言，高赛尔认为，霍布斯冠之以"自然法"之名，是因为他尚未完全将自己从中世纪的自然法观念中剥离出来。他并未完全意识到自己的创新性，他没有看到中世纪的法律和政治思想的语言在他自己的理论框架中经历了一次巨变。简言之，在中世纪思想中，自然法是上帝据以管理人类之法，它是通过自然理性而为人所知晓的。理性的实践作用——或实践理性的作用——是认识这法律，因此，理性法和神法是必然联系在一起的。霍布斯将自然法和神法以及理性所发现的实践命令等同视之。但是，对霍布斯来说，理性的实践作用在于为自我保全所必需的和平状态规定实现的手段，而非认识理性所不可知的上帝的意志。这样，理性的命令和上帝之法将不再有必然联系。理性之命令本身不是法律，只有在它们成为上帝之命令的前提下才是法律。高赛尔明确指出，对霍布斯的道德和政治理论至关重要的是作为理性之命令的自然法，而非作为上帝命令的自然法。因此，霍布斯的自然法标签因内含"法"字而具有误导性。① 登特列夫亦指出："除了名称相同之外，中世纪的自然法观念与近代的自然法观念，几无共同之处。"② 登特列夫在讨论近代自然法时总是提及格劳秀斯、普芬道夫和洛克，而几乎对霍布斯只字未提。他在《重新审视自然法的情形》一文中说，事实上，霍布斯是那种完全无视自然法传统的法学理论的先驱和奠基者。这种观点现在经常被冠之以"现代"的名义来处理法律问题：它就是法律实证主义。③

阿奎那认为，就自然法而言，理智而非意志才是其根本规定性。即使是上帝的意志也不可能予以改变的，就像格劳秀斯所说即使是上帝也不能改变二加二等于四。如前面所论述的那样，在他们这里，理智乃是一种外在于人（甚至是不受上帝的意志所控制）的实体性存在，它决定着宇内一切事物的秩序并提供着判断正义与不义的客观标准。然而，随着唯名论者对作为客观实体的共相的否定，作为实体性存在的理性也难

① David P. Gauthier, *The Logic of Leviathan: The Moral and Political Theory of Thomas Hobbes* (Oxford: Clarendon Press, 2000), p. 70.

② 〔意〕登特列夫：《自然法：法律哲学导论》，李日章、梁捷、王利译，新星出版社，2008，第 5 页。

③ 〔意〕登特列夫：《自然法：法律哲学导论》，李日章、梁捷、王利译，新星出版社，2008，第 154 页。

逃厄运。至近代早期，人们对整个宇宙的观念发生了巨变，认为与自然的关系也被彻底扭转了过来。自此，作为个体的人获得了其前所未有的主体性地位，他的理性一跃成为裁判万物的尺度，国家也不再像古典时代那样是出于自然（需要）而逐渐生成的，而是变成"人造人"（artificial man）。由此，人的地位空前提升，自然则沉沦为人的技艺所研究和实践的对象。因此，只有在这一宏大的自然观（宇宙论）语境之下，才能对霍布斯的自然法理念作出恰切的解释，否则便只有一些文字游戏和肤浅的争论，很难有深刻的创见。

要理解霍布斯的自然法学说，必须得认识他所处时代的自然观（宇宙论）。霍布斯把自然法定义为"正确理性的命令"，那么，他在这里所说的理性到底所指为何呢？难道是尚待人们发现和认识的某种实体性存在？当然不是。在《法律要义：自然法与民约法》中，霍布斯说：激情和理性都是人的本性，并且对所有人皆是如此。在《论公民》中，他再次断言："（正确理性）与人其他的天赋或心灵的激情都同样是人的自然的一部分。"① 由此可见，霍布斯笔下的理性不再是那种外在于人的实体性存在，而是一种人自身所拥有的能力，即由因求果或由果溯因的推理和计算能力。博比奥亦指出："对霍布斯而言，说某人被赋予了理性与说他有推理计算的能力是一回事。"② 如高赛尔和登特列夫那样，博比奥也发现了霍布斯的自然法只是在形式上与传统的自然法相同，在实质上则大相径庭、相去甚远。博比奥认为，霍布斯关于自然法的定义在形式上与传统的自然法定义相同——自然法是正确理性的命令。然而，霍布斯的"理性"只有形式上的价值，而无实质上的价值；只有方法论上的价值，而无本体论上的意义。霍布斯的"理性"只指示与既定目标——和平与自我保全——相关的善和恶，而传统自然法理论中的"理性"本身就规定了什么是善和什么是恶。③

由此可见，理性对霍布斯而言只是个人理性推理和计算的能力，所

---

① 〔英〕霍布斯：《论公民》，应星、冯克利译，贵州人民出版社，2003，第15页。

② Norberto Bobbio, *Thomas Hobbes and the Natural Law Tradition*, trans. by Daniela Gobetti (Chicago：University of Chicago Press, 1993), p. 44.

③ Norberto Bobbio, *Thomas Hobbes and the Natural Law Tradition*, trans. by Daniela Gobetti (Chicago：University of Chicago Press, 1993), pp. 118–119.

以，自然法只是人们为了实现和平和自保而通过理性计算所得出的一系列法则和条件而已。作为上帝之命令的自然法对霍布斯而言只是在最弱意义上使用的。为了实现和平和自我保全的目标，生活在自然状态中的个体通过信约建立了国家（主权）。而颁布实定法是建立国家的原因。因为自然法宣称，如果人类想要实现自然法所规定的目标，就必须让实定法统治人们。由此博比奥得出结论：自然法的唯一功用在于为实定法体系（国家）提供一个理性的基础。这样一来，霍布斯就利用自然法为主权者的绝对权力提供了一个可以接受的基础，并保证了主权权力（实定法）无可争辩的至上权威。然而，这种自然法在一切人反对一切人的自然状态中确实是存在的，并且也是有效的，但它们并不是实际可行的，因为它们的切实运行需要以某种"充分安全"① 的条件为前提。由此，人要想摆脱自然状态就必须使自然法切实可行，而要使自然法切实可行就必须实现"充分安全"这一前提性条件，而实现这一条件的唯一途径便是建构一个不可抗拒的权力——利维坦，人世间"有朽的上帝"。

三 霍布斯政治哲学中的自然法与民约法

（一）主权（者）与民约法的关系

霍布斯在他的著作中反复讨论法律和法律理论，主要是因为在霍布斯的道德和政治哲学中，主权（者）和国家与法律有着极为密切的关系。

在《论公民》中，霍布斯说："民法〔的定义〕就是关于公民未来行动的命令，这些命令来自被赋予主权权威的那个人。"② "法律是这样一个人格（无论是人还是议会）的命令，它的指令就是服从的理由。"③ 在《利维坦》中，霍布斯为民约法下了一个明确的定义：民约法对于臣民来说，就是国家的语言、文字或其他充分的意志表示命令他用来区别是非的法规；也就是用来区别哪些事情与法规相合，哪些事情与法规相违的

---

① Howard Warrender, *The Political Philosophy of Hobbes*: *His Theory of Obligation* (Oxford: Clarendon Press, 1957), p. 63.

② 〔英〕霍布斯：《论公民》，应星、冯克利译，贵州人民出版社，2003，第64页。

③ 〔英〕霍布斯：《论公民》，应星、冯克利译，贵州人民出版社，2003，第144页。

法规。①

显而易见，霍布斯是一位法律命令论者，即他的法律观具有典型的唯意志论的特征。在自然状态中，个人的理性判断及其好恶是正义与不义、善与恶的评判标准，然而当公民社会（国家）建立起来以后，由主权者所代表的国家人格的意志（公共意志）取代个人意志而成为一切行为正义与否的判断标尺。"只有给出了命令，才存在着正义和不义。因此，正义和不义的自然是与命令相关的，而行为就其自身的自然而言则是无关紧要的。什么是正义和不义的问题源自统治者的权利。合法的君主因此可以通过发布命令而使他们所命令的事成为正义的，通过发禁令而使他们禁止的事成为不义的。"② 由此可见，主权者的命令乃是正义与不义、善与恶的终极来源，而与事情自身的性质并不关联。因此，一旦国家建立起来，对臣民而言，在民约法之外不存在任何判断正义与不义的标准。只有在国家的公共人格及它的公共意志建立起来以后，才能消除因个人理性判断所造成的冲突与混乱。然而，要实现这一功能，民约法必须明确地公之于众，让每个臣民只要愿意就可以获悉，否则，对于不可能知道主权者之命令的臣民而言，这条法律便无论如何也不可能具有约束力。在这种情形下，他们不得不再次诉诸自己的良心判断而又一次地陷入自然状态中，这是与建立公民社会的初衷相悖的。因此，"除开自然法而外，所有其他法律都有一个必不可缺的要点，那便是以大家知道是来自主权当局者的语言、文字、或其行为向有义务服从的每一个人公布。"③

就主权（者）与民约法的关系问题，主要就主权（者）是否受民约法的制约而言，学界观点虽在论证细节上有所不同，但就其体系的总体特征而言，这一主题仍是比较清晰的。沃伦德指出，从法律语言的角度来看，一个人是不能自我约束的，因为施加约束和束缚的人可以宽恕和豁免之，就像系铃的人可以解铃一样。因此，从这个角度来看，霍布斯坚持认为公民主权是不受民约法限制的。在探讨按约建立的主权时，高赛尔说，臣民不服从他们的主权者是不义的，即使他的命令与自然法相

---

① 〔英〕霍布斯：《利维坦》，黎思复、黎廷弼译，商务印书馆，1985，第206页。
② 〔英〕霍布斯：《论公民》，应星、冯克利译，贵州人民出版社，2003，第121页。
③ 〔英〕霍布斯：《利维坦》，黎思复、黎廷弼译，商务印书馆，1985，第211页。

冲突。因为他们已经订约同意不抵抗主权者，并接受他做任何事情的判断以及什么是对和什么是错的判断。没有任何法律可以使臣民据以反对主权者的民约法。在探讨以力取得的主权时，他又指出，臣民直接对主权者负有义务，因此，臣民不能使自己从他们的信约中解脱出来并废黜他们的主权者。在此，高赛尔认为主权者对其臣民而言是享有绝对权力的。霍布斯本人就这一主题给出了明确的说明，他把那些宣扬主权者应当服从民约法的论调列为与公民社会为敌的观点之列。在他看来，"国家不可能对它自己或公民负有义务。它不可能对自己负有义务，因为无人对自己负义务。它不可能对公民负义务，因为公民个人的意志已被包含在国家的意志中"。① 在《利维坦》中，霍布斯也对这一主题进行了明晰地论证："国家的主权者不论是个人还是会议，都不服从国法，因为主权者既有权立法废法，所以便可以在高兴时废除妨碍自己的法律并制订新法，使自己不受那种服从关系的约束；这样说来，他原先就是不受约束的。因为愿意不受约束就可以不受约束的人便是不受约束的。而且任何人都不可能对自己负有义务，因为系铃者也可以解铃，所以只对自己负有义务的人便根本没有负担义务。"②

由于霍布斯对主权（者）不受民约法制约的论证清晰并且前后一致，所以学界对这一主题没有太多争论，学者们都认同，对霍布斯而言，主权者是不受民约法制约的，即他不对自己负有义务，也不对臣民负有义务。

（二）自然法与民约法的关系

在西方法律思想史上，一般认为霍布斯是属于自然法传统的，但近年来的研究逐渐倾向于认为应当把霍布斯归于法律实证主义的历史之中，并将他视为法律实证主义的理论先驱。然而，众所周知的是，自然法和法律实证主义是两股相互对立的思想潮流，那霍布斯又是如何同时归属于这两种相互对立的思想倾向的呢？要想揭示这一问题的内在理路，务必探究霍布斯体系中自然法与民约法的关系，亦即自然法与主权（者）的关系。正如博比奥所指出的："依我看来，自然法与民约法的关系问

① 〔英〕霍布斯：《论公民》，应星、冯克利译，贵州人民出版社，2003，第 123 页。
② 〔英〕霍布斯：《利维坦》，黎思复、黎廷弼译，商务印书馆，1985，第 207 页。

题，是允许人们接触霍布斯那巧妙而又系统的机械论中最为敏感的观点的一个最根本性的问题。首先，这一问题是所有自然法理论的根本问题。其次，正如人们所应看到的，从霍布斯的各个方面来看，又可以把它看成霍布斯所有关于法律和政治的著作中最莫衷一是的问题之一。"①

对于这一主题在西方世界可谓百家争鸣，然而由于霍布斯本人对它的论述也不十分清晰，甚至是前后不一，至今学界对这一问题仍是各执一词。

马蒂尼奇虽未直接论及自然法与民约法的关系这一主题，但他认为霍布斯是明确地将上帝与人类主权者进行类比的，因此可以得出结论：一方面，霍布斯坚持认为人类主权者是基于其不可抵抗的权力而发布命令，他所发布的命令之所以是法律，是由于它是由拥有发布命令之权力的人所发布的，这体现了霍布斯的意志论倾向；另一方面，他认为霍布斯同时又具有理性主义的倾向，即人类主权者所发布的命令须有助于人类的自我保全。由此可知，在马蒂尼奇看来，并非所有的命令都是法律，他发布的命令应当与理性（即人类的自我保全）相符合。从这个意义上来看，主权（者）是要受限于此的。

沃伦德特别对霍布斯有关公民社会中自然法和民约法的关系这一主题作了详尽分析。随着主权权威和民约法的出现，自然法并未被取而代之，尽管它们的运作方式有所转变。在公民社会中，自然法与民约法一并存留，并且它们在公民社会中决定义务模式的作用与在自然状态中所发挥的作用并无二致。② 然而，博比奥对这一主题持完全相反的观点：自然法在自然状态中尚不存在，在公民状态中也已不复存在。沃伦德又从自然法与主权者和臣民这两方面的关系出发去说明自然法与民约法的关系。他说，对主权者而言，自然法是唯一可以约束他的法律，这一义务可能包含的意思是他所发布的民约法不可能与自然法相抵牾。然而，对臣民来说，霍布斯的观点更为复杂。在个人良心的内在领域，民约法无论如何都是不会与自然法相抵牾的，因为在霍布斯看来，民约法在个人

---

① Norberto Bobbio, *Thomas Hobbes and the Natural Law Tradition*, trans. by Daniela Gobetti (Chicago: University of Chicago Press, 1993), p. 115.

② Howard Warrender, *The Political Philosophy of Hobbes: His Theory of Obligation* (Oxford: Clarendon Press, 1957), p. 146.

良心的内在领域没有任何效力。然而，在外在行为领域，民约法则会与自然法相抵牾，这就导致了臣民到底服从何种法律的难题。但是，霍布斯通过授予主权者全面地解释自然法的职能解决了这一问题。对上帝之言的纷繁解释导致了矛盾和冲突。因此，如果想要使公民社会巩固，就需要一个合理的解释者，同时也需要以主权者的公共良心代替臣民的个人良心。由此，自然法或神的法律与民约法之间的矛盾就消除了。①

然而，这一矛盾的消除必须以赋予主权者在决定《圣经》解释以及崇拜上帝的方式和仪式等问题上的绝对权力为前提，但这又与沃伦德在其他地方的相关论述有所不同。沃伦德尤其关注公民服从民约法的义务，他指出，臣民服从民约法的一般义务是不可能由民约法自行创设的，也不是由主权者对自然法的"官方"解释创设的，它必须依赖于一种先在的权威和义务。民约法之所以具有约束力，是因为有一个服从主权者命令的先在义务。这一义务不能由公民主权的命令自行设定，因为正是它自己赋予了命令以权威并将其与他人的不具有约束力的命令区分开来。因此，服从主权者命令的一般义务是对另一个等级的法律的义务，即对由个人良心解释的自然法的义务。在另一处，沃伦德又指出，民约法仅仅是臣民服从自然法的一个层次（level），它既非全面的，亦非自明的，它在这两个方面都需要自然法在另一层次上的支持。② 由此可见，臣民对主权者的命令（民约法）的服从要以某个不以主权者的意志为转移的先在义务为条件③，因此主权权力的绝对性也便打了折扣。同时，沃伦德又指出，在讨论个人良心和民约法的关系时，霍布斯说，根据个人良心决断的权利在进入公民社会时已被放弃，在公民社会中他们将服从主权者的公共良心。尽管如此，沃伦德还是认为在公民社会中对个人良心的运

---

① Howard Warrender, *The Political Philosophy of Hobbes*: *His Theory of Obligation* (Oxford: Clarendon Press, 1957), pp. 170 – 171.

② Howard Warrender, *The Political Philosophy of Hobbes*: *His Theory of Obligation* (Oxford: Clarendon Press, 1957), p. 176.

③ 对此，高赛尔提出了相反的观点，他说："霍布斯从未怀疑过上帝对于人类的权威在理论上的至上性。但这并不意味着（像沃伦德所认为的那样）只有上帝的权力才能创生义务，而人的权力绝无这种力量。"参见 David P. Gauthier, *The Logic of Leviathan*: *The Moral and Political Theory of Thomas Hobbes* (Oxford: Clarendon Press, 2000), p. 179。

用仍有一席之地。①

奥克肖特在《〈利维坦〉导读》一书中特别强调了霍布斯的意志论倾向，这一点在他论及自然法和民约法以及它们之间的关系时体现得尤其充分。一般而言，民约法的内容与自然理性所揭示的那些有助于人们之间和平关系的原理是一致的。但世俗主权者制定的规则的合法有效性完全在于它们是他的命令。总之，在公民结合体中，法律的有效性不在于它加诸行为的条款的智慧，甚至也不在于它推进和平的习性，而在于它是主权者的指令，在于（尽管这点是模糊的）它被有效地实施。同时，他还指出，在一个国家中，主权者是唯一的立法权威，只有他所宣示的才是法律，除此之外，没有什么会成为法律，它之所以是法律完全在于这一宣示行为。② 这充分体现了奥克肖特对霍布斯关于法律的意志论倾向的揭示。

奥克肖特在《〈利维坦〉导读》中对《利维坦》的后半部分也进行了详尽地考察，他认为在这部分中霍布斯的宗教计划旨在"通过校正一个根本的错误，来更清晰地展示人类这种普遍的困境表现在 17 世纪中那种局部的、短暂的损害"③。奥克肖特指出，除非表明自然推理的结果是某个权威的意志，这种结果才可能变成法律。如果这些结果除了推理的判决以外，还可以被展现为上帝的意志和指令，那样它们本身才可以被称作法——自然法或神法，才可以被说成是产生了义务。如果上帝的律法是通过《圣经》来启示的，而解释是权威的事；因为，无论推理在解释的过程中发挥什么样的作用，决定一切的是这个裁决——谁的推理能

---

① Howard Warrender, *The Political Philosophy of Hobbes: His Theory of Obligation* (Oxford: Clarendon Press, 1957), p. 176. 沃伦德在此处提出的个人良心决断的权利，与施米特指出的霍布斯所留下的思想和信仰自由的缺口是一致的。施米特认为霍布斯在此留下的这一缺口埋下了导致利维坦最终死亡的种子。奥克肖特指出，"至于说内在的思想和信仰，是人世的统治者所无法顾及的（因为只有上帝懂得心灵），它们不是自愿的，也不是法律的结果，而是上帝未显露的意志及权力的结果；因此，是不受义务制约的"。霍布斯把他的宽容正是建构在这个阴暗的怀疑论学说的基础上的。参见〔英〕迈克尔·奥克肖特《〈利维坦〉导读》，应星译，载渠敬东主编《现代政治与自然》，上海人民出版社，2003，第 221 页。

② 〔英〕迈克尔·奥克肖特：《〈利维坦〉导读》，应星译，载渠敬东主编《现代政治与自然》，上海人民出版社，2003，第 210 页。

③ 〔英〕迈克尔·奥克肖特：《〈利维坦〉导读》，应星译，载渠敬东主编《现代政治与自然》，上海人民出版社，2003，第 215 页。

解释？如果每个人都按自己的理性去解释，就必然会导致纷争，因为个人的良心和理性无非是对自己行为的好评。同时，奥克肖特通过论证指出，教会作为精神权威而肩负解释的职能也是没有依据的。契约是权威的唯一来源，它不可能产生特别的精神权威来解释《圣经》，可以肯定的是，它产生了公民社会。① 在此，奥克肖特为世俗主权者确立了解释《圣经》的绝对权力，因为非如此不足以实现和平。

同时，奥克肖特还对基督教体系国家中的主权者进行了考察。如果作为基督徒的主权者有特别的权利，他也就有相应的义务。因为在基督教体系的国家中，存在着主权者在某种意义上负有义务的法律。以前仅仅是和平的理性条款，现在（在《圣经》所决定的基础上）变成了义务性的行为规则。主权者当然对他的臣民不负有义务，只有职责，但神法（尽管是他自己立的法）对他与对他的臣民是一样的，都是义务性的指令。由此可见，奥克肖特对主权者责任的分析是全面而又精到的，他把主权者分为基督徒主权者和非基督徒主权者，并对这两种情况分别予以说明是非常恰当的。所以，沃伦德认为奥克肖特的分析很容易得出否认主权者负有任何责任的结论是站不住脚的。

高赛尔在分析《利维坦》第三十章"论主权代表者的职责"开篇的那段话时指出，主权者服从自然法的义务源自把自然法视为上帝之法。在霍布斯的自然法理论中，如对自然状态中的个人一样，自然法是理性的命令，但是对主权者来说，自然法就是神的法律。他强调主权者对上帝的服从，将之作为控制主权者行为的唯一有效的手段。由此可见，对高赛尔来说，自然法在自然状态中是理性之命令，但他为了确立自然法对主权者的限制，不得不承认，在公民社会中，自然法是上帝之命令。但他认为，这不足以影响他对霍布斯的自然法做形式性的理解，② 因为自然法在自然状态中的适用决定了霍布斯道德和政治体系的基本内容。③

---

① 〔英〕迈克尔·奥克肖特：《〈利维坦〉导读》，应星译，载渠敬东主编《现代政治与自然》，上海人民出版社，2003，第218页。

② 高赛尔（Gauthier）对霍布斯的自然法理论和义务理论都做了形式性的理解和定义。就自然法而言，他认为在霍布斯的理论中，自然法是正确理性的命令。就霍布斯的义务理论而言，他认为，所有的义务都是自我施加（self-imposed）的。

③ David P. Gauthier, *The Logic of Leviathan：The Moral and Political Theory of Thomas Hobbes* (Oxford：Clarendon Press, 2000), p.73.

　　罗伊德通过对民约法和自然法的关系的探讨，[1] 提出了霍布斯自然法的自我消解（self-effacing）理论。但他认为，要理解这一理论必须解决一个问题：自然法是如何命令臣民服从民约法的，即自然法只有在命令臣民服从民约法的前提下才可以自我消解。罗伊德将公民服从政治权威（民约法）的责任奠基于相互性原理之上，他认为相互性原理将为把实定法视为最终权威奠定基础。罗伊德是这样解释的，如果我想要使其他人在某一件事情上服从权威性的公断人对自然法的解释和适用，自然法也将引导人们接受公断人的权威判断。更确切地说，因为我们不想让其他人在解释和判断自然法要求什么的问题上使用他们的个人判断，我们也就不得让自己使用个人判断。[2] 如果按照相互性原理的路径来理解对自然法所建构的政治权威的服从责任的话，我们就需要修正权威概念的性质。一般认为，霍布斯的主权者是制定和执行法律的机械装置，但就人们的解释而言，主权者的主要职能是作为最高裁判者进行裁判。如果人们把主权者理解为权威性的公断人，他将合法地处理关于什么是法律（包括自然法）、如何恰当地解释法律等一切争端。

　　至此，霍布斯自然法理论的自我消解的特性将得以确证。以主权者宣布的实定法与自然法相冲突（根据个人判断得出的）为由而拒绝服从是不合情理的，自然法要求人们视主权者在裁定所有的争端时作出的判决为权威性的和恰当的，甚至包括那些与自然法相冲突的判决。如果这是自然法所作出的命令的话，臣民将没有批评和反对主权者决定的正当

---

①　罗伊德分析了霍布斯在《利维坦》第二十六章中的一个重要论断："自然法和民约法是互相包容而范围相同的。"他指出，这并不意味着自然法和民约法是完全相同的，因为，霍布斯在其他地方指出，自然法是所有民约法体系的一部分，这就暗示了所有的民约法体系是完全相同的，但这是一个明显的错误。霍布斯并没有说自然法和民约法的各要素都是相同的，因为作为整体的一部分，自然法所包含的要素要少于任何一个国家的民约法的要素；只有在这两种诫令被认为在数量上是无限（它将允许自然法和民约法之间一一对应的关系）的时候它们才是完全相同的，但这一点又是不可能的，同时也得不到霍布斯文本的支持。如果自然法和民约法既不完全相同（identical），也不平等（equinumerous），那它们又在何种意义上是"范围相同"的呢？霍布斯的论述可以明显地被解释为，民约法以自然法作为一个要素，而自然法又命令臣民服从民约法。但这只是一个空泛的断言，不能作为自然法自我消解的论证。参见 S. A. Lloyd《实践理性的政治立法》，法律出版社，2009，第 280~281 页。

②　S. A. Lloyd：*Morality in the Philosophy of Thomas Hobbes*：*Cases in the Law of Nature*（Cambridge：Cambridge University Press，2009），pp. 173 - 174.

理由。由此可见，霍布斯的主张中含有十分明确的实证要素。自然法拥有最高权威，但它首先要求人们按照法律实证主义的要求行为。至此，霍布斯自然法的自我消解便完成了。① 对霍布斯自然法的自我消解理论，罗伊德还在《利维坦》后半部分的《圣经》论证中找出了证据。上帝命令人们首先服从他们的君主，他要求臣民服从主权者的命令，哪怕那些命令与神的实定法所规定的信条或实践相对立。这表明在霍布斯的理论中，神的实定法（如圣经法）也具有自我消解的特性。通过上述的梳理可以发现，罗伊德对霍布斯自然法的自我消解特性的论证与博比奥对霍布斯所作的实证主义解读有异曲同工之妙。

人类为了摆脱悲惨的自然状态，不得不转让或放弃他们在自然状态中所享有的对万物的权利，通过将这一权利转让给其他人或某个议会，人们就建立起了国家主权，从而走出自然状态进入公民社会。这一切都是人们根据寻求和平的自然法而实现的。由此可见，国家是要以实现和平和臣民的自保为最终旨归的，然而实现这一目标就必须通过国家主权者颁布实定法（民约法）来进行管理。那么主权者所颁布的实定法的正当性又从何而来呢？对博比奥来说，它当然是来自引导人类追求和平从而摆脱自然状态的自然法。博比奥明确指出："自然法是理性之命令，它向人类表明，如果他们想要实现和平就必须服从实定法。霍布斯的这一论证路径给人们留下了这样一个印象，即自然法除了为国家和实定法的产生提供正当性的基础以外，并无其他效用。……也就是说，自然法的唯一功用就是为实定法体系提供一个合理的基础。"② 由此可见，对霍布斯来说，绝对的和无条件的服从才是自然法的第一条也是最根本的一条诫命。关于这一点，霍布斯在其文本中有明确的表达："我们的救主除了自然法外，即除了吩咐公民服从外，没有颁布任何有关国家统治的原则。"③ "基督说，这些题目（即法律、政治和自然的学问）不是他要教导的事，他只有一件事晓谕众人，即在这些问题上的一切纷争，

① S. A. Lloyd, *Morality in the Philosophy of Thomas Hobbes*: *Cases in the Law of Nature*（Cambridge: Cambridge University Press, 2009）, pp. 279 – 280.

② Norberto Bobbio, *Thomas Hobbes and the Natural Law Tradition*, trans. by Daniela Gobetti（Chicago: University of Chicago Press, 1993）, p. 122.

③〔英〕霍布斯：《论公民》，应星、冯克利译，贵州人民出版社，2003，第 207 页。

每个公民都要服从其国家的法律和决定。"① 由此可见，自然法唯一不能被消解的作用在于为实定法规范提供绝对的基础。霍布斯试图从自然法传统中获取的东西只是确立人们服从国家和实定法的绝对义务的论证而已。

同时，博比奥在《霍布斯与自然法理论》一文中也明确指出：在所有的自然法当中，规定服从民约法的自然法占据了主导地位。国家一旦建立起来，只有规定服从民约法的自然法会继续存在。② 如罗伊德所提出的霍布斯自然法的"自我消解"理论那样，博比奥也对霍布斯的自然法作了同样的分析。博比奥认为，我只在自然法被转化为民约法以后才被迫履行自然法的命令。从这一点来看，显而易见的是，自此我所服从的法律不再是自然法，而是民约法。国家一旦建立起来，自然法就不再有任何存在的理由了。在这里可以看出，博比奥如罗伊德一样，也认为自然法的自我消解必须以自然法吩咐臣民服从民约法为前提，只有在这一基础上，自然法的自我消解才能完成。博比奥认为，在霍布斯那里，自然法理论以一个一元论的法律观作以终结，他否定自然法是一个高于实定法体系的法律体系，从而为主权权力的绝对性提供了坚实的论证基石。由此可见，博比奥的最终结论在于承认霍布斯的自然法理论是在为法律实证主义奠基铺路，而不是为了构建完善的自然法理论的大厦，他巧妙地运用自然法理论建构了一个巨大的服从机器。③

由上可见，不同学者对这一主题所持的观点各不相同，甚至同一学者的观点在其体系中也是含糊其词、暧昧不明，这一切都是因霍布斯本身的含混所造成的，尤其是他在"论国家"部分的讨论。

正如在前面对自然观（宇宙论）的演变的梳理和对霍布斯对自然法概念的探析中所发现的，当霍布斯用"自然"这一概念时，他所意指的是科学家眼中的自然，而非古希腊或中世纪哲学家笔下的自然。因为他并未将自然等同于宇宙的理性和秩序，而是把它视作任何人可以观察和

---

① 〔英〕霍布斯：《论公民》，应星、冯克利译，贵州人民出版社，2003，第208页。

② Norberto Bobbio, *Thomas Hobbes and the Natural Law Tradition*, trans. by Daniela Gobetti (Chicago：University of Chicago Press，1993），p. 163.

③ Norberto Bobbio, *Thomas Hobbes and the Natural Law Tradition*, trans. by Daniela Gobetti (Chicago：University of Chicago Press，1993），p. 171.

研究的现象世界，霍布斯就像哥白尼解释星球那样去解释人。① 因此，在霍布斯看来，自然法并不决定作为被造物的人的目的，而是描述作为上帝之造物的人的生活方式和他们的生存环境。这些法则是通过对人际思想和行为的思考被发现的，而不是通过上帝的信念、理性或意图而被发现的。② 霍布斯在摒弃了古典时代理性（或自然）的秩序以后，便只能靠人为的作为立法者的国家主权颁布法律来实现他所寻求的秩序。在这种情形之下，人所面临的困境就具有一种全新的特征。它不再是发现和遵从自然所赋予的秩序的困难，而是古典时代的道德哲学家所说的"至善"的缺失和对人的欲望的限制。在霍布斯看来，对任何事物的获得将可能激发他对另一事物的欲望。人生在世，欲望无休。在此，没有判断事物善恶好坏的标准；善者乃是人所向往的，而每个人所向往的事物又形形色色、各不相同。在霍布斯这里，自然法并没有提供某种善好生活的范型，而是为人类提供了一种追求幸福生活的欲望和通过理性计算以达至这种幸福生活的能力。

霍布斯在《论公民》中写道："自然法的实践对和平的维持是必不可少的，而安全对自然法的实践又是必不可少的。"③ 自然法规定了追求和平的基本要求，它是人们摆脱自然状态以求和平与自保的重要条件。然而，徒法不足以自行，它必须以"充分安全"为条件。只有在这种"充分安全"的条件下自然法才是具有约束力的，否则它便不能切实地发挥效力以引导人们走向和平。这种"充分安全"的条件只有在建立起一个绝对的主权国家，并通过主权者（作为立法者）颁布实定法进行管理方才能实现。这里就可以明确看出，自然法的切实有效以符合民约法为基本前提，否则它便只是一纸空文。因为自然法只是每个人通过理性的推理和计算能力发现的为实现和平而必需的条件和法则而已。如博比奥所

---

① 马蒂尼奇指出，就霍布斯的政治意图而言，他旨在回应哥白尼和伽利略向宗教所发起的挑战，并防止出于政治目的的宗教滥用。就总教育科学而言，他旨在表明《圣经》的宗教内容是可以与哥白尼他们的新科学相调和的。参见 A. P. Martinich, *The Two Gods of Leviathan: Thomas Hobbes on Religion and Politics* (Cambridge: Cambridge University Press, 1992), p. 5。

② Shirley Robin Letwin, *On the History of the Idea of Law*, edited by Noel B. Reynolds (Cambridge: Cambridge University Press, 2005), p. 92.

③ 〔英〕霍布斯：《论公民》，应星、冯克利译，贵州人民出版社，2003，第54页。

说的，"对霍布斯来说，自然法不是法律，它只是原理。更为精确地说，它们不是法律规范，而是科学原则。它们不发布命令，只是论证。它们不是强迫，只进行说服。自然法并不约束法律规范，只是证明法律规范体系的有效性"①。在这里，博比奥几乎忽视了霍布斯关于作为上帝之命令的自然法的意蕴，而沃伦德和马蒂尼奇等人与之相反，他们认为自然法在作为上帝之命令时是真正意义上的法律，因而也具有约束力。同时，高赛尔在某种意义上（即在对主权者而言时）也是接受自然法作为法律的观点的。

霍布斯确实指出主权者"除开自己是上帝的臣民、因而必须服从自然律以外，对其他任何事物都决不缺乏权利"②。在另一地方他又说："诚然，所有的主权者都要服从自然法，因为这种法是神设的，任何个人或国家都不能加以废除。但主权者本身（也就是国家）所订立的法律，他自己却不会服从。"③ 如在前面分析自然法的概念时所指出的一样，尽管霍布斯反复重申主权者有服从自然法的义务，但他只是附带提及而已，他从未对这一主题给出具体翔实的论证和说明。

就自然法与民约法的关系而言，霍布斯曾在《利维坦》中给出了一个重要的论断："自然法和民约法是互相包容而范围相同的。"④ "民约法和自然法并不是不同种类的法律，而是法律的不同部分，其中以文字载明的部分称为民约法，而没有载明的部分则称为自然法。"⑤ 马蒂尼奇在《霍布斯传》中对这一论断作了说明，他说："霍布斯说这句糊涂话的意思大概是指民法与自然法始终是一致的。他说自然法不是真正的法律，意思可能是说自然法不像民法那么有效，因为自然法背后的力量虽然更加强大，却常为人所忽视。"⑥ 在此可以看出，对马蒂尼奇来说，自然法作为上帝之命令是真正意义上的法律，只是其背后更为强大的力量常为人所忽视而更害怕同类的力量（主权权力）而已。罗伊德对霍布斯的这

---

① Norberto Bobbio, *Thomas Hobbes and the Natural Law Tradition*, trans. by Daniela Gobetti (Chicago: University of Chicago Press, 1993), p. 145.

② 〔英〕霍布斯：《利维坦》，黎思复、黎廷弼译，商务印书馆，1985，第 165 页。

③ 〔英〕霍布斯：《利维坦》，黎思复、黎廷弼译，商务印书馆，1985，第 253 页。

④ 〔英〕霍布斯：《利维坦》，黎思复、黎廷弼译，商务印书馆，1985，第 207 页。

⑤ 〔英〕霍布斯：《利维坦》，黎思复、黎廷弼译，商务印书馆，1985，第 208 页。

⑥ 〔美〕马蒂尼奇：《霍布斯传》，陈玉明译，上海人民出版社，2007，第 173 页。

一论断也作了分析，他指出：这并不意味着自然法和民约法是完全相同的，因为霍布斯在其他地方指出，自然法是所有民约法体系的一部分。

博比奥在论述自然法与民约法的关系时也对这一论断给予了高度的关注，并提出了富有创见的解释。"如果我们没有误解的话，我们可以把这两句话理解为同一个意思，但是这一点远非如此清晰。自然法本身不具有强迫性，只有实定法才具有强迫性。如果自然法要变成可强迫的，那么民约法就必须对它们施加影响。因此，正是民约法使得自然法变得具有强迫性。换言之，从形式的角度而言，法律之所以是实定法，是因为它是由能够合法地创制有约束力的法律规范的权威所发布的。从内容的角度来看，法律之所以是自然法，是因为它从自然法的戒律中得到了规则的内容。只有在这些基础之上，我们才可以像霍布斯那样，认为自然法和民约法有共同的空间范围并且是同一法律的不同部分。民约法与自然法包含相同的内容，它们之所以是同一法律的不同部分，是因为实定法构成了这一法律的形式，而自然法则构成了它的内容。因此可以看出，与传统自然法学说相比，霍布斯在这里彻底地颠倒了民约法与实定法的关系。这一点确实是正确的。对一个自然法理论家而言，实定法之所以具有约束力只是因为它与自然法相一致；而对霍布斯来说，自然法之所以具有约束力仅仅是因为它与实定法相一致。"①

霍布斯本人在《利维坦》中明确指出："因为自然法就是公道、正义、感恩以及根据它们所产生的其他道德，……这一切在单纯的自然状况下都不是正式的法律，而只是使人们倾向于和平与服从的品质。国家一旦成立之后，它们就成了实际的法律，在这以前则不是；因为这时它们成了国家的命令，于是也就成了民约法，强制人们服从它们的乃是主权者。"② 在这里，霍布斯指出，自然法在自然状态（国家建立起来之前）中不是正式的法律，而是使人们倾向于和平与服从的品质，也就是人们通过其理性的推理和计算能力而发现的通向和平的路径和法则。这一论述表明马蒂尼奇对霍布斯这一论断的理解失之偏颇，同时它也表明，自然法只有通过主权者的命令才能成为实际有效的（拥有强制力的）法律。在《利维

① Norberto Bobbio, *Thomas Hobbes and the Natural Law Tradition*, trans. by Daniela Gobetti (Chicago: University of Chicago Press, 1993), pp. 129 – 130.
② 〔英〕霍布斯：《利维坦》，黎思复、黎廷弼译，商务印书馆，1985，第207页。

坦》中霍布斯指出，主权者（也只有主权者）通过法令规定了在世俗事务中什么是公道、什么是正义、什么是道德并使它们具有约束力，因此之故，自然法便是民约法的一个组成部分。反过来说，自然法要求每个臣民都服从民约法，所以民约法也是自然法的一部分。[①]

由此，霍布斯更进一步地确证了作为公道、正义、感恩以及根据它们所产生的其他道德的自然法，只有通过主权者的命令之宣告才能成为实际有效的法律（民约法）。同时，霍布斯在此也明确指出，要求每一个臣民服从民约法乃是自然法的一个重要诫命，正如博比奥所指出的，这是自然法所唯一不能被消解的要素。

通过对霍布斯这一重要论断的分析可以发现，霍布斯在这里明确地消解了自然法的功用，提升了民约法的地位。但是，这一论断仍有暧昧不明之处，因为自然法在这里毕竟还扮演着十分重要的角色，就像博比奥的分析所指出的，民约法是从自然法的诫命中获得其规则的内容的。对此，霍布斯在《论公民》中给出了更为明确的论断，他说："偷盗、谋杀、奸淫和所有的背信都是被自然法所禁止的。但对一个公民来说怎么才叫偷盗、谋杀、奸淫或背信，这要由民法而非自然法来决定。不是所有将别人所拥有的东西拿走的行为都叫偷盗，只有将属于别人的东西拿走的行为才叫偷盗。而什么东西算是我们的，什么算是别人的，这是民法所决定的问题。类似地，也不是所有杀人的行为都叫谋杀，只有杀了民法所禁止杀害的人，才叫谋杀。也不是所有的性交都叫奸淫，只有民法所禁止的性交才叫奸淫。"[②]

由此可见，自然法禁止偷盗，而民约法规定了什么东西是我们的，什么东西是别人的，也就是说，民约法规定了什么是偷盗。同样，自然法禁止谋杀、而民约法规定了对我们而言什么是谋杀，如不是所有的杀人行为都叫谋杀，只有杀了民约法所禁止杀害的人才叫谋杀。就此而言，可以清楚地看出，在这里霍布斯通过另一种表达明确地消解了自然法为民约法规定其内容的地位。博比奥对此作了明确的概括：霍布斯最初好像只是说，自然法存在，但它不具有约束力。但是现在他把对自然法的

---

① 〔英〕霍布斯：《利维坦》，黎思复、黎廷弼译，商务印书馆，1985，第207～208页。
② 〔英〕霍布斯：《论公民》，应星、冯克利译，贵州人民出版社，2003，第68页。

贬抑推得更远。自然法存在，但是它太不确定以至于不能适用。通过说自然法没有约束力，霍布斯已然剥夺了它们的有效性；通过说它们不确定，霍布斯使它们变得无用。如果要求民约法必须决定什么是偷盗、谋杀和奸淫，意味着民约法要自行决定其内容，而不是从自然法得出它的具体内容。① 对此，霍布斯提供了一个最好的例证："在古代，拉克代蒙人通过特定的法律允许孩子对他人的东西小偷小摸，他们所规定的就是，那些东西不属于那个人而属于小偷小摸者；这种小偷小摸不算偷盗。"②

在这里，霍布斯对自然法的消解达到了顶峰，就此，他也确立了民约法不可撼动的权威性地位。由此，霍布斯绝对主权的真实面相也便愈加清晰。然而上述观点只在《论公民》中得到了坚持，在《利维坦》中霍布斯看似对此前的这种实证主义倾向有所缓解，他好像在《利维坦》中赋予了自然法一种重要的地位："如果某法对所有臣民无一例外地都具有约束力，而且又没有用明文或其他方式在人们可以看到的地方加以公布，那就是自然法。"③ 博比奥则认为，即便情形是这样，霍布斯对自然法的忠诚也只是表面上的，相反，他在这里隐藏了对自然法的贬低。④ 在民约法出现漏洞之时，自然法便可以作为裁判依据，然而由于自然法是不明确、不具体的，所以它必须经过解释才能适用于民约法尚未作出明确规定的具体案件。但是，谁拥有解释自然法的权利呢？霍布斯在《利维坦》中指出："一个国家中自然法的解释不依据于伦理哲学方面的书籍。著作家的意见不管多么正确，如果没有国家的权力支持，单凭他们自己的权威不能使他们的意见成为法律。……自然法的解释就是主权当局规定来听审与决定属于这类纠纷的法官所下的判决词。"⑤ 由此，霍布斯确立了主权者在面对民约法尚未规定的具体案件时解释自然法的权力。在这种情形下，只有主权者（或主权者所委派的法官）才有权决定应当运用哪一条自然法，并确定该条自然法的具体内容。这样，自然法的解

① Norberto Bobbio, *Thomas Hobbes and the Natural Law Tradition*, trans. by Daniela Gobetti (Chicago: University of Chicago Press, 1993), p. 131.

② 〔英〕霍布斯：《论公民》，应星、冯克利译，贵州人民出版社，2003，第68页。

③ 〔英〕霍布斯：《利维坦》，黎思复、黎廷弼译，商务印书馆，1985，第211页。

④ Norberto Bobbio, *Thomas Hobbes and the Natural Law Tradition*, trans. by Daniela Gobetti (Chicago: University of Chicago Press, 1993), p. 135.

⑤ 〔英〕霍布斯：《利维坦》，黎思复、黎廷弼译，商务印书馆，1985，第215页。

释权也便归属于主权者自由裁量的范围，从而确立了主权者在这一事务方面的绝对权威。博比奥对此总结道："我们可以说，主权者（作为立法者）在创立实定法时使自然法丧失了效力。而主权者（作为法官）在面对一个立法权力尚未规定的争议时，亦使自然法丧失了效力。"① 借此，霍布斯关于自然法的自我消解便基本完成，民约法在他的体系中的地位也得到了空前的提升，由此主权者的绝对权威也明晰可见。就此而言，博比奥和罗伊德关于霍布斯自然法的自我消解的理论便是正确的，但是他们的论证并不全面，因为他们没有对霍布斯论述宗教的部分的论证。同时，在霍布斯的论述中也有一些观点似乎并不完全支持上面已经作出的论证和结论，要对这些暧昧不明之处进行澄清就必须对霍布斯的宗教论证进行详细的考察，因为它们大多都与霍布斯的宗教论述相关。

在《利维坦》中霍布斯这样写道："上帝说：'在地上没有象他造的那样无所惧怕。凡高大的、他无不藐视、他在骄傲的水族上作王。'但他正如同所有其他地上的生物一样是会死亡的，而且也会腐朽。同时因为他在地上虽然没有、但在天上却有须予畏惧的对象，其法律他也应当遵从。"② "一切不违反道德法则的事物，也就是不违反自然法的事物，国家以法令宣布为神律时，所有的臣民便都必须当成神律服从。"③ 从这两处引文中似乎又可以看到，霍布斯认为主权者的命令不是不受限制的，而是要受到作为万王之王的上帝的制约，须与上帝之命令（即自然法）保持一致。因此，霍布斯体系中自然法与民约法的关系以及主权的绝对性便不像博比奥他们的论述那样清晰明白，仍是迷雾重重。

"在一套完整的关于民约义务的知识中，现在我们所缺的只是认识什么是神律，因为如果没有这种知识的话，当世俗权力当局命令一个人作任何事情时，他便会不知道是否违反神律，这样一来，要不是过多地服从世俗方面而冒犯吾王，便是由于惧怕冒犯上帝而违反国家的命令。为了避免这两个暗礁，就必须知道神律是什么。"④ "一个人如果除开自然理

① Norberto Bobbio, *Thomas Hobbes and the Natural Law Tradition*, trans. by Daniela Gobetti (Chicago: University of Chicago Press, 1993), p. 136.
② 〔英〕霍布斯：《利维坦》，黎思复、黎廷弼译，商务印书馆，1985，第249页。
③ 〔英〕霍布斯：《利维坦》，黎思复、黎廷弼译，商务印书馆，1985，第224页。
④ 〔英〕霍布斯：《利维坦》，黎思复、黎廷弼译，商务印书馆，1985，第277页。

性以外，从来没有由上帝直接向他启示过神意，他对于自称为先知的人们所传的神谕又怎样能知道什么时候应该服从或者不服从呢?"① "一个先知还能欺骗另一个先知，那么我们除了通过理性以外，又怎样能肯定地知道上帝的意旨呢?"② 有鉴于此，为了澄清文章所讨论的主题，并使这一主题清晰明确地体现出来，接下来必须探究关于神律的知识，只有将上述几个问题解释清楚以后，才能进一步明确臣民的义务和主权（者）的权力，从而揭示霍布斯绝对主权的真实面相。

四 关于绝对主权的宗教论证

从篇幅上看，在霍布斯"政治法律思想三部曲"中关于宗教的论述占据了其著述相当大的篇幅，这一点是显而易见的。然而，关于宗教论证在霍布斯的体系当中居于何种地位这一问题，国内外学者则各抒己见、莫衷一是。马蒂尼奇、沃伦德和泰勒等人认为，宗教论证在霍布斯的体系中占有非常重要的地位。然而，高赛尔则认为，就霍布斯的体系而言，宗教论证仅居于次要地位。在博比奥对霍布斯政治法律思想的解释中几乎看不到他对其宗教论证的关注，他的论证也几乎没有引用霍布斯关于宗教部分的论述。施特劳斯虽明确指出，从《法律要义：自然法与民约法》到《利维坦》，霍布斯用于宗教批判的篇幅有所增加③。然而他又指出，随着对这一主题的论述在篇幅上的增加，霍布斯对宗教的批判也日益深化，对传统的背离也逐步清晰可见。④ 施特劳斯也明确指出，霍布斯对体制化宗教的态度在各个时期都是一贯不渝的；宗教必须服务于国家；对宗教尊敬还是蔑视要依其为国家服务的好坏而定。⑤ 然而，就自然宗教而言，施特劳斯则认为，霍布斯最初对其可能性的怀疑不像后来那样深刻。

① 〔英〕霍布斯：《利维坦》，黎思复、黎廷弼译，商务印书馆，1985，第292页。
② 〔英〕霍布斯：《利维坦》，黎思复、黎廷弼译，商务印书馆，1985，第293页。
③ 《法律要义：自然法与民约法》用了三章，《论公民》增至四章，而《利维坦》则专辟十七章对这一主题进行阐发。
④ 〔美〕列奥·施特劳斯：《霍布斯的政治哲学：基础与起源》，申彤译，译林出版社，2001，第84～86页。
⑤ 〔美〕列奥·施特劳斯：《霍布斯的政治哲学：基础与起源》，申彤译，译林出版社，2001，第88～89页。

后来他认为，关于上帝的任何知识只要超出关于第一推动力存在的知识范围，就完全不可能成立。①

由上可见，学者们对霍布斯体系中宗教论证的部分仍分歧颇多，文章也无力对宗教论证在霍布斯体系中的地位作出有力的说明和论证②。但是，就文章主题而言，霍布斯在宗教论证的部分给予了重点的关注，并且，如果再从宗教论证的角度出发去考察自然法与民约法的关系以及主权（者）的绝对性问题，霍布斯的绝对主权的内在逻辑将会得到更加全面和清晰的展现。在这部分中，文章将从"上帝的降谕之道"、"对于上帝的公共崇拜"、"基督的王国不在此世"、"霍布斯对教会权力的消解"以及"基督教君主与罗马教皇"这几个相关主题进行分析和讨论。

（一）上帝的降谕之道

霍布斯在"论自然的上帝国（天国）"一章中指出："正式说来，只有通过言词（降谕之道）、通过奖赏服从者的诺言、并通过惩办不服从者的儆诫等方式管辖其臣民的人才说得上是在进行统治。"③ 因此，霍布斯便得出结论：唯有那些相信有上帝统治世界，而且相信他为人类提出诫命、设置了奖赏的人才是上帝的臣民，其余的都应当理解为敌人。在霍布斯看来，那些无生命或无理性的造物不可能成为上帝王国中的臣民，因为它们不可能理解上帝的诫命。而那些无神论者以及不相信上帝对人类行为有任何管理的人也不可能成为上帝王国中的臣民，因为他们不承认上帝的道（言词），对他的报赏不存希望，对他的威慑也无惧怕。那么，上帝又是通过什么方式向他王国中的臣民发布戒条以使他们获悉他的意旨的呢？霍布斯对此做了明确的说明。他认为上帝谕知其神律的方式有三种：一种是通过自然理性的指令，一种是通过神启，还有一种是通过某一个依靠奇迹的作用取得他人信仰的人的声音。④ 紧接着，霍布斯

---

① 〔美〕列奥·施特劳斯：《霍布斯的政治哲学：基础与起源》，申彤译，译林出版社，2001，第91页。
② 关于宗教论证在霍布斯的体系中居于何种地位，以及霍布斯究竟是如何看待基督教教义背后的道德等重大问题，文章尚且无力进行详尽有力的论证，但上述问题对于理解霍布斯的政治哲学来说是至关重要的。
③ 〔英〕霍布斯：《利维坦》，黎思复、黎廷弼译，商务印书馆，1985，第277页。
④ 〔英〕霍布斯：《利维坦》，黎思复、黎廷弼译，商务印书馆，1985，第277～278页。

又明确指出,"从来没有任何普遍法则是通过超自然意识(即神启或灵感)提出的,因为上帝用这种方式降谕时只是对个别的人说的,并且对不同的人所说的事情也不同。"① 霍布斯将上帝的王国划分为"自然的上帝国"② 和"先知的上帝国"③,同时,对这两种不同的上帝国而言,上帝分别采用理性的降谕之道和预言的降谕之道宣布他的意旨。然而,预言的上帝国现在已不复存在,它将随着基督重临人世而再度出现。

由上可知,对作为普通法则的自然法而言,上帝只能采用理性的降谕之道,作为自然的上帝国的臣民也只能通过正确的理性获悉上帝的指令。霍布斯说:"现在奇迹既然已经绝迹了,于是便没有留下任何迹象作为承认任何个人自称具有的天启或神感的根据,而且除开符合圣经的教义以外,也没有义务要听取任何教义。圣经自从我们的救主以后就代替了、而且充分地补偿了一切其他预言的短缺。"④ "如果一个先知还能欺骗另一个先知,那么我们除了通过理性以外,又怎样能肯定地知道上帝的意旨呢?"⑤ 然而,正如前面已经论证过的,每个人基于其个人理性作出的判断各不相同,甚至有可能是针锋相对的。如此一来,每个人基于其个人的理性判断而各执一词、互不相让,势必导致混乱无序。那么,人类面对这种困境将何去何从呢?同时,由于每个人基于其个人理性所作出的判断各不相同,人们又如何可能对《圣经》的教义取得统一之见呢?如果人类对此无法取得统一之见,那他们又如何能够走出困境呢?

霍布斯对人类所面临的这一困境有着充分的直觉和敏感,他在《论公民》中这样写道:"我们一定得知道神的律法或吩咐是什么,不然我们无从知道世俗权力命令我们做的事情,是否违背了神的律法。它的不可避免的后果是,我们有可能因为过于严格地服从国家,违背了上帝的权威,或因为担心触犯上帝,与国家发生对抗。为了避免这两个障碍,我

---

① 〔英〕霍布斯:《利维坦》,黎思复、黎廷弼译,商务印书馆,1985,第278页。
② 在自然的上帝国中,所有根据正确理性的自然指令而承认无意安排的人都归他统治。
③ 在先知的上帝国中,他选定了一个特殊的民族——犹太民族作为自己的臣民,他不但以自然理性统治他们,而且通过圣者先知的口颁布制定的法律统治他们,同时也唯有他们才受到这种统治。
④ 〔英〕霍布斯:《利维坦》,黎思复、黎廷弼译,商务印书馆,1985,第295页。
⑤ 〔英〕霍布斯:《利维坦》,黎思复、黎廷弼译,商务印书馆,1985,第293页。

们需要了解神的律法。"① 为了回应上面所提出的几个疑虑，霍布斯在《论公民》中给出了明确的说法："既然人人都会在推理中犯错误，那么人们对大多数行动便可能持有相互冲突的意见。因此还可以提出进一步的问题：上帝要让谁来充当正确的理性、即他的律法的解释者？……因此我们可以断定，对自然法的解释，不管是民约法还是神法，凡是在上帝只通过自然进行统治的地方，都得依靠国家的权威，即在该国获准行使主权的某个人或机构的权威；上帝不管有什么命令，他是通过前者以声音发出命令。或者反过来说，国家发出的有关崇拜上帝和世俗事务的无论什么命令，都是来自上帝的命令。"② 在自然的上帝国中，自然法乃是正确理性的戒条，是通过人的自然理性推导出来的法则。然而，人人皆享有理性，而人与人之间通过理性推导的结论又由于各种因素而有不同，同时人人都可能在理性的推理中犯错误，所以若以个人理性去决定自然法的内容，势必导致冲突，最终招致一切人反对一切人的战争状态，使人类再次堕入绝望的自然状态之中。因此，必须要确立一个正确的、统一的理性，即国家的理性，当国家的理性建构起来以后，个人的理性就被国家的理性所吸收。由此，国家的理性将成为自然法的唯一解释者，并且国家据此发布的一切命令（无论是关于崇拜上帝的仪式还是其他世俗事务的命令）都是来自上帝的命令。由此，主权者（民约法）与自然法之间可能产生的不一致也被消除了。

关于这一主题，霍布斯在《利维坦》中也给出了明确的回应："因此，在每一个国家中，凡属没有得到相反的超自然启示的人，便应当在外表行为和明证宗教信仰方面服从自己主权者的法律。"③ 同时，霍布斯在"论基督教体系的国家"这一部分中又写道："正象亚伯拉罕的家庭中唯有他一个人能知道什么是上帝的道，什么不是上帝的道一样，在基督教体系的国家中便唯有主权者能知道这一点。由于上帝只对亚伯拉罕说话，所以唯有他才能知道上帝说的是什么，并把它对家里人解释；所以在国家之中具有亚伯拉罕地位的人便是上帝所说的话的唯一解释者。"④

---

① 〔英〕霍布斯：《论公民》，应星、冯克利译，贵州人民出版社，2003，第163页。
② 〔英〕霍布斯：《论公民》，应星、冯克利译，贵州人民出版社，2003，第175~176页。
③ 〔英〕霍布斯：《利维坦》，黎思复、黎廷弼译，商务印书馆，1985，第375页。
④ 〔英〕霍布斯：《利维坦》，黎思复、黎廷弼译，商务印书馆，1985，第376页。

基于上述的论证，可以得出结论：霍布斯通过赋予主权者解释上帝之道（如《圣经》）的绝对权威消除了前面所提出的疑虑。自此，民约法与自然法、主权者与上帝之间可能产生的不一致便被消解了，同时，主权者的绝对权威也得到了空前的巩固。

（二）对于上帝的公共崇拜

崇拜是人类表达对上帝的敬拜之情的一种方式。霍布斯将对上帝的崇拜区分为公共崇拜和私人崇拜。霍布斯尤其强调公共崇拜的重要性，他说："理性指令我们不但要私自敬神，而且特别要公开地在人们面前敬神。因为不这样的话，敬神中最值得嘉许的一点，也就是使他人敬神的这一点便失去了。……国家既然只是一个人格，敬拜上帝也应当只有一种方式。……由此看来，一个地方如果允许各种私人宗教所产生的许多不同的敬拜方式存在，就不能说是具有任何公共敬拜方式，这个国家也不能说信奉了任何宗教。"① 然而，这一公共崇拜的方式究竟应该由谁来规定呢？到底谁对公共崇拜的方式享有最终的解释权呢？

在《论公民》中，霍布斯就公共崇拜的一致性做了如下说明："作为整体的国家就像一个人，所以自然理性也规定了公众崇拜的一致性。遵循个人理性的行动不是一个国家的行动，所以也不是国家的崇拜；国家的行动被理解为在掌握主权者的命令下作出的行动，所以它是得到了全体公民、即一致的同意。"② 在这里，霍布斯把公共崇拜理解成一个单一人格的国家的行动，而不是国家中每个臣民个人行动的总和。由于作为单一人格的国家是不能像个人那样做出行动的，它的行动须由作为其代理人的主权者代行，所以公共崇拜的方式也便是由作为国家代表者的主权者规定并享有最终解释权的。

在《利维坦》中，霍布斯也详细地阐述了这一问题。他说："主权者在上帝的敬拜中规定为表示尊敬的属性形容词，私人在公共敬拜中应当依式加以使用。但并非所有的行为都是根据规定而来的表现方式，其中有些自然而然地是尊敬的表现，另一些则自然而然地是轻蔑的表现，因

---

① 〔英〕霍布斯：《利维坦》，黎思复、黎廷弼译，商务印书馆，1985，第286～287页。
② 〔英〕霍布斯：《论公民》，应星、冯克利译，贵州人民出版社，2003，第174页。

此后一类行为（也就是人们耻于在自己崇拜的人之前做出的行为），便不能由人的力量使之成为敬神方式的一部分。庄重、谨慎和谦恭等等属于前一类的行为也决不可能和敬神的方式分开。但有无数行为和姿式的性质是无所谓的，其中由国家规定公开普遍用作崇敬的表现和敬神方式的那一部分臣民就应当如式加以采用。"① 在这里，霍布斯似乎对主权者规定和解释关于公共崇拜的方式的最终解释权施加了一定的限制。因为庄重、谨慎和谦恭等自然而然地属于敬神的行为，是不可能和敬神的行为分开的，而那些自然而然地属于轻蔑神的行为，也是不可能与亵渎神的行为分开的，对这些行为，即便是主权者也不能使之成为敬神方式的一部分。

然而，即便就那些自然而然地被视为敬拜与轻蔑的表现的行为而言，也是非常笼统不明的。这些行为在具体的公共崇拜仪式中必须由某个权威者做出解释才能具体落实。同时，就像霍布斯所说的庄重、谨慎、谦恭等自然而然地属于敬神表现的行为一样，在具体的公共崇拜行动中，须由主权者具体解释什么样的行为才算是庄重、谨慎和谦恭的行为，只有这样，每个公民才能知道某个具体的行为是否自然而然地属于敬神表现的行为。否则，人们便依个人理性判断定夺，并各持己见、相互诋毁污蔑。对此，霍布斯在"论基督教体系的国家"这一部分指出："因此，就《旧约》来说，我们便可以作出这样一个结论：任何个人在犹太人中具有国家主权时，在上帝的外在敬拜事务方面也具有最高权力，并代表上帝。"②

由此可见，霍布斯在公共崇拜的事物方面为世俗主权者确立了规定和解释其具体内容和行为的最高权威。由此，霍布斯所论述的绝对主权便得到了进一步的巩固和强化。

（三）基督的王国不在此世

马蒂尼奇把自耶稣被钉十字架到重临人世的这段时期划分为两个阶段：第一个阶段是公元30年耶稣受难至公元300年君士坦丁大帝定基督教为国教的时期；第二阶段则是公元300年至耶稣重临人世的这段时期。

---

① 〔英〕霍布斯：《利维坦》，黎思复、黎廷弼译，商务印书馆，1985，第286~287页。
② 〔英〕霍布斯：《利维坦》，黎思复、黎廷弼译，商务印书馆，1985，第385页。

他是以基督教在其与公民主权的关系中的地位为标准来划分的。在基督教被定为罗马帝国的国教以前,基督教的教义绝不是命令,而是建议和劝告。而在此之后,基督教教义便获得了命令的力量。① 他的这一划分有其合理之处,因为它清楚地表明了在基督教成为罗马帝国的国教以后,由世俗主权者赋予基督教教义以强制力量。然而,就论述的主题而言,可以将视野拉得更大一些来考察。其实,上帝国最初是由摩西在犹太人中按约建立的,犹太人便因此而称为特属于上帝的臣民;后来当他们要求像列国一样立王,而拒绝再由上帝统治他们以后,上帝国就中断了。在那个时期以后,世界上便不再有按约建立或通过其他方式建立起来的上帝国。后来,他许应并差遣他的儿子耶稣降临人世,以耶稣的死为所有人赎罪,并以耶稣的道(言词)使他们在他第二次降临时迎接耶稣。由于第二次降临人世的事还未来到,上帝国也便没有来到,人们现在除自己的世俗主权者以外,便不处于任何按约建立的国王的统治之下。由此可以得出结论:自犹太人选扫罗为王至基督重临人世的这段时期里,上帝国中断了,基督的王国又尚未来临,其间人们所应服从的只有世俗的主权者,此外并无任何强制性的权力。②

霍布斯在《论公民》"论《新约》建立的上帝之国"一章中说,基督"未被授予审判和惩罚人的权威"③。由此看来,基督的父并没有授予他王权和治权,只给了他劝导和说服的权利。对此,霍布斯写道:"我们的救主没有为君主的臣民和共和国的公民定下分配的法。……唯一可能的推断是,每个公民应当从国家,即从在国家享有主权的人或会议那儿得到这些规则;不仅在基督否定自己是其士师和裁判的无信仰的人中间是这样,在基督徒中也是这样。"④ 霍布斯在这里表明,在基督重临人世之前,即基督的王国来临之前,对所有人而言只有一个权威——世俗主权者——应予服从。"天父派基督来恢复的上帝之国,是在他再次降临、其实是在审判日那天才开始的。"⑤

---

① A. P. Martinich, *The Two Gods of Leviathan*: *Thomas Hobbes on Religion and Politics* (Cambridge: Cambridge University Press, 1992), p. 296.

② 甚至教会也不拥有这种强制权力,文章将在接下来的部分对此进行详细地考察。

③ 〔英〕霍布斯:《论公民》,应星、冯克利译,贵州人民出版社,2003,第202页。

④ 〔英〕霍布斯:《论公民》,应星、冯克利译,贵州人民出版社,2003,第206页。

⑤ 〔英〕霍布斯:《论公民》,应星、冯克利译,贵州人民出版社,2003,第199页。

《利维坦》"论我们神圣救主的职分"一章中指出，弥赛亚的职分共分为三部分：第一是赎罪者和救主的职分；第二是牧者、劝谕者或宣教者的职分，也就是上帝派来使其选入救恩的选民皈依的先知者的职分；第三是国王或永恒的国王的职分，但却是在天父之下为王，正和摩西以及诸大祭司在各人的时期中的情形一样。① 赎罪的职分是通过他第一次降临时牺牲自己而实现的。而劝谕的指责则是贯穿于他的第一次降临至他重临人世的整个时期，这一时期又可以分为两个阶段，第一阶段由他亲自参与其中，而第二个阶段因其始于基督受难，所以这个阶段的职分由他的代理（他的教士）进行。而他作为王的职分则要等到他重临人世时才能实现。

我们的救主没有将强制的权力传给他的门徒，所传的只是这样一种权力，即宣告基督的国，劝人服从基督的国，他们的诫条都不是法律而只是有益的劝谕。我们的救主被派遣来是劝谕犹太人复返他父的国，并劝导外邦人接受他父的国。在审判日到来之前，并不作为他父的代治者在威严中为王治理百姓。从基督升天到普遍复活这段时期，被称为复兴的时期。"在那个时候便不可能有实际的统治存在。代耶稣布道的人是传布福音，也就是宣告基督，并为他的第二次降临作准备，正象施洗约翰传布福音是为他第一次降临作准备一样。"② 这段话明确地表达了在基督重临人世之前，救主和他的门徒们都没有任何审判和治理的权力，他们只被赋予了劝谕和说服的权力。那么，在这段时期，世间的统治权究竟归属于谁呢？

"这样说来，有权在地上使十诫这一小段《圣经》成为以色列国家的法律的人，在当时只有摩西，其后则只有上帝通过摩西公开谕令其治理特属他的国的大祭司。但摩西、亚伦和继任的大祭司都是世俗主权者，所以直到现在为止，制定宗教法典之权，也就是将《圣经》规定为法律之权原先便是属于世俗主权者的。"③ 霍布斯紧接着又说："当摩西写这律

---

① 马蒂尼奇指出，霍布斯的这一划分是其遵循加尔文观点的结果。参见 A. P. Martinich, *The Two Gods of Leviathan: Thomas Hobbes on Religion and Politics* (Cambridge: Cambridge University Press, 1992), p. 294.

② 〔英〕霍布斯：《利维坦》，黎思复、黎廷弼译，商务印书馆，1985，第 397~398 页。

③ 〔英〕霍布斯：《利维坦》，黎思复、黎廷弼译，商务印书馆，1985，第 416~417 页。

法①以及约西亚恢复这律法时都具有世俗主权，所以将《圣经》定为法典的权力从古至今一直都操在世俗主权者手中。"② 由此，霍布斯明确了将《圣经》规定为法律的权力在基督的王国来临之前一直是操于世俗主权者之手的。因此，作为神的律法的自然法也便是由世俗主权者做出最终解释的。

那么，当异教君主皈依基督教以后他的相关权力是否就要被剥夺呢？对此，霍布斯明确指出："基督并没有规定信他的君主都应当废除其王位，……所以基督徒国王仍然是百姓的最高牧者，有权随意任命教士教导教民——即教导交付给自己管辖的百姓。"③

从上述的论述中可以明确地得出结论：如果基督的王国只能在耶稣重临人世时出现，那么现在便不存在任何的上帝国，并且在此期间，只有世俗主权者是人们须予服从的唯一的权威。

（四）新教改革的延续与完成——霍布斯对教会权力的消解

在霍布斯看来，教会与国家之间的冲突乃是英国内战的重要原因之一。由此可见，对教会权力的考察和批判乃是霍布斯政治哲学的题中应有之义。施特劳斯指出，只有出于政治上的考虑，他才对教会的主教团体制度进行辩护。然而，霍布斯对于教会的态度在各个时期都是一贯不渝的。

在《论公民》中，霍布斯说，握有国家主权的人作为基督徒，在关系到信仰的神秘性时，必须在正当委派的神职人员的帮助下解释《圣经》。因此，在基督徒的国家，对灵魂和尘世问题的审判权也归世俗权威所有。握有主权的人或会议，既是国家的首脑，也是教会的首脑；因为基督徒的国家和基督徒的教会，本来是同一个东西。④ 在这里，霍布斯将国家和教会的关系清晰地展现出来，他明确地指出，二者本来是同一个

---

① 这里指的是申述律。
② 〔英〕霍布斯：《利维坦》，黎思复、黎廷弼译，商务印书馆，1985，第418页。
③ 〔英〕霍布斯：《利维坦》，黎思复、黎廷弼译，商务印书馆，1985，第435页。
④ 一个世俗国家、相同的基督教徒的一个教会，其实是两个名称下的同一样东西。这样说有两条理由，因为国家和教会的材料是一样的，即同样的基督徒，召集他们的合法权威的形式也是一样的，因为共同的基础是，各个公民必须要到国家召唤他们去的地方。称为国家的，是由人组成的；称为教会的，是由基督徒组成的。参见〔英〕霍布斯《论公民》，应星、冯克利译，贵州人民出版社，2003，第214页。

东西，世俗主权者是它们共同的首脑，明确地确立了世俗主权者对于教会的权威地位。

教会作为精神权威是否拥有解释基督教教义的权威呢？奥克肖特通过论证指出，教会所主张的这一权威其实是没有依据的。[①] 霍布斯对此作出了明确的回应："如果任何数量的教友（co-beliver）都是一个教会，结果是有多少不同意见，就有多少教会，也就是说，同一群人可以同时是一个教会和若干个教会。可见，只有在存在着明确和公认的、即合法的权威，个人必须亲自或通过别人参与集会的地方，才有教会存在。它变成'一个人'，能够行使'一个人'的职责，这不是因为它有统一的教义，而是因为它有召集基督徒开会的统一权威；不然的话它只是一群人，一些各自有别的人，不管他们在信仰上如何一致。"[②] 就此可以看出，教会之所以为教会，而不仅仅是一群人，主要在于其有一个统一的权威，这一权威便是世俗主权者。也只有这一权威才有权解释基督教的基本教义。

在《利维坦》中，霍布斯为教会下了一个明确的定义："明证基督教信仰并结合在一个主权者的人格之中的一群人，他们应当在主权者的命令下聚会，没有主权者的权力为根据就不应当聚会。"[③] 霍布斯还指出："当他们是由合法的当局召集来的时，就称为合法的会众；当他们是受喧嚣和煽动性的叫嚷的激动而集合起来时，就称为混乱的会众。"[④] 也就是说，当他们缺失世俗主权者的权威时就只是乌合之众，因为他们没有任何代表。对霍布斯来说，教会只能通过世俗主权作为其最高权威召集而形成。对于教会与国家之间的冲突引发内战这一现实，霍布斯明言："这统治者只能有一个，否则在一国之内，教会与国家之间、性灵方面与世俗方面之间、以及法律之剑与信仰之盾之间就必然会随之出现党争和内战；比这更糟的是，在每一个基督徒心中都必然会随之出现基督徒与普通人之间的冲突。"[⑤] 霍布斯在这里揭示了教会与国家、性灵方面与世俗方面由于缺乏统一的权威而相互冲突，更有甚者将引起基督徒与普通人

---

① 〔英〕迈克尔·奥克肖特：《〈利维坦〉导读》，应星译，载渠敬东主编《现代政治与自然》，上海人民出版社，2003，第218页。

② 〔英〕霍布斯：《论公民》，应星、冯克利译，贵州人民出版社，2003，第214页。

③ 〔英〕霍布斯：《利维坦》，黎思复、黎廷弼译，商务印书馆，1985，第373页。

④ 〔英〕霍布斯：《利维坦》，黎思复、黎廷弼译，商务印书馆，1985，第372页。

⑤ 〔英〕霍布斯：《利维坦》，黎思复、黎廷弼译，商务印书馆，1985，第374页。

之间普遍的冲突状态，这一点是激发霍布斯写作其政治哲学著作的直接的现实原因。如果世俗主权者与教会首领不是同一的，就会形成两个主权者，而这又是荒谬的。因为《圣经》教导我们，一个人是不可能同时侍奉两个主子的。

"上帝的国还有待于在一个新世界中降临，所以在国家没有崇奉基督信仰之前，任何教会都没有强制的权力。由于这一原因，当时职务虽然是多样的，但权力却是一体的。"① "到那时为止，基督所行和所教的事中，并没有一桩是削弱犹太人和恺撒的世俗权利的。"② 由此看来，在上帝的国还没有随耶稣重临人世而出现以前，教会是没有任何审判和惩罚的强制权力的，除非它同时具有世俗权力，否则它便不享有任何统辖他人的权柄。也就是说，教会除非同时具有世俗权力，否则便无权在今世发号施令。自此，霍布斯对教会权力的消解便最终完成，同时也便确立起了世俗主权者在属灵和属世的一切事务上的最终权威。曹明博士在其博士论文《西欧近代法权观念衍变论》中指出："霍布斯……明确地以国家取代罗马教会对于政治权力的染指，就此意义而言，它也是宗教改革的延续。"③ 就霍布斯对教会权力所进行的全面而又彻底的攻击而言，曹明博士所讲的"这种攻击的激烈程度不亚于新教革命，在某种程度上来说，这甚至是新教革命的完成"④ 这一论断是完全有道理的。

（五）基督教君主与罗马教皇

霍布斯是在自亚里士多德学说复兴以来的政治世俗化进程和地域性主权（也可以说是民族国家）萌生和发展的洪流影响之下进行思考和创作的。因此，对普适性教会（罗马教会）的批判便是其题中应有之义。霍布斯又是如何向罗马教皇发起其全面攻击的呢？

霍布斯在批判教皇权力时指出："对于教皇在本身辖区以外的权力来说是不相干的。因为在一切其他国家中，他如果具有任何权力的话，也

---

① 〔英〕霍布斯：《利维坦》，黎思复、黎廷弼译，商务印书馆，1985，第426页。
② 〔英〕霍布斯：《利维坦》，黎思复、黎廷弼译，商务印书馆，1985，第389页。
③ 曹明：《西欧近代法权观念衍变化》，博士学位论文，西南政法大学，2008，第34页。
④ 曹明：《西欧近代法权观念衍变论》，博士学位论文，西南政法大学，2008，第35页。

只是塾师的权力而不是家长的权力。"① 如在前面论述教会时所指出的那样，教皇也只是拥有劝谕和说服的权利，而无任何强制性的力量。然而，在罗马教皇与基督教君主的关系中，他又是怎样一种情形呢？对此霍布斯说："除开同时是世俗主权者的人以外就没有什么掌教权的君主。他们的君主国不能超过他们的世俗主权所辖的范围。在这范围之外，他们可以被接受为博士（圣师），但却不能被承认为君主；因为这位使徒的意思如果是叫我们同时服从自己的君主和教皇，那么他便教给了我们一种基督本身曾经告诉我们不可能实现的道理——事奉两个主。"② 在这里，教皇所主张的超越于世俗国家之上的普适性的权力便被消解殆尽，在其辖区之外，只剩下作为塾师的劝谕和说服的权利。然而，在教皇辖区内，他和世俗主权者到底谁拥有最终的立法权呢？"因此很明显，我们是可以对教士的教义提出争议的，但对法律却不能发生争议。各方面都承认，世俗主权者的命令就是法律，在他之外如果还有人能制定法律，那么整个国家以及整个和平和正义便必然归于毁灭，这种情形跟一切神的法律以及人的法律都是背道而驰。因此，从《圣经》中的这一切地方或任何其他地方，都无法引证出什么东西来证明教皇的教谕在他不兼掌世俗主权的地方能成法律。"③ 从这段论述中可以清楚地看到，霍布斯在罗马教皇和基督教君主的关系中彻底消解了教皇所宣称的一切普适性的强制权力，同时为世俗主权确立了最终的立法权威。

综上所述，霍布斯通过相当篇幅的宗教论证进一步确证了他在前两部分所建构的世俗主权者的绝对权力。他通过大量援引《圣经》和基督教教义指出，基督的王国只有在耶稣重临人世时才会出现，在此之前的很长一段时期里，不存在任何上帝国，在其中唯有世俗主权者才是人们须予服从的唯一权威。因为在这段时期，关于上帝的道和公共崇拜的解释只能由作为国家理性而存在的主权者作出。否则，每个人根据自己的理性作出解释，必将导致歧见丛生、相互抵牾，甚至可能引发内战。由此可见，只有通过一元的权力才能保证意见的统一，只有通过契约建构起来的绝对的世俗主权者才能担当实现人类和平与秩序的大任。因此，

---

① 〔英〕霍布斯：《利维坦》，黎思复、黎廷弼译，商务印书馆，1985，第444页。
② 〔英〕霍布斯：《利维坦》，黎思复、黎廷弼译，商务印书馆，1985，第455页。
③ 〔英〕霍布斯：《利维坦》，黎思复、黎廷弼译，商务印书馆，1985，第458~459页。

教会和罗马教皇绝不可居于世俗主权者之上或与世俗主权者共享权威，这已经由前几个世纪以来的历史经验所证实。同时，也可以得出结论认为，作为上帝之命令的自然法的最终解释只能由世俗主权者作出，即世俗主权者享有对自然法的最终解释权。由此可见，马蒂尼奇和沃伦德等人所主张的主权者要受上帝或自然法制约的观念是值得商榷的，因为世俗主权者一旦获得了对上帝的命令（即自然法）的最终解释权，他将不可能对之负有任何义务，正如系铃者也可以解铃一样。

五　结语

霍布斯是在近代民族国家兴起的浪潮中进行其政法理论创作的，就"法律的本质"① 这一主题而言，霍布斯承继了其唯名论先辈司各脱和奥卡姆的基本思想，发展出了一套系统的意志论法权观念。从此，自然法不再具有沟通上帝与人的作用，也丧失了作为永恒不变的秩序之基础的意涵。随着他有意或无意地对先前自然法观念的消解，同时又基于世俗民族国家和主权学说的兴起与发展，他通过其意志论法权观念发展出了具有创见性的国家和法律学说。他的这一套理论学说无疑为后来兴起的法律实证主义奠定了坚实的理论基础。

霍布斯破除了关于国家和法律的古典和中世纪解释的魔咒，在早期近代以来人的主体性得以确立的语境下，从人的激情、欲望等心理过程出发对国家和法律作了全新的阐释。在古希腊目的论宇宙观的笼罩下，政治秩序只能是对自然秩序的模仿，因此也便无须存在任何施展绝对权力的主权者。中世纪君权神授论所鼓吹的绝对君主，只不过是上帝永恒秩序中的一颗棋子，他根本不可能享有独立的目的和绝对的权力。然而，霍布斯从根本上颠倒了自然秩序（上帝的永恒秩序）与政治秩序的关系，他通过契约建构的世俗主权者成了一切世俗事务乃至精神事务的最终裁判者，主权者的绝对意志成了臣民必须予以服从的法律的唯一渊源。至

---

① 在西方法律思想史上，关于法律本质的探讨从根本上可以归结为两个基本路向，一方认为法律是理性的体现，另一方认为法律是意志的体现，对法律本质的追问在中世纪晚期的唯名论与唯实论之间的争论中表现得十分明显，并且这一争论一直是此后西方法理学进步的动力源泉。

此，法律实证主义学说便呼之欲出。

霍布斯所系统阐发的意志论法权观念为后来的法律实证主义开辟了阵地。依实证主义法学家之代表人物凯尔森的观点来看，法律作为一种强制性的命令是来自国家和政府组织的，它体现着作为立法者的国家的意志。[1] 正如本文着力论证和展示的那样，霍布斯所开创的拥有绝对权力的利维坦才是他们所持守的法律观的最终后盾。哈特则沿着实证主义法学的路径创建了其分析法学的规则理论，尤其是他的第二性规则中的承认规则解决了奥斯丁、凯尔森法律即命令的强制性特征以及这种特征背后不受限制的立法权力的观念所面临的强权主义问题。然而，哈特是否通过承认规则解决他所要着力处理的问题呢？在哈特那里，他最终还是把法律规则归属于官方立法机构的法律规范，其所依据的承认规则从根本上来说是从属于立法者的主体资格的。在哈耶克看来，此乃理性建构主义的必然归宿。哈耶克认为法律是文明社会在自生秩序的进化过程中自发形成的，他通过分析法律与立法的区别，走出了实证法学循环论证的困境。[2]

霍布斯所建构的这样一个"巨无霸"必将在国内秩序和国际秩序两个领域带来严重的后果。就国内秩序而言，一个不受任何制约的绝对世俗主权必然是专制主义的，甚至可能是极权主义的，它必将对人的自由和尊严构成极大的威胁。同时，在人的主体性的确立的语境下，随着自然观和宇宙论的巨变，霍布斯乃至其后的许多经典作家都从人的自然欲望和激情等心理过程出发认识人以及社会，他们无疑只是将人看作一种动物性的存在，而忽视了人的自由和尊严。只有到康德和黑格尔那里，人的自由和尊严才得到了特别的强调。霍布斯所构建的绝对主权对实现国内的和平与秩序无疑具有十分重要的启发意义，然而，在近代民族国家的格局已基本定型的历史条件下，根据霍布斯的理论，国与国之间将仍然处于战争状态之下，即一种政治自然状态。因此，必须建立结束战争的国际法权关系，以进入国际政治的"文明状态"，就如同个人通过公

---

[1] 在凯尔森那里国家是一种享有法律资格的实体。

[2] 高全喜：《法律秩序与自由主义》，北京大学出版社，2006，第11~20页。

共意志的"原始契约"（宪法）而进入国家的文明状态一样。① 毕竟，人类渴望一个人与人自由相处与交往的道德的合目的性王国，一个所有人必定都拒绝战争的永久和平的世界，对此，人们无疑将永久地受教于康德的"永久和平的哲学性规划"。

The True Face of Absolute Sovereignty

—The Natural Law and Civil Law of Hobbes's Political Philosophy

He Junyi

Abstract：Through several centuries secularization, the power contrast between church and civil authorities were bigger and bigger, the traditional power structure between them were absolutely overturned. Hobbes lived and wrote in an era of turning point, he was convulsed by the lasting and brutal religion wars in West Europe, especially the Civil War. In order to deal with the problems and get welfare for human beings, Hobbes devised a great Leviathan by reason. From the writings about Hobbes's sovereignty in west world, it found that Hobbes's sovereignty is a absolute sovereignty or a limited sovereignty isn't very clear, if we want to answer this problem, we have to understand two concepts in Hobbes's writings, Nature and Reason, they are corner-stone of Hobbes's natural law. Thereof, it attempt to understand and elaborate the inner logic of Hobbes's sovereignty under the perspectives of the cosmology from Greek to the modern time, through analyzing the writings.

Keywords：Natural Law；Civil Law；Cosmology；Reason

---

① 赵明：《实践理性的政治立法——康德〈论永久和平〉的法哲学诠释》，法律出版社，2009，第239页。

王权与司法权的争执

——霍布斯《哲学家与英格兰法律家的对话》论析

张　伟*

内容摘要：霍布斯在自然法和实证法思想谱系中占据极其重要也极为特殊的位置。长期以来，研究者将霍布斯归属于自然法传统，而对他的实证法思想着墨不多；对他的研究，多集中于《利维坦》中的自然权利、国家理论等问题，而少有对《哲学家与英格兰法律家的对话》（以下简称《对话》)①的分析。本文基于对《对话》之英格兰宪政背景的考察，围绕柯克和抽象意义上的国王这两个关键人物展开论述，他们之间的冲突映射了《对话》所具有的历史内涵和英格兰的宪政背景。作为主权者代表的国王在《对话》中的特殊性取决于其所具有的"两个身份"。从"唯名论"与"国家理由"两个方面来阐释《对话》所蕴含的法理学意义，并通过《利维坦》与《对话》中关于自然法和实证法论述的对勘，可发现霍布斯本人的理论延续性。更重要的是，可借此分析霍布斯实证法思想的代表性名言"人法只关注反抗权威"。无论是象征专制权力的王权还是象征个体自由的司法权，本质上都属于权力范畴，皆难逃"权力"一语所固有的魔咒。王权与司法权的争论在国家正当性问题上，是源远

---

* 张伟，男，西南政法大学法学理论专业硕士，四川国金律师事务所律师。

① 〔英〕托马斯·霍布斯：《哲学家与英格兰法律家的对话》，姚中秋译，上海三联书店，2006。需要特别指出的是，关于霍布斯的《对话》还有一个中译本，即《一位哲学家与英格兰普通法学者的对话》，毛晓秋译，上海人民出版社，2006。本文在引用的时候会根据情况作出注释，比如《对话》（上海人民出版社版）指毛晓秋所译版本；《对话》（上海三联书店版）指姚中秋所译版本。

流长的自然法与实证法论战的一个延续。

关键词：哲学家与英格兰法律家的对话；王权；司法权；自然法；实证法

引　言

被 20 世纪的政治哲学巨擘施特劳斯（Leo Strauss）误认为"现代性开端"之担纲者的霍布斯，其政治法律思想犹如普罗透斯之面，从不同角度观察，往往会得出不同结论。单从翻译过来的著作和资料上看，国外对霍布斯的研究更为深入透彻，已经深入霍布斯思想的方方面面，但总体而言，研究的重点主要集中在他的政治思想上。著名的研究成果除了施特劳斯的《霍布斯的政治哲学：基础与起源》《自然权利与历史》外，"当今英语学界对霍布斯的研究最有影响的莫过于剑桥学派的两位领军人物，他们是昆廷·斯金纳（Quentin Skinner）和理查德·塔克（Richard Tuck），前者是后者的老师。这个学派的霍布斯研究的一个总的特征是，他们往往将霍布斯著作放在当时的意识形态和语境之中，从而使一些问题得到更清晰的解释"[1]。而施特劳斯学派关于霍布斯著作的研究主要是从古希腊—罗马哲学思想的传承上来思考霍布斯在思想史上的位置，两派的研究各有所长。但是，他们都较少关注作为自然法学传统代表的霍布斯在其著作中显现出来的实证法思想。需要提及的是施米特（也译作施密特）的《霍布斯国家学说中的利维坦：一个政治符号的意义及衰败》（*The Leviathan in the State Theory of Thomas Hobbes：Meaning and Failure of a Political Symbol*），施米特为纳粹第三帝国做宣传，从而抬出霍布斯为自己的主张辩护。他认为霍布斯的国家理论，一言以蔽之，即"保护因而服从"这一公理。他认为"保护因而服从是国家的我思故我在"[2]。德国学者奥

---

① 王军伟：《二十世纪国外霍布斯研究述评》，载林国华、王恒主编《古代与现代的争执》，上海人民出版社，2009，第 176 页。

② Carl Schmitt, *The Leviathan in the State Theory of Thomas Hobbes：Meaning and Failure of a Political Symbol*, trans. by George Schwab and Erna Hilfstein（Westport：Greenwood Press, 1996）：xviii. 原文为拉丁文：The *protego ergo* is the *cogito ergo sum* of the state, 转引自王军伟《二十世纪国外霍布斯研究述评》，载林国华、王恒主编《古代与现代的争执》，上海人民出版社，2009，第 176 页。

特弗雷德·赫费在其名著《政治的正义性》中细致地总结了霍布斯的实证法思想，他将霍布斯视为"实证法之父"，他的著作从整体意义上梳理了实证法思想带给政治世界的危害，而在另外一个层面，他忽视或者有意放弃了霍布斯自然法思想和实证法思想的联系。

本文尝试解释霍布斯的自然法和实证法思想之间的联系，其目的乃是要指出霍布斯所构建起来的"活的上帝"——利维坦在《对话》一书中复活，他根据英格兰民族国家的形塑过程来佐证自己的国家理论。在当下中国，民主与法治是不可遏制的历史潮流，总结和归纳现代法治的精髓殊为必要。因此，本文的目的也就是通过解构霍布斯笔下的哲学家与法律家之间的对话，达成一个基本认知：自然法和实证法通约的根本前提在于防止作为个体理性的政治滥用，或者说在立法活动中寻求审慎的古典美德。另外，单纯强调司法至上或者司法独立必须要记住阿克顿勋爵的告诫："权力导致腐败，绝对权力导致绝对腐败。"[1] 在自然法和实证法的纠缠过程中，关于人的自由，霍布斯给出了一个或许不太完美的答案：民族国家的存在必须借助强力来约束本国公民的自由，而自由的大小要视国家的外部环境而定。

一 《对话》简介

（一）《对话》在霍布斯著作中的位置

或许是因为《利维坦》产生的巨大学术与政治效应，霍布斯晚年的著作《对话》并没有引起类似的轰动。比起火热的《利维坦》研究活动，学界对《对话》一书的研究则长期处于一种"失语状"。

这本成书于1666年的《对话》"应当是霍布斯倒数第二部专著"[2]。这时的霍布斯已经78岁，此时他已不再风华正茂，但他处于一个表现出人"知天命"的年龄段。在这个年龄段的人从一般意义上讲如果有正常的理智，对人事、神事都会根据自己的经验洞察出更多的问题。然而，《对话》一书在霍布斯的有生之年并没有出版。因此，我们难以明确地得

---

① 〔英〕阿克顿：《自由与权力》，侯健、范亚峰译，商务印书馆，2001，第342页。
② 〔英〕托马斯·霍布斯：《对话》（上海三联书店版），翻译说明，第1页。

出该书是否反映了霍布斯真实的想法。更何况，《对话》被有的学者视为"未完成的"，"也有学者认为，霍布斯确实写完了《对话录》，至于其结束非常突然，这并不奇怪，因为，其开头也同样很突然"①。

但任何否认霍布斯的《利维坦》与《对话》之间的联系的说法都是不成立的。不过要真正搞清楚它们两者在哪些方面同质，哪些方面异质，无疑要耗费更多的心血。如果说《利维坦》是霍布斯政治理论的集大成者，那么理解《对话》则要求具有更为精细的法律知识，尤其是英格兰的普通法知识。

（二）《对话》的篇章分析

《对话》是霍布斯的一部"未完成的著作"，文章的开始和结尾一样都很突然。②

《对话》全文分为七个部分③。

第一节是"论理性法"（Of the Law of Reason）。

首先是法律家开始对哲学家的质询：为什么哲学家认为研究法律不如研究数学那样理性？哲学家声称任何研究"都是理性的"，只不过在对话之中的法律家对英国法律的认知比起研究数学的人来说更是"经常犯错误"。④ 如前文所述，笔者觉得《对话》的开始比较突兀的原因是，法律家开始对话时对哲学家的诘问乃是一个"被误解的前提"，也就是法律家认为哲学家是否认法律家的理性的。而哲学家的答复明确了他并不否认法律家以及法律家研究的理性，其只是认为法律家以及他们的研

---

① 〔英〕托马斯·霍布斯：《对话》（上海三联书店版），翻译说明，第1页。

② Joseph Cropsey edited, *A Dialogue Between a Philosopher and a Student of the Common Law of England*（The University of Chicago Press, 1971），pp. 1 – 11.

③ 《对话》的中文版本有毛晓秋所翻译的人民出版社2006年版，以及姚中秋翻译的上海三联书店2006年版，此处指毛晓秋翻译的版本。对于一些差异明显的翻译，本文还参照了约瑟夫·克罗波西（Joseph Cropsey）编辑并撰写导言的芝加哥大学出版社1971年版《对话》。有意思的是，毛晓秋的中文译本翻译自克罗波西所编辑的版本，正文包括七个部分：1. 论理性法；2. 论君主；3. 论法院；4. 论死罪；5. 论异端；6. 论侵犯王权罪；7. 论刑罚。而姚中秋的中文译本则包括以下章节：1. 论理性的律法；2. 论君主权力；3. 国王是最高法官；4. 论法院；5. 论极刑犯罪；6. 论异端罪；7. 论侵犯王权罪；8. 论刑罚；9. 论赦免；10. 论关于我的与你的法律；11.《利维坦》论法律和司法之章节；附录，黑尔首席大法官对霍布斯的《法律对话》之回应。

④ 〔英〕托马斯·霍布斯：《对话》（上海人民出版社版），第17页。

究中的理性是"不足的"，也就是"不完美的理性"。我们只有将"理性"放置在霍布斯本人的著作中才能发现这个开头所具有的非同寻常的意义。

霍布斯作为"唯名论者"，坚持一个有效的推理必须奠基于对事物的准确定义；而理性，就是学识，是要经过辛勤努力得来的。[①] 在这里似乎可以看出霍布斯并不排斥理性的"人为性"，但是他为什么排斥法律中的人为理性呢？"我不认为，作为法律的生命的理性为什么不应是自然的（natural），而是技艺性的。我当然非常清楚，对于法律的了解需要通过广泛的学习研究，就跟别的学科一样，但在对它们进行研究并有所收获后，它也依然是自然的理性，而非技艺理性。"[②]

这是哲学家与法律家在整个《对话》中最为本质的区别之一，这种区别既隐含着"国王，即使没有对法律进行研究也可凭借其自然理性而拥有立法和司法之权。主权权力是不依靠理性的，而依靠主权暴力"[③]，也隐含着作为哲学家的霍布斯对司法权扩张所保持的谨慎态度。柯克认为理性并不是一种理论天赋，而是一种实践能力。它当然不是一种纯粹的决断（discretion），也不是脱离经验内容的逻辑。它是一种受过训练的思考方式，它不是任意的，但也不是绝对肯定的。[④] 对于法律而言，霍布斯深知理性的软弱无力，他追求一种有力的理性，即权威，而权威的生成必然是实践性的。**"创制法律的，不是智慧，而是权威。"**[⑤] "一位法官的理性或者全部法官的理性加在一起（不包括国王）就是那 Summa Ratio（最高的理性），就是法律，对此我表示反对。因为除非拥有立法权，任何人都不能创制法律。"[⑥] 在此柯克和霍布斯站在了同一角度，都强调实践的重要性，但是二者的分野也是明显的：霍布斯将权威的实践寄托于

---

① 〔英〕托马斯·霍布斯：《对话》（上海人民出版社版），第 32 页。
② 〔英〕托马斯·霍布斯：《对话》（上海三联书店版），第 4 页。
③ 〔英〕托马斯·霍布斯：《对话》（上海三联书店版），第 4 页。
④ 〔美〕小詹姆斯·R. 斯托纳：《普通法与自由主义理论——柯克、霍布斯及美国宪政主义之诸源头》，姚中秋译，北京大学出版社，2005，第 36 页。
⑤ 〔英〕托马斯·霍布斯：《对话》（上海三联书店版），第 4 页。粗体为笔者所加，意在强调。
⑥ 〔英〕托马斯·霍布斯：《对话》（上海人民出版社版），第 19 页。

国王的绝对权力（至为重要的是立法权）；而柯克则自信地将权威和理性合二为一、道成肉身地归之于法官群体的司法智慧和权力。

卡尔·施米特将主权定义为"决定非常状态"，并且声称："非常状态真正适合主权的法理学定义，这种主张具有系统的法理学基础。对非常状态做出的决断乃是真正的意义上的决断。因为常规所代表的一般规范永远无法包含一种彻底的非常状态。"①

《对话》中的第二节"论主权"无疑就是这个断言最好的注解。②

关于这个主题，仍然是由法律家来开启对话。"要我说，所有人类之法的范围就是和平、各国之内的正义以及抵御外敌。"③ 不过论述的进行可不是完全遵循法律家的顺序来完成的，而是先对正义进行定义，再是抵御外敌的论述，最后则是和平问题——大赦与大赦令的评判。定义至关重要，它将决定推理的有效与否。④ 什么是正义？法学家的回答是亚里士多德的"正义就是给每个人自己的一份"⑤。这引来了哲学家的嘲笑。不过就是在这个嘲笑中我们似乎依稀看到了色拉叙马霍斯对正义的定义："正义不是别的，就是强者的利益。"⑥ 什么是法律对于立法者来说是没有意义的，正义也是。立法者所关注的毋宁是法律的原则（或正义的原则），二者的定义仅对法律的研究者有意义。因此，现实生活中的法律是必须是具有执行力的法律，也就是"活着并武装起来的法律"⑦。但是，这种"活着并武装起来的法律"究竟是如何产生的呢？

---

① 〔德〕卡尔·施米特：《政治的概念》，刘宗坤等译，上海人民出版社，2004，第5页。

② 卡尔·施米特的论断与霍布斯的理论之间的关系是非常复杂的，施米特关于霍布斯学说的看法集中体现在他的《霍布斯国家学说中的利维坦》一书中。"在霍布斯那里，国家作为整体而言并非仅仅是个体（Person）；主权代表者只是一个'巨人'（Mensch）国家的灵魂而已。"参见〔德〕施米特《霍布斯国家学说中的利维坦》，应星、朱雁冰译，华东师范大学出版社，2008，第71页；"决断"一词可以表示出和霍布斯相同的哲学根基，或者说唯名论是他们共同点之一，参见第22页。

③ 〔英〕托马斯·霍布斯：《对话》（上海人民出版社版），第22页。

④ 〔英〕霍布斯：《利维坦》，黎思复、黎廷弼译，商务印书馆，1997，第30页。在此霍布斯抨击那些"教哲学的人"：他们进行推理时，没有一个是从所用的名词的定义或解释开始的。

⑤ 〔英〕托马斯·霍布斯：《对话》（上海人民出版社版），第22页。

⑥ 〔古希腊〕柏拉图：《理想国》，郭斌和、张竹明译，商务印书馆，1996，第18页。

⑦ 〔英〕托马斯·霍布斯：《对话》（上海人民出版社版），第23页。

不是真理，而是权威制定了法律。①

"不是真理，而是权威制定了法律"，霍布斯这一出人意料的论断，重要的不在于直接提出了反命题，而在于提出了另一种对比："制定"法律。这说的是法律尽管是预先给予的，但并不是现成的、等待人们去发现的东西。与相应的自然法思想相反，霍布斯这句名言的前半部分说明，法规范不属于那种人们沉思面对的自然，它主要是由人制定的。因此，法规范不是自然地，而是人为地或中立意义上的"实证地"被"规定"或"法令化"。② 在此，霍布斯排除了人与人智识上的差别，在他看来，一个普通人假以时日可以训练成为一个具有技艺的法官。因此，法官群体在他的"利维坦"中不具有任何知识和价值上的优势，相反，法官群体同样受制于"权势欲"等诱惑而成为追逐非理性权力的人。这将削弱主权在紧急状态之下的行使，也将使国家——人民和平与安全的堡垒受到威胁。法律家们的担忧是有道理的，那就是一个仅仅受制于上帝律法的国王是否会为了自己的荣耀而专擅？这是一个重大的宪政问题，即必须对权力进行驯化。法律家和哲学家的冲突由此转化为：紧急状态与私人权利至上是否有缓解的可能。③

"论主权"一节，引起我们对克罗波西在译者导言中所指出的对话的场景和氛围的问题的注意。④ 这是一次秘密的对话，充满了紧张的气氛，事实是法律家和哲学家所谈及的问题正是当时最为敏感的领域。也正是

① 〔英〕霍布斯：《利维坦》，黎思复、黎廷弼译，商务印书馆，1997，第205~225页。对比《对话》："因为制定法是由权威制定的，而不是从照料人民的安全之外的别的什么原则中抽绎出来的。"参见〔英〕托马斯·霍布斯《对话》（上海三联书店版），第23页。

② 〔德〕奥特弗利德·赫费：《政治的正义性——法和国家的批判哲学之基础》，庞学铨、李张林译，上海译文出版社，2005，第89页。

③ "正如莱布尼茨对霍布斯理论的评价那样，普芬道夫的国家构造理论几乎抹掉了其对手的观点和他们所捍卫的政体。他勾画了一幅'正常'国家的迷人画面。该国家是由遥远的自然状态中的家长们所建构的，借此就可以避免把巩固中央集权的现实努力和在17世纪仍处在军事对立状态的非常国家视为'不正常'国家。这些'不正常'国家是危机丛生、政治权威交叠的混乱政府。"参见〔德〕塞缪尔·普芬道夫《人和公民的自然法义务》，鞠成伟译，商务印书馆，2010，编者导言第30页。理解霍布斯与普芬道夫的理论必须尽可能地照顾到他们所处的历史环境，在这点上任何人都更大可能属于他自己的时代。

④ 〔英〕托马斯·霍布斯：《对话》（上海人民出版社版），导言第6页。

对这个细节的关注我们可以发现霍布斯笔下的哲学家和法律家在国家安全这一基本问题上达成了一致。"国王的理性乃是法律的灵魂",不过前提是,国王要接受建议和咨询并且作为决断者他所做出的行为乃是出于自己的"良心"。① 在这节对话中哲学家和法律家对某些特定的历史事件的评述达成了一致,也就是对国王有没有权力征税,或者人们依照"国王不经过国会同意就无权征税"的借口背叛国王权力,他们所获得的难道真的是免于赋税的权利吗?哲学家用英国历史事实告诉法律家:"最后一届长期国会在 1648 年谋杀了他们的国王……他们接管主权后,马上就自行向人民征款……当他们的新共和国被奥利弗变回君主制以后,谁还敢以《大宪章》或者你所引用的国会法令为借口,不向他缴纳款项?"② 紧急状态之下,人民必须服从主权者的决断。对此,黑尔勋爵认为霍布斯的所构造的法律和政府模型"是根据极少发生的情况被架构出来的,这是一种愚蠢。一个人应该吃药而且打乱其正常饮食,因为这是当其犯了可能七年一次的病时的做法"③。然而,对于霍布斯这个唯名论者来说,他宁可遵循奥卡姆·威廉的唯名论套路:"一套唯名论的法学理论最感兴趣的问题不是秩序的正常运转,而是秩序瓦解的紧急状况以及能够做出决断来维持持续秩序的紧急权力。"④ 在英国,国王被看成是最高的主权者,他要做的就是:保护人民的安全与和平。也因此在这个目的之下,君主所要采取的各种行动包括征募士兵或者征税,只要是出自君主的良知那就应该支持而不是反对。在《利维坦》中霍布斯对此给出解释:"所有的人都天生具有一个高倍放大镜,这就是他们的激情和自我珍惜;通过这一放大镜来看,缴付任何一点点小款项都显得是一种大的牢骚根源。但他们却不具有一种望远镜(那就是伦理学和政治学),从远方来看看笼罩在他们头上,不靠这些捐税就无法避免的灾祸。"⑤

① 〔英〕托马斯·霍布斯:《对话》(上海三联书店版),第 14~15 页。这无疑将要借助国王的"克里斯玛"式权威。正是这种权威将克服法律家对自己立法理性的自负。

② 〔英〕托马斯·霍布斯:《对话》(上海人民出版社版),第 29 页。

③ 〔美〕哈罗德·J. 伯尔曼:《法律与革命(第二卷):新教改革对西方法律传统的影响》,袁瑜珺、苗文龙译,法律出版社,2008,第 277 页。

④ 〔美〕沃格林:《政治观念史稿(第三卷):中世纪晚期》,段保良译,华东师范大学出版社,2009,第 124 页。

⑤ 〔英〕霍布斯:《利维坦》,黎思复、黎廷弼译,商务印书馆,1997,第 142 页。

在"论法院"一节中，哲学家和法律家的对话集中在了国王的最高裁判权上。对话得出结论的前提是普通法体系的英国法院系统中有可能存在着冲突，不论是在管辖权上，还是在有可能出现的错误判决的纠正上。"英格兰有着数量极其庞大的法院。首先，各大国王法院（the Kings Sourts）专司世俗事务的法律和衡平，包括大法官法院（Chancery）、王座法院（the Kings' Bench）、普通诉讼法院（the Court of Common-pleas）以及掌管国王税收的财税法院（Court of Exchequer），还有享有特权的臣民法院（Subject Courts），如伦敦法院及其他享有特权的地方。"① 如此众多的法院之间就各自的管辖权必然会产生争议，尤其是在普通法系国家英国，因为，法院与人一样也是争权夺利的。那么对这个问题的解决不能仅依靠相互争论的法院，"没有法院对自己的争论是合格的解决者"，这就必要借助一个更高的权威来化解，无疑，君主或者是国王是最适合的解决者，因为一切权威都该归属于国王。法院的法官都是依靠国王的授权而享有司法权力的，不过他们的权力并不是对国王最高主权的分割，而是服从最高主权的前提下所享有的辅助国王的权力。哲学家一再用历史上所存在的事实来证明，不论哪种类型的法院，其司法官员的权力都是国王授予的。韦伯针对这种家产制式的法得出颇具洞察力的结论："虽说家长制的司法裁判，由于遵守确定的原则，确实可以在某种意义上被视为理性的，然而，如就其思考模式的逻辑理性而言，则并非如此；因为，它的目标主要在追求社会秩序的实质的原则，不管内容是政治的、福利功利主义的或伦理的。""在其最为首尾一贯的情况下，整个司法体系皆被解消为'行政'的一环。""君主为了扩张自己的权力，必须对抗那些（身份制的）特权拥有者。以'行政规则'取代'特权'，就是在这种考量下的措施，同时也为君主的权力扩张与法律的理性—形式化奠定了基础。"②

霍布斯将主权权力完全归诸国王，而柯克将主权试图分割一部分给法官。前者诉诸英格兰治理史上的历史传统，而后者却诉诸法官群体的过往智慧，其中最为重要的就是先例。

---

① 〔英〕托马斯·霍布斯：《对话》（上海人民出版社版），第47页。
② 〔德〕韦伯：《法律社会学》，康乐、简惠美译，广西师范大学出版社，2005，第267～272页。

在先例的问题上，霍布斯和柯克都承认先例在英格兰法律体系中的作用和地位，所不同的则是先例的范围。以詹姆斯（也译作詹姆士）一世、霍布斯等为代表的"保王派"所认知的先例必定是国王所在的时代能抽象成普通法的先例，而柯克为代表的法官群体则认为先例不但包括现在国王的律令也包括上古时代所有的先例。这种区别的含义是，后者所涵盖的先例将会授权法官群体根据自己的理性塑造法律，质言之，是法官群体的立法。

在《对话》中的"论异端罪"一章中，哲学家为法律家讲述了"异端"一词的演变：仅仅具有哲学学派划分意义的名词如何一步步地演变成为宗教派别互相攻伐的贬义词，并且成为一种残酷的罪名。① "异端"以及"异端罪"在英格兰法律史上具有十分重要的地位，它揭示了坎特伯雷大主教贝克特和亨利二世的斗争原因，也在另外一个层面上说明了英格兰普通法包含的宽容和妥协精神。"当教会在俗人心目中最终变成一国之内而非一国之上并与国家相抗衡的团体时，西方各国的复合司法管辖权都被国家的司法管辖权所吞没，复合的法律体系也日渐被国家的法律体系所吸收。"② 霍布斯在《对话》中通过一节的篇幅来讲述"异端罪"不仅仅是要阐释该罪的残酷，更是要说明即使是"异端罪"也要有王权的授权才可以定罪，否则将是违反法律的。

既然主权具有如此的排他性和独占性，那么，在《对话》中得出赦免权和死刑的处罚权归诸国王也是完全可以理解的了。在论述所有权问题的一节，即"关于我的与你的法律"中，哲学家和法律家走进了英格兰制定法历史上最伟大的篇章《大宪章》。"大宪章提供了一个制定法立法的范例，大宪章在成文法典籍中占据首位。大宪章利用了多种立法资源，例如，要么是对习惯法的重新表述，要么又大大地扩展了既存的法律实践，要么又对某些被认可的新的习惯法进行汇编，这些新的习惯法使得人们可以正当地突破既有的法律，大宪章将所有这些法律渊源转变成更加固定、更加规范的法律规则。……大宪章的其他条款向我们展示

---

① 〔英〕托马斯·霍布斯：《对话》（上海三联书店版），第 91～109 页。
② 〔美〕伯尔曼：《法律与革命》，贺卫方译，中国大百科全书出版社，1993，第 327 页。

出一个更加规范化和常规化的，由王室提供的司法体制的发展进程。"① 所谓"我的与你的法律"就是关于所有权的法律，在《对话》中尤其表现为关于土地的所有权归属问题。

哲学家区分了两种所有权，一种由上帝赐予，因此是绝对地享有所有权；而另外一种所有权则来自别人的授予，因此"排除了所有其他臣民对该块土地的权利，但不能排除主权者的权利，假如人民的共同利益需要使用该块土地的话"②。如果上帝在世间的代理人是国王的话，那么其余的任何人都必须要接受这个事实：想要获得国王的保护，尤其是想要取得安身立命的土地的话，就必须宣誓对国王效忠。"我向你发誓将听命于你，将以我的生命、四肢和我全部的财富来履行这一誓言，因为我接受了你授予我的土地，我将永远忠于你。"③ 这证实了"英格兰自盎格鲁诺曼统治建立以来，虽有种种变革，然英吉利君主政体，至少在学理上，还有浓厚的军事色彩。……在那个时代，尤其在英格兰，又把效忠直接地主的宣誓，划分出来。……触犯忠顺，就构成重大叛逆罪（high treason），为法律上最重罪犯。"④ 在忠顺的问题上，我们也可以找到"论极刑犯罪"一节的根由。我们说《对话》体现了中世纪法律的严苛图景，其含义大概是指这点：霍布斯有意缓解在《利维坦》中极端情形下推导出的严刑峻法。不过，在这里霍布斯并没有放弃国家保障安全的重要职责，而是强调重叛逆罪之所以该被处以极刑，其原因乃是该行为会"立刻摧毁全部法律"⑤。原因很简单，因为该罪所侵犯的客体是国王的安全。

（三）《对话》的写作意图

以"对话"的方式进行的所有讨论，都至少在形式上表明了"这仅仅是一种意见而已"。"如果说，霍布斯的对话缺乏柏拉图的戏剧性，那

---

① 〔英〕约翰·哈德森：《英国普通法的形成——从诺曼征服到大宪章时期英格兰的法律与社会》，刘四新译，商务印书馆，2006，第 243~244 页。
② 〔英〕托马斯·霍布斯：《对话》（上海三联书店版），第 144 页。
③ 〔英〕托马斯·霍布斯：《对话》（上海三联书店版），第 145 页。
④ 〔英〕靳克斯：《英国法》，张季忻译，中国政法大学出版社，2007，第 117~118 页。
⑤ 〔英〕托马斯·霍布斯：《对话》（上海三联书店版），第 69 页。

也许是因为，它们原本就不是带着柏拉图式的意图写作的。"① 思想史上充满了各种各样的争吵，针对法律的性质，却有一个被认作核心的论域：法律与道德的关系问题。② 放弃庞德从哲学、历史、分析的角度来思考法律与道德的关系的做法是愚蠢的，但正如霍姆斯所说："从道德上观察法律是托勒密式的，不过坏人的观点给我提供了关于法律现象的可靠的日心说视角。只有从坏人的角度去理解法律，你才能'一瞥那莫测高深的过程，那是宇宙法则的一点提示'我们理解人类的法律很明显是靠发现其背后的宇宙法则——必须是最终诉诸暴力的法律才是惟一终极的现实。"③

创制法律的，不是智慧，而是权威。④ 哲学家声称，制定法恰好就能摆脱这种人人可为司法官的尴尬，因为制定法是成文的，它可以指引人们如何面对具体的事务。这句对话隐含的意思就是，在普通法体系之下，其实隐藏着对主权的分裂。霍布斯不止一次强调主权的最高性，以及人们一旦放弃自己的一些权利就必须服从他们所约定遵从的主权以及主权者。在《利维坦》中，他明确提出司法权就是主权的范围。⑤ 既然人人都可为司法官对关涉自己的案件进行裁判，很显然，基于人自保的天性那不就又回到了人与人之间的"战争状态"了吗？或许对"普通法就是理性"论调进行补救的方式就只能是制定法了。哲学家强调制定法，其实是指出了一个历史事实，因为对当时的英国来说，不但存在以判例和习惯法为依据的普通法体系，还包括了一系列成文的制定法，比如在《对话》中哲学家第二次发言提及的《大宪章》。然而制定法必须面对律师阶

---

① 〔美〕小詹姆斯·R. 斯托纳：《普通法与自由主义理论——柯克、霍布斯及美国宪政主义之诸源头》，姚中秋译，北京大学出版社，2005，第 180 页。

② 〔美〕罗斯科·庞德：《法律与道德》，陈林林译，中国政法大学出版社，2003，第 121 ~ 122 页。"耶林说道，法律与道德的关系问题是法学中的好望角；那些法律航海者中只要能够征服其中的危险，就再无遭受灭顶之灾的风险了。"

③ 〔美〕戴维·鲁本：《法律现代主义》，苏亦工译，中国政法大学出版社，2004，第 38 页。

④ 〔英〕托马斯·霍布斯：《对话》（上海三联书店版），第 4 页。在法律家看来，这种权威在源泉上是单一的、绝对的。而在英格兰历史上无疑只有国王才具有如此要求的"克里斯玛"本质。法律家或者那些法律博士所要做的不过是给国王提供一些建议和咨询意见，他们并不能成为权威本身。"当然，'人为的'（artificiel）这个词不是贬义词：它表示'艺术'（art）和'技艺'（artifice）。"参见〔法〕雷蒙·阿隆《论自由》，姜志辉译，上海译文出版社，2007，第 40 页。

⑤ 〔英〕霍布斯：《利维坦》，黎思复、黎廷弼译，商务印书馆，1985，第 138 页。

层的修辞（rhetoric）挑战。① 在霍布斯看来在政治中寻求治理的经验不能仅仅依靠哲学，而更应该依靠历史学。这个看法可以说是他翻译修昔底德《伯罗奔尼撒战争史》的一个想法。在施特劳斯看来，霍布斯看到了哲学在实践上的无力，因此他不满意传统意义上的哲学思辨方式。"霍布斯从一开始就认为，有必要对亚里士多德主义作出相当幅度的修正，或者说他从一开始就把这种修正看成理所当然的。"② 不论是从《论公民》还是《利维坦》抑或是《对话》当中，我们都可以看到霍布斯本人多次对亚里士多德的哲学进行了批评。其实，正如施特劳斯所指出的，这表现了霍布斯的转向，也就是"霍布斯怀着哲学上的意图而转向历史的"，因为"使人审慎，使人深思远虑的，不是哲学，而是历史"。③

诚如斯托纳所指出的：

> 霍布斯写作两本对话录时所挂念的是他那个时代的英格兰政治，其中所包括的论点只是部分地联系到抽象的科学范畴，因而我们有理由怀疑，选择对话这种形式，反映了这个问题所特有的实践意义。④

可以看出，在《对话》中霍布斯坚持了他在《利维坦》和《论公民》中对政治社会的某些看法，也修正了某些看法。在坚持与修正之间，我们可以从其哲学基础中寻找理由，也可以从当时的历史环境中找理由。不过，这难以确保我们的观察是中立的。

"普通法就是理性"，换言之，普通法就是人人皆可参与的法律，尤

---

① 关于"rhetoric"的翻译，毛晓秋译为"雄辩词锋"，参见《对话》（上海人民出版社版），第20页；姚中秋翻译为"花言巧语"，参见《对话》（上海三联书店版），第6页。不同的翻译颇堪玩味。其实霍布斯并没有忽视语言与修辞所具有的政治力量，体现在《利维坦》第四章"论语言"，当然从严格意义上来说，语言并不等于修辞，笔者所要提及的只是修辞无疑要借助语言。而语言被霍布斯称之为人类"最高贵和最有益处的发明"。参见〔英〕霍布斯《利维坦》，黎思复、黎廷弼译，商务印书馆，1997，第18页。
② 〔美〕列奥·施特劳斯：《霍布斯的政治哲学：基础与起源》，申彤译，译林出版社，2001，第94页。
③ 〔美〕列奥·施特劳斯：《霍布斯的政治哲学：基础与起源》，申彤译，译林出版社，2001，第95页。对于这个说法，施特劳斯做了一个相当长的注解。
④ 〔美〕小詹姆斯·R. 斯托纳：《普通法与自由主义理论》，姚中秋译，北京大学出版社，2005，第181页。

其是法官完全可以将自己的智慧贯穿于其中。在霍布斯的思想理路中，人和动物最为根本的区别就在于人具有理性，而且这种理性具有普遍性。因此哲学家提醒法律家，理性是人人都具有的，那么按照这种说法（即普通法就是理性）任何人似乎都可以成为法官。不过这样的话每个人都可以按照自己的理性来宣称某部法律是"有悖于理性的，因而，就为他不遵守它找到了一个借口"①。"霍布斯把政治问题拉回到前社会的自然状态，也就把政治问题落实到孤独的原子式个人身上，使个人成为政治的起点，而共同体不再是政治的起始单位。"② "人们说，只有个人才能被视为是自由或者不自由的，因为自由必须以思考和决定能力为前提，因为只有个人才拥有思考和决定能力。"③ 哲学家正是通过缩小理性主体的范围将法律家以及其余种类的专家排除出了普通法权威的范围。

在霍布斯的政体理论中，有一种非常固执的坚持，那就是君主制是最优秀的政体。在政体理论上霍布斯一方面继承了亚里士多德的政体理论，但是他批评了亚里士多德的政体循环理论。

> 尽管就促进西方政治思想的发展而言，这一接纳是一种难以估量的幸运，但有其缺点。如我们所知，由表达方式带来的魔咒是强有力的，采用亚里士多德范畴的后果就是遮蔽了我们西方政治实在中的一些重要部分，它们不能被纳入根据希腊城邦的模型而建立的政治体系。④

或许是霍布斯承继了马基雅维利（也译作马基雅维里）关于政体的理论判断："在古典政体循环论里一个根本的错误就是将人的制度视为理所当然的东西，因为它将政治的目的和起因分离开来，因而也将政体的循环与文明的循环分立开来。所以，这个根本的错误还在于将好的政体向坏的政体的蜕变归咎于统治阶层的力量衰败，认为人们生活得自由才

---

① 〔英〕托马斯·霍布斯：《对话》（上海三联书店版），第 3 页。
② 赵汀阳：《制造个人》，载林国华、王恒主编《古代与现代的争执》，上海人民出版社，2009，第 163 页。
③ 〔法〕雷蒙·阿隆：《论自由》，姜志辉译，上海译文出版社，2007，第 42 页。
④ 〔美〕沃格林：《政治观念史稿（第二卷）：中世纪（至阿奎那）》，叶颖译，华东师范大学出版社，2009，第 117 页。

有力量。"① 我们甚至可以看出霍布斯对于政制腐败的抵制不是来自古典意义上各种政体之间的相互借鉴而形成所谓的混合政体，对他来说：

> 重要的是要以国家克服封建等级或者教会的反抗权（导致）的无政府状态、由此克服不断爆发的内战，要以一个毫不含糊的、能够有效提供保护的强权与一个以可计算的方式发挥作用的法律体系的理性统一来反对中世纪的多元主义，反对教会而后其他"间接"权力的统治要求。②

"国家的区别在于主权者的不同，也就是在于代表全体群众和其中每一个人的人有差别。"③ 在他看来，亚里士多德所谓六种政体之中的变态政体的说法不过是人们对待民主政体、贵族政体以及君主政体所保持的不同感情而已。④ 霍布斯对君主政体的热爱表现在他的著作中对君主制不断充实的辩护，尤其是对君主制带有的弊端的不断修正之中。在《论公民》中他直接宣称："君主制是这些国家类型——民主制、贵族制和君主制——中最佳的。"⑤ 对君主制的辩护同样是"论主权"的一个重要方面，他所要得到的一个最浅显的结论就是对英国来说，不管是对君主制所具有的合理性而言还是英国历史事实告知的那样，君主就是英国最高的主权者。正如在《对话》中的哲学家所言赦免的权力来自"国会中的国王，而非国会与国王赦免"⑥。其实，双方所争论的焦点为到底是国王还是国会或者是法官拥有司法权。在《对话》中，法律家一步一步地退

---

① 〔美〕曼斯菲尔德：《新的方式与制度——马基雅维利的〈论李维〉研究》，贺志刚译，华夏出版社，2009，第90页。

② 〔德〕卡尔·施米特：《霍布斯国家学说中的利维坦》，应星、朱雁冰译，华东师范大学出版社，2008，第123页。

③ 〔英〕霍布斯：《利维坦》，黎思复、黎廷弼译，商务印书馆，1985，第143页。

④ "人们通常将亚里士多德看做是混合和制衡整体传统的创始人。但是他（指普芬道夫——笔者注）论证说，亚里士多德并非一个坚持混合政体的思想家，而是一个区分健康政府与各式各样不健康政府，并在主权一体的背景框架下厘清政府治理类型的思想家。"参见〔德〕塞缪尔·普芬道夫《人和公民的自然法义务》，鞠成伟译，商务印书馆，2009，编者导言第29页。关于普芬道夫和霍布斯关于自然法传统中契约理论的差别，本文将在后半部分做一个对勘。

⑤ 〔英〕霍布斯：《论公民》，应星、冯克利译，贵州人民出版社，2003，第104页。

⑥ 〔英〕托马斯·霍布斯：《对话》（上海人民出版社版），第43页。

让，甚至被哲学及所耻笑为"这就是道理，因为更普遍、更高贵的科学以及这世间的法律都是真正的哲学，而英格兰的普通法不过是其中的九牛一毛罢了"①。这看似高傲的话语后面所展现的就是哲学家对法律家视野智略狭隘的直言批评。说最为高贵的学问是哲学，这不但抬高了哲学家本身的地位，也为哲学家对政治事务的洞察所具有的远见卓识埋下了伏笔。

二 《对话》的英格兰宪政背景

（一） 柯克顶撞詹姆斯一世案——王权与司法权争执的戏剧

1612 年 11 月 10 日，在一个难忘的星期日上午，应坎特布雷大主教的奏请，詹姆士一世国王召见了英格兰的法官们。这就是著名的"星期日上午会议"。看来，这个高级委员会，即原来专司宗教事务的教会法院，现在已经将其管辖范围扩张到世俗的刑事案件。教会法院，这一闯入普通法领地的完全"陌生客"，不依任何既定法律和成规，不遵从任何控诉便对案件进行审判。因此，在它试图仅凭一纸完全世俗性质的诉状而派其随员进入被告的住宅并对其实施拘捕时，高等民事法庭颁发了禁令，取缔其有关诉讼行为。为了适应司法上强调的法律至上原则，一些人建议国王按照自己的意愿收回部分案件的审判权，由国王亲自审决。这次"星期日上午会议"的主题就是针对这一建议进行辩论并征求法官们的意见。坎特布雷大

---

① 〔英〕托马斯·霍布斯：《对话》（上海人民出版社版），第 22 页。比较沃格林对胡克的解读，可以说英国宪政走向关注财产的问题是英国教会改革必然的结果，既是对罗马基督教的不断舍弃所形成自我封闭的英国国教体系，使得道德的关注极度下降，英国国王正是通过利益联盟的方式使得这一图谋成为现实。这为英国的民族国家的崛起奠定了坚实的基础，也为他进一步丧失道德上的自治埋下了种子。在 18 世纪以前，无疑英国的政治哲学都在导向洛克式的为财产权申辩的道德荒漠中。霍布斯关于自然状态的论说，其政治含义乃是要舍弃贵族阶层把持的政治秩序，而重建一种基于人与人平等相待的政治秩序。"单就创世论而言，其政治涵义乃是，作为主权者的创世者对其创造物（主要是土地以及由土造成的人）拥有绝对的垄断权，能够对任何违反主权者的命令也就是正义秩序的造物施加身体性的或物质性的痛苦和剥夺，其潜在的政治旨趣是反对贵族势力对于最高主权的掣肘。"参见林国基《霍布斯与〈约伯书〉》，《法制日报》2007 年 12 月 23 日，第 14 版。

主教在会上继续鼓吹王权至上，他认为，法官只是国王的代表，国王认为有必要时，把本由自己决断的案件授权给法官们处理。关于这一点，如果法律上、神学上存在问题，在《圣经》中上帝的圣谕已经明确体现，是不言而喻的。针对这一论调，大法官爱德华·柯克（Coke）代表法官们给予有力回击。他说：根据英格兰法律，国王无权审理任何案件，所有案件无论民事或刑事，皆应依照法律和国家惯例交由法院审理。

"但是"，国王说："朕以为法律以理性为本，朕和其他人与法官一样有理性"。

"陛下所言极是"，柯克回答："上帝恩赐陛下以丰富的知识和非凡的天资，但微臣认为陛下对英王国的法律并不熟悉，而这些涉及臣民的生命、继承权、财产等的案件并不是按天赋理性（nature reason）来决断的，而是按人为理性（the artificial reason）来决断的。法律是一门艺术，它需要经长期的学习和实践才能掌握，在未达到这一水平前，任何人都不能从事案件的审判工作。"

詹姆士一世恼羞成怒，他说：按这种说法，他应届于法律之下，这是大逆不道的犯上行为。柯克引用布莱克通的名言说："国王不应服从任何人，但应服从上帝和法律"。像这样辩论激烈的会议持续了数次，柯克因力主非法官不能审案而终被解职。①

---

① 〔美〕罗斯科·庞德：《普通法的精神》，唐前宏、廖湘文、高雪原译，法律出版社，2001，第41~42页。柯克版的对话录详尽地展现于 Prohibitions del Roy，Coke's Reports 12：63（1608），转引自〔美〕哈罗德·J. 伯尔曼《法律与革命（第二卷）：新教改革对西方法律传统的影响》，袁瑜琤、苗文龙译，法律出版社，2008，第480~481页。柯克版的对话录比庞德版的描述更为详尽，后面还包括了："法律是审批臣民的这些事件的金权杖和手段，而且它保护陛下的安全和和平。"本文作者采用庞德的描述，是他作为近代法律家所享有的崇高地位，而比之于柯克版本则是因为他是当事人，因此具体的描述难免偏颇。这少见地形成了霍布斯和柯克的一致：每个人都不能成为自己案件的审判者。不过，柯克是否如此从容地面对暴怒的国王是被人怀疑的："历史学家怀疑，柯克是否真的这样站起来无礼地抗辩国王：一位曾身临现场的人士写的一封信说：詹姆斯'勃然大怒'，'柯克爵士感觉到了落在他头上的全部力量，忙不迭地祈求陛下怜悯他、宽恕他，如果陛下觉得他的热心已经逾越了他的义务和忠诚的话'。"参见〔美〕小詹姆斯·R. 斯托纳《普通法与自由主义理论——柯克、霍布斯及美国宪政主义之诸源头》，姚中秋译，北京大学出版社，2005，第49页。

从这个对话录中我们可以看出柯克和詹姆斯一世国王的分歧："自然理性"是不能代替"人为理性"去审判案件的。对于纠纷而言，需要一种专业的技术技能，这个技能需要经验与学识，这不是属于国王所有的，而是一个法官群体所享有的资源。"掌握一门专门的技术知识体系的惟一方法只有通过特殊的学习和训练，这就是当年柯克回答詹姆士一世的精辟言论中的真谛。"① 实际上，柯克顶撞国王案并不仅仅是要塑造出一个在庞德看来坚持"法律至上"原则的法律共同体这么简单。霍布斯《对话》中哲学家与法律家的论战也不仅仅是为了阐述解决法律纠纷的权威在何处：是在国王手中还是在法官手中？但这种表象是错误的。柯克不会如此直接地对詹姆斯一世的最高权提出疑问。他的要点仅仅是，由于训练和经验，法官有特别有利的途径来获得权威性规范体系。然而这仍然是一个有颠覆性的论点，因为它隐含着这样一点，即法官是自然法的阐述者；这种意义上的法律虽然有权威却不是出自"主权者"。尽管这一点还没有使法官们向君主争夺最高权力，它的确损害了君主的最高权力。这就是让霍布斯感到麻烦的地方，也使他反对柯克。② 波斯纳一针见血地指出了霍布斯和柯克的分歧所在，这就是霍布斯坚持的"主权在国王"的一以贯之的观点和柯克司法官"人为理性"裁判之间的矛盾。问题远不是这样简单，因为霍布斯从来没有宣称司法官将会对国王的主权进行分割，而毋宁是，国王可以委托自己的政务大臣来处理司法案件，进行司法审判。"职掌司法的人也是政务大臣。因为他们在裁判席上所代表的是主权者的人格，他们的判决就是主权者的判决。"③ 霍布斯之所以对法院审判权以及法官裁判权进行严格的限制，在于他自己的道德哲学上的认知，也是对自己《利维坦》等著作打上"理论的补丁"。④ 如果我们承认在法理意义上的法治国家最高主权乃是立法权的话，霍布斯和柯克的争论实质上就是要确定立法权的归属，而至为重要的表述对象就是国家法律规范体系的塑成到底是来自权力者的命令（在霍布斯的笔下

① 〔美〕罗斯科·庞德：《普通法的精神》，唐前宏、廖湘文、高雪原译，法律出版社，2001，第57页。

② 〔美〕波斯纳：《法理学问题》，苏力译，中国政法大学出版社，1994，第15页。

③ 〔英〕霍布斯：《利维坦》，黎思复、黎廷弼译，商务印书馆，1985，第188页。

④ 〔英〕托马斯·霍布斯：《对话》（上海人民出版社版），译者导言第10页。

指代国王，但是也不可否认他承认人民的主权，不过在某种意义上他应该属于君主立宪主义者而绝非共和主义者；在柯克的笔下则是法官群体，这点尤其要引起注意，那就是他显然排除人民大众的立法权，而是将这个权力直接归属于法官这一精英群体，只不过法官的法规范行为来自对习俗与习惯的抽象）还是来自法官群体对于既往习俗或习惯的抽象。

柯克爵士曾告诫普通法的学习者："我们的学生应当注意到，法律知识就像一口深井，每个人都依据自己的理解力从井里汲水。汲水最深者，能领会到出色、绝妙的法律诀窍。"① 柯克爵士对英格兰普通法的热爱是真诚的，但是他对普通法的呵护却是"法律式"的，他关注每个案件的管辖权，也就是力图用法律来解决英格兰国家的所有问题，在这一点上，他是一个"法律职业论"者，② 也正是以他为代表的一系列普通法学者所阐释的法治理论主导着"独特的英美式自由"③。而霍布斯以及以他为代表的实证主义法律学派，看上去是保守、专制、冥顽不化的，有人甚至将他们与恐怖和法西斯主义相联系，但是他们对法律的实体有更深刻的把握。④ 然而，霍布斯和柯克的理论并不像想象中那般水火不容，而是在一些关键点上具有一致性。他们之间的论战（不仅仅是指霍布斯对死去的柯克爵士的批评，也包括黑尔勋爵对死去的霍布斯的批评）对英格兰法治的发展起到了一定的塑造作用，甚至可以说，正是他们之间的论战为后来的法律共同体与政治共同体提供了一个对话的模板。法律界的常

---

① 〔美〕罗斯科·庞德：《法律与道德》，陈林林译，中国政法大学出版社，2003，第42页。

② 这个看法无疑是太小看柯克作为司法官群体代表的政治理想了，因为："国王与议会之间展开斗争的问题不是君主制或共和制、民主制或贵族制的问题，也不是自由或反复无常的人坚持或背叛自由的问题。""詹姆斯一世统治下，几乎每一个场合，反对派都让人感觉到它的存在，在实践上它变得重要，而且预期在1621年取得成功的可能性。接着，英国最著名的律师柯克的指导下的下议院击败培根，除去了斯图亚特家族曾拥有的最能干的顾问。弹劾和追究大臣的责任仍在继续。"参见〔英〕阿克顿《近代史讲稿》，朱爱青译，上海人民出版社，2007，第157页。实际上，霍布斯的《对话》中作为主角之一的哲学家身上就闪耀着培根爵士和霍布斯本人的影子。在这场议会与国王的对决中，国王派的培根失败，并且因贪污等罪名去职。关于霍布斯和培根之间的关系，或隐或现地出现在施特劳斯《霍布斯的政治哲学：基础与起源》一书第六章"历史"部分。参见〔美〕列奥·施特劳斯《霍布斯的政治哲学：基础与起源》，申彤译，译林出版社，2001，第94～128页。

③ 〔美〕波斯纳：《法理学问题》，苏力译，中国政法大学出版社，1994，第34页。

④ 〔美〕波斯纳：《法理学问题》，苏力译，中国政法大学出版社，1994，第34页。

识认为法律与道德的关系是阐述法律性质的核心要素，但在另外一个层面上，法律与道德的争论也仅仅是自然法与实证法对决的一个表现。自从实证主义理论诞生以来其就不断对自然法理论进行挑战。除哈特与富勒的论战外，其间最为著名的就是霍布斯和柯克的论战，而该论战的成果是霍布斯的《哲学家和英格兰法律家的对话》这部著作。因此，对《对话》进行解读不仅是理解 17 世纪英格兰王权与司法权争执的事实要素，也是理解霍布斯国家理论中自然法与实证法的关系的一条路径。

（二）国王的"两个身份"

福蒂斯丘爵士在其《英格兰的治理》一书中开宗明义地指出：

> 存在两类王国，其中一类的统治（lordship），拉丁文中称为"国王的统治"，另一种被称为"政治的统治"。它们的区别在于，第一类王国的国王可以根据他自己所制定的法律统治他的人民，因而，他可以随自己之喜好向他们征收税收和其他赋税，而不征得他们的同意。而第二类王国的国王则不可用人民所同意的法律之外的别的法律来统治他们，因而，若无他们的同意，就不能对他们开征任何税收。①

在这篇充满对英格兰法律及其精神礼赞的文章中，福蒂斯丘爵士代表的历史相对论得到了认可，"这种理论在 17 世纪开始支配英国法律思想"②。这种历史相对论强调英格兰法律所具有的独特性，由此而衍生的自豪感掩饰不了他们对存在于英格兰法律体系中古老习惯的尊崇。

詹姆斯一世在其作为苏格兰国王时写作的《自由君主制的真正法律》一书可以看成是他治理英格兰的法律意识形态先兆。在詹姆斯一世看来，国王的权力并不是来自其与人民所订立的契约，而毋宁是来自上帝。"国

---

① John Fortescue, *On the Laws and Governance of England*, edited by Shelly Lockwood（影印本），中国政法大学出版社，2003，第 83 页，转引自〔英〕托马斯·霍布斯《对话》（上海三联书店版），第 142 页。

② 〔美〕哈罗德·J. 伯尔曼：《法律与革命（第二卷）：新教改革对西方法律传统的影响》，袁瑜珺、苗文龙译，法律出版社，2008，第 244 页。

王是上帝在地球上的代表，这是上帝本身授予的。"① 这在自由社会看来是专制透顶的说法，不过在英格兰历史上却含有无比丰富的历史资源。"王无不是"，这是源自君权神授最为本初的表达，该表述刻画出了国王在英格兰政治上的特殊性。不过，在具体的政治行为中，"王无不是"却表现出了与其语义不相像的法治韵味。出现刑事诉讼或侵权之诉时，若有人声称"系奉王命"，法院就可以简单地回答说："我们不能相信，王不能发这样的命令的。"这是一种拟制，但却是完全符合逻辑的假拟，于是驳斥了"政府行为"的辩护，且认可了 1637 年 Hampden 大律师的立场。② 这说出了麦基文认为的审判权和治理权在宪政史上的争斗实质。

13 世纪时，布拉克顿曾在"审判权"和"治理权"间划出明确的界限。其实，即使在 16 世纪末，此种划界仍是理解英格兰宪法真相的主要线索。在伊丽莎白统治末期，除去少数例外，人们似乎仍像布拉克顿一样，充分接受一个二元理论，即国王在法律之下，却不在任何人之下，其权利的终止和实施必须依据法律，属法院和议会管辖；但是，"国家事务"或"国家的改变"，不属于它们管辖，而且它们也不能理解。后者是"治理特权"的一部分，是而且应该是"绝对"且"无可争议"的。③

不过，"事实上，他（指柯克——笔者注）是一个英国国教徒和彻头彻尾的君主主义者。对他来说，国王既是国家的首领，也是教会的首领，而且对他来说，国家的理性与清教和罗马神学分开了。然而，作为 1606 年到 1616 年这段时间的首席法官，后来作为一个议会议员，柯克坚定地为限制国王特权和使它们服从于普通法和议会的控制而战"④。作为柯克政敌的培根则紧跟国王詹姆斯一世关于普通法和衡平法之间发生冲突时应该以衡平法为准的论述。衡平法的强势必须要借助国王所享有的"绝对权力"，对此，培根的贡献是无与伦比的，他将在 15 世纪的《法律年鉴》中只是一个法律救济程序概念的"绝对权力"演化为 17 世纪的一

---

① 〔美〕哈罗德·J. 伯尔曼：《法律与革命（第二卷）：新教改革对西方法律传统的影响》，袁瑜琤、苗文龙译，法律出版社，2008，第 248 页。
② 〔英〕靳克斯：《英国法》，张季忻译，中国政法大学出版社，2007，第 128~129 页。
③ 〔美〕C. H. 麦基文：《宪政古今》，翟小波译，贵州人民出版社，2004，第 90~91 页。
④ 〔美〕哈罗德·J. 伯尔曼：《法律与革命（第二卷）：新教改革对西方法律传统的影响》，袁瑜琤、苗文龙译，法律出版社，2008，第 252 页。

个政治概念。① 如果遵从麦基文将英国宪政史刻画为"治理权"和"审判权"斗争的历史的话，那么在培根笔下的"绝对权力"将使国王具备不容置疑的最高权威。在此，英格兰的宪政路径将由"治理权"和"审判权"斗争的分权体制变成君主制——国王享有至高无上的权威。

就国王权力的问题我们必然会看重一个区分：国王与暴君。这是区分国王的"自然身份"和"政治身份"的形式要件。无论如何，一个人享有主权权力唯一合格的政治体制必然是君主制，只有在君主制中"自然身份与政治身份合于一人之身"。"尽管如此，他的公共性命令（public commands），即使是以其政治身份发出的，其源头也在于他的自然身份。因为，在制定法律的时候，必然要求他的同意，而他的同意乃是自然的。"② 相比对国王与暴君的区分所引发的论述，霍布斯的观点更为鄙弃神学人员与普通法法学家。

"使得神学的和普通法的心灵具有危险性的，就是其团结一致，因为他们是一起寻找思想的形式的，他们将公共的知识误认为是自己的意见。暴君因为其孤独而变得驯服，而反叛者则会因为他们的团结而大受鼓舞。霍布斯笔下的主权者是没有个性的，尽管他更青睐体现为个体的暴君：暴君至少既承认了也显露了自己的欲望，而神职人员和法律家却僭称自己坚持的是某些普遍的标准，而隐藏起促使他们履行其职责的私人利益。"③

在这点上，霍布斯的看法无疑具有预言的性质。"事实上，霍布斯政治科学中最引人注目的地方就是，它更适合于描述我们的世界而非他自己所处的时代，或者 18 世纪七八十年代的世界。"④

我们说对"国王的两个身份"的区分在英格兰政治治理史上是重要的，首要的原因就是我们认为麦基文关于"治理权"与"审判权"的斗争思路是围绕这"两个身份"进行的。其次，我们还知道从某种意义上说，这种区分也是英格兰宪政体制形成中所表现的国王与国会的斗争以及国王和教皇的斗争。将"国王"等同于"绝对专制"，这从更大的程度

---

① 何勤华：《西方法学史》，中国政法大学出版社，1996，第 289 页。

② 〔英〕托马斯·霍布斯：《对话》（上海三联书店版），第 144 页。

③ 〔美〕小詹姆斯·R. 斯托纳：《普通法与自由主义理论——柯克、霍布斯及美国宪政主义之诸源头》，姚中秋译，北京大学出版社，2005，第 201 页。

④ 〔美〕小詹姆斯·R. 斯托纳：《普通法与自由主义理论——柯克、霍布斯及美国宪政主义之诸源头》，姚中秋译，北京大学出版社，2005，第 206 页。

上来说是一种理论上的可能性，在现实中是不太可能存在的。换言之，国王在现实政治中是有可能专制的，但不是绝对专制的。麦基文在论述英格兰宪政的历史进路时，所列举的事例清晰地指出了这点：

> 在布拉克顿的书中，其中有句极著名的话虽常被忽视，但在十七世纪的宪法斗争中却被一再提起：国王有个上司，该上司不仅在成就国王的上帝和法律中，而且在他的国王委员会（curia）中——在国王的同伴即男爵和伯爵中——"有同伴者即有主人，因此，如果国王超越法律，同伴们应给他戴上笼头"。①

无疑，现在英格兰君主立宪体制在某种程度上就是给国王戴上"笼头"的结果。对此，包括霍布斯和柯克都是承认的，这也就是划分国王和暴君的原因所在。不过，"自然资格与政治资格间的划分，就跟暴君与国王间的划分一样，从原则上来说是有用的，但在现实中却不能使人足够确定地判断，暗杀暴君所引发的混乱状态是否值得"②。这恐怕是区分"国王的两个身份"最富现实意义的政治遗产了。倒霉的柯克与逃走的霍布斯为该政治遗产贡献了自己的理论思考。无论如何，我们都要承认霍布斯深受培根的影响，正是培根教会了霍布斯如何进行政治写作，遭受国会审判的培根在《对话》一书中却难以想象地缺场了。这是霍布斯有意为之的，他难以让体现"王在国会中"政治意义的场景不合时宜地出现自己那失败的"政治教父"。克罗普西指出："《对话》还暗示，获得国会的合作，也是重返人民意志、获得民众对政府的同意的最佳手段。"③在国会的问题上，《对话》中哲学家罕见地承认了苛刻的权威性。

"不管对于这些问题我们可以得出什么样的结论，现在的关键则在于，如果《对话》的目的既在于提高国会的地位，又要为培根进行声辩，那它就是将由于历史原因而曾经互相冲突的两个事业搅和到了一起。"④

---

① 〔美〕C. H. 麦基文：《宪政古今》，翟小波译，贵州人民出版社，2004，第 57 页。
② 〔美〕小詹姆斯·R. 斯托纳：《普通法与自由主义理论》，姚中秋译，北京大学出版社，2005，第 201 页。
③ 〔英〕托马斯·霍布斯：《对话》（上海人民出版社版），译者导言第 13 页。
④ 〔美〕小詹姆斯·R. 斯托纳：《普通法与自由主义理论》，姚中秋译，北京大学出版社，2005，第 197 ~ 198 页。

现代意义上的宪政主义唯一的实质就是诛杀暴君，这就是围绕英格兰宪政和法兰西宪政斗争的历史性总结。麦基文声称："古老暴君学说具有了新的宗教内涵，它极大地削弱所有治理权，威胁到国家本身。最终，新型的政党创立了：为保护国家免受毁灭，它甚至乐意宽容错误。"①

三 《对话》的法理学意蕴

（一）"唯名论"与法律权威的生成

"事物的名称是人类的发明。"② 在《利维坦》第四章，霍布斯论述了语言以及语言的四种滥用所带来的社会问题。正是唯名论的立场使得理解政治社会成为可能，因为其理论基石恰好建立在对上帝"启示"的破除上。"没有语言，人类之中就不会有国家、社会、契约或和平存在，就象狮子、熊和狼之中没有这一切一样。"③ 这使得霍布斯的"利维坦"具有强烈的"创世"色彩，也使得政治社会的各种构造成为人为的"造物"，一系列的制度不是来自上帝的恩赐，而是人自己的成就。"人和理性两词则范围相等，互相包容。"④ 不过，"霍布斯很清楚：道德世界也是人造物或人为的结果。语言可以造就一个复杂的文化体系。但是如何避免出现符号和含义混乱矛盾，交谈和意义混淆不清的情况，避免一场真正的国内战争？语言表明本身是一种进步的工具，它使我们能够创造各种定义和社会造物——因此，主权者可以自由地界定一般规则"⑤。

这里隐含了霍布斯的本体论问题。相对于依靠"启示"建立起来的自然状态而言，依靠理性建立起来的社会秩序在涉及"正义性"的评价问题时，首先要考虑主权者自身的"律法"定义。唯名论在政治法律秩序上的逻辑极致就是各种纷繁复杂的立法活动，将人的生活状态依靠语

---

① 〔美〕C. H. 麦基文：《宪政古今》，翟小波译，贵州人民出版社，2004，第81页。
② 〔英〕韦恩·莫里森：《法理学：从古希腊到后现代》，李桂林等译，武汉大学出版社，2003，第91页。
③ 〔英〕霍布斯：《利维坦》，黎思复、黎廷弼译，商务印书馆，1985，第18页。
④ 〔英〕霍布斯：《利维坦》，黎思复、黎廷弼译，商务印书馆，1997，第20页。
⑤ 〔英〕韦恩·莫里森：《法理学：从古希腊到后现代》，李桂林等译，武汉大学出版社，2003，第91页。

言所代表的"权力意志"整合成一套法律体系。因此，对霍布斯笔下人与人之间的"自然状态"的终结就是建立起一套人法体系，使政治活动完全受此岸世界的权威调整而不是由已经创世的"上帝"决定。如果人仍然遵从上帝缔造的"彼岸世界"生活图景的话，那人根本没有积极活动的必要，因为"造物主"已经形塑了一套完全自给自足的图景。"不用说，上帝的权力和意图是超越我们的理解力的极限的。上帝最终这样质问雅各：'当我创世的时候，你在哪里？'"霍布斯依靠语言，将人与理性等同并依据一种由培根的经验主义和笛卡儿的理性主义嫁接而成的本体论得出一个惊世骇俗的结论："我们可以大有作为。"①

既然是唯名论的理论基调，霍布斯就得为没有原罪的、能够自己创世的人创造一个类似于莫尔的"乌托邦"，如同莫尔忽视了作为人的本性的傲慢一样，霍布斯有意地忽视了人的另一个本质特征即至高的善（summum bonum）。② 无疑，霍布斯的"利维坦"象征意象已经表明了，那是一个巨大的骄傲之王，是充满激情并对世间万物无不藐视的巨兽。

"在他（指霍布斯——笔者注）看来，那个正在以新世界鼓舞着这些武装的先知们的'圣灵'，其实不是来自于神的圣灵，而只不过是人的权力欲而已。……人类的行为从根本上就不可能通过对上帝的爱而拥有方向，而只能通过世界之内的权力驱使而拥有动力。"③

人的权力欲而并非其他，才是霍布斯关注的重点。很难想象这个将权力欲作为自己理论基础的人会忽视权力的滥用——如果有忽视那也是霍布斯为了一个更高的目标有意为之。不过权力欲是无限的。

"获取一定的权势会要求获得更大更多的权势，这部分是一种保护措施，人们要求掌握更大的权势来保护他享用先前的权势带来的好处。因此，国王们要求在国内建立法律以保护他们的权力，在国外发动战争以

---

① 〔英〕韦恩·莫里森：《法理学：从古希腊到后现代》，李桂林等译，武汉大学出版社，2003，第91页。
② 〔美〕沃格林：《没有约束的现代性》，张新樟、刘景联译，华东师范大学出版社，2007，第80页。
③ 〔美〕沃格林：《没有约束的现代性》，张新樟、刘景联译，华东师范大学出版社，2007，第81页。

保障和扩展他们的权力。"①

这就是"唯名论"之下法律性质的逻辑极致，强调"权威制定法律"的信徒们必须要面对这个理论所具有的严苛之处。这种"唯名论"的法律体系在面对英国人最为珍视的自由时，又该依靠谁来抵制绝对权力的侵蚀？

"霍布斯把政治问题拉回到前社会的自然状态，也就把政治问题落实到孤独的原子式个人身上，使个人成为政治的起点，而共同体不再是政治的起始单位。"② "人们说，只有个人才能被认为是自由的或者不是自由的，因为自由必须以思考和决定能力为前提，因为只有个人才拥有思考和决定能力。"③ 霍布斯对普通法甚至英格兰宪政的贡献在于他指出了个人与国家的矛盾。在这里他思考了国家的正义性问题，在个体自由与国家安全问题上，他倾向于后者，只有后者的存在才对一个民族国家中公民的自由具有特殊的意义。

"唯名论"在法理学上的意蕴是强调存在人类依靠自我理性立法的可能性。然而，"凭借知识进行自我拯救，这有它自身的魔力，但是这种魔力是不无害处的"④。

（二）《对话》中的"国家理由"

施特劳斯曾认为霍布斯是近代政治哲学的创始人。不过他后来承认"这是一个错误：这个殊荣，应该归于马基雅维利，而不是霍布斯"⑤。能让施特劳斯自认为错误的原因不能仅仅归于哲人自身的不审慎，而毋宁是霍布斯著作的极端复杂以及他与马基雅维利（马基雅维利主义）千丝万缕的关系。然而探寻两者的关系必将超越笔者的能力，那也将会是一种"越界"。不过，放弃这种关系的研究无疑是非常遗憾的事情，因为，

---

① 〔英〕韦恩·莫里森：《法理学：从古希腊到后现代》，李桂林等译，武汉大学出版社，2003，第95页。
② 赵汀阳：《制造个人》，载林国华、王恒主编《古代与现代的争执》，上海人民出版社，2009，第163页。
③ 〔法〕雷蒙·阿隆：《论自由》，姜志辉译，上海译文出版社，2007，第42页。
④ 〔美〕沃格林：《没有约束的现代性》，张新樟、刘景联译，华东师范大学出版社，2007，第21页。
⑤ 〔美〕列奥·施特劳斯：《霍布斯的政治哲学：基础与起源》，申彤译，译林出版社，2001，前言第9页。

霍布斯政治法律理论的精髓确实是为国家的存在寻求"合理性"与"合法性"——如果这种现代语词能够指明霍布斯所处时代的国家理论所要面对的困难和矛盾的话。而霍布斯作为主权理论的代表人物之一，他的自然公法理论如何与该理论的对手——"国家理由"糅合成为一个完整的霍布斯（或者霍布斯主义）？产生这个问题的思考还是来自施特劳斯的论述：

> 主权理论表述了自然公法。自然公法——jus publicum universale seu naturale［万民公法或自然公法］——是在17世纪出现的一门新学科。它的出现乃是我们所试图理解的那一急剧转向的结果。自然公法代表了政治哲学两种典型的现代形式中的一种，另一种形式就是马基雅维里的"国家理由（reason of state）"意义上的"政治学"。这两种形式都根本上有别于古典政治哲学。尽管它们彼此相互反对，它们却都是由根本相同的精神所驱动着的。……"国家理由"学派以"有效政府"取代了"最佳制度"。"自然公法"学派以"合法政府"取代了"最佳制度"。①

如果确如迈内克所定义的那样："'国家理由'（raison d'état）是民族行为的基本原理，国家的首要运动法则。它告诉政治家必须做什么来维持国家的健康和力量。"② 在霍布斯的著作中并不鲜见这样的关切。霍布斯在人的理性的基础上推演出的第一条自然律是人的自然权利乃是自我保全的天性——或者说是自由。③ 正是这种人与人之间的战争状态，霍布斯教导说，一个人对另一个人的态度依照本性是狼的态度。"然而，从他关于人性的基本观念的悲观主义出发，已经能够想象这个国家必须极为强大有力，以便控制人内在的兽性成分。"④ 在"国家理由"理论的发展历史上，霍布斯也仅仅是一个过渡性的人物，因为"单纯的自我中心主

---

① 〔美〕列奥·施特劳斯：《自然权利与历史》，彭刚译，生活·读书·新知三联书店，2006，第194~195页。

② 〔德〕弗里德里希·迈内克：《马基雅维里主义》，时殷弘译，商务印书馆，2008，第51页。

③ 〔英〕霍布斯：《利维坦》，黎思复、黎廷弼译，商务印书馆，1997，第97页。

④ 〔德〕弗里德里希·迈内克：《马基雅维里主义》，时殷弘译，商务印书馆，2008，第318页。

义和单纯的功利，不管是以它可能被提倡的（就像霍布斯那里一样）多么理性、多么有见识的方式存在，都永不会起到一种将人类大群体聚合在一起的内部纽带作用"①。从现代法治国家的发展进程上来看，驯化权力似乎成为宪政的必由之路，而霍布斯塑造出来的"利维坦"正是凭借"主权"一语具有绝对的权力。实际上，霍布斯本人也关注到了主权绝对所带来的问题，这也就是《对话》一书中，哲学家面对法律家对此的诘问时，将主权者负责的对象归为"上帝"或者"自己的良心"。霍布斯或许可以被视为马基雅维利主义的忠实信徒，不过他这个信徒是"吾爱吾师，吾更爱真理"，他用《威斯特伐利亚和约》签订以来所形成的民族国家对决的笔触为他之后的法律与政治关系制定了圭臬。霍布斯的政治与法律观念是悲观的、历史的、经验的，这三者一体于"国家理由"之中，他的目的就是用"国家理由"来统帅人类造物之一——法律，因为法律只有在一国的主权所及的范围内才有意义。这个结论奠基于他对国与国之间的和平所持有的怀疑态度，在国与国之间持久的战争状态之中，一个民族要想获得永久的生存，就必须用"言辞的利剑"（喻指主权）锻造"利剑的言辞"（喻指法律）。

无疑，霍布斯写作《对话》一书时，正是国内政局混乱的年代：

> 格劳秀斯和霍布斯写作于 30 年战争期间。……霍布斯力求构建一个赢得忠诚的统一强国，以便能够终结恃强凌弱的暴乱。正是这些暴乱分裂了欧洲文明赖以存在的政治团结，将欧洲推入了一切人反对一切人的战争深渊。②

"霍布斯生活在 17 世纪饱经内战之苦的英国，他强调不安全、武力与生存，并且把自然状态归纳为战争状态。"③ 他畏惧于出版此书，而此

---

① 〔德〕弗里德里希·迈内克：《马基雅维里主义》，时殷弘译，商务印书馆，2008，第324页。

② 〔德〕塞缪尔·普芬道夫：《人和公民的自然法义务》，鞠成伟译，商务印书馆，2009，编者导言第13页。

③ 〔美〕小约瑟夫·奈：《理解国际冲突：理论与历史》（第五版），张小明译，上海人民出版社，2005，第5页。

书也被认为是"未完成的"①。在《对话》中可以隐隐感觉到对话者之间的小心谨慎，内战似乎正在"撕裂"这个国家，对国王的残酷绞刑似乎也未能"彻底地医治他们的疯狂"②。尽管人们对悲观主义的认知是片面的，但霍布斯的论述触犯众怒也是来自他对英格兰民族命运的悲观主义假设。

"虽然霍布斯坚持其'悲观主义'的假设，不是从'充满希望的'人类情境出发，但这一点可以用他那个时代的历史条件进行解释，可以从政治史，即战争和国内战争中得到解释，从经济和社会的历史，即处于上升时期资产阶级的早期资本主义竞争社会中得到解释；也许还可以从在充满痛苦的经验中形成的个人愤世嫉俗中得到解释；为了解救自己的生命，霍布斯不得不两次逃亡国外。"③

霍布斯继承并发扬了这样一种西方政治哲学的论述范式：人性理论（或者道德哲学）加政治学。当然，在霍布斯的著作中很难截然将这两者区分开来，或者指明某书是他的政治学著作，某书是他的道德哲学著作。不过正如施特劳斯所指出来的："霍布斯从性恶说，否则，他的政治哲学就会失去所有特征，但这于方法之外，必然因而另有来历。"④ 在《对话》中，霍布斯在某些方面修正了他在《论公民》和《利维坦》中的论述，当然也深化了在前两种著作中包含的某些观点。如果说《利维坦》是霍布斯政治—神学论域的翅翼的话，《对话》就是他政治—法律论域的翅翼。⑤

---

① 〔英〕托马斯·霍布斯：《对话》（上海三联书店版），翻译说明，第 1 页。

② 〔英〕托马斯·霍布斯：《对话》（上海三联书店版），第 17 页。

③ 〔德〕奥特弗利德·赫费：《政治的正义性——法和国家的批判哲学之基础》，庞学铨、李张林译，上海译文出版社，2005，第 218 页。

④ 〔美〕列奥·施特劳斯：《霍布斯的政治哲学：基础与起源》，申彤译，译林出版社，2001，第 3 页。

⑤ 〔英〕托马斯·霍布斯：《对话》（上海人民出版社版），译者前言。不过，这断言下的稍微早了点，相对于他的《利维坦》来说，《对话》在风云激荡各种观念对决的思想斗争的 17 世纪中，不过是 15 世纪博丹试图将新的政治秩序建立在一种稳定的自然秩序观的基础之上的不足而已。要想理解霍布斯的著作必须要了解英国国教会历史，尤其是宗教改革以来以反哲学主义为要义的清教运动对英国国教反抗的背景。从某些方面来说，整个中世纪晚期欧洲思想斗争的主线是围绕宗教秩序和世俗政治秩序的关系展开的。参见〔美〕沃格林《政治观念史稿（第五卷）：宗教与现代性的兴起》，霍伟岸译，华东师范大学出版社，2009，第 159 页。

已届 40 的霍布斯在 1628 年翻译修昔底德的著作时才真正开始了自己的学术生涯，在此之前的他被认为属于早期的人文主义时期，这和后期他的历史时期相比，差别是非常明显的。[1] 霍布斯所处时代的教会的权力已经衰落了，王权的对手早已不是教皇；与王权争夺管辖权的不再是教会法庭，而是普通法意义上的法院。

> 因此，你可以肯定，要么是国王和议会总是花很大心思监督挑选官员，使之临时充当普通法上的审判的法官，要么是爱德华·柯克爵士急切于侵吞整个司法权，既包括普通法的，也包括衡平法的，使之全部归于普通法法律家。[2]

《对话》一书中，霍布斯要解决的一个重要问题就是法院不能代表英格兰的主权，而只有英格兰的国王才是主权的代表，不论何种形式的法官所行使的审判权都是来自国王的授权，而并不是基于法官群体所具有的"理性"。

显而易见的是，霍布斯的自然状态对于公民而言是有缓解的可能性的，但是在国家之间霍布斯对此种状态绝对地持有怀疑态度。"就具体的个人说来，人人相互为战的状态虽然在任何时代都从没有存在过；然而在所有的时代中，国王和最高主权者由于具有独立地位，始终是互相猜忌的，并保持着斗剑的状态和姿势。他们的武器指向对方，他们的目光互相凝视；也就是说，他们在国土边境上筑碉堡、派边防部队并架设枪炮；还不断派间谍到邻国刺探，而这就是战争的姿态。但由于他们用这种办法维持了臣民的产业，所以便没有产生伴随个人自由行动而出现的那种悲惨状况。"[3] 这里隐含着霍布斯的主权观念上一个至为重要的节点，那就是他认为国家的安全是个人自由的天然堡垒，因此，可以合理推论，在个人自由与国家安全对立时，国家利益是至高无上的。在《对话》中，哲学家逼迫法律家得出了同样的结论："你不应指望在两个国家之间出现这样的和平状态，因为，这个世界上没有一个共同的权力来惩罚国家的不公

---

① David Johnston, *The Rhetoric of Leviethan* (Princeton university Press, 1986), p. 3.

② 〔英〕托马斯·霍布斯：《对话》（上海三联书店版），第 84~85 页。

③ 〔英〕霍布斯：《利维坦》，黎思复、黎廷弼译，商务印书馆，1997，第 96 页。

行为。"①

　　法律家和哲学家的争论从理性是否为法律的渊源上来说并没有什么本质上的对立，引起争论的是法律所具有的理性到底来自法律家还是来自国王？换言之，什么制定了法律？是法官的智慧还是国王的权威？② 正是因为这一点，后来的学者认为是霍布斯首先揭示了法律所具有的权力要素，也就自然地认为霍布斯是后来实证法学派的鼻祖。"若把这些概念要素移用到法上，那么权威概念的适用理由就存在于一种制定法的意志之中，意志不仅与实施法的权力联系在一起，而且也与制定和实施法的权限联系在一起。"③ 在《利维坦》第十八章中，讨论到主权者的权利时，霍布斯这样阐释真理与主权之间的关系：

　　　　在学说问题上所应遵重的虽然只是真理，但并不排斥根据和平加以管理。因为与和平相冲突的学说就不能成其为真理，正像和平与协调不能和自然法相冲突一样。④

　　因此在霍布斯看来，智慧也罢，真理也罢，它们要是与权威相冲突那么就必须牺牲，因为对利维坦来说，和平与安全是最高的价值。然而，"这个理所当然的前提是，（暴）死是第一性的极恶。他认为，这个前提根本无须批判、讨论和透彻地谈论"⑤。

四　《对话》的实质——自然法与实证法的论战

（一）《利维坦》与《对话》中自然法与实证法的对勘

　　在《利维坦》第十五章至第二十四章中，霍布斯详细地阐述了他的自

---

① 〔英〕托马斯·霍布斯：《对话》（上海三联书店版），第7页。
② 〔英〕托马斯·霍布斯：《对话》（上海三联书店版），第19页。
③ 〔德〕奥特弗利德·赫费：《政治的正义性——法和国家的批判哲学之基础》，庞学铨、李张林译，上海译文出版社，2005，第90页。
④ 〔英〕霍布斯：《利维坦》，黎思复、黎廷弼译，商务印书馆，1997，第137页。
⑤ 〔德〕迈尔：《隐匿的对话：施密特与施特劳斯》，朱雁冰等译，华夏出版社，2008，第158～159页。

然法思想和实证法思想。在第十五章开首他论述并定义了什么是自然权利：

> 著作家们一般称之为自然权利的，就是每一个人按照自己所愿意的方式运用自己的力量保全自己的天性——也就是保全自己的生命——的自由。因此，这种自由就是用他自己的判断和理性认为最适合的手段去做任何事情的自由。①

霍布斯看来，这个定义揭橥了所谓的自然权利在整全意义上来说就是属于自然状态的个人生存法则，该法则运用的理智基础是每个人的自我判断和推理，不存在法规范意义上的"义务"。尽管在自然状态中存在着若干的自然法则，人与人之间也可能由于相互的理性认知而转让自己的某些自然权利，并形成"契约"。但是，霍布斯同样也指出了该类型的"契约"若要得到履行依靠宗教的力量（比如发誓）是不可靠的，必须要有一种强有力的现实的约束力才能得到履行。如果没有强制力的存在，人们之间缔结的契约被违反就不能被说是"不正义"，在霍布斯笔下，前文明社会的时代，人们所遵循的所有自然法则或者自然权利说白了就是"己所不欲，勿施于人"。② 基于此种判断，人为了自己的利益而违反言辞意义上的契约，所损害的不过是个人的名誉或仅仅导致道德意义上的负面评价而已。

这个结论至关重要。因为在霍布斯看来，自然法或者说是自然权利从本质上来说不过是某种形式的"道德哲学"而已，"由于研究美德与恶行的科学是道德哲学，所以有关自然法的真正学说便是真正的道德哲学"③。自然法缺乏法律定义上的强制力，尤其是国家的强制力，这是自然法和实证法思想中关于法律的定义中最为本质的区别。

市民社会不是一个道德治理的社会，美德或恶行的评价在市民社会中对一个市民并不具有法规范意义上的重要性。"自然法在内心范畴中是有约束力的……但在外部范畴中，也就是把它们付诸行动时，就不永远

---

① 〔英〕霍布斯：《利维坦》，黎思复、黎廷弼译，商务印书馆，1997，第97页。
② 〔英〕霍布斯：《利维坦》，黎思复、黎廷弼译，商务印书馆，1997，第120页。
③ 〔英〕霍布斯：《利维坦》，黎思复、黎廷弼译，商务印书馆，1997，第122页。

如此。"①"自然法是永恒不变的。"② 在霍布斯看来这些自然法则"它只是与文明社会有关的原理"③。自然法本身会与人所具有的自然激情互相冲突，假如没有权威来使人们遵从的话，人只有完全依靠自己的力量和计策来戒备所有的其他人。在此状态中的人是赤裸裸的，也是野蛮的。

霍布斯将国家的管辖权划分为"以力取得的"和"按约建立的"两种，并由此界分了自然法传统和实证法传统中的国家法权体系。"以力取得"昭示了国家主权所具有的父权崇拜，而"按约建立"则深刻地揭示了霍布斯浓厚的犹太教立约（或者说约法）观念。霍布斯的自然法和实证法思想的公约数是"自由"一语，霍布斯强调在自然权利中"自由这一语词，按照其确切的意义来说，就是外界障碍不存在的状态。这种障碍往往会使人们失去一部分做自己所要做的事情的力量，但却不能妨碍按照自己的判断和理性所指出的方式运用剩下的力量"④。而在国家存在的前提下，霍布斯的自由则变成了"不论任何事物，如果由于受束缚或被包围而只能在一定的空间之内运动、而这一空间又由某种外在物体的障碍决定时，我们就说它没有越出这一空间的自由"。他甚至信誓旦旦地保证："畏惧与自由是相容的。……自由与必然是相容的。"⑤ 在实证法之下的自由将丧失奥古斯丁的"自由意志"所具有的最为本初的内心安慰，而转换为在法律规范的范围内行为的自由。这体现了"最伟大的人类力量和最高的人类权威的必然重合，与最强烈的情感（对死于暴力的恐惧）和最神圣的权利（自我保全的权力）的必然重合恰相对应"⑥。

霍布斯反对将自然法则称之为法。"正式说来，所谓法律是有权管辖他人的人所说的话。但我们如果认为这些法则是以有权支配万事万物的上帝的话宣布的，那么它们也就可以恰当地被称为法。"⑦ 简言之，霍布斯不认为自然法在世俗意义上是具有惩罚功能的法规范，而仅仅是宗教

---

① 〔英〕霍布斯：《利维坦》，黎思复、黎廷弼译，商务印书馆，1997，第 120 页。
② 〔英〕霍布斯：《利维坦》，黎思复、黎廷弼译，商务印书馆，1997，第 121 页。
③ 〔英〕霍布斯：《利维坦》，黎思复、黎廷弼译，商务印书馆，1997，第 120 页。
④ 〔英〕霍布斯：《利维坦》，黎思复、黎廷弼译，商务印书馆，1997，第 96 页。
⑤ 〔英〕霍布斯：《利维坦》，黎思复、黎廷弼译，商务印书馆，1997，第 163 页。
⑥ 〔美〕列奥·施特劳斯：《自然权利与历史》，彭刚译，生活·读书·新知三联书店，2006，第 199 页。
⑦ 〔英〕霍布斯：《利维坦》，黎思复、黎廷弼译，商务印书馆，1985，第 122 页。

意义上的"约法",这点确实解释了霍布斯身上所具有的犹太教约法传统,在另外一个意义上也展示了他敌基督的坚定立场。①

相比起在《利维坦》中自然法和实证法思想如此清晰明了,在《对话》中,对霍布斯立场的转圜把握起来就殊为不易。不过笔者认为揭示霍布斯自然法和实证法思想旨趣的精彩场景确实出现在《对话》一书中关于国王的"自然身份"(natural capacity)和"政治身份"(political capacity)的区分里。② 在面对法律家的诘问时,霍布斯笔下的哲学家承认当主权权力归为一个群体时,单个人是没有必要区分其"自然身份"和"政治身份"的,因为至少对拥有土地来说,是基于其政治身份的,也就是"自然人是不可以对这些土地或其某一部分拥有任何权利的"③。而主权在于一个人的时候,其政治身份和自然身份就是不可分的。"但就法案和命令而言,确实可以做那样的区分。……尽管如此,他的公共性命令(public commands),即使是以其政治身份发出的,其源头也在于他的自然身份。"④ 这个划分不仅对国王具有重大的意义,对生活在国家之中的个人也具有相当深刻的政治含义。在论述关于死刑的问题上,霍布斯一以贯之的观点是即使一个人被公正地判处了死刑,但是他仍然享有杀死看守或者任何阻碍他偷生的人。"然而,既已认可了这一点,霍布斯实际上就承认了,在政府的权利和个人自我保全的自然权利之间存在着无法解决的冲突。"⑤ 该划分隐含了霍布斯这样一个判断:在国家与国家的关系上,他更倾向于其是"自然状态",其适用的规则是自然法则,也即每个国家都必须要维护自我的安全;而对于国家内部的公民来说,他则更倾向于认为适用市民法的规范,也即公民应该遵从主权者的命令。无疑,这些命令组成一套具有权威性和强制力的人法体系,该体系所刻画出来的自由必定是受到限制的。

---

① 〔英〕霍布斯:《利维坦》,黎思复、黎廷弼译,商务印书馆,1985,第122页,第四部分"论黑暗王国"。
② 〔英〕托马斯·霍布斯:《对话》(上海三联书店版),第142页。
③ 〔英〕托马斯·霍布斯:《对话》(上海三联书店版),第144页。
④ 〔英〕托马斯·霍布斯:《对话》(上海三联书店版),第144页。
⑤ 〔美〕列奥·施特劳斯:《自然权利与历史》,彭刚译,生活·读书·新知三联书店,2006,第201页。

（二）人法（Human Law）只关注反抗权威

在施特劳斯的《自然权利与历史》一书中，他将霍布斯划为"现代自然权利论"的作家范畴。在阐明了霍布斯关于古代自然权利抑或政治哲学的观点之后，施特劳斯及时指出理解霍布斯自然权利论的关键点是要看到"他将传统政治哲学认同为那种贯注着公共精神的或者说——用一个确实不大谨严但在目前还容易为人理解的词来说——'理想主义'的特定传统"①。

有必要将霍布斯的自然权利论和古代自然权利论的代言人之一，也是与霍布斯时代相隔最为接近的阿奎那做一个对勘。② 阿奎那的理论体系被视为兼具中世纪和现代的特点，说他的理论体系是现代的，"因为它表达了将要决定直至今日的西方政治史的那些力量：以宪政方式组织起来的人民，资产阶级商业社会，宗教改革所坚持的唯灵论，以及科学理智主义"。③ 霍布斯的理论无疑是这些表征"现代的"要素无限地重合，唯有的不同就是他对宗教改革所秉持的绝对不再是"唯灵论"，而是斥之为"黑暗王国"。"他（霍布斯——笔者注）全部的哲学，可说是政治理想主义与一种唯物主义和无神论整体观的典型的现代结合的经典范例。"④这一点表现出霍布斯对自己哲学的看重，因为此时的宗教比之于阿奎那所处的时代已然如明日黄花。政治哲人甚至都不想隐藏自己的观点，而想直接影响广大的群众——那些已经被启蒙并具有形塑现代政治机体能量的公民。因为"霍布斯的学说是第一个必然无误地以一个完全'启蒙'的、亦即非宗教的或无神论的社会，来作为社会或政治问题的解决之道

---

① 〔美〕列奥·施特劳斯：《自然权利与历史》，彭刚译，生活·读书·新知三联书店，2006，第170~171页。中译者同时也指出了此中的"理想主义"也可以翻译为"唯心主义"。两者相对应的则是"现实主义"与"唯物主义"。这种对应对理解常常知道"何时说话，何时保持沉默"的洛克为必要，也对理解"隐微"的施特劳斯为必须。

② 林国荣：《自然法传统中的霍布斯》，载渠敬东编《现代政治与自然》，上海人民出版社，2003，第77~110页。

③ 〔美〕沃格林：《政治观念史稿（第二卷）：中世纪（至阿奎那）》，叶颖译，华东师范大学出版社，2009，第253页。

④ 〔美〕列奥·施特劳斯：《自然权利与历史》，彭刚译，生活·读书·新知三联书店，2006，第173页。

的学说"①。

阿奎那"理想的"政治机体乃是人的"精神上的平等性，并使平等的人成为共同体的建构因素"②。对霍布斯"现实的"国家来说，政治机体的功能完全奠基于"人身体上的平等"——"霍布斯是在所有人对暴力死亡的恐惧中看到这种平等的"③。霍布斯放弃了为自己的"利维坦"造物寻找一个较为超验的宗教经验并将之纳入自己的伦理哲学和法哲学。因此，相对于阿奎那的政治造物，霍布斯的观点具有更为明显的"超人"性质。阿奎那对待信仰和理性的问题极其明智，也正是在对这一矛盾的处理上我们看到了阿奎那颇为用心的妥协："信仰与理性之所以不会发生冲突，是由于人的理智带有神的理智的印记；上帝不可能犯下欺骗人的罪责，不会引导人通过其理智得出与信仰冲突的结果。"④ 可以说正是他将"神义论"的问题当作纯属异教徒的邪恶予以弃置，这也避免了哲学在信仰问题上的迷失。阿奎那在自然法概念的基本设定上保持了这样的克制，"自然法象征着人类价值与基督教价值之基本和谐，象征着人达到完美境地的可能性，以及他的理性的力量与尊严和他的理性"⑤。

"有何种政治理论，就有何种法的理论。"⑥ 关于霍布斯《对话》中法律理论与政治理论的关系，这一句话道尽了一切。其中的含义远不止"法学乃为政治之婢女"那样简单。自民族国家肇造以来，法律理论都在不自觉地为国家政治寻求合理性与合法性的基础。对于霍布斯所倡导的君主政体，无论是从神学的角度还是从法律学的角度来阐释都难以将其合理性完全祛除，而让人难以释怀的也是这一点。很难想象霍布斯会为

---

① 〔美〕列奥·施特劳斯：《自然权利与历史》，彭刚译，生活·读书·新知三联书店，2006，第203页。

② 〔美〕沃格林：《政治观念史稿（第二卷）：中世纪（至阿奎那）》，叶颖译，华东师范大学出版社，2009，第249页。

③ 〔德〕奥特弗利德·赫费：《政治的正义性——法和国家的批判哲学之基础》，庞学铨、李张林译，上海译文出版社，2005，第226页。

④ 〔美〕沃格林：《政治观念史稿（第二卷）：中世纪（至阿奎那）》，叶颖译，华东师范大学出版社，2009，第229页。

⑤ 〔英〕登特列夫：《自然法：法律哲学研究》，李日章、梁捷、王利译，新星出版社，2008，第50页。

⑥ 〔美〕沃格林：《政治观念史稿（第三卷）：中世纪晚期》，段保良译，华东师范大学出版社，2009，第103页。

了君主个体的虚荣置自己的同胞深陷专制的泥淖，如此浅显的道理似乎也已经不需要我们为之论述。正如韦伯在对家产制君主的法的相关论述中指出的，对君主守法的限制乃是"如果君主太过明目张胆地违背法律，特别是违反了被视为神圣的、且又为君主自身之'正当性'所赖以为基础的、传统的规范时，他就得冒着失去王位的危险"①。需要指出的是，霍布斯本人无疑忽视了权欲对人性的腐蚀，也没有进一步看到宪政主义者视角之下的权力滥用对公民权利的侵夺。在霍布斯的政治哲学中，"权力"一语占有绝对核心的位置，所有的法权体系诞生的基础乃是主权者的"命令"。在《对话》一书中，表面上看争论的焦点在于国王和法院的权力划分问题，实质上却是各种规范的效力到底是源自权力本身还是源自各种习俗与习惯的问题。亦即，法律到底是制定出来的（也就是要强调人的工具意义上的理性）还是自然就具有的。正如哈耶克所指出来的：

> 所有的自然法学派都认为，有一些规则并不是由立法者精心设计或制定出来的。他们也都认为所有实在法（positive law）的效力都源出于一些并不是人所制定的（仅就实在法是人制定的意义而言）但却可以被人所"发现"的规则；他们甚至还认为，这些规则不仅为人们评断实在法是否正义提供了标准，而且还为人们遵循实在法提供了根据。……然而，对于实证主义而言，法律，从定义上讲，只能由人的意志经由审慎思考而形成的命令构成，别无他途。②

霍布斯并没有忘记自己的使命——既然他的"利维坦"目标就是要成为公民和平与安全的保障，那么他就不会忽视绝对王权对公民赖以生存的"权利"的侵夺。

"绝对王权国家应当通过法规而受正当制约，而且应当从强权和公安的国家转变作'法治国家'（Rechtsstaat），法规本身也转而变作驯服利维坦、'用钩子钩住利维坦鼻子'的技术手段。它变成了一种技术工具，以

---

① 〔德〕韦伯：《法律社会学》，康乐、简惠美译，广西师范大学出版社，2005，第270～271页。

② 〔英〕弗里德利希·冯·哈耶克：《自由秩序原理》（上册），邓正来译，生活·读书·新知三联书店，1997，第298～299页。

使国家权力的操作可以明确计算。普遍的立法化是这一发展的主要特征，国家本身则转而变作一个实证主义的合法体制（Legalitat system）。人类立法者（legislator humanus）变为立法机器（machina legislatoria）。"①

巨兽"利维坦"在最后成为一个机械体，其灵魂归结为国王的权力——要想将这种权力合理化，必须要做到合法化。也就是要依靠不断的立法用国家自身的强权使合理性异化成为合法性，亦即合法的就是合理的。从对国家的合法化过程来看，"人法（Human law）只关注反抗权威"②。这里的"人法"就是并不涉及道德价值评价的各种依靠"主权者命令"制定出来的法律。而权威则是主权权力，在现代社会它是指被不断的立法笼罩起来的最高意志。

将法律用实证的方法从神法和自然法中解放出来，塑造成为一种超级的"人法"体系，这不但是严肃的法理学放弃古典学术的结果，也是法理学"冷冷清清地寄居在以职业教育为主旨的法学院的一隅"的原因。③

五　霍布斯的遗产——"契约理论"
　　对普芬道夫的影响

自然法思想史上的契约理论无疑经过了不同的发展阶段，霍布斯的契约理论和普芬道夫的有很大的不同。前者被视为一重的契约，亦即处于自然状态之下的公民之间出于对相互伤害的惧怕而订立的契约，并由此形成国家——它完全不受公民之间契约的束缚。在后者看来，"国家的构造是由两重契约和一项法令来完成的"④。即第一重契约建立一个联合体或者联盟，第二重契约则约束国家与公民的关系。他们之间的关系是相互的，公民有义务服从国家的管束，但是国家也要尽到保护公民安全的义务。"继霍布斯之后，这是对现代国家概念最早也是最清晰的专门论述之一：国家是一个意志和权力的结合体，整合了统治者和臣民而又独

---

① 〔德〕卡尔·施米特：《霍布斯国家学说中的利维坦》，应星、朱雁冰译，华东师范大学出版社，2008，第123页。

② 〔英〕霍布斯：《〈利维坦〉附录》，赵雪纲译，华夏出版社，2008，第143页。

③ 林国华：《古典的"立法诗"》，华东师范大学出版社，2006，第4页。

④ 〔德〕塞缪尔·普芬道夫：《人和公民的自然法义务》，鞠成伟译，商务印书馆，2009，编者导言第25页。

立于他们，他们创造了他却又成了他的组成部分。"① 在有限的资料范围内，我们可以清楚地看到霍布斯和普芬道夫在契约理论上的关系，当然两者的区别也正如前文所揭示出来的一样。本节的写作目的不仅仅是要阐明两者在契约理论上的不同，更重要的意旨是揭示两者的不同源于他们对"主权"一语有差别的理解，并且这种差别来自他们各自时代不同境况的理论对策。从这个着眼点上，他们都是经验的、现实主义的。

约法，或者订约的概念对理解霍布斯至为重要。"利维坦"一语来自《圣经·约伯记》，对"利维坦"具有的象征意义的关注也正是大多数学者破解霍布斯政治思想和法律思想的入口。② 霍布斯将他所建构出来的国家图景用巨兽"利维坦"来比拟，是否隐含了他对"创世论"的赞同是不得而知的，不过之所以引起施特劳斯的误读恐怕和这个名字有相当大的关系。"这就是伟大的利维坦（Leviathan）的诞生，——用更尊敬的方式来说，这就是活的上帝的诞生；我们在永生不朽的上帝之下所获得的和平和安全保障就是从它哪里得来的。"③ 考虑到"定义"在霍布斯著作中的极端重要性，我们也应该从这个定义出发来坐实霍布斯的某些理论。在"国家"的定义中，霍布斯力图用"活的上帝"替换"永生不朽的上帝"对人类生活的重要性，也即霍布斯用"超人"来模拟人自身，他所要做的一件惊世骇俗的事情就是"谋杀上帝"。④ 这种以"理性"对抗"启示"的做派无疑将会使其付出代价，虽然霍布斯承认他的"利维坦"遵从自然法的教诲，也将在上帝指示的范围内行事，但是他明显将违反自然法的判断准则化约为市民法，也就是依靠主权者理性和命令建立起来的国家法权体系。正是这点使得霍布斯丧失了自由派的青睐，他被指

---

① 〔德〕塞缪尔·普芬道夫：《人和公民的自然法义务》，鞠成伟译，商务印书馆，2009，编者导言第 25 页。

② 〔德〕卡尔·施米特：《霍布斯国家学说中的利维坦》，应星、朱雁冰译，华东师范大学出版社，2008，第 41～51 页。

③ 〔英〕霍布斯：《利维坦》，黎思复、黎廷弼译，商务印书馆，1997，第 132 页。

④ 〔美〕沃格林：《没有约束的现代性》，张新樟、刘景联译，华东师范大学出版社，2007，第 47 页。"来临论的灵知主义，其目标是要摧毁存在的秩序，以人的创造力建立一个完美的、公正的秩序，以取代那个感觉不完美、不公正的秩序。"在霍布斯对国家的定义中，很明显隐含着对"神圣秩序"的指责，因为对人的安全与和平提出保障的只能是一个"人间的上帝"。

责为"君主专制的理论家"。① 霍布斯的理论只不过是契合了世俗主义政治的情感，在世俗主义政治中，首要的标志就是将属灵的情感从属灵—属世共同体中恪守自己的界限打破。②

正如普芬道夫所指出来的那样："事实上，要表明市民法和自然法之间的和谐关系是非常简单的。但是，要确定自然法和神学道德的界限，并指出它们最大的区别在哪里，却是一项更艰巨的任务。"③ 在对待宗教情感问题上，他和霍布斯一样，甚至比霍布斯走得更远，也更"现代"。如前文所述，在处理"异端"的问题上，霍布斯的唯名论在这个重要的政治问题的决断上显露出来了狰狞的面孔；而对普芬道夫来说，宗教也仅仅是为了让政治社会充满一点不可知且神秘的惩罚力量而已。在自然法问题上，必须要看到双方对人性的假设，虽然这是一种中世纪后期以来对他们的政治理论施加的很大的影响力，但是，不可否认自然法和神法的区别就在于前者适用于人性的腐败堕落之后。"政治秩序的起因在于堕落的人性，这种人性需要强制，罗马帝国的起因在于有必要给一个在堕入无政府状态的世界一套秩序。"④ 霍布斯的"活的上帝"就建立在这种不可避免的命运之上，也正是对人类这种境况的细致把握，他试图用救赎的"约法"理念塑造出完全世俗的政治体制。正如他所期盼的，他的"利维坦"将给残缺的人带来真正的安全和和平的保障。

普芬道夫追随霍布斯关于人与人之间自然平等的判断，这就使在自然状态之下的个人（即使是一个孱弱者）利用各种理智教导的技能也完全可以杀害体力上的强者。⑤ 这是构成普芬道夫双重契约至为重要的一环，这种平等的承认在霍布斯笔下成为人与人相互缔结的契约，并且让

① 〔美〕沃格林：《没有约束的现代性》，张新樟、刘景联译，华东师范大学出版社，2007，第205页。

② 〔美〕沃格林：《政治观念史稿（第三卷）：中世纪晚期》，段保良译，华东师范大学出版社，2009，第56页。

③ 〔德〕塞缪尔·普芬道夫：《人和公民的自然法义务》，鞠成伟译，商务印书馆，2009，作者前言。

④ 〔美〕沃格林：《政治观念史稿（第三卷）：中世纪晚期》，段保良译，华东师范大学出版社，2009，第131页。这是中世纪后期对政治秩序和宗教秩序进行强有力思考的奥卡姆的威廉对罗马帝国出现的一个有趣解释。

⑤ 〔美〕沃格林：《政治观念史稿（第三卷）：中世纪晚期》，段保良译，华东师范大学出版社，2009，第61页。

渡伤害的权利组成一个超越双方的绝对权威——国家。在普芬道夫笔下这却成为一个不但促成国家予以保护而且需要国家予以保护的自然权利，同时普芬道夫也看到了对这种平等最具破坏性的人类激情——骄傲。"骄傲是一个人无任何理由、毫无道理地将自己置于他人之上，轻视他们低于自己。"① 这个结论暗含了对霍布斯"专制"的指责，也阐明了自然法理论不断发展所带有的时代因素，依照进步主义的看法，普芬道夫所处时代的自然法观念必然会带有更为强烈的民主性质。普芬道夫如同亚当·斯密，将人与人之间的关系乐观地构筑于人的相互同情，也就是人都可以"计算"自己的同情可以获取多少收益，这后面则是他们意义上的"善"对社会的有用性。不过"这种自得意满的假设忘却了基督教的有益讽喻，基督教意识到让精神支配激情是不安全的，并且对此十分谨慎。把善等同于对社会有用，这已经预示出计划者那强制性的善，也预示了革命正义的观念，以及它的前提假设：正确的就是有助于无产阶级、民族和被选民族的"②。

霍布斯的国家秩序依靠主权者享有的绝对权威，尤其是依靠市民法对违反者所施加的法律惩罚。在普芬道夫的视界里，他更强调人性的因素，也即他将"利他"作为一种具有道德性的行为方式施加上法律的强制。这或许可以归因于他对人类苦难的判断："人类社会所遭受的绝大多数苦难都是人类自身造成的。……家长们之所以愿意放弃他们的自然自由来建立国家，最真实、最主要的原因应该是他们想要建立屏障，对抗人给人带来的灾祸。"③ 普芬道夫同霍布斯一样将人视为一种残忍但又可怜的动物，对这样的动物推行现世的报应比宗教权威衰落后的未来救赎更有意义。现世的报应最有力的就是对违背公民义务的人施加刑罚。主权权威成为普芬道夫公民义务的主要来源，甚至我们可以得出"公民的权利基础来自他对国家所负有的义务"这样极端的结论。普芬道夫将公民义务区分为两种：普遍的和特殊的。"普遍义务（general duties）来源于每个公民都

---

① 〔德〕塞缪尔·普芬道夫：《人和公民的自然法义务》，鞠成伟译，商务印书馆，2009，第84页。

② 〔美〕沃格林：《政治观念史稿（第六卷）：革命与新科学》，谢华育译，华东师范大学出版社，2009，第69页。

③ 〔德〕塞缪尔·普芬道夫：《人和公民的自然法义务》，鞠成伟译，商务印书馆，2009，第147页。

应当服从政治权威这一普通义务（common obligation）。特殊义务（special duties）来源于主权者给每个人施加的特殊任务和要求。"由此定义他推导出了一个好公民对国家以及对同胞各自不同的义务范式。"一个好公民对国家的义务就是：将国家的安全和稳定作为最大的牵挂；为了保护国家安全，情愿献出自己的生命和财富；奉献出自己所有的智慧和勤劳来为国家增添荣耀，促进其繁荣。……公民对其他同胞的义务是：与之和平友好地相处；谦恭有礼，乐于助人；不要因顽固和难以相处而引起麻烦；不要觊觎和偷盗他人的财产。"① 在这里，普芬道夫对道德上的要求施加了一种法律上的强制，其前提或可归结为马基雅维利的"人人都是邪恶的"。对于此种邪恶，霍布斯完全交付给主权者来裁夺是否将之纳入"利维坦"永恒的强压之下。对普芬道夫来说，他并没有跟随霍布斯将习俗和法律分离的方式来驯化人的本性，而是力图通过强制的手段（"好公民的普遍义务"）增进同胞之间的爱。在霍布斯的"利维坦"中，他太清楚在自己的"自然状态"的假设之下是不会存在一丝一毫的"爱"的。如果在理智上讲求"诚实"的美德的话，霍布斯会直截了当地说，"没有爱，只有恐惧"。②

普芬道夫声称："要组成一个通常意义上的国家，需要有两重契约和一项法令（decree）。首先出于自然自由状态中的人们在决定组成国家的时候相互约定：要组成一个单一的、永久性的联合体，并让一个共同的领导来负责共同的安全。换言之，他们想成为同胞。任何人都必须同意这一契约；任何不同意该契约的人将被排除在将要组建的国家之外。在这一契约签订之后，还必须有一个确定政府形式的法令。在这一事项确定之前，将无法有效地采取措施确保公共安全。具备了确定政府形式的法令之后，还需要第二重契约：任命一个人或一个团体，将初创国家之政府托付给他（他们）。根据这一契约，被任命的人（人们）有义务确保公共安全，而剩下的人有义务服从被任命的人（人们）。"③ 而霍布斯的契约理论全然用一重的契约消除了相互之间存在的契约可能性。

---

① 〔德〕塞缪尔·普芬道夫：《人和公民的自然法义务》，鞠成伟译，商务印书馆，2009，第188页。这种"圣经体"的写作方式应该引起研究者的注意。

② 〔美〕哈维·C. 曼斯菲尔德：《男性气概》，刘玮译，译林出版社，2009，第235页。

③ 〔德〕塞缪尔·普芬道夫：《人和公民的自然法义务》，鞠成伟译，商务印书馆，2009，第147页。

"有一种很常见的政治理论观点认为，主权是人民与主权者之间所达成的盟约或协议的产物。如果承认这种观点的话，那么不满的臣民将会指责主权者违背了协议，从而要求推翻他。霍布斯认为，这种观点在逻辑上就是站不住脚的：主权者无法成为缔约的一方，因为缔约之前不存在主权者。自然状态中的人们缔结盟约之后才立刻有了主权者。"①

对霍布斯来说，他甚至都不承认在有法律之前会存在正义与不正义的区别。②

无疑，这种一重的契约理论和双重的契约理论受这两位作者所处的时代和各自思考问题的地域范围不同的影响。在霍布斯的"利维坦"中，人的理性状态是不完美的，甚至他一点都不否认，他的"利维坦"也会腐败、变质，最终也会死亡。人与"利维坦"最终都难免一死，正是基于求生的本能、对突然暴死于他人之手的畏惧，人与人缔结了某些信约并成功的组成了"利维坦"。"由于无从逃脱、无以释怀的死亡恐惧，人天然地拥有权利，保卫自己的生命与躯体；这个权利旋即可以支配所有的事物，所有的行动，因为，如果无权支配必要的手段，一个涉及目的的权利就是无效的。"③ 霍布斯政治哲学以及法律理论中的"人与人的平等"观念正是从这种人人必死的终极状态中推导出来的。霍布斯将权力的研究带进了政治哲学，他的"自然状态"从某种意义上说也并不是事实，而仅仅是种必要的"假说"。"霍布斯的政治哲学的独特性在于，它试图通过诉诸一个力量，强迫人们审慎，从而赋予功利主义的道德理想一个基础。"④ 这个力量不是来自宗教，而是来自世俗世界的一个权威：主权。正如施米特所说，在霍布斯的利维坦中"如果保护没有了，那么国家也将不复存在"，"个体又收回了自己的'自然'自由。保护和服从之间的关系是霍布斯国家建设的要害部分"。⑤

---

① 〔美〕A.P. 马蒂尼奇：《霍布斯传》，陈玉明译，上海人民出版社，2007，第 181 页。

② 〔英〕托马斯·霍布斯：《对话》（上海三联书店版），第 28 页。

③ 〔美〕列奥·施特劳斯：《霍布斯的政治哲学：基础与起源》，申彤译，译林出版社，2001，第 120 页。

④ 〔美〕列奥·施特劳斯：《霍布斯的政治哲学：基础与起源》，申彤译，译林出版社，2001，第 139 页。

⑤ Schmitt, Carl. *The Leviathan in the State Theory of Thomas Hobbes: Meaning and Failure of a Political Symbol*, trans. into English by George Schwab and Erna Hilfstein (Westport: Greenwood Press, 1996), p72.

前文所述，霍布斯必须要考虑到他那个时代英国面对的问题，即激荡的宗教冲突。虽然英国已经通过国教的方式摆脱了罗马基督教教会的控制，与其说这来自英国国王的强悍干劲和民族意识之下知识阶层的智慧贡献，不如说这更多得自英国特殊的地理位置。虽然外在地摆脱了罗马教皇对英国内政的干涉，但宗教意识不是简单地意识形态上的祛除，很多的罗马天主教徒仍然保持着对他们原先宗教仪式的迷恋。这种迷恋在暗处不断削弱王权的力量，也在灵魂秩序上动摇了国家的根基——出现了英国国教对清教运动的抵制和绞杀。从这点出发，就能完全解释霍布斯为何强调国王权力至上："我已经表明了，我所关心的是英格兰的法律问题。"① 宗教的秩序关涉到国家灵魂秩序的稳定，而作为国教的最高权威，国王当然可以依靠自己的世俗权威和宗教权威来祛除清教徒以及其余的罗马基督教的残渣余孽对英国的威胁。

对普芬道夫笔下的德国来说，问题比之于英国则更为严重。从历史的发展来看，一个统一的德意志民族国家形成于 19 世纪中后期，而且这个民族国家形式上的统一被尼采称为"又一桩蠢事"。② 不过，引用普芬道夫本人著作中的一个例子来说明德国和英国所需知识教谕上的不同就足够了："两个特点极不相同的孩子被送给同一个人接受教育。其中一个孩子谦虚、谨慎、对文字及其热爱；另一个孩子放荡、调皮、沉溺于淫乐而不好读书。他们的任务都是相同的，那就是读书，但是针对每个人的戒律却是不同的。对前一个人来讲，给他一个需要遵守的日程表和学习计划就已足够了。然而，对另一个来讲，除了这些，还必须用严厉的威胁训诫他，叫他不要乱跑，不要赌博，不要卖掉书籍，不要抄袭其他学生的作业，不要酗酒，不要招妓。如果一个人要自告奋勇，承担对前一个孩子进行道德说教的任务，这个孩子将会告诉他不要对自己讲这些下流的话，可以将这类忠告给与任何人但不要给与他，因为他没有做这类

---

① 〔英〕托马斯·霍布斯：《对话》（上海三联书店版），第 7 页。

② 〔美〕沃格林：《政治观念史稿（第六卷）：革命与新科学》，谢华育译，华东师范大学出版社，2009，第 89 页。需要指出的是这种指责恐怕更大意义上是指出了德国从当时的统一外在意义上来说已经丧失了民族国家发展历程上最为有利的时机——对外扩张的机会。相对后来德国所面临的悲剧来说，一方面是因为统一的太迟，因而是"愚蠢的"；另一方面又统一的太早，难以避免最后被肢解，因而也是"愚蠢的"。这些看法来自一次笔者与朋友之间的谈话，在此对他们表示不便具名的谢意！

事的嗜好。"① 需要提及的是，普芬道夫讲述这个故事的时候已经不存在霍布斯时代的英国和德国的差距。经历了产业革命之后的英国无疑成为世界性的"日不落帝国"，而"到19世纪初，德国仍然是农业国家，人口大部分皆为农民。……这一切都说明，当时的德国无论在劳动生产力还是总体的经济政治力量都无法与英法等国竞争，在已具备雏形的国际分工体系中处于被动的劣势地位"②。当然，这只是从经济政治的角度来阐述两个自然法代表人物不同理论的某些意涵而已，说到底，如果理论并不关注自己国家的历史现实，那么从古至今的理论也就没有变化的必要，因为一种永恒的秩序本身就被视为暗含在世界的图景之中。

结　语

"什么是法律?"③ 这对于我们这些将操持法律作为饭碗的学人来说，回答起来颇为困难。用霍布斯自己的理论来回答"什么是法律"就必须从这种不足的描述中脱离出来。然而从"规范"的角度来看，任何自然法在霍布斯这里都会成为实证法。

在黑尔勋爵看来，人的理性一是来自天赋，其后也可以是通过理性形式的锻炼形成。从某一方面来说，人的理性是不足的，也就是有限的。"通常的情况都是，宣称具有整全的知识的人不过是对每一样东西都有一些肤浅的、零碎的接触而已。"④ 在此种情境之下，人万不可去追寻所谓的终极意义，意义的愿景必须化解为对某一种特定事务的特定时间与地点的解决。"对于这一或那一事情，人们马上就会灵机一动，提出这样或那样

---

① 〔德〕塞缪尔·普芬道夫：《人和公民的自然法义务》，鞠成伟译，商务印书馆，2009，作者前言第40页。这个例子的重要性不言而喻，首先是因为它出现在前言部分。其次如果我们知晓他的意图是打破或者补足霍布斯国家理论的目的之后，就更会明白这个例子的含义了。对他所处时代的德意志来说，就如同后一个孩子，必须要严加管束方有可能"成器"。

② 雷思温：《历史与国家：经济学理论的根本视野》，载林国华、王恒主编《古代与现代的争执》，上海人民出版社，2009，第218～219页。

③ 〔英〕登特列夫：《自然法：法律哲学研究》，李日章、梁捷、王利译，新星出版社，2008，第138页。

④ 〔英〕托马斯·霍布斯：《对话》（上海三联书店版），第200页。

一部法律，以为这法律足以对治它。然而说起来容易，做起来难。"①

正如韦伯所说的，"一旦社会秩序的'规则拘束性'已臻成熟，法律家到底会向权威主义的权力这边靠拢，还是偏向反权威主义权力的这一边，就取决于重点是多放在'秩序'这个事实上，还是多放在秩序赋予个人领域保障与安全上，也就是"自由"这个重点上"②。霍布斯《对话》中的哲学家与法律家就在这个基点上阐释各自的英格兰法治理念。在霍布斯看来："至于你称之为习惯法（custom）的东西之权威，我不承认，任何习惯法自身可以具有法律的权威。因为，假如习惯是不合理的，你以及所有法律家都肯定会承认，它就不是法律，而应予以废除；假如习惯法是合理的，就不是习惯法，而是衡平法使之成为法律。"③ 在习惯法的问题上"证明霍布斯的国家权力具有无限全权的命题不是在正义理论上，而是法理论上就已疑难重重"④。

Kingship and Judicial Dispute

—Brief Analysis of Hobbes's *A Dialogue Between a Philosopher and a Studont of the Common Laws of England*

Zhang　Wei

Abstract：Hobbes occupies an extremely important and special position in the natural law and the empirical law tradition. For a long time, researchers ascribed Hobbes to the tradition of natural law, but paid little attention to his positive law thought. Most of his studies focus on natural rights and the theory of the State in *Leviathan*, but few of his *A Dialogue Between a Philosopher and a Student of the Common Laws of England* (hereinafter referred to as *Dialogue*). This

---

① 〔英〕托马斯·霍布斯：《对话》（上海三联书店版），第 203 页。

② 〔德〕韦伯：《法律社会学》，康乐、简惠美译，广西师范大学出版社，2005，第 314 页。

③ 〔英〕托马斯·霍布斯：《对话》（上海三联书店版），第 60 页。

④ 〔德〕奥特弗利德·赫费：《政治的正义性——法和国家的批判哲学之基础》，庞学铨、李张林译，上海译文出版社，2005，第 98 页。

paper introduces the status of *Dialogue* in Hobbes's writings; and a detailed analysis of *Dialogue* chapter in the structure and content; finally, try to point out that *Dialogue* writing intention. The thesis focuses on two main characters: Kirk and the king in the abstract sense. The intention of this article is to point out the *Dialogue* has a historical connotation and the constitutional background of England through the conflict between Kirk and James Thi. At the same time, the article also noted that as a representative of the sovereign in the *Dialogue* in the special nature, which depends on the king has "two identity". This paper focus on finishing a *Dialogue* covers jurisprudence implication, and from the "nominalism", "state the reason" to explain the *Dialogue*. In the conclusion part, this thesis points out the "state doctrine" background of Hobbes's whole legal theory. The paper also points out that whether judicial power is the symbol of tyranny, or a symbol of royal power, individual freedom, in essence, all belong to the scope of authority, it is difficult to escape the "power" a phrase which has the curse. Therefore, the kingship and the judicial power of the controversy in the country's justice issues, this argument is a continuation of debate between natural law and positive law has a long history.

Keywords: *A Dialogue Between a Philosopher and a Studont of the Common Laws of England*; Royal Power; The Judicial Power; Natural Law; The Empirical Method

现代国家理论的起点

——论霍布斯对自然法学说的重建

张大伟[*]

内容摘要：霍布斯的国家理论奠基于其自然法学说之上。霍布斯对自然法的讨论，表明其政治学说与古典政治哲学传统的内在关系，通过将国家建立在自然权利而非自然法则之上，霍布斯宣告了与古典传统的决裂。这一决裂也导致霍布斯之新学说的诸多矛盾与含混之处。为了更深入地理解霍布斯的新国家哲学的内涵，必须首先从对这些矛盾与含混之处的理解入手。霍布斯学说的基本矛盾凝结在他的自然法理论当中，自然法的内在紧张关系是现代国家得以建立的深刻动力。

关键词：霍布斯；自然法；自然权利；古典政治哲学；利维坦

在《利维坦》最后一节"综述与结论"中，霍布斯说道："因为我把主权者的世俗权力，以及臣民的义务与权利，都建筑在众所周知的人类天赋倾向与各条自然法之上，凡是自以为理智足以管理家务的人都不能不知道。"[①] 鉴于霍布斯政治哲学的最终目的正在于阐明一种新的国家原理，一种关于主权权力与臣民义务的国家理论，因此，霍布斯的自我陈述表明，其关于自然法的讨论构成了他整个政治哲学的基础。

霍布斯通过其讨论政治哲学的三本主要著作，即1640年撰写的《自

---

[*] 张大伟，北京大学哲学系2020级博士生。

① 〔英〕霍布斯：《利维坦》，黎思复、黎廷弼译，商务印书馆，1995，第575页。

然法与政治法的原理》（*The Elements of Law*，*Natural and Political*），1642 年出版的《论公民》（*De Cive*）以及 1651 年出版的《利维坦，或教会国家和市民国家的实质、形式和权力》（*Leviathan*，*or the Matter*，*Forme*，*and Power of a Commonwealth*，*Ecclesiasticall and Civil*）详尽阐述了新的政治哲学的基本原则，这三部著作对国家权力的起源及其基础给出了一个完全不同于古典传统的解释。霍布斯本人声称，他的政治哲学建立在新的科学①的基础之上，这一信念是其同古典传统割裂的根本表现。然而，根据施特劳斯对霍布斯的研究，霍布斯政治哲学的基础并不像他所声称的那样；在他对近代科学的信念背后，实际上还暗含着一个更为根本性的道德信念，即对人的前科学理解。② 在施特劳斯看来，霍布斯关于国家事务的全部教导以他对人的前科学考察为前提，他关于人类天赋的见解本身就暗含了一种前科学的道德态度，而这样一种见解实际上构成了霍布斯自然法讨论的出发点。③

对霍布斯政治哲学的考察促使我们重新去面对这一根本性的问题：在古典哲学与近代科学之间，霍布斯究竟做出了一个怎样的抉择？从古典传统到近代科学，霍布斯的政治学说又面临怎样巨大的困难？霍布斯新的方法的着眼点在于提出一种新的关于自然法的理论，这一新的自然法理论构成了他全部政治哲学的基点。要想彻底理解霍布斯的政治哲学，必须首先彻底理解其关于自然法的讨论；而对自然法的恰当考察，又必须建立在对霍布斯学说本身各种含混与紧张的澄清之上：这些含混与紧张同霍布斯对科学原则的强调与其暗中所坚持的道德态度脱不了干系。

---

① 霍布斯本人解释，这一新的方法就是伽利略赖以把物理学提升到科学地位的那个方法。参见〔德〕E·卡西尔《启蒙哲学》，顾伟铭等译，山东人民出版社，1988，第 339 页始。

② 在施特劳斯的早期作品《霍布斯的政治哲学：基础与起源》中，他指出，霍布斯政治哲学的真正基础不是近代科学。在他看来，霍布斯关于人类生活的根本见解不是矛盾的，而是连贯一致的和不可分割的，"正是这个人生观，而不是近代科学，才是他的政治哲学的真正基础"。参见〔美〕列奥·施特劳斯《霍布斯的政治哲学：基础与起源》，申彤译，译林出版社，2001，第 4 页。

③ "早在他（霍布斯）还只是任何人类生活的方式的一个观察者，而尚未成为一位机械论哲学家的时候，（霍布斯的）全部政治学说无疑就已经基本成形了。"参见乔治·克鲁姆·罗伯逊《霍布斯》，转引自〔美〕列奥·施特劳斯《霍布斯的政治哲学：基础与起源》，申彤译，译林出版社，2001，第 4 页。

施特劳斯在《论霍布斯的政治哲学的基础》一文的结尾提醒我们，霍布斯在最重要的主题上存在大量的含混或自相矛盾之处，这本身就是我们得以充分解释霍布斯的政治哲学的必经之路。

一　自然与人为

在《利维坦》"引言"的开头，霍布斯写道："'自然（nature）'，也就是上帝用以创造和治理世界的技艺（art）。"在此，霍布斯向我们提示了一种关于自然的全新释义。[①] 在霍布斯看来，自然等同于"技艺"，虽然是属于上帝的技艺；这表明，在霍布斯这里，"自然"已经具有了某种"制作"的意涵。与此相对照的是，在《政治哲学史》的"绪论"中，施特劳斯告诉我们，第一个提及"自然"的希腊人是荷马，在《奥德赛》的第十卷中，神赫尔墨斯答应赶去喀耳刻家营救同伴的奥德修斯，要送给他一棵奇草以对付喀耳刻的巫术；赫尔墨斯"从地上拔下一棵草，并让我察看它的自然——根是黑的，花是乳白色的，神称之为摩利。凡人很难把它挖下来，但神却无所不能"。施特劳斯说道："神如此无所不能，并不是因为他们真的无所不知，而是因为他们认识事物的自然——并非由他们创造的东西。"[②] 这里所谓的"自然"指的是某物或某类物不是由神或人创造的；换言之，从古典主义的立场来看，自然高于人，也高于神，神能够认识自然但却不能创造自然。[③]

在古希腊语中表示自然的词（physis）最初意指"生成（growth）"，因

---

① 在此我们并不是表明这一新的释义是由霍布斯率先提出的，而是想表明，在霍布斯政治哲学思考的起点处，"自然"、"技艺"和"上帝"这些表面上无关甚至暗含紧张关系的古希腊哲学概念与基督教概念就已经成为其所要解决的问题了。对于这一开篇首句的注意，可参见刘小枫《霍布斯的申辩》，载〔英〕霍布斯《〈利维坦〉附录》，赵雪纲译，华夏出版社，2008，第 7 页。

② 〔美〕列奥·施特劳斯、〔美〕约瑟夫·克罗波西主编《政治哲学史》（第三版），李洪润等译，法律出版社，2009，绪论，第 2 页。

③ 古典哲学的内在含义就是"关于自然的知识"，亚里士多德径直把最早的哲学家们称作"谈论自然的人"，并将他们与那些早于他们的"谈论诸神"的人们区别开来。霍布斯在《利维坦》的开篇对自然所作的释义暗示了整本《利维坦》的"论战"对象，不是基督教，而是古典哲学。《利维坦》所要表达的论旨仍然围绕古典政治哲学所设定的核心议题，即自然本身。

而也指某物所长成的样子；我们可以说一朵花、一棵草是生成的，但却不能说一双鞋子、一把椅子也是生成的——它们不是"生成（growth）"，而是被"做成（made）"，也就是说，它们不是"凭自然（by nature）"，而是"凭制作（by art）"。① 霍布斯在对"自然"一词的重新阐释中，站到了与古典政治哲学相对的立场：在"上帝创造和治理世界的技艺"这一新的定义中，霍布斯赋予了自然不同的内涵。自然与技术之间显而易见的区别被消除了，或者说，被模糊化了；霍布斯所谓"为人的艺术所模仿，从而人能够制造出人造的动物"的自然，不是作为"生成"的自然，而是作为"制作"的自然。② 霍布斯通过重新定义"自然"化解了人、自然、机器之间显而易见的对立，因此，"技艺国家"仍然具有某种自然的特性。③ 霍布斯的"人造国家"是"自然造人"的一个翻版，它所获得生命的方式与上帝造人的方式具有惊人的一致性，以至于霍布斯直截了当地说，用来把这个政治团体的各部分最初建立、联合和组织起来的"公约"和"盟约"是上帝在创世时所宣布的"命令"，那命令就是"我们要造人"。

霍布斯对自然的重新阐释取决于对一个问题的回答，即政治事物是自然的吗？霍布斯将自然归为上帝的作品促使我们不得不提出这样一个

---

① 在《形而上学导论》中，海德格尔追溯"存在"这一哲学基本概念的语源的时候，深入探讨了"自然"这一概念的原初含义，他解释道，"自然"是指"绽放着的卓然自立"，是指"在自身中驻留的自身展开"。〔德〕马丁·海德格尔：《形而上学导论》（新译本），王庆节译，商务印书馆，2015，第68页。虽然海德格尔的解读带有他自身强烈的哲学意图，但透过这一海德格尔式的自然概念解读，我们仍能瞥见自然概念中隐含的巨大的哲学意涵。在海德格尔看来，后世的自然概念早已完全背离了古希腊人（苏格拉底—柏拉图之前）对自然的理解。在某种意义上，思想的每一次根本性的变革都源于对"自然"的重新理解，柏拉图—亚里士多德所代表的古典哲学构成了"自然"含义的第一次转变（相对于赫拉克利特和巴门尼德所代表的古希腊哲学诗人），而近代哲学则构成了"自然"含义的第二次转变（相对于古典哲学）。

② 我们可以注意到，自然（nature）与人为（artificial）之间的巨大鸿沟，在某种意义上被技艺（art）这个概念弥合了；霍布斯的"技艺自然"为"自然"与"人为"两个概念建立起了某种关联。

③ 在某种意义上，技术国家的自然特性在一定程度上弥补了其根本性的内在道德欠缺，一个完全技术化的国家如何获得其道德合法性这一问题必然从根本上左右着霍布斯的政治哲学思索，自然规律（科学规律）的必然性与现代国家的政治原则的合法性之间具有某种内在的亲缘性。

问题，即何谓"霍布斯的上帝"？① 对霍布斯政治哲学整体的考察使研究者们得出一个结论，霍布斯本人并不信仰上帝，施特劳斯甚至将霍布斯评论路吉阿诺斯的话稍加修正用来评论霍布斯自己："尽管是位好盎格鲁语作家，他却是个渎神的人。"② 在霍布斯这里，上帝并不是信仰的对象，更不是基督教意义上的造物主，而是自然产生的一个根本源泉。因此可以合理的认为，霍布斯提及上帝的真正用意在于，借助这一含糊的概念，完成对古典意义上"自然"的颠覆，而这一颠覆构成了他对政治事物理解的前提。③ 政治事物不是自然的（就像自然本身不是"自然"的），而是人为的，人并非天生就是政治的动物。亚里士多德在《政治学》第一卷的这一著名论断④被霍布斯彻底摒弃，由此亚里士多德所代表的古典政治哲学的核心观点也就遭到了根本性的否定。

在古典政治哲学看来，人就自然而言是政治的动物，因而政治性被看作人作为"动物"自然生存的一种方式；因此，人的政治生活并没有构成人在自然成全过程中的一次"断裂"，而是人作为生物活着的一种完备自足的方式。⑤ 人与城邦之间具有自然的和谐，城邦是人性得以获得规定的基础，脱离城邦我们就无从理解人，更无法对人进行任何有意义的

---

① 近代哲学从中世纪自然神学发端而来，通过理性与信仰的争论，中世纪后期的理论家们终于在天启和理论知识之间划出一道不可跨越的鸿沟，信仰和理性被严格限定于这两个对立的领域之中，上帝从原初的人格神的形象逐渐转化为与自然融为一体的自然神形象，"上帝"变成了自然的代名词。霍布斯显然继承了这个全新的"上帝"形象。关于这一神学—哲学之辩及其意义，参见〔德〕文德尔班《哲学史教程》（上卷），罗达仁译，商务印书馆，2010，第 427～440 页。

② 〔美〕列奥·施特劳斯：《霍布斯的政治哲学：基础与起源》，申彤译，译林出版社，2001，第 181 页。

③ 霍布斯将自然视为上帝的技艺，这一论点与笛卡儿宣称"永恒真理并非独立于上帝，而是上帝所创造的"具有某种潜在的一致性。在此，霍布斯同笛卡儿一样，都对古典"自然"或永恒秩序持有一种反对的立场；换言之，既然永恒真理乃是出自上帝，既然自然乃是上帝所为，那就不存在某种永恒性的事物，而对永恒的信仰恰恰构成了古典政治哲学的基础——自然法是永恒的，自然本身是独立于任何意志的，哪怕是神的意志。在此，霍布斯通过将自然理解为上帝的技艺瓦解了自然的根基。因此，霍布斯的上帝与其说是一个基督徒的上帝，不如说是一个哲学家的上帝。参见李猛《笛卡儿论永恒真理的创造》，载赵敦华主编《哲学门》（总第十九辑），北京大学出版社，2009。

④ "人类在本性上，也正是一个政治动物。"〔古希腊〕亚里士多德：《政治学》卷（A）1。

⑤ 李猛：《在自然与历史之间："自然状态"与现代政治理解的历史化》，《学术月刊》2013年第 1 期。

说道，"城邦之外，非神即兽"。在亚里士多德笔下，国家不仅仅是人性的规定所在，同时也是人的完满性的规定所在。所以在古典政治哲学那里，国家问题的核心也就是"最佳政体"的问题，只有通过统治关系的安排建立有所抉择的幸福生活的共同体，人的天性才能得到最大限度的成全。如果不了解人类社会的自然，就不可能了解人的自然，因此，在柏拉图的《理想国》中，苏格拉底对正义的人的讨论必须立足于对正义的城邦的讨论之上。①

霍布斯反对这样一种对政治事物，同时也就是对人类事物的理解。在他看来，人与人之间的协和并非出自自然，而是人为的创造。因此，并不存在一种所谓的"人的完满性"，更不可能存在政治之统治服从关系的天然基础。② 霍布斯对自然的"技艺"解释，瓦解了自然目的论的根基。③ 这样一个机械化的自然不再具有某种"拟人"的目的倾向，对于这台庞大的机器而言，如果一定存在某个目的的话，那也只是它能够良好运转罢了。霍布斯的机械主义，不但是为机器赋予生命——由于生命只是肢体的一种运动，它的起源在于内部的某些主要部分，那么我们为什么不能说，一切像钟表一样用发条和齿轮运行的"自动机械结构"也是人造的生命呢？——而且也是，或许更为重要的是，将整个自然、所有的生命体都机械化了。这从他对人的论述可以看出：在《利维坦》的第一部分"论人类"中，霍布斯对人的解读是以机械运动为基础的，④ 也就是说，在霍布斯那里，人被还原为完全机械化了的动物体，而这一个机

---

① 〔古希腊〕柏拉图：《理想国》第二卷368DE，369BC；柏拉图的这一哲学探讨的实质内涵一直众说纷纭，但是毫无疑义的是，在柏拉图看来，人的正义与城邦的正义之所以具有一致性，正是因为人与城邦之间具有某种天然的联系，对人的理解必须建立在对城邦的理解之上。

② 自然的和谐首先暗示了秩序的和谐，这样一种和谐出自不同的部分各司其职。因此，对于城邦而言，最大的正义即最佳政体的问题就在于让合适的人统治、保卫和服从。统治的天然正义性来自自然的暗示本身。

③ 技艺的自然与生成的自然之间最大的差异在于，对于后者我们关注的是它作为整体的目的，而对于前者我们主要关注的是探寻它的原因。技艺的自然是作为可分析的自然出现的，而这一点正是霍布斯宣称的新的方法的重要意义所在。"对事物的理解，莫过于知道其成分"，因此，只有通过分解—综合的科学方法，我们才能真正理解国家的权利和公民的义务。

④ 〔英〕霍布斯：《利维坦》，黎思复、黎廷弼译，商务印书馆，1995，第5页。

械化了的动物体——他的全部天赋倾向，都是机械运动的结果，① 正是从这些倾向中霍布斯推演出了其关于自然法与自然权利的全部理论。

霍布斯的机械主义是其唯物主义的一个合理延伸。霍布斯对自然的看法最为核心的要素在于，唯一真实的只有实体，超出这一物质化的自然之外的鬼怪和神灵、天使和恶魔都是不存在的，同样，独立于身体的自生自灭的心灵也是根本不存在的。人是物质，从而从属于自然。科学原则之所以能够而且必然能够成为社会国家——换言之，人类事物——的内在原则，其根本的原因正在于此。对自然的机械解释以对自然的物质解释为前提。实体就是物质，而适用于物质的一切科学原则也就适用于一切实体，人以及由人所组成的社会都被视为自然物体，因此在人与社会中贯穿着的乃是物质的法则。

二　理性与激情

霍布斯跟整个政治哲学传统的决裂是其探寻到一个关于人和国家的新的科学性认识的结果。在他看来，古典政治哲学失败的主要原因是它们建立在非科学的基础之上，所以古典理论家们总是争论不休并互相矛盾，他们"都没有找到一个传授知识的适当起点"。那么这个新的适当起点是什么呢？

在《论公民》的"献辞"中，霍布斯说"真正的智慧，不过是有关各方面的事实之知识"，而"对人类行动模式的认识，如果能像数字关系一般确切，普通人对权利和不公的谬见所维系的野心与贪婪就会失去力量，人类就可享受可靠的和平，【除了人口增长所引起的争夺地盘】人类似乎不太可能陷入战争"②。由此可见，霍布斯的新的适当起点就是新的科学，而新的科学的原则则在于用像数学一般的严密逻辑来推演关于事实的知识。于是在霍布斯这里，知识的范围被压缩了，关于善恶的"知识"不再能够进入知识的领地，而在古典政治哲学中探讨善恶问乃是探讨国家问

---

① 霍布斯的机械主义是近代科学的题中之义。近代科学对自然事物及人类事物的理解是以这一机械主义为基础的，而这一机械主义最为极致的表现作品则是 18 世纪法国哲学家拉·梅里特的《人是机器》。这一原则在笛卡儿的《谈谈方法》中也得到了透彻的表达。

② 〔英〕霍布斯：《论公民》（影印本），中国政法大学出版社，2003，第 3 页。

题的首要前提，基于此，霍布斯与整个古典政治哲学的割裂势所必然。

霍布斯的新科学的方法决定了他在考察事物的时候，关注点集中于事物的原因，而非它所具有或应当具有的目的。因此，在霍布斯这里，理性就不再意味着对目的的认识，不再意味着对善、对完满的认识，也就不再意味着对人的幸福的认识。① 霍布斯对"理性"的解释集中在对推理能力的解释上，在霍布斯看来，理性这一"人类的心灵之光就是清晰的语词，但首先要用严格的定义去检验，清除它的含混意义；推理就是步伐，学识的增长就是道路，而人类的利益则是目标"②。换言之，理性等同于对原因和结果的考虑，而正确理性则意味着"人们对自己行动正确的理性思考，这种理性思考可能会给自己带来好处，或给别人带来损失"。

霍布斯的理性排除了对善恶的思索。既然人并非天生就是政治的动物，那么天然的善或恶便是不存在的。古典政治哲学认为，研究国家问题的前提在于对善恶问题的彻底研究，而对善恶问题的知识并非为所有人所具有，那些具有这一知识的人应该被认为具有更多的理性；理性对于城邦具有决定性的意义，因此理性应该成为统治者。对理性的信仰和尊崇确立了理性的统治地位，而古典理性主义关于只有理性才有资格统治的观点，在柏拉图的如下论断中，表现得最为根本，最为激烈：柏拉图说，一个国家的福祉，其唯一必要而充足的条件在于，哲学家应该称王，国王应该是哲学家。③ 霍布斯否定自然的善与恶，也就否定了理性的这种统治资格；对于霍布斯的新的理性而言，既然它只是意味着对原因与结果之间的合理的推演，也就不能成为统治的原则，那么统治的真正基础就应该到别的地方去寻找。

这一新的基础就是激情。在《论公民》的"献辞"中，霍布斯说道，

---

① "在霍布斯看来，人大脑中唯一先于言辞创造的特性，也就是人大脑中唯一的自然特性，是把现象理解为可能效果的原因的思考能力……人所特有的不是'目的论'思考而是'因果关系'思考。霍布斯把人是理性动物的传统定义转变为人是探究结果的动物，也就是有能力掌握科学即'结果的知识'的动物。霍布斯这样做的原因在于传统定义暗示人天生是一种社会动物，霍布斯必然反驳这一暗示。"〔美〕施特劳斯：《论霍布斯政治哲学的基础》，载〔美〕施特劳斯《什么是政治哲学》，李世祥等译，华夏出版社，2014，第168页。

② 〔英〕霍布斯：《利维坦》，黎思复、黎廷弼译，商务印书馆，1995，第34页。

③ 〔美〕列奥·施特劳斯：《霍布斯的政治哲学：基础与起源》，申彤译，译林出版社，2001，第194页。

当他将思绪转向自然正义的时候，首先映入他眼帘的是关于"所有（物）"的问题，于是他认为，战争产生于对物的共同占有。他因此得出两条关于人性的绝对肯定的假设：一条是人类贪婪的假设，它使人人都极力要把公共财产据为己有；另一条是自然理性的假设，它使人人都死于暴力作为自然中的至恶势力予以避免。① 贪婪是一种欲望的激情，在《利维坦》中霍布斯将之作为全人类共有的普遍倾向而首先提出，并称之为"得其一思其二、死而后已、永无休止的权势欲"②。然而人类的贪婪并非因为他得陇望蜀、无法满足，而是因为如果"他不事多求就会连现有的权势以及取得美好生活的手段也保不住"③。也就是说，人类真正自然的欲望乃是保全的欲望，他的贪婪也只是对失去的恐惧罢了。贪婪的激情促使人倾向于斗争、敌对和战争，因为竞争的一方达成其欲望的方式就是杀害、征服、排挤、驱逐另一方。因此在没有一个共同的权威的状况下，人类所面临的状态就是人人互为战争的状态。霍布斯称之为自然状态。

在自然状态中，由于没有一个共同权力使大家慑服，每个人都对其他人具有天然的权利。这一权利乃是他对一切事物都具有权利的一个合理衍生——为了自我保全，他可以做一切他认为对的事。而每个人的理性都是相同的，所以没有人可以衡量另一个人是否正确：他为实现目标而采取手段的正当与否完全取决于他自己，因为没有人比他自己更懂得如何保护自己。

霍布斯全部政治哲学的核心教导就在于，对于人类而言，最强烈的欲望就是自我保全的欲望，而这一欲望根植于最强烈的激情之中，那就是对暴死的恐惧。出于对暴死的恐惧，人必须设法保全他所拥有的一切，而对自我保全最有效的手段就是不断获得更多，也就是增加他的权利。自然的强烈激情促使人变得明智，他必须认真斟酌，才能在如此险恶的

① 〔英〕霍布斯：《论公民》（影印本），中国政法大学出版社，2003，"献辞"。
② 在这里我们可以发现霍布斯的新的科学外表下的内在道德见解：从理性向激情的转变本身并不包含对激情的"邪恶性"的解读（这一人性规定与他赋予自然状态中的人的经验理性有关，这一点将在下文进行讨论），然而霍布斯对这一人性规定的提出是如此的直截了当，并未给以任何"科学的"说明。正是在这一点上，我们可以论断，霍布斯政治理论的基础仍然是"哲学"，而非"科学"。
③ 〔英〕霍布斯：《利维坦》，黎思复、黎廷弼译，商务印书馆，1995，第73页。

自然状态中生存下来：霍布斯的理性乃是恐惧的近义词——激情是理性的基础和动因，理性是激情的手段和工具。①

霍布斯的政治哲学建立在对理性的不信任之上，而取而代之的则是他对激情的肯定。自然状态是从人的激情中推演出来的，它揭示了人的自然倾向，即依据人的自然状态而言，人并非天生就是适合社会的；自然状态阐明了前政治状态的特征——战争、恐惧和死亡，正是这种前政治状态暗含了政治社会得以形成的原因，以及它所具有的目的和目标。

根据霍布斯的政治学说，理性似乎是软弱无力的，相对于激情的强烈，理性无法成为建立政治国家的最初动力，也无法成为维持国家这台机器运转的持久动力。② 然而，霍布斯政治哲学的整体性却表明，以科学原则为表现的整体性的理性本身对于人类历史而言，具有根本性的决定作用。③ 霍布斯的全部政治哲学都在宣扬这样一种理性主义的立场，这也是他所谓的新的政治科学的题中之义。近代政治科学与古典政治哲学的根本区别并不在于二者对理性的地位的分歧，④ 也即无论是古典政治哲学还是近代政治科学，它们本质上都承认并尊崇理性的这一根本性的至上地位；真正的关键在于对理性的理解的差异。这是政治哲学转向的核心问题。

以苏格拉底为代表的古典政治哲学传统认为，政治哲学或政治科学

---

① "这种对凶暴横死的恐惧，就其起源而论，是先于理性的，就其作用而论，却是理性的；根据霍布斯的学说，正是这种恐惧，而不是自我保存的理性原则，才是全部正义以及随之而来的全部道德的根源。"〔美〕列奥·施特劳斯：《霍布斯的政治哲学：基础与起源》，申彤译，译林出版社，2001，第21页。

② 我们不得不承认，霍布斯的理性始终构成其自然状态的激情论证的一个必不可少的环节，没有理性和经验的辅助和驱动，激情的力量是无法得到完全的释放的，自然状态作为普遍的战争状态也是不可想象的。但是我们必须看到，自然状态的"产生"和政治国家的完成，终究是激情主导的结果，激情构成了自然状态向政治社会过渡的根本原因。

③ "在他（霍布斯——笔者注）的哲学的这两个部分（理论哲学和实践哲学——笔者注）中，他都教导说，理性是无能的，又是无所不能的，或者说理性正因其无能而无所不能。……理性针对激情而言是无能为力的，但是如果它能与最强烈的激情合作，……它就会无所不能。"〔美〕列奥·施特劳斯：《自然权利与历史》，彭刚译，生活·读书·新知三联书店，2006，第205页。在施特劳斯看来，霍布斯的激情不停地激发和塑造着理性，虚弱的理性转而成为创造出自然法则的强大理性。

④ 古典政治哲学中的自然法是由理性所宣布的，同样，在霍布斯这里，所有的自然权利也都是由理性所奠定的（在对自然状态作为战争状态的自然权利论证中，霍布斯明确指出的自我保存之所以是一项权利，正是因为它"既不荒谬，也无可指摘，更**与正当理性不相悖**"。加粗强调为笔者所加）。

建立在这样一个前提之上：政治事物乃是独一无二的，政治事物与非政治事物有着本质差异。① 施特劳斯解释道，苏格拉底的政治思考本身暗示，理解整全的关键在于这样一个事实：整全的特征就是理智分析上的异质性。在《理想国》中，柏拉图笔下的苏格拉底同样强调对意见、理智与理性的严格区分。② 古典理性主义暗含着理性自身的非统一性，因而人性在根本上无法完全占有理性。或者说，政治哲学与科学之间存在不可逾越的鸿沟。霍布斯所构建的新的政治学说否定了这样一种理智分析上的异质性，对霍布斯来说，理性是由一系列认识构成的，这些认识在实践基础上作为一种逻辑思维的结果，在任何时刻都会迅速增长起来。霍克海默评论道："从这一点出发，这种既成的事实系列一旦被发现，就会变得无懈可击，恒久不变，不仅存在着一种永恒的自然概念，而且也存在着一种道德概念，以及全体人民真正利益的概念，即跨越时空的普遍有效概念。一切被认为是正确的国家和社会的理念范畴都被认为是永恒的。这样，历史就会在社会最佳安排的直接后果中，在社会成为一种终极的国家事务的渴望中，本质上表现为人性想要全面占有理性的进程。"③

三 战争与和平

自然状态是由人的激情主导的状态，在这种人人为己的状态中，战争是不可避免的。这种战争是每个人对每个人的战争，因为在霍布斯看来，"战争不仅存在于战役或战斗行动之中，而且也存在于以战斗进行争夺的意图普遍被人相信的一段时期之中。战争之所以是如此普遍，原因不仅仅在于每个人都具有对一切事物的权利，同时更因为每个人都具有同等的杀害其他人的力量——"哪怕是一个体质最弱的人，要杀掉比他强壮的人又是多么的容易"④。因此，霍布斯认为，那些交锋不相上下的人是平等的，那些有着最强悍的力量——杀人的力量——的人实际上

① 刘小枫编《苏格拉底问题与现代性——施特劳斯演讲与论文集：卷二》，彭磊、丁耘译，华夏出版社，2008，第40页。
② 〔古希腊〕柏拉图：《理想国》，卷七。
③ 曹卫东选编《霍克海默集》，渠东等译，上海远东出版社，1997，第25页。
④ 〔英〕霍布斯：《论公民》（影印本），中国政法大学出版社，2003，第6页。

掌握着同等的力量"。正是基于这种在杀戮能力上的平等，霍布斯得出了所有人天生平等的结论。

一个由完全平等的人所组成的自然状态，与社会①相背离。在这样一种状态当中，无所谓正义与不正义，因为正义只存在于政治社会之中，离开国家和法律，不存在有关正义与不义、善与恶的真正教诲。战争状态是一个绝对单纯的状态，在其中每一个人的行为都是正义的，只要他是为了自我保全，一切行为都是被允许的。

霍布斯的自然状态理论是非道德的，这一点意味着，完全自然的人不承担任何义务，相反，他拥有一切权利；这一切权利也就意味着根本性的战争权利。战争是自然赋予人的各种天赋的必然结果，但是在这里产生了一个根本的矛盾，即人的自然本身的矛盾；也就是说，人的最基本的激情是对暴死的恐惧，这一强烈的情感驱使人设法通过各种方式来进行自我保全，因此他必然追求无限的权利，而在他对权利的无休无止的追逐之中，他必然面对着另一个人相同的权利诉求，自己的权利因此又必然要通过杀死对方来实现，这使他陷入全面的战争之中；而战争本身，恰恰又正是"暴死的恐惧"的根源。

为了解决这个根本性的矛盾，人不得不借助理性的力量来实现对自然的反叛。人的天性指向战争，却不得不向往和平。我们可以合理地认为，在霍布斯的战争状态当中，实际上已经暗含了和平的必然性；甚至我们可以说，霍布斯的战争状态与其说是严格意义上的战争状态，不如说是潜在的和平状态。② 霍布斯的战争是一场还没开始就已经结束的战争。霍布斯之所以将社会的起源设定为一场原初的规模庞大的战争，恰恰在于这场战争并非实际进行，而是处于一种潜伏的状态之中：正是在这种状态中，自然人才能通过对彼此的相互观察来发觉自我的绝望处境，才能

---

① 关于霍布斯的"社会"概念的含混定义，参见李猛《自然社会——自然法与现代道德世界的形成》，生活·读书·新知三联书店，2015，第68页。这里说的社会意指霍布斯所谓"联盟"意义上的政治社会。

② "在霍布斯的原始战争中，没有战斗，没有流血，没有尸体。有的只是展示、炫耀、标志、夸张的表现，以及阴谋和欺骗；有的只是诡计，乔装改扮为反面的意愿，被伪装成信心的忧虑。人们在一个相互展示的舞台上，处于一种畏惧的关系之中，这种关系在时间上是永久的；人们并不真正处于战争之中。"参见〔法〕米歇尔·福柯《必须保卫社会》，钱翰译，上海人民出版社，2010，第67页。

完完全全地体验到恐惧的激情，也才能促使他们运用理性来寻找摆脱这种悲惨处境的可能性，从而走向和平。① 这或许是一场真正发生的进行着的战争所无法实现的。

霍布斯描述了他的战争状态，但是他对和平状态的描述却只是一带而过，和平时期不过是非战争状态的"所有其他时期"。② 但是既然战争更多的并不是存在于实际的生活之中，而是存在于每个人的自我想象之中，那么我们很难确定这种战争状态真的会有被消除的一天。当霍布斯预料到人们势必会对这一根据激情所作出的推论持怀疑态度的时候，他不得不用经验来证明："那么我们不妨让这种人考虑一下自己的情形。当他外出旅行时，他会要带上武器并设法结伴而行；就寝时，他会要把门闩上；甚至就在屋子里面，也要把箱子锁上。"③ 但是，霍布斯的描述恰恰并不是对置身于自然状态中的人的描述，而是对社会状态、公民状态中的人的描述。换言之，按照霍布斯对人性的推论，无论是在自然状态还是在社会状态之中，人都会处于这一永恒的战争状态。一种想象的战争并没有通过国家的建立而终结。霍布斯的人性不会通过社会的建立而改变，因此霍布斯的战争同样不会如此，这似乎是霍布斯不得不面对的一个残酷事实。按照卢梭的说法，"所有审视过公民社会之基础的哲学家，都感到有必要回到自然状态，但他们没有一个人真正回到了自然状态"④。霍布斯的自然人从来就是一个社会人，⑤ 霍布斯的自然状态与其

---

① 李猛在《自然社会——自然法与现代道德世界的形成》的导言中对鲁滨孙的描述正好可以作为霍布斯战争状态理论的最好注解："这种对潜在敌人的恐惧，在想象与幻觉的滋养下，变得漫无边际。敌人带来的，不像自然地意外带来的是瞬间的恐惧，而是无休止的威胁。危险和恐惧成为一种状态，也不是一次事件。"参见李猛《自然社会——自然法与现代道德世界的形成》，生活·读书·新知三联书店，2015 年，第 3 页；霍布斯本人在《论公民》的一个注释中，也表达了同样的意思，在对一种异议的反驳中，霍布斯说道，恐惧并不只是"虚惊"而已，而是对"未知的恶行的各种预测"。参见〔英〕霍布斯《论公民》（影印本），中国政法大学，2003，第一章，注释 2。

② 〔英〕霍布斯：《利维坦》，黎思复、黎廷弼译，商务印书馆，1995，第 94 页。

③ 〔英〕霍布斯：《利维坦》，黎思复、黎廷弼译，商务印书馆，1995，第 95 页。

④ 〔法〕卢梭：《论人类不平等的起源和基础》，李常山译，商务印书馆，1997，第 71 页。

⑤ "每一件霍布斯的钟表零件，在从表上拆下之后，之所以没有散落一地，'相忘于江湖'，却充满敌意地相互对峙，并因此建立独特的社会性关系，是因为它们身上还都带着对这部人造机器幽灵般的记忆。"李猛认为，霍布斯对自然状态中的人的分析"凭借的正是'我们眼前的人'的'经验'"。李猛：《自然社会——自然法与现代道德世界的形成》，生活·读书·新知三联书店，2015，第 114～115 页。

说是自然状态，不如说是无政府状态。①

因此，霍布斯想要通过他的战争状态学说实现的，与其说是一个关于国家起源的神话，毋宁说是为了给统治权寻找一个适当的法律起源。霍布斯的和平主义的战争状态勾销（或者说征服）了战争对国家统治权的历史意义——战争与征服可以诞生统治，却不能诞生统治权。战争的恐怖是一个无法否认的事实，然而作为国家基础的，仍然还是出离于战争的人民的意志——人民的理性所构造的原始契约。② 霍布斯的国家之所以说是一个建立在战争的基础上的国家，并不是因为它来源于最初的"那场战争"（或者"那段被终结的战争状态"），而是因为战争状态的持续性（它延伸到了公民社会的每一个角落，甚至我们还可以说，自然状态的战争不过是公民状态的战争的一个反向追溯罢了③）塑造和维持了人民的激情，战争状态的永恒性构造了暴死恐惧的永恒性；而恐惧是理性的原始动力——正是在恐惧的刺激下，人才能积累经验，磨炼理性，才能最终寻找到某种新的生存的可能，最终也就意味着国家的可能。④

正是在战争的暗涌中，而不是在战争的血泊中，诞生了和平的曙光。霍布斯的战争状态是其自然法学说的基本背景，自然法的必然性和有效

---

① 在《自然社会——自然法与现代道德世界的形成》的第二章，李猛详细分析了霍布斯的"自然状态"这一概念的实质内涵，他区分了霍布斯的"自然状态"概念与古典"黄金时代"和"原初状态"等概念的本质区别；对于霍布斯的"自然状态"概念而言，最核心的一点就在于其中不存在政治社会才能建立的人为制度和公共权力。参见李猛《自然社会——自然法与现代道德世界的形成》，生活·读书·新知三联书店，2015，第 90 ~ 130 页。

② 霍布斯讲述了三种统治权的形成方式：同意、战斗之后的臣服和孩子对父母的服从。福柯一针见血地指出："霍布斯实际上想指出的是，在统治权的建立中起决定作用的，不是意愿的性质，也不是表达的形式或层次。……为了统治权的存在，必须而且只需有一个根本的意愿，……这种意愿与恐惧相联系，统治权从来不通过上等人形成：也就是说不由更强的人、战胜者或家长决定。统治权总是通过下层人形成，通过怀着恐惧的人的意愿形成。"〔法〕米歇尔·福柯：《必须保卫社会》，钱翰译，上海人民出版社，2010，第 85 页。

③ 在施特劳斯对施米特《政治的概念》的著名评注中，施特劳斯认为，"被施米特视为基础的政治就是支撑所有文化的'自然状态'"，因此，霍布斯的自然状态（战争状态）恰恰就是政治状态本身，而霍布斯对自然状态的克服实际上为自由主义对政治的否定埋下了伏笔。参见〔美〕施特劳斯《〈政治的概念〉评注》，转引自刘小枫选编《施米特与政治法学》，上海三联书店，2008，第 8 页。

④ 战争是和平的基础，而和平自始至终都是战争的终极规定。这一隐秘的"战争－和平辩证法"正是自由主义国家的解读密码。

性（同时也意味着其正当性）植根于战争状态的必然性和普遍性之中。

四　自然法则（natural laws）与自然权利（natural rights）

在《论公民》和《利维坦》中，霍布斯对自然法则的论述基本一致，但是相对于《利维坦》而言，《论公民》对自然法的律条列举得更为详细，① 而且在《论公民》中被视为基础自然法的律条——"当和平可得的时候就寻求和平；当和平不可得的时候，就在战争中寻求救助"② ——在《利维坦》中则变成了理性的一般法则；而且这一法则还被分解为两部分，第一部分包含着第一个同时也是基本的自然律——寻求和平、信守和平，第二部分则是对自然权利的概括——利用一切可能的办法来保卫我们自己。

霍布斯对理性的戒条的分析实际上就是通向他自然法和自然权利学说核心的关键。③ 自然法诞生于人类的原初的战争之中，诞生于普遍化的战争状态之中，而在这一战争状态中暗含着两种可能：第一是人类的激情所导向的基础事实，即战争的必然性，在这一必然性中，任何社会状态都是不可能的，也就是说，所有人都是平等而自由的，没有共同的权力使得他们慑服，因此也就没有任何正义的准则需要他们遵守，对于所有人而言他们都握有对一切的权利，即战争权利——自然激情导向人的自然权利；另一种可能则是由人的理性所指引的可能前景，为了脱离自然为人类所构造的矛盾和悲惨境地，人的理性为人类提供了一种和平的前景，也就是所有人都为自己放弃这种对一切事物的权利，而只保留一定的权利，通过转让或放弃权利的方式来求得和平，也就是求得最终的自我保全——自然理性导向社会的自然法则。

---

① 在《利维坦》中，霍布斯列举的自然法则一共有 13 条，而在《论公民》中则是 21 条（包括一条作为自然法基础的首要法则）。

② 〔英〕霍布斯：《论公民》，应星、冯克利译，贵州人民出版社，2003，第 15 页。

③ 李猛在分析霍布斯契约自然法的内在困境时，同样将这一理性规则视为这一内在困境的核心表现："这一理性规则将根本自然法与自然权利的核心主张放在同一规则中，并未断定后者能自动转变为前者，而不过是将自然状态的法权困境，重申为从自然权利中产生自然法的问题。"李猛：《自然社会——自然法与现代道德世界的形成》，生活·读书·新知三联书店，2015，第 298 页。

对霍布斯而言，人的基础事实是各种内在的运动，人的一切感觉、思想、情感、想象都是各种运动或者它们彼此作用的结果，这些运动是人的欲望的来源。而对人而言，善无非就是对欲望的满足，因此善在某种意义上等同于快乐，这样一个基础事实意味着对人而言最大的善乃是整个欲望链条的和谐运转，而欲望的最终目的又不过是为了保全自己的生命，所以对人而言保全生命就是最高的善。

与古典政治哲学不同，在霍布斯的善的价值清单上排在第一位的是生命，而在亚里士多德那里，排在第一位的则是幸福，生命居于第二位。古典自然法则虽然同样源于理性，但却是一种对整全及其目的进行思考的理性，因此在古典自然法学说里，没有自然权利的影子。霍布斯虽然仍然将自己的政治哲学的基础诉诸自然法则，并且强调其"是不可改变的，是永恒的"①，但是在这里，自然法的永恒性并非来自某种高于人的"理念"或者自然目的，而恰恰在于，它植根于人并源于人：自然法则是人的理性的产物。和平之所以是善的，因为和平有助于保全自己的生命。②

所以，无论霍布斯如何强调自然法的崇高地位，强调"它们所禁止的绝不可能成为合法的；它们所规定的绝不可能成为非法的"，霍布斯都已经为自然法至高无上的地位设置了一个基本的限定：自然法并非出自自然，相反，它是某种反抗自然的结果——它是理性的伟大作品，但也仅仅是一个作品而已；③ 对于霍布斯意义上的自然来说，真正自然的不是自然的法则，而是自然的权利，④ 也就是说，不是诞生于原初战争的法

---

① 〔英〕霍布斯：《利维坦》，黎思复、黎廷弼译，商务印书馆，1995，第121页。

② 自然法则的正义性奠基于其目标——和平——的正义性，而和平的正义性又源于自我保全的正义性。自然法则是理性的法则而非激情的法则实际上暗示了它是第二性的，而非第一性的原则。

③ "自然律是理性所发现的戒条或一般法则"，在这里，"发现（found out）"一词并非意味着对某种本来就存在的理念的发现，而是意味着理性通过斟酌与思考后的"自我发明/创造"。参见〔英〕霍布斯《利维坦》，黎思复、黎廷弼译，商务印书馆，1995，第97页。

④ 在这里我们可以对比斯多葛派的自然法理论。斯多葛派的自然法理论的特点在于对责任的强调：弥漫在整个宇宙中的"普纽玛"提供了一个含有理性的整体世界图式，自然法就是理性本身，而人依据自然、依据理性、依据自然法而生活成为人的第一职责。参见〔古希腊〕第欧根尼·拉尔修《名哲言行录》Ⅶ.1，第85~133页，转引自北京大学哲学系外国哲学史教研室编译《西方哲学原著选读》（上卷），商务印书馆，1981，第181~185页。

则，而是与原初战争融为一体的根本性的权利。

霍布斯关于自然法则与自然权利的学说构造了一种基本的紧张，由于人并非天生是政治的动物，因此他融入社会与其说是必然，不如说是必要。① 人只是在理性的指引下选择了社会，社会最终也只是一个选择的结果，一个意志的产物。霍布斯对自然法的阐述集中在对信约的阐述上，为了实现自然法这一理性的指令希望达成的结果——建立政治社会（国家）——所需要的最为重要的德性就是信守承诺。然而，人的天性或者说人的自然本身又注定了人没有这样一种美德，② 对于人而言，最为根本的激情是恐惧的激情，因此，为了保证所有人信守契约，人们不得不构造一个庞大的权力而臣服于它的脚下。③

五　国家主权与个人权利

霍布斯的政治契约论，即"处于自然状态中的个体，通过彼此之间的契约建立政治社会"，其核心在于如何在个人与国家之间建立起有机的联系。在古典意义上，个人与国家的关系在"人是政治性的动物"这一对人的根本界定中得到了澄清，个人与国家之间不存在某种信约关系。霍布斯对亚里士多德关于政治出于人性、成全人性的理解的批判，干净利落地斩断了"政府和政治的状态"与人的自然处境在亚里士多德的政治生成分析中建立的自然连续性。霍布斯指出，人与蜜蜂这些所谓的"政治性动物"的一个重要的不同点在于，这些动物行动上的一致或协和，是

---

① 当然，认真推究霍布斯的自然状态和自然人性学说，我们很容易得出政治社会的建立乃是出于根本的必然性：自然状态中人性自身的自我悖论为之提供了动力。但是我们不能忘记的是，霍布斯的政治社会在根本上乃是一个"人为"的作品，是人自我的创造；这一点意味着政治社会的必然性最终仍然从属于理性的审慎本身。

② 〔英〕霍布斯：《利维坦》，黎思复、黎廷弼译，商务印书馆，1995，第 103、107 页。

③ 无论如何，霍布斯对理性都持有一种不信任的态度，他既不相信古典政治哲学关于理性是城邦的基础这一断言，也对他所揭示的人类理性（推理能力）对于建立政治社会的作用持有一种怀疑的态度。对于霍布斯来说，自然权利之所以必然先于自然法则，正是因为就人的自然而言，激情的力量和作用必然胜过理性。霍布斯之所以重视激情甚过理性，在于他对理性的作用所持有的怀疑态度，而更为根本的，或许与他（乃至整个现代政治哲学）对"效用"的关切有关。参见〔美〕列奥·施特劳斯《霍布斯的政治哲学：基础与起源》，申彤译，译林出版社，2001。

一种"自然协和"（natural concord），是上帝通过自然的途径的作用，而"人之间的协和是人为的，是通过契约的途径"。这一契约的途径，被霍布斯理解为"人的才智无中生有的创造"。①

既然人类的协议只是根据人为的信约而来的，而人的天性又不可能确保人对契约的信守，那么在信约之外还需要某种其他东西来使他们的协议巩固而持久便不足为奇了，这种东西便是使大家畏服，并指导其行动以谋求共同利益的共同权力。

霍布斯的自然法则指向了通往和平的道路，但是仅靠自然法则本身无法保证人能够通过这一道路并最终达到和平。为此，人们不得不一致同意，"把大家所有的权力和力量托付给某一个人或一个能通过多数的意见把大家的意志化为一个意志的多人组成的集体"，并指定这一个人或一个集体来代表他们的人格，"大家都把自己的意志服从于他的意志，把自己的判断服从于他的判断"，使"全体真正统一于唯一人格之中"②。

霍布斯认为建立国家的关键在于，每个人都同等的承认这一代表人格，并将自己的权利转让给承当这一唯一人格的个人或集体；通过这样一种权利转让的方式，国家就诞生了，这个人格的承当者也就是主权者，他享有绝对的国家主权。霍布斯的主权者虽然是通过契约来决定的，但它本身却并不参与到契约之中，主权者的权力与其说来自合意，不如说来自赠送。主权者相对于臣民而言是第三者，它是人民契约的产物。③ 霍布斯之所以这样阐述他的政治契约论可能出于这样的考虑：订立契约的只可能是平等的个人，每个人之所以能够与每个人订立信约也就是因为他们都是平等的，他们的平等是自然所赋予的，这种平等是自然状态的潜在条件，而为了摆脱自然状态，人必须打破这种自然的平等——自然状态下每个人的平等追求权利的悖论是自然状态变成战争状态的根源。李猛一针见血地指出："霍布斯通过契约路径建立的强制性的共同权力，并不会改变人无休止追求权力的自然本性，只不过在自然平等的处境中，增加一个能够

① 参见李猛《在自然与历史之间："自然状态"与现代政治理解的历史化》，《学术月刊》2013年第1期。
② 〔英〕霍布斯：《利维坦》，黎思复、黎廷弼译，商务印书馆，1995，第131页。
③ 正是因为主权者并非订立契约的直接参与者，所以契约本身无法对国家权力做任何限制。这也就杜绝了任何依据契约来限制国家权力的企图。

有效震慑所有社会成员的绝对不平等的力量，通过这一权力带来的恐惧，为人与人的共同生活提供人性自身无法提供的和平秩序。霍布斯的国家理论，就是要建立一个打破平等者之间权力困境的绝对权力，这一绝对权力作为自然平等的夷平者，是平等者之间和平生活的有效保障。"①

国家主权的绝对性建立在臣民放弃其原初权利的基础之上，换言之，臣民的义务并非来自某种前在的义务，也并非来自自然法所规定的义务，而是来自他对自我权利的转让；也就是说，他的义务在于他不能再对他以前能够正当的抵制的行为宣示其合法性了。国家主权的来源乃是个人权利的压缩，这是霍布斯主权学说的一个关键性要素。在这个关键性要素当中，实际上暗含了现代国家的内在张力：自然权利先于自然法则，与此相应，个人权利先于国家主权。整个国家的正当性建立在个人权利的自我压缩之上，这导致了一个结果，无论国家主权多么强大，多么绝对，对于整个国家而言，决定性的基础事实仍然符合个人权利的绝对优先性这一论断。也就是说，所有的自然法以及所有社会和政治的责任及义务都源于并服从于自然权利，服从于个人自我保存的权利。

在自然状态中，个人是自己的法官，正义等同于个人的意志（在正确理性之下的意志，而自然状态的正确理性的判断权又属于个人自己），而在公民社会状态中，国家（主权者）是臣民的法官——从自然状态到社会状态的转变，也就是通过将绝对的个人权利转化为绝对的君主（主权者）权力这一让渡来实现的。在这里就产生了公民社会内在的根本张力——显性的绝对君主权力与隐性的绝对个人权利之间的紧张。表面上看起来君主权力凌驾于个人权利之上，绝对而不可挑战，然而事实上，这一绝对权力的根基却是由个人权利来奠定的。个人权利不仅在事实上对君主权力构成威胁（霍布斯所谓的叛乱），而且在作为国家建立的根本原则即自然法则中个人权利已经超越了君主权力而跃居为第一性的权利规定。

六 怪兽国家

我们可以恰当地认为，由霍布斯所宣布的新的政治科学是随着"利

---

① 李猛：《通过契约建立国家：霍布斯契约国家论的基本结构》，《世界哲学》2013 年第 5 期。

维坦"这一伟大人格的建立而建立的。霍布斯新的政治科学表面上模仿了伽利略所开创的科学方法，即分解综合的方法，在"利维坦"建立的那一刻得以实现：从对自然状态中个体人的分析入手，霍布斯将国家分解成许多作为原初质料的个体（自然状态就是质料状态），探讨国家得以建立的原因或其推动力（而非其目的），最后在"利维坦"这一人格的统一中实现最后的综合。

霍布斯的利维坦是一个人造的人，创造它的乃是那种模仿"自然"的"技艺"。对于这个庞大的怪兽来说，"主权"就是它的灵魂，人民的安全是它的事业，法律是它的意志，和谐是它的健康，内战是它的死亡。① 这个庞大的怪兽不同于以往的国家，霍布斯所要解决的问题就是通过重建这样一个怪兽来为国家与个人建立更为有机的联系，从而实现社会的整合。霍布斯的方式是强调国家的人为属性，使国家或为一个类似于机器的人造物。由于霍布斯将一切生命体都视为某种机器，整个自然就是一个最庞大的机器，而社会这一个庞大的机器又因之而享有生命的特征。在生命体，或者说人，与非人之间存在一条紧密的纽带：运动。生命的运动与机械结构的运动之间具有某种同一性。霍布斯的社会机械论是其自然机械论的合理延伸。人造生命体（利维坦）之所以可以被视为某种类型的生命，原因在于它是人的作品——人通过自然，成功地反抗自然的杰作。社会机械论是发源于人的自然机械论，而所谓的自然机械论又是发源于非人的自然机械论。人的活动可以表现为对自然的征服或对自然的挑战；但实际上发生的是自然的一部分通过自然必然性反抗自然的其他部分。②

只有当一个社会成为一个人造的人，也就是说，只有当一个社会具有它统一的人格的时候，霍布斯所谋划的社会整合才能真正地实现。当所有人通过约定同意让一个人或一个由多人组成的大会来承担他们每个人的人格，而在那些有关公共和平或安全方面的事务上，承担他们人格

① 关于对霍布斯的国家图像"一个巨人，一个庞大的利维坦（巨兽）以及人之技艺和智慧锻造而成的巨型机器"的问题的讨论，参见〔德〕卡尔·施米特《霍布斯国家学说中的利维坦》，应星、朱雁冰译，华东师范大学出版社，2008。因与本文论旨无关，不予详述。
② 参见〔美〕施特劳斯《论霍布斯政治哲学的基础》，载〔美〕施特劳斯《什么是政治哲学》，李世祥等译，华夏出版社，2011，第167页。

的这个人无论做了什么，或导致他人对它做了什么，每个人都承认这些行动是自己做出的，这个代表人格就容纳和吸收了所有的人格，它的意志就成了唯一的意志：统一。

霍布斯的利维坦是人出于激情的动因而做出的一个创造：激情将人类引入自然状态之中，在自然状态的普遍的战争中，激情再一次指引理性找到告别自然状态的途径，那就是走向和平；理性为人类打通了通向和平的道路，但是理性本身又是薄弱无力的，和平的道路仍然需要激情的维护。利维坦之所以必须成为一个怪兽，一个手执利剑的巨人，原因正在于此。①

霍布斯的自然法学说是处于自然状态中的原子式的人与社会状态所塑造的巨型人造机器（或者人造人）之间的桥梁。从个人的权利到国家的主权的一跃是通过自然法则的教诲来实现的。霍布斯的自然法则是开启人类社会的曙光，它宣布了社会所因之建立的政治契约的原则。我们对霍布斯自然法原则的恰当审视意味着我们必须将整个过程纳入视野之中：无论是原子化的个人还是庞大的集体人格的代表，它们并非直接衍生于自然法则的超越性之下。自然法的传统努力为道德或政治活动寻求一个自然的基础，而霍布斯的论述则意味着，自然法则乃是以某种政治方式建立起来的。一旦政治诞生于非政治，那么按照政治方式所诞生的自然法必然也诞生于某种"非法"，在霍布斯这里它意味着自然的权利和自然的战争。

利维坦的目的是保证人民的安全，为了消灭人身上的激情，至少是压制它。而人身上的原始的激情乃是一切权利的起源，这也就意味着，从自然的观点来看，人的激情才是全部正义的基础。这是霍布斯的利维坦不得不面对的一个道德困境，因此，在现代国家的内在原则中，已经暗含着个人与国家这一对力量彼此冲撞的可能。霍布斯的现代国家，其全部正当性完全奠基于一些抽象的原则之上，它不再像古典政治哲学那

---

① 罗尔斯在《政治哲学史讲稿》中用"囚徒困境"的图式来解读霍布斯的契约理论，在他看来，自然状态是一个类似于囚徒困境的不稳定状态，而囚徒困境的一种解决途径就在于塑造一个促使囚徒双方不得不服从的权威，从而使得这一不稳定状态转化为稳定状态，并导向最优的结果。这一解释有助于我们理解主权者的至高权威。参见 John Rawls, *Lectures on the History of Political Philosophy*, edited by Samuel Freeman（The Belknap Press of Harvard University Press，2007），pp. 74 – 88.

样向自然和历史寻求其正当性的来源，因为自然状态学说已经彻底斩断了这一可能。

霍布斯的政治哲学存在不可避免的含混与矛盾：在自然与制作之间，在理性与激情之间，在战争与和平之间，在自然法则与自然权利之间，在国家主权与个人权利之间所面临的一切张力，打开了通向现代自由主义国家的大门。霍布斯之后的政治哲学家全都接过霍布斯所奠定的核心原则，这一原则集中表现为对传统自然概念的颠覆以及对人的自然社会性的否定。他们的努力可以恰当地被理解为为了消除蕴含在利维坦这一概念本身中的紧张。最终，在霍布斯率先将国家的根基奠定于自然权利而不是奠定于自然法之后，自然法的理论就发生了彻底的改观，自然权利取得了决定性的优先地位，人的生命而不是人的幸福成了现代国家的首要关切点。霍布斯以他无与伦比的逻辑明确宣布的这一根本原则经过他之后的政治哲学家的不断完善，成为现代自由主义的根本原则。

七　霍布斯的自然法与现代国家

丸山真男曾说道："一般来说，自然法一旦同实定的秩序联系了起来，它就要处在非此即彼（entweder-oder）的位置上。也就是说，它要么是通过对自然法纯粹理念性的固守，使之成为变革实定秩序的原理；要么完全使自己同事实上的社会关系合而为一，使之成为保证其永久性的意识形态，二者必居其一。"[1] 在实定秩序面前，自然法之所以具有这样的一种变革力量，在于它试图回答这样一个问题，即是理念先于个体、个体体现了理念；还是个体作为现实存在，理念从个体那里得到了实在性呢?[2] 霍布斯的自然法学说与古典政治哲学中的自然法学说的根本差别就在于对这一问题的不同回答。

在古典政治哲学中，自然法首先是一种超越性的理念，它是永恒的，

---

[1] 〔日〕丸山真男：《日本政治思想史研究》，王中江译，生活·读书·新知三联书店，2000，第164页。

[2] 这一争论是中世纪实在论与唯名论之争在政治—道德领域的延续，霍布斯的政治哲学从这个层面推进了唯名论的思想后果。

而且是独立于人而存在的，人的正义就在于对自然正义的效仿；然而对于霍布斯而言，正义的理念无法脱离人而独立存在，正是人的实在性才赋予了正义理念以实在性。在某种意义上，传统视野中"卑微的"个人因此获得了其真正自主的地位，自然法与个体的生命从此交织在一起，在个体面前，自然必须为自己的存在辩护。这恰恰是在霍布斯之后发生的启蒙运动所表达的内在原则。

霍布斯自然法的努力，在于将人这一政治社会的质料分解为孤立的个体，又从个体的原始激情和经验理性出发推导出国家的价值和目标；这一与古典政治哲学截然不同的理论重构，为现代国家的建立奠定了根本的人性论基础。霍布斯的个体的人，由于是权利的而非义务的，[①] 因此得以从所有前在的德性伦理中解放出来，霍布斯的自然状态概念，重新拓展了现代个体的道德空间，对政治德性的关切逐渐占据现代政治伦理理论的核心，而善好本身，则退出私人的道德视野，不再具有某种政治伦理意义上的强制性。这一新的道德空间，奠定了现代国家制度规范的道德基础，从而为社会伦理问题的政治（制度）解决提供了根本性的条件。在霍布斯之后，政治德性构成了德性概念的基本内涵（甚至是全部内涵），传统哲学对个体的内在道德要求转变为现代国家对个体的外在德性规范，而这一外在化的德性规范则构成了现代文明的基本内涵。

霍布斯的政治理论从根本上来说，其与古典政治哲学的割裂并不在于他所使用的方法，而在于他的伦理视角，也就是施特劳斯所强调的道德态度。施特劳斯在《霍布斯的政治哲学：基础与起源》出版之后修正了他的看法，他认为现代政治哲学的创始人不是霍布斯，这一"殊荣"应该归于马基雅维利[②]——正是马基雅维利第一个将这种道德态度赋予了现代国家，或者说现代公民。然而，人性恶作为一种古典的伦理视角成为国家政治的全面规定，虽然始于马基雅维利，但是马基雅维利并未实现这一

① 霍布斯的权利个体同样也是道德个体，只不过道德的意涵得到了全新的阐述。对于一个现代社会的公民而言，他的德性就体现在他对自我权利的准确认知和把握；换言之，对于一个现代社会的公民来说，他的德性乃是一种公共德性，一种与陌生人的交往德性。

② 〔美〕列奥·施特劳斯：《霍布斯的政治哲学：基础与起源》，"美洲版前言"，第9页。

道德见解与政治重构的有机结合，也未能从科学上阐明这一观点。[①] 可以从一种比喻意义上说，马基雅维利是现代政治理论的哥伦布，他发现了一个全新的大陆，然而对这个大陆进行系统考察并建立起一个崭新国度的，却是霍布斯。性恶论在马基雅维利那里仍然是一个让人厌恶的政治视角，但是到了霍布斯这里，它已经变成一种根本性的人性规定，具有科学的必然性。换言之，我们可以在同意施特劳斯的基础上补充一点，新的道德如果没有与新的科学方法的结合，它将不能进一步拓展自身的可能性，从而发挥出其巨大的威力，对政治秩序构成一种根本性的颠覆，并进而完成现代人的道德世界和生活世界的整体变革。从这个角度来说，霍布斯的自然法学说具有无可比拟的理论意义。

包括霍布斯在内的全部现代哲学家，他们思考的最大特征在于，都是通过确立人的主体性来构建其哲学学说。[②] 这一根本的人的主体性原则的最彻底表达就是笛卡儿的"我思原则"——"我思故我在"。"我"成了最为基础性的事实，因此，对于整个世界的理解应该从"我"出发，同样，整个世界秩序也应该在"我"这里找到最坚实的基础。霍布斯的政治哲学是主体构筑自身世界的一个有力尝试。站在主体性的立场，任何高于人本身的绝对理念势必都只是源于某种幻觉，对人而言最高的理念只能是源于人本身的理念。霍布斯的自然法学说之所以是自然权利优先的学说，其根本性的落脚点正在于此。

---

① "如果把政治哲学理解为对政治或'人事'之自然（Nature）的探问，那么综观其著述，除了《君主论》勉强够得上名正言顺之外，其他著作则难划入所谓的'政治哲学'论域，……即使是《君主论》也很难称得上是纯粹的'政治哲学'著作，与后世纯粹的'政治哲学'著作（如霍布斯的《利维坦》、洛克的《政府论》及卢梭的《社会契约论》）相比，《君主论》看上去更像是一部'史论'。"吴增定：《有朽者的不朽：现代政治哲学的历史意识》，载渠敬东编《现代政治与自然》（思想与社会 第三辑），上海人民出版社，2003，第243页。

② 关于"现代"与"主体性"的问题，参见〔德〕于尔根·哈贝马斯《现代性的哲学话语》，曹卫东译，译林出版社，2011。虽然哈贝马斯并未论及霍布斯的"主体原则"，但是他对霍布斯的后继者黑格尔（黑格尔的政治哲学以霍布斯为基础，《精神现象学》中对自我意识的探讨所引入的"主奴关系"从另一个角度重演了霍布斯自然状态的起源，而他在这样做的时候，实际上是承认，霍布斯的政治哲学是对自我意识的最基本形式的第一次探讨）的考察实际上暗示了霍布斯的国家学说的主体化倾向；霍布斯的政治哲学已经显示出实证主义的诉求，而"现代的'实证'现象表明，主体性原则是一种统治原则"。

霍布斯的自然法是对古典自然法传统的决然拒斥，但是他又不得不借用传统的概念来建构他的崭新学说，因此，他或者从哲学传统那里，或者从近代科学那里借用方法与概念。霍布斯著述中的诸多矛盾与含混可以被认为是这种无奈之举的一个必然结果。因此，他必然要用他含糊的制作主义来解释自然，用他对激情的肯定来发现理性，用他和平化的战争来标示战争，用他对自然权利的坚守来宣布自然法则，最终，用一种机械主义方式构造的国家来实现有机的联合。

霍布斯的自然法学说展现了其政治学说的基本矛盾，同时，霍布斯全部权力学说的精髓也在其中得到了全面的表达，正是在这个意义上，如霍布斯本人所说的那样，其自然法学说乃是其政治哲学的基础学说。霍布斯对自然法的论述在他的三部主要政治哲学著作中的一致性也可以因此得到解释。我们认为，要对现代政治哲学做一个有意义的探讨，我们就必须回到霍布斯；① 而要彻底理解霍布斯的政治哲学，就必须建立在彻底理解其自然法学说的基础之上。霍布斯是第一个将政治哲学建立在权力之上的哲学家，他的国家理论不仅仅是现代国家理论（现代政治哲学）的起源，而且也是现实中的国家建构的理论基础和原则来源。② 因此，深入挖掘霍布斯的国家理论，特别是作为其理论基础的自然法学说的内涵，乃是我们理解现代国家，同时也是理解现代世界所必须完成的工作。

The Starting Point of Modern State Theory

—Hobbes' Reconstruction of Natural Law Theory

Zhang   Dawei

Abstract：The basis of Hobbes's political theory was built upon his theory of natural law. The discussion on natural law theory of Hobbes indicates the in-

---

① 霍布斯对国家理论的解救为他赢得了政治哲学之父的称号。参见〔法〕米歇尔·福柯《必须保卫社会》，钱翰译，上海人民出版社，2010，第 88 页。

② 现代国家的权利—法律—权力这一制度构造和霍布斯的自然法学说中的自然权利—自然法则—政治契约这一逻辑构造具有某种内在的亲缘性。

ternal relation between his political theory and the tradition of classical political philosophy which means that by putting the whole foundation of the state on Natural rights rather than Natural laws Hobbes proclaimed the break with the classical tradition. This thorough break also leads to a good many contradictions and ambiguousness of Hobbes's new theory. In order to understand the new political philosophy of Hobbes more deeply thus requires our understanding of those contradictions and ambiguousness first. The basic contradictions of Hobbes's theory lies in his theory of Natural laws and the internal tension of Natural Law theory is the profound propulsion of the establishment of modern states.

Keywords: Hobbes; Natural Law; Natural Rights; Classical Political Philosophy; Leviathan

国家与社会

理性国家与现代社会

——黑格尔的《论英国改革法案》

黄钰洲[*]

内容摘要：七月革命的爆发直接推动了英国改革法案的出台，此革命一方面证实了黑格尔的理性主义国家观，另一方面又使黑格尔忧惧欧洲政治秩序会重归混乱。基于其平等主义和理性主义政治观，黑格尔欢迎改革法案，将之视为英国迈向理性与平等的第一步。但改革法案的政治局限性随即暴露出来，它不但无助于英国社会问题的解决，甚至反而推波助澜。更重要的是，黑格尔在改革法案的政治解决法案中看到的，是他一贯不满的个人主义。这种个人主义会助长政治冷漠，依民主原则选出的英国议会不一定会比传统的英国议会更好。如果说法国代表了抽象原则的一面，英国则代表了固守特权和特殊利益的一面。这种特殊利益聚集的一面使英国社会比法国拥有更多的自由，而相对自由的市民生活使和平而有序的改革在英国有更多的实现机会。在黑格尔看来，依靠市民社会自身无法根除现代的贫困顽疾，因而国家有必要进行干预。为下层民众提供必不可少的生活所需与公平的社会条件也是现代国家的基本职责。

关键词：改革法案；理性法；实证法权；执政者；社会保障

一 引言

我们常将黑格尔视为一个抽象的形而上学家，这种模糊的第一印象

---

* 黄钰洲，德国弗莱堡大学法学博士，中国社会科学院大学法学院讲师。

使我们长期忽视黑格尔以细致和具体的语言写就的不少时评性政论著作。一个非常有意思的现象值得引起我们的注意，黑格尔的公开论著生涯以一篇政论——《关于瓦特邦（贝德福）和伯尔尼城先前国法关系的密信》（以下简称《卡特密信》）开始，以另一篇政论——《论英国改革法案》（以下简称《改革法案》）告终。黑格尔曾说自己"一向对政治有一种偏爱"①，他的哲学思考真正说来都着眼于现实的土壤，着眼于具体历史情境下的人的生存。所以，我们无须惊讶黑格尔会写出这些如此具体的时评性政论。

本文希望通过对黑格尔的最后一篇著作《改革法案》进行细致的文本解读，为探明黑格尔晚年的政治思想奠定基础。首先需要确定《改革法案》一文在黑格尔著作体系中的位置。林喆曾将黑格尔的政治哲学著作大致分为两类，一类是"与逻辑学和自然哲学相联系，并采用同样思辨风格的写作部分"，包括《法哲学原理》《精神现象学》等，另一类"与现存世界相联系的，思辨色彩较淡"，包括《德意志宪制》等政治著作。② 可以对这一分类作进一步的补充和完善，前一类著作还包括《论自然法的科学探讨方式》、《伦理体系》、《1803/04 精神哲学》以及《1805/06 精神哲学》。这些著作都是黑格尔尝试在政治哲学领域进行系统性构建的成果，也就是说这些著作是"哲学性"的。而本文所探讨的对象《改革法案》无疑属于后一种，这些著作都是黑格尔尝试将自己的政治观念付诸现实政治问题的结果——这就意味着它们是"政治性"的。

目前在国内尚未有对《改革法案》一文的系统性的研究，薛华先生在其所翻译的《黑格尔政治著作选》译者序中有所涉及，他称赞黑格尔在文章中表现出来的"进步性"，指出黑格尔"赞扬德国和普鲁士也并没有抛弃他国家学说的原则，即：以理性为准则，反对'实定法权'；君主立宪制，君权不是君主个人私权，君权、民众代表权和政府行政权的有

---

① *Briefe von und an Hegel*, Band I: 1785 – 1812, hrsg. v. Johannes Hoffmeister (Hamburg: Felix Meiner, 1952), S. 186. 在给克内贝尔的信中，黑格尔似乎对自己在班堡的报纸编辑工作表达了些许的不满，他提到"您（指克内贝尔）知道，我一向对政治有一种偏爱。但是这一偏爱在报刊写作中毋宁说被削弱了，而不是如同原先所设想的从中汲取到营养"。
② 林喆：《权利的法哲学：黑格尔法权哲学研究》，山东人民出版社，1999，第 23～24 页。

机区分"①。陈家琪先生曾就《改革法案》撰写过一篇论文，指出《改革法案》是提醒英国立法者"以正义感为行动的指南"②。

国外学者对《改革法案》进行专门解读的也并不多，关于黑格尔政治哲学和法哲学的解读通常将关注点放在《法哲学原理》《精神现象学》等系统性著作上，特别是从黑格尔1820年《法哲学原埋》发表后到1831年去世前黑格尔政治思想的变动更少有人述及。目前所搜集到的德语和英语著作中，只有罗森茨威克（Rosenzweig）的《黑格尔与国家》（*Hegel und der Staat*）③和阿维内里（Avineri）的《黑格尔的现代国家理论》（*Hegel's Theory of the Modern State*）④这两本书将《改革法案》放在了黑格尔整体思想发展史上进行了考察。对《改革法案》另一引人注意的研究就是《黑格尔研究》（*Hegel-Studien*）附刊35卷以《政治与历史：论黑格尔〈改革法案〉文本的诸意图》（*Politik und Geschichte：Zu den Intentionen von G. W. F Hegels Refrombill-Schrift*）为名所做的专题研究，⑤这一专题研究由克里斯托弗·雅默（Christoph Jamme）和伊丽莎白·魏瑟－罗曼（Elisabeth Weisser-Lohmann）编辑，其中汇聚了多位学者围绕着改革法案和黑格尔《改革法案》文本的论文。此研究分为"议会制与改革"（Parlamentarismus und Reform）与"黑格尔与改革法案"（Hegel und Reformbill）两部分，前者侧重于收录研究黑格尔写作《改革法案》时的英国、德国以及黑格尔个人所处的政治和历史背景的论文，后者则侧重于收录阐释黑格尔《改革法案》的理论意图、文本内涵的论文。此外，还有少量关于此文的论文和散见在一些内容相关的专著上的零散评论，这些论文和评论大多将关注点放在《改革法案》文本的某一方面，对于文本的理解也有所助益。下面将对此书收录的主要观点进行简要概述。

阿维内里（Shlomo Avineri）指出，因为黑格尔在文章中对改革法案

---

① 〔德〕黑格尔：《黑格尔政治著作选》，薛华译，中国法制出版社，2008，译者序，第36页。

② 陈家琪：《如何使正义感成为立法活动的指南——黑格尔〈论英国改革法案〉（1831）》，《社会科学论坛》2005年第12期。

③ F. Rosenweig, *Hegel und der Staat*（Berlin/München：R. Oldenbourg, 1920）.

④ S. Avineri, *Hegel's Theory of the Modern State*（Cambridge：Cambridge University Press, 1972）.

⑤ *Politik und Geschichte：Zu den Intentionen von G. W. F Hegels Refrombill-Schrift*, hrsg. v. Christoph Jamme und Elisabeth Weisser-Lohmann（Bonn：Bouvier Verlag, 1995）.

提出了疑问——而在当时改革法案被看作是欧洲民主化进程的一座里程碑，"因此这篇文章长期被看作是黑格尔最为保守——如果说不是完全反动——的著作"①。因此，对这篇文章给予消极评价的大有人在，罗森克朗茨（Karl Rosenkranz）认为黑格尔在文章中那些略带"辱骂性"的语言应当归咎于导致黑格尔死亡的霍乱开始发作，②"人们可以在文章中察觉到疾病所带来的坏脾气，尽管文章非常的详尽，措辞上的转变也很有趣，但是这篇文章的目的还是服务于反对在政治方面对英国的盲目推崇和对德国的盲目轻视"③。古特曼（Guttmann）对《改革法案》的评价非常负面，称"由于黑格尔的傲慢自大而对在此期间还在接受与否决之间摇摆不定的改革法案缺乏理解，这是一篇难以令人满意的论著"，并且黑格尔的这种傲慢自大是德国式的，"试图为德国式的威权主义国家模式赢取更高的理性"。④

佩特里（Petry）注意到了黑格尔在《改革法案》文章论证上的一个奇怪的转向，如果说在文章的开始部分黑格尔致力于肯定改革法案，而在后半部分却呈现出与"前半部分不一致的程度"："代替继续对他所建立于上的前提进行构建和讨论从法案中可以期许的利益，他开始清楚地谴责法案为颠覆性的和潜在的革命性的。"佩特里指出，与欧洲大陆其他国家在七月革命后所面临的紧张局势不同，普鲁士因为19世纪前期的行政改革所带来的高效政府管理避免了大规模的混乱，普鲁士凭借已经建立起来的各项制度，取得了实实在在的利益，既然如此，黑格尔认为其所需要做的就是对"已取得的成就进行有效的宣传"："黑格尔自来到柏林以后明显一直都在阅读《普鲁士国家总汇报》，并且通过在大学的交往，与艾希霍恩和萨维尼分享了共同的背景，有理由假定黑格尔也决定应当做一些事情来挽救报业的失败"，因此《改革法案》一文"很可能是

---

① S. Avineri, *Hegel's Theory of the Modern State* (Cambridge: Cambridge University Press, 1972), p. 208.

② 罗森茨威克同样指出了这一点，"当改革法案被提交之时，根据可靠的证词，黑格尔正饱受痛苦的疾病之苦，我们的报告人认为，他为了发泄，为国家报写就了这篇文章"，F. Rosenweig, *Hegel und der Staat*. Band 2 (Berlin/München: R. Oldenbourg, 1920), S. 229.

③ Pelczynski, G. W. F. Hegel, *Hegel's Political Writings* (Oxford: Oxford University Press, 1964), p. 24.

④ Guttmann, *England im Zeitalter der bürgerlichen Reform* (Stuttgart, 1949), S. 282.

克服被他看作是国家报纸在宣传国家政策上可悲失败的一次尝试"。因此黑格尔的《改革法案》是难以令人满意的,"因为黑格尔把他的方法建立在他主观上认为立场无偏的《纪事晨报》新闻上,在对他的论证是非常重要的事情上,他让自己被功利主义宣传误导了……这大大降低了黑格尔作品的内在价值"。①

赫内(Horst Höhne)从黑格尔思想与英国的关系出发,考察了黑格尔对英国"非同寻常的兴趣"②。具体到对《改革法案》的分析中,霍内认为,黑格尔在文章中包含了一组正反合题,即"正题的法国与作为反题的英国相对立,两者统一在作为合题的德国中。因此在所有的批判中英国都给予了世界精神以一种巨大的意义",其中法国代表了抽象原则的一面,而英国则代表了固执于特殊事物的一面。通过对维多利亚时期英国状况的深入研习,黑格尔认为英国的国家与社会机体处于最严重的紊乱之中,因此英国需要一次在法权领域的全面的、基础性的改革——而这些是改革法案无能为力的,选举权改革只会带来社会进一步的原子化。但是赫内强调,黑格尔这些评论在很大程度上是错误的:"但黑格尔忘了,选举权扩大只是涉及中产阶级;他忘记了英国式自由自 17 世纪以来所取得的巨大成就;他忘记了,人们不能把 1789 年经济和政治破产的法国与 1831 年欣欣向荣的英国相提并论。连这也是一个客观上的错误,即他把英国王位无足轻重的权力看作是英国国家思想中的一个巨大弱点,在这个问题上他忘了,恰恰是英国国王通过解散摇摆不定的议会,带头

---

① 艾希霍恩曾给萨维尼写过一封信,里面他抱怨"(普鲁士)政府从来没想过更有效地武装起自己。《国家总汇报》太蠢了,它们说教性的言辞全然没有任何的激情",参见 M. J. Petry, "Propaganda and Analysis: the background to Hegel's article on the English Reform Bill", ed., Z. A. Pelczynski, *The State & Civil Society: Studies in Hegel's Political Philosophy* (Cambridge: Cambridge University Press, 1984), p. 144.

② 根据赫内的考察,英国精神从作为文科中学生的黑格尔那里就开始发挥影响——1778 年黑格尔在文科中学最热爱的老师洛夫勒送给了他一本维兰德翻译的莎士比亚著作《温莎的风流娘儿们》,在伯尔尼时期,黑格尔追随吉本和休谟的历史著作关于基督教取得胜利的原因的解释,在与英国有众多经济和贸易联系的法兰克福,黑格尔进一步研究了英国的各种状况,并从斯密和斯图亚特的政治经济学中看到了当时在欧洲大陆还处于萌芽形态的未来图景,在耶拿黑格尔在政治哲学的角度上深刻地探讨了个人主义的经济形态与伦理之间的关系。Horst Höhne, "Hegel und England", *Kant-Studien* (Berlin: De Gruyter, 1936), SS. 301 – 326.

推动了改革法案的实施。"① 赫内强调，黑格尔的民族自豪感阻碍他对英国状况做出真正客观的评价，同时黑格尔的思维过程也是轻率的，改革法案是一段伟大的改革历程的开端，而黑格尔却对其给予了否定的评价，"这是一个标志，黑格尔巨大的思想建构束缚了历史的现实性。从黑格尔关于英国政治的评价自始至终都是一贯的，但这种固执最终必然导致一种听天由命式的厌倦并且必然伴随对历史现实之物的理性的怀疑"②。

拜尔（Wilhelm Raimund Beyer）在探讨 1830 年七月革命在黑格尔思想中的位置时，描述了黑格尔晚期的政治和历史观点。拜尔认为由于黑格尔将七月革命的发生归咎于政治权威的丧失，在法国大革命过去几十年后，蔓延至整个欧洲的"无政府主义"与"自由主义"却仍在不断地发挥作用，欧洲政治秩序依然摇摇欲坠。拜尔将七月革命看作是黑格尔写作《改革法案》的直接推动力，他在其中看到了一种"完全革命性"的特点——黑格尔开始以一种与青年黑格尔派和后来的社会学相似的用法来使用"阶级"（klasse）而不是等级（stande）概念，黑格尔开始"通过哲学抽象反应社会关系的客观变化"，这乃是一种"从等级意识到阶级意识生成之路"。拜尔在很大程度上将黑格尔马克思化了，他认为黑格尔有意识地将英国内部关于改革法案所产生的内部斗争视作阶级斗争，"英国改革努力的敌对方以及将由改革法案来加以限制的权贵团体（贵族的大利益）会被看作是阶级敌人（Klassen-Gegner）"。因为"阶级状况根植于财产状况之中"，所以拜尔在分析《改革法案》时将关注的重心放在了倾向于保留现存财产秩序、维护现存财产关系的"统治阶级"与受到压制的受剥削者的"平等诉求"之上，在他看来，黑格尔的主要意图在于"反对财产独占以及对这种财产的干涉，反对既是立法者又是法官，反对特定利益在议会的垄断代表，反对议会议席的买卖以及反对反动势力对立法、法院与国家事务的影响"。③

在佩尔岑斯基（Z. A. Pelczynski）为诺克斯（T. M. Knox）所译的《黑格尔政治著作选》（*Hegel's Political Writings*）撰写的长篇导言中，他从黑格

---

① Horse Höhner: "Hegel and England", *Kant-Ecudien* (Bexlin: De Gruyter, 1936), SS. 301 – 326.

② Horse Höhner: "Hegel and England", *Kant-Ecudien* (Bexlin: De Gruyter, 1936), SS. 301 – 326.

③ W. R. Beyer, "Der Stellenwert der französischen Juli-Revolution von 1830 im Denken Hegels", *Deutsche Zeitschrift für Philosophie*, Jan 1, 1971, SS. 628 – 643.

尔作为政论作家的角度，以及从理性与传统、改革与革命、民族国家与市民社会、人民与国家等角度对包括《改革法案》在内的几篇黑格尔政治著作进行了分析。在论及《改革法案》的基本写作背景时，佩尔岑斯基认为《改革法案》中"那种强烈的反英情绪以及高人一等的优越调子损害了这篇著作……他无节制地蔑视英国而抬高大陆，特别是德国的成就"。佩尔岑斯基同样也指出了黑格尔在写作《改革法案》时所保持的政治观，他认为黑格尔的政治著作都在致力于宣传法国大革命所确立起来的新原则并且反对这种新原则的对手——"那些反动的传统主义者，或者说'实证态度'"，"黑格尔政治信念的基本要义就在于，将理性法信奉为法律、制度以及宪制的唯一合法且站得住脚的基础"。佩尔岑斯基把黑格尔的政治理性主义解读为："确信任何东西都不应当被付诸机运；法律或者制度的善好即使带有传统的光晕也不应当被视为理所当然；对这些法律和制度的改革必须采取明确且深思熟虑的变革；改革的指导原则应当是个人或者阶级之间的正义或者平等，必须以公共利益压倒既得利益或公共团体的时效权利。"①

罗森茨威克（Franz Rosenzweig）在其《黑格尔与国家》一书中认为，黑格尔一向对英国充满了鲜活的兴趣。② 作为符腾堡人的黑格尔认为自己故乡的等级议会与英国议会构成了一对对应物，如同早年对符腾堡等级议会的尖锐批评，黑格尔也对英国议会没有丝毫的钦慕，黑格尔说两者都是由于其"弊端"而得以保存。黑格尔致力于研究社会问题的起源，但是他一直对英国处理社会问题的做法一直持怀疑态度，此外，"尽管文章直接与改革法案相关，但是与其说它是围绕着英国还不如说是法国以及特别是普鲁士的自由主义政治问题。"黑格尔在《改革法案》中并不是像1798年《卡特密信》那样批判在英国议会内"国家民族并未得到代表"③，而是指责其内部严重的贿选与金钱利益。

阿维内里（S. Avineri）在其《黑格尔的现代国家理论》一书中以"再说社会问题"（the social problem again）为题对《改革法案》进行了专

---

① Z. A. Pelcynski, "An Introductory Essay", G. W. F. Hegel, *Hegel's Political Writings*, trans. by T. M. Knox（Oxford：Oxford University Press，1964），pp. 6，136.

② F. Rosenweig, *Hegel und der Staat*. Band 2（Berlin/München：R. Oldenbourg，1920），SS. 225 - 235.

③ 〔德〕黑格尔：《黑格尔政治著作选》，薛华译，中国法制出版社，2008，第3页。

章详细解读，阿维内里的解读对本文的写作也助益良多。阿维内里首先指出，黑格尔的《改革法案》远非是对英国现状与未经改革的下议院的捍卫，"如果仔细全面地阅读这篇文章，它似乎是最有思想的社会批判文章，它显示了黑格尔试图超越议会改革支持者们的纯粹政治方面的陈词滥调，并试图确认 19 世纪英国社会的根本不安（malaise），议会改革倡议者与支持者在习惯上经常忽视掉这种不安"。在黑格尔看来，单纯的选举权改革本身不能治疗英国社会的社会问题。《改革法案》堪称欧洲大陆对英国社会环境的一次严厉控诉——黑格尔不仅批评了早期工业革命时代英国的现实环境，而且还批评了自由主义者试图通过纯粹的议会选举改革来克服这些现实环境的痴梦。黑格尔认为，除非英国经历一场社会和政治改革，否则英国环境将不会有所改变。和佩尔岑斯基一样，阿维内里也指出了《改革法案》中黑格尔对社会问题的关注："黑格尔的政治论述都要求重构与纠正过时的社会体系——这种体系利用政治权力进行社会压迫。而同时，黑格尔对现代国家性质的理解稍有改变。"[①] 正如佩尔岑斯基所指出的，黑格尔一开始的政治理论所设想的国家几乎仅关心护卫、防御；而后来，黑格尔转向一种更全面的观点。根据这种观点，为了保持公民的团结，国家不得不有意识地处理社会问题，首要的是关心贫苦阶级。社会已经改变，而且"一种有活力的资产阶级社会（从事财富的生产、分配与交换）"提出的挑战远比早些时期提出的挑战更为复杂"。阿维内里指出，黑格尔是最先认识到现代社会含义的思想家，黑格尔的思想为我们提供了凭借哲学改造现实的范例。

下面论述《政治与历史：论黑格尔〈改革法案〉文本的诸意图》中所收录论文的情况。在瓦斯泽克（Norbert Waszek）所写的名为《通向〈改革法案〉之路》一文中，他划分了七个值得注意的黑格尔与英国的重要主题，分别是：（1）从 1798 年《卡特密信》到 1831 年《改革法案》黑格尔对英国政治生活的兴趣与反应；（2）黑格尔对英国社会状况的研究及其与这种状况联系在一起的苏格兰经济学家、社会理论作家（弗格森、休谟、斯图亚特和斯密）的研究；（3）黑格尔对英格兰和苏格兰文

---

① S. Avineri, *Hegel's Theory of the Modern State*（Cambridge：Cambridge University Press，1972），pp. 208–220.

学、美学理论的继受；（4）哲学史讲演录中对英国哲学的表现；（5）黑格尔对吉本、休谟等英国历史学家作品的阅读以及其对英国在世界历史角色的评价；（6）黑格尔对英国法律状况和法学理论的解释；（7）黑格尔对英国自然科学和医学的研究。当然他的主要关注点还是对前两个主题的研究。他指出，传统上对于黑格尔英国状况研究的时间定位太为保守，应该直接追溯到伯尔尼时期，聘请黑格尔担任家庭教师的施泰格（Karl Friedrich Steiger）家中丰厚的英国藏书为黑格尔打开了英国的知识之窗，"可以得出这一结论，特鲁格图书馆以及其他尚需解释的瑞士的情况构成了黑格尔研究英国作家和英国状况的动机，或者更直接地说，瑞士构筑了黑格尔通向英国的桥梁"。①

佛尔拉特（Ernst Vollrath）关注了黑格尔的英国（Hegels Wahrnehmung Englands）问题，② 他试图说明黑格尔与英国人之间就什么是政治的观点有着相当大的不一致，而这种不一致决定了黑格尔对英国政治制度与英国状况的感知，因此问题的关键就不在于黑格尔是否为一个亲英派，尽管黑格尔在非常熟悉如两院制在内的英国政治制度，但这并没有穷尽黑格尔对英国的认识。佛尔拉特认为应当就黑格尔对英国政治制度与英国状况的感知进行阐释。

在卢卡斯（Hans-Christian Lucas）的《"更深沉的劳作"：在革命与改革之间的黑格尔》一文中，卢卡斯指出，黑格尔将后革命的制度建设称之为"更深沉的劳作"（die "tiefere Arbeit"），也就是渐进式的改革，黑格尔批判了那种希望不经"更深沉的劳作"③ 即直接享用新时代革命成

---

① N. Waszek, "Auf dem Wege zur Reformbill-Schrift", *Politik und Geschichte*: *Zu den Intentionen von G. W. F. Hegels Reformbill-Schrift*, hrsg. v. Christoph Jamme und Elisabath Weisser-Lohmann (Bonn: Bouvier Verlag, 1995), SS. 177 – 190.

② E. Vollrath, "Hegels Wahrnehmung Englands", *Politik und Geschichte*: *Zu den Intentionen von G. W. F. Hegels Reformbill-Schrift*, hrsg. v. Christoph Jamme und Elisabath Weisser-Lohmann (Bonn: Bouvier Verlag, 1995), SS. 193 – 206.

③ "这种热忱表现在科学领域内，正如它表现在政治领域内的情形那样。当这种热忱以狂欢的情绪迎接那种精神的新生的朝霞，不经过深沉的劳作，立刻就想直接走去欣赏理念的美妙，在某一时期内陶醉于这种热忱所激起的种种希望和远景时，则对于这种过分的不羁的狂想，人们尚易于予以谅解。因为基本上它的核心是健全的，至于它散播出来围绕着这核心的浮泛的云雾，不久必会自身消逝的。"参见〔德〕黑格尔《小逻辑》，贺麟译，商务印书馆，1980，第3页。

果的企图。但是卢卡斯接着就指出，"黑格尔追求'更深沉的劳作'，但这绝不意味着黑格尔从一位革命的梦想家发展成一位现实的反动者"。卢卡斯引用《1830/31 年历史哲学讲演录》黑格尔论及法国大革命性质"意志自由的原则因此反对既存的权利"① 的论断，指出黑格尔对法国大革命的理解便依据这一原则，"因为对黑格尔来说自由的要求单独构成了革命的核心，但是法国大革命也是一次解放，它使得人们从那种仅仅因为历史性的出生而正当的特权体系中解放出来"。即使是法国大革命过程中也只被看作"浮泛的云雾"，这些革命中出现的过分行动"并不能促使他放弃为革命的'核心'——也就是基于理性之上的新的自由与权利关系的发展——持久地进行辩护"。②

威廉姆斯（Howard Williams）探讨了《改革法案》中的政治哲学与历史哲学。在他看来，黑格尔在写作《改革法案》时必须面临哲学家与政论家这两重身份的抉择，按照黑格尔在《法哲学原理》中的承诺，哲学家应当尽量谨慎地涉足政治和现实，而一个政论家却可能无法提供政治的洞见。"黑格尔可能以一个哲学家的身份进入到英国的政治问题，同时也可能未能摆脱一个有教养的门外汉的角色。门外汉的角色可能会落入公共舆论的领域，同时哲学家的立场可能对现实政治无益。"在威廉姆斯看来，黑格尔处理政治与哲学的立场给自己造成了特殊的困难，"黑格尔的困难在于他容许过去而不是现在的破坏。政治哲学的任务是描绘现在的理性之物。如果现在有拿破仑式的破坏性力量对现状的稳定性造成危害，那么它可能会被看作完全负面的东西"。③《改革法案》一文可以被看作一次尝试，黑格尔以各种方式暗示政治哲学的洞见也可以加至各种实践问题之上。威廉姆斯也认同佩特里的观点，认为《改革法案》中有一些宣传的成分，他将《改革法案》中黑格尔的观点总结为以下七点：

---

① G. W. F. Hegel, *Vorlesung über die Philosophie der Geschichte* (Frankfurt am Main：Suhrkamp Verlag, 1989)，S. 528.

② Hans-Christian Lucas, "Die 'Tiefere Arbeit'. Hegel zwischen Revolution und Reform", *Politik und Geschichte：Zu den Intentionen von G. W. F. Hegels Reformbill-Schrift*, hrsg. v. Christoph Jamme und Elisabath Weisser-Lohmann (Bonn：Bouvier Verlag, 1995)，SS. 207 – 234.

③ Howard Williams, "Political Philosophy and Philosophy of History in Hegel's Essay on the English Reform Bill", *Politik und Geschichte：Zu den Intentionen von G. W. F. Hegels Reformbill-Schrift*, hrsg. v. Christoph Jamme und Elisabath Weisser-Lohmann (Bonn：Bouvier Verlag, 1995)，SS. 235 – 248.

（1）扩大选举权并不是解决政治问题的当然之道。

（2）代议制在其付诸实施之前必须加以仔细考虑。基于地理选区以及数字平等的代表制并不必然就是最佳的。

（3）独立于代表的具有主权地位的力量必须存在，以使得代议制能够运行。

（4）代表拥有主权力量的地方可能会产生市民社会一部分人压倒其他部分的情况。

（5）如同行政权应当独立于市民社会，市民社会应当构成独立于政府的领域。

（6）国家在处理社会问题时应当扮演积极的角色。

（7）公民义务应当被认真对待。[①]

马杜（Norbert Madü）在其《英国改革法案与公共舆论在黑格尔法哲学中的意义》一文中把探讨的重心放在了英国改革法案与黑格尔法哲学之中公共舆论的意义上。马杜认为，《改革法案》可以被看作黑格尔法哲学的一个根本成果，《法哲学原理》和《改革法案》对于理解黑格尔的公共舆论学说都是至关重要的。公共舆论理论是英美政治思想的基础，这也构成了隐藏在改革法案背后诸多争端的背景，而黑格尔所处时代的德国并没有这种政治文化氛围。在《法哲学原理》中黑格尔认为公共舆论是一个积极与消极相混合的集合体，[②] 在他看来"谁在这里和那里听到了公共舆论而不懂得去貌视它，这种人绝做不出伟大的事业来"[③]，而在对英国改革法案的批评中黑格尔在某种意义上克制了自己对公共舆论的负面看法，马杜认为黑格尔此举的原因在于《改革法案》一文并不是基于

① Howard Williams, "Political Philosophy and Philosophy of History in Hegel's Essay on the English Reform Bill", *Politik und Geschichte*: *Zu den Intentionen von G. W. F. Hegels Reformbill-Schrift*, hrsg. v. Christoph Jamme und Elisabath Weisser-Lohmann（Bonn: Bouvier Verlag, 1995）, SS. 235 – 248.

② 在《法哲学》中黑格尔一方面认为公共舆论以健全人类知性的方式"包含着永恒的实体性的正义原则，以及整个国家制度"、立法和国家普遍情况的真实内容和结果，同时又认为在公共舆论中"一切偶然性的意见，它的无知和曲解，以及错误的认识和判断也都出现了"，公共舆论乃是"真理和无穷错误直接混杂"，参见〔德〕黑格尔《法哲学原理》，范扬、张企泰译，商务印书馆，1982，第332～333页，译文有改动。

③ 〔德〕黑格尔：《法哲学原理》，范扬、张企泰译，商务印书馆，1982，第334页。

哲学原则而是基于政论的写作原则写就的①。

施卡尔魏特（Stephan Skalweit）把黑格尔文本中与达尔曼（Dahlmann）《政治学》中的改革法案作了比较。黑格尔的文章篇幅相对短小，由于是一篇报刊文章，属应时之作，而达尔曼的著作却是一篇内容翔实出于教义学的目的的体系化之作。② 由于其偏重达尔曼学说的介绍，在此不再赘述。魏瑟－罗曼（Elisabeth Weisser-Lohmann）讨论了改革法案与普鲁士国家之间的关系，分析了七月革命对经过了行政改革之后的普鲁士国家的影响。③

这些针对改革法案所进行的研究都不约而同地指出了《改革法案》一文的政治性，即这是黑格尔因应具体政治事件而发表的一个作品，但同时又都指出了理解《改革法案》一文的困难，如果未能对黑格尔写作文章时所处的政治历史情境、黑格尔本人的政治和法哲学思想深入了解，则《改革法案》一文就如同佩尔岑斯基所言，是"仍旧如同某种谜一样的东西"④。

二　历史背景

1827 年秋天，黑格尔踏上了去往巴黎的旅途，来到"世界文明之都"参观了青年时代为之无比向往的众多历史事件发生地。但就在此时，他目睹了查理十世统治下的复辟法国的紧张局势，这使"黑格尔从巴黎寄回的家信已失去了往日旅行家信中那兴奋、愉悦的口气"⑤。他或许已经

---

① Norbert Madü, "Das Englische Reformgesetz und die Bedeutung der öffentlichen Meinung in Hegels Rechtsphilosophie", *Politik und Geschichte*: *Zu den Intentionen von G. W. F. Hegels Reform-bill-Schrift*, hrsg. v. Christoph Jamme und Elisabath Weisser-Lohmann（Bonn: Bouvier Verlag, 1995）, SS. 249 – 260.

② S. Skalweit, "Die Reformbill in Hegels Schrift und in Dahlmanns 'Politik'", *Politik und Geschichte*: *Zu den Intentionen von G. W. F. Hegels Reformbill-Schrift*, hrsg. v. Christoph Jamme und Elisabath Weisser-Lohmann（Bonn: Bouvier Verlag, 1995）, SS. 261 – 280.

③ E. Weisser-Lohmann, "Englische Reformbill und Preußische Städteordnung", *Politik und Geschichte*: *Zu den Intentionen von G. W. F. Hegels Reformbill-Schrift*, hrsg. v. Christoph Jamme und Elisabath Weisser-Lohmann（Bonn: Bouvier Verlag, 1995）, SS. 281 – 310.

④ Z. A. Pelcynski, "An Introductory Essay", G. W. F. Hegel, *Hegel's Political Writings*, trans. by T. M. Knox（Oxford: Oxford University Press, 1964）, p. 24.

⑤ 张慎：《黑格尔传》，河北人民出版社，1997，第 213 页。

预见到一场风暴即将来临。

（一）七月革命的法国

在法国复辟的波旁王室在拿破仑战争后"演了十五年的滑稽戏"[1]。从 1825 年，法国与英国同时遭受经济危机的冲击，城市的工厂、银行纷纷倒闭，而农村土豆和各类谷物接连歉收，1829 年法国许多地方爆发了饥民骚动，成群的乞丐要求政府开办慈善场所，反对粮商囤积居奇。1830 年法国局势进一步紧张，全国爆发多处暴动，自由派报刊推波助澜，发布了许多攻击现行制度的小册子。二次复辟后上台的法国国王查理十世迫于压力宣布重开议会。1830 年 3 月 2 日议会重开，议员群情激昂地抨击波利尼亚克内阁，3 月 18 日议会向国王呈递了一份由 221 名议员签名的"致词"，在这份史称"221 人致辞"的历史性文献里议员们要求政府必须与议会大多数议员立场保持一致，"不仅明白无误地表达了要求推翻一个不得人心的政府的意愿，更重要的是，它提出了以代议制取代查理十世及其追随者力求复辟的旧制度"[2]。5 月 16 日查理十世宣布众议院解散，但是在 6 月底 7 月初的选举中坐拥阿尔及利亚军事胜利的波利尼亚克内阁遭遇惨败，选举结果出炉之后，查理十世随即签署了 4 道敕令（史称《七月敕令》），宣布取消出版自由、选举结果无效、限制选举权与重新选举。这一敕令随即成了七月革命的导火索。7 月 26 日《国民报》创办者梯也尔以编辑部名义发表书面抗议："政府违反了法制，我们可以不服从……政府现在丧失了合法性，我们反抗它。"[3]

当天巴黎爆发了大规模的群众集会和游行示威活动，次日巴黎爆发起义，起义军在戈德弗鲁瓦·卡芬雅克率领下与国王军队展开巷战。7 月 28 日起义规模进一步升级，8 万多名起义者与马尔蒙元帅率领的国王军队展开激战，王室军队纷纷倒戈逃入卢浮宫和杜伊勒里宫，29 日起义军继续猛攻，中午时分，起义军最终获得胜利，波旁王朝彻底垮台，史称

---

[1] G. W. F. Hegel, *Vorlesung über die Philosophie der Geschichte*（Frankfurt am Main: Suhrkamp Verlag, 1989），S. 525.

[2] 吕一民：《法国通史》，上海社会科学院出版社，2002，第 167~170 页。

[3] 参见丁建定《法国复辟王朝时期政治进步性述论》，《河南大学学报》（社会科学版）1997 年第 5 期，第 80 页。

"光荣的三日"。七月革命之后，奥尔良公爵在法国议会加冕为法国国王，一个新的王朝——七月王朝就此诞生。

（二）改革法案前的英国局势

法国七月革命的影响迅速波及了整个欧洲，1830年夏末和秋天在汉诺威和萨克森爆发了支持宪政改革的民众起义，迫使这些地方不得不做出妥协并进行广泛的改革。不伦瑞克公爵查理二世被赶走，其兄弟受邦等级议会之邀担任国王，比利时布鲁塞尔爆发了革命，波兰华沙发生起义，甚至一向平静的瑞士也陷入了革命暴动之中。而在英吉利海峡另一边，就在法国国王退位之时刚刚上台的辉格党内阁任命了起草议会改革法案委员会，内忧外患的英国政府此时也站在不改革即革命的十字路口，"巴黎发生的革命不可能对英国不产生任何影响"①。

1. 英国的社会转型

19世纪的英国社会处于剧烈的现代转型期，伴随着这种现代转型英国社会在政治、经济、思想观念等诸多领域发生了巨大的变革。18世纪初，英国新兴的棉纺工业面临来自印度的竞争，棉纺工业内部迫切地希望变革生产技术提高生产力，降低生产成本②。1733年英国机械师凯伊（John Kay）发明的飞梭引发了一系列的技术革命，标志着第一次工业革命的开启。1765年纺织工人哈格里夫斯（James Hargreaves）发明了以他女儿名字命名的"珍妮纺织机"，这种纺织机经过不断改进，每次能纺织出一百根纱线，纺织业被彻底革新，从此"棉花、棉花、再棉花，它现在是唯一的商品，是对一切人提供工作的商品……旧式纺车已被扔到废物堆了，现在人们只使用多轴纺机来纺纱"③。在随后的短短几十年间，各种新式的发明创造不断涌现，英国社会的生产力得到了极大提高，

---

① M. J. Petry, "*Propaganda and Analysis: the background to Hegel's article on the English Reform Bill*", ed., Z. A. Pelczynski, *The State & Civil Society: Studies in Hegel's Political Philosophy* (Cambridge: Cambridge University Press, 1984), p. 139.

② "早在1701年，一位英国人在《东印度贸易观感》一文中就写道：'当东印度贸易向我们提高比我们更为便宜的货物，它将迫使我们去发明加工工序和机器，使我们有可能以比较少的劳力和成本进行生产，从而把我们的制成品的价格降下来。'"参见〔德〕鲁道夫·吕贝尔特《工业化史》，戴鸣钟等译，上海译文出版社，1983，第18页。

③ 张万合：《蒸汽机打出的天下——英国工业革命》，长春出版社，1995，第118页。

1770 年到 1840 年，英国工人每个工作日的生产率平均提高了 27 倍。1769年，瓦特（James Watt）为世界带来了一位"魔鬼"——蒸汽机，随着动力问题的解决，近代工业实现了根本的突破，第一次工业革命达到了最高潮。①

伴随着工业、经济领域的这种变革的是英国社会结构的变化。17 世纪的英国是一个"高度分层的农业社会"②，工业生产和城市生活仍是"数量相当有限且身份变化不定的"，社会结构还是以农业生产等级为主。工业革命的推进首先改变了这种"贵族→绅士→约曼农→农夫→农业工人与茅舍农"③ 的社会结构，受到工业化发展的推动，1780 年到 1831 年英国人口数增长了一倍，与人口数增长相伴的是城市人口的增加，到1801 年英国的城市人口已经达到了英国总人口的 30%，英国逐渐实现了城市化。伴随着这种城市化的是英国经济重心的转移，原先贫穷而人烟稀少的西北部和北部出现了数个新型工业城市，比如利物浦、曼彻斯特、伯明翰、设菲尔德、利兹、格拉斯哥等，而原本富庶的南部却由于经济重心的转移而陷入萧条。

2. 改革法案的提出

"光荣革命"之后英国已经确立了"议会主权"原则，议会成为英国的最高国家权力机关，但工业革命开始后英国议会却仍旧沿用中世纪遗留下来的选举办法和选区划分，出现了许多人口数大为减少却仍然在议会拥有较多议席的选区，而那些在工业革命中蓬勃发展的新兴城市虽人口众多，却难以向议会选送议员④。前者被称为"口袋选区"（Pocket Borough）或"腐败选区"（Rotten Borough），上议院的土地贵族只要通过指派候选人并对选民进行贿赂，就可以操纵选举，从而使得自己能够实际控制下

---

① "蒸汽不仅意味着增加财富，还意味着人类第一次用自己的智慧释放出一种自然界潜藏的力，它非但不是人们已熟知了几千年的生物力，甚至还可以不叫'自然'力。它是人自己创造的力，是'被释放的普罗米修斯'。"参见钱乘旦《第一个工业化社会》，四川人民出版社，1988，第 45 页。
② 许洁明：《十七世纪的英国社会》，中国社会科学出版社，2003，第 34 页。
③ 许洁明：《十七世纪的英国社会》，中国社会科学出版社，2003，第 35 页。
④ 比如萨里郡的盖顿，此处仅有 6 间房屋，这些房屋的所有权常常在各色人手上买卖，在改革法案推出前却照旧可以在议会拥有 2 名议席。兰开夏郡拥有人口 130 万，在议会却只有 2 席，而同时期衰落的康沃尔郡人口大为减少，却照旧占有 44 名议席，仅比拥有数百万人口的苏格兰少 1 席。

议院。

工业革命推动了工厂制度的出现和发展，引起了英国社会关系和阶级构成的巨大变化，原先的"等级式的分层"社会结构被打破，旧社会中的上层和富裕阶层纷纷兴办新式工厂，成为工业资产阶级和商业贵族，而下层民众则转变为数量庞大的无产阶级[1]。但是因为严格的选举权限制，这些新兴阶级中拥有选举权的人非常少，在1832年改革法案推行之前，英格兰2400万居民中只有40万人享有选举权，而人口相对较少的苏格兰，200万人口中选举权人只有区区3000人。[2] 因此可以说，此时英国的政治困境就是：土地贵族直接掌控上议院，并通过操纵"口袋选区""腐败选区"间接掌控下议院，将新兴的中产阶级和无产阶级排除出政治权力之外，顽固维护自身利益。

与这种政治困境相对应，受1789年法国大革命影响，中产阶级和无产阶级都成立了自身的激进组织，无产阶级作为一个阶级登上了英国的政治舞台，他们"开始意识到他们之间有共同利益，他们的利益与统治者和雇主们对立"[3]。从18世纪末期开始，中产阶级和工人阶级开展了一系列的激进主义运动。1828年，爱尔兰"天主教同盟"创始人丹尼尔·奥康奈尔在爱尔兰克莱尔郡选举中获胜，成为有史以来第一位天主教徒出身的爱尔兰议员。受这一事件刺激，爱尔兰天主教徒与英国国教徒之间冲突升级，双方都蓄势待发准备投入到武装冲突之中，英国处于内战的边缘。彼时执政的托利党威灵顿内阁也转变态度，为挽救局势以更务实的态度通过了"天主教解放法"。1830年法国七月革命爆发，英国中产阶级和下层民众受此鼓舞，认为英国也到了革命的时刻，与之同时，英国内部局势进一步恶化，多个地方出现了食物价格飞涨、农田歉收等情况，农民生活陷入窘迫，爆发了"斯文大尉"运动。而威灵顿内阁在内忧外患中黯然下台，主张议会改革、承认自由主义者诉求的辉格党格雷内阁上台。

面对英国社会内部转型期的这种极端紧张局势，辉格党内部的有识

---

① 根据钱乘旦的研究，英国的棉纺织业工人人数即从1836年的21.9万增加至1850年的33.1万。参见钱乘旦《工业革命与英国工人阶级》，南京大学出版社，1992，第13页。

② 张怀印：《十九世纪英国宪政改革研究》，中国政法大学出版社，2005，第37页。

③ 〔英〕E. P. 汤普森：《英国工人阶级的形成》（上），钱乘旦等译，译林出版社，2013，前言第4页。

之士早已有了清醒的认识，他们期望以议会改革的方式将新兴的中产阶级纳入英国政治权力之中，避免英国走上法国式的暴力革命道路。推行改革法案的动机诚如格雷所言：

> 拿破仑战争以来，欧洲内部的财富分配已然遽变。如不能以法律的形式因应这种变化，使得这些财富按照其力量得到承认，革命必骤然而至；中产阶级的要求应当获得更多的满足，在财富和智力上中产阶级都取得了令人难以置信的进展。①

格雷上台之后就发起了议会改革，于1830年12月初命杜尔汉姆（Durham）勋爵、邓卡农子爵（Sir James Duncannon）和罗素（John Russel）等四人秘密起草改革法案，之后里奇蒙德公爵也加入起草工作。1831年，备受期待的改革法案终于出台，法案涉及三个方面的主要内容：一是取消衰败选区，把席位转给大城市个各郡；二是降低选举权的财产限制；三是减少议员总数，在658个议席中减少62席。

1831年3月23日，改革法案仅以一票优势（301票支持，300票反对）通过了二读程序。但是在10月7日上议院以41票优势否决了改革法案，受此激发，工人们开始准备组织武装进行暴动，中产阶级也普遍处于失落的情绪之中，而保守的托利党通过报纸号召贵族们武装起来保卫教会和国家，英国贵族和英国民众处于前所未有的尖锐对立状态之中，那么，英国将走向一场循序渐进的改革还是疾风骤雨般的革命？

三 革命与现代国家的原则

黑格尔"在差不多过了十五年之久，又摇身一变成为政治作家"②，他

---

① M. Brock, *The Great Reform Act*（London：Huchinson&Co. Ltd.，1973），p. 152，辉格党贵族老皮特在1770年就指出："英国的选取可以被恰当地认为是英国宪制的腐化……因为宪制的生命力不取决于为人所操控的小选区，而只在于大城市和较大的郡。我愿意增强这些新兴力量，这些力量可以抵御时代的肆意行径，是防止人民的腐化部分和制止国王权欲的有效措施。"

② Z. A. Pelcynski, "An Introductory Essat", G. W. F. Hegel, *Hegel's Political Writings*, trans. by T. M. Knox（Oxford：Oxford University Press, 1964），p. 22.

于 1831 年以连载的方式在普鲁士官方的《普鲁士国家总汇报》（*die Preus-sische Staatszeitung*）第 115～118 期上发表了《改革法案》①，而这篇长文同时也是黑格尔生平发表的最后一篇著作。在文章发表了三分之二以后普鲁士国王弗里德里希·威廉三世就下令停止文章的发表，并要求黑格尔只能以私下传阅的方式发表文章的最后部分。直到现在，《改革法案》文本的最后部分仍然未能找到，而在《改革法案》发表后几个月黑格尔就溘然长逝，友人们在黑格尔的书桌上发现了他遗留下来的一些《改革法案》的草稿，后来这些草稿被霍夫迈斯特（Hoffmeister）以《〈论英国改革法案〉的两份草稿》（*Zwei Entwürfe zur Englische Reformbill-Schrift*，以下简称《草稿》）为名收录到其所编辑的《1818—1831 年柏林著作集》② 中，后来又收入苏坎普（Suhrkamp）出版社二十卷理论著作版黑格尔全集的第 11 卷《1818—1831 年柏林著作集》③。这两份草稿对于理解黑格尔《改革法案》文本的意图与背景有重要的作用，因此本文也一并将其纳入分析。

究竟为什么普鲁士国王会阻止文章的发表？这一问题在当时就已众说纷纭。黑格尔去世后，在黑格尔遗孀给尼特哈默（Niethammer）的信中，她认为国王的阻止是出于稳定与英国的外交关系的考虑："国王陛下对于文章本身并没有什么异议，只是他担心一份官方报纸包含了对于英国事务的责难是否恰当。"但是薛华先生指出，黑格尔自己本身并不认同这种说法。在给封·拜耶迈的信中黑格尔认为："国王禁止续登他文章另有原因在，即在于文章的'倾向'，文章所主张的原则，'这些原则此外也是误解和侮辱

---

① 所掌握到的《改革法案》文本主要有以下几个外文版本，德文版包括拉松（Georg Las-son）1913 年编辑出版的《黑格尔政法文集》，霍夫迈斯特（Hoffemeister）1956 年编辑的《1818—1831 年柏林著作集》，苏坎普版黑格尔理论著作版全集第 11 卷《1818—1831 年柏林著作集》，以及两个英文译本，一个是诺克斯（T. M. Knox）译的《黑格尔政治著作选》，另一个是尼斯贝特（Nisbet）译的新版《黑格尔政治著作选》。中文本只有薛华先生翻译的《黑格尔政治著作选》。

② G. W. F. Hegel, *Berliner Schriften* 1818 – 1831, hrsg. von Johannes Hoffmeister（Hamburg：Verlag v. Felix Meiner, 1956）.

③ G. W. F. Hegel, *Schriften* 1818 – 1831（Frankfurt am Main：Suhrkamp Verlag, 1986），在此，特别说明，由于笔者未能获得霍夫迈斯特版《柏林著作集》的完整版，所以对《改革法案》文本及《草稿》的分析全部使用苏坎普版的《柏林著作集》，在后面引用黑格尔关于"英国政治和社会状况摘录"的部分则受苏坎普版口袋书（Taschenbuch）的性质影响，这一部分收录的内容过少，所以那一部分的分析全部依据霍夫迈斯特版，不再另行说明。

普鲁士法制和立法的一个持久的源泉’。”① 黑格尔在这里到底意指什么？同时，他所说的这样一种“原则”到底又是什么样的原则？在此必须指出，黑格尔所说的这种原则乃是理解《改革法案》文本的关键之匙，只有在明晰了这种原则之后我们才能理解黑格尔写作该文的意图，当然也就理解了普鲁士国王为什么会禁止这篇文章的发表。本文首先希望探明黑格尔所言的“原则”所指为何，而这也必须从革命与欧洲政治的角度来进行理解。

（一）七月革命的幽灵

正如拜尔所指出的，“七月革命直接推动了《改革法案》的写作，而不是仅仅给了些启发”②，在《改革法案》及其草稿和《1830/31年历史哲学讲演录》③中，黑格尔不断地提及七月革命对欧洲的影响，在他看来这时英法德三国的政治状况都为这种局势所牵动。

当时已步入生命暮年的黑格尔满心期望欧洲的政治秩序在经过几十年的动荡之后能够得到重建，“他似乎信心满满地认为，革命的幽灵——否定性因素——由于现代后革命时期的政治秩序的出现而最终寿终正寝了。1830年革命似乎粉碎了这一切，而且黑格尔在给他朋友的一封信中悲伤地认为，看似确定的一切又重新成为‘有问题的’了”④。1830年的

---

① 参见〔德〕黑格尔《黑格尔政治著作选》，薛华译，中国法制出版社，2008，译者序，第31~32页。完整的这一段话是：“文章的下半部分未能发表，是因为文章的主要目的是利用改革法案问题来处理某种普遍适用的原则，这些原则此外也是误解和侮辱普鲁士法制和立法的一个持久的源泉，而且这些原则还通过向英国自由的自负和大众民声给予信任对后者造成了损害。这可以被理解成是对英国宪法的攻击，因此是适合发表在《普鲁士国家总汇报》上的。”转引自 M. J. Petry，“Propaganda and Analysis：the background to Hegel's article on the English Reform Bill”，ed.，Z. A. Pelczynski，*The State & Civil Society：Studies in Hegel's Political Philosophy*（Cambridge：Cambridge University Press，1984），p. 145.

② W. R. Beyer，*Der Stellenwert der französischen Juli-Revolution von 1830 im Denken Hegels*（Deutsche Zeitschrift für Philosophie，Jan 1，1971），S. 635.

③ G. W. F. Hegel，*Vorlesung über die Philosophie der Geschichte*（Frankfurt am Main：Suhrkamp Verlag，1989），此书有王造时根据 Sibree 英译转译的中译本，但其用语古旧、舛误颇多，因此本文所有引用《1830/31年历史哲学讲演录》的部分均根据德文本重译。

④ S. Avineri，*Hegel's Theory of the Modern State*（Cambridge：Cambridge University Press，1972），p. 209. 1830年七月革命之始料未及，使得罗森茨威克将之称作“在欧洲爆发的一场冬日暴风雨”，“人们已经十五年未曾再见到革命的幽灵了，当它又试图盘旋在南部边缘地区时，人们并不相信它真的存在”，F. Rosenzweig，*Hegel und der Staat.* Band 2，（Berlin/München：R. Oldenbourg，1920），S. 204.

七月革命证明，黑格尔所期望的新世界的坚固基础仍然未能建立，1830年的欧洲仍然处在 1789 年革命列车行驶的轨道上。如同拜尔所言，"黑格尔把革命年份、督政府时期、拿破仑时期以及与之相连的 15 年的王朝复辟'滑稽戏'看成一个整体。这些相互交织在一起的革命织网对他来说在 1830 年的七月革命以后仍然是敞开着的，完全还处于躁动不安的状况之中"①。在《1830/31 年历史哲学讲演录》（这次演讲也是黑格尔最后一次历史讲演）中，黑格尔第一次也是唯一一次从历史哲学的视角下对现时代的问题进行了考察。他表达了一位一生经历了多次革命动荡的老人的疲惫和无奈，革命之后又是革命："又有一番断裂发生，政府随之被推翻。最后，经过了四十余年难以言表的战乱和无法估量的混乱之后，一颗衰老的心是多么希望能够欣喜地看到这一切都走向了终结，一睹和平的来临。"②

罗森茨威克说："黑格尔也为七月革命深深震动。在自他青年时代就与之相随的二十五年战乱巨变之后，黑格尔也开始期望安宁，至少是外部的安宁。"③ 于黑格尔而言，这种"不间断革命"的肇因乃在于当时盛行的"自由主义"（Liberalismus）与"单个人"（die Einzelnen）（拜尔认为这两个词所代表的政治含义可以对应于今日的"无政府主义"与"反权威者"④）思想。这些思想停留在原子主义的立场上，个人意志和国家的普遍性无法形成真正的和解，人民总是依据抽象原则反对现存的政治权威："多数的意志推翻了执政的内阁，而由现在的反对党继任，但是这

---

① W. R. Beyer, "Der Stellenwert der französischen Juli-Revolution von 1830 im Denken Hegels", *Deutsche Zeitschrift für Philosophie*, Jan 1, 1971, SS. 628 – 643. 里特尔也指出，从 1789 年直到 1830 年这一时期——在希望与恐惧中——充满黑格尔自身命运的是，法国自身的动乱，它波及欧洲与德国，拿破仑的战争（在黑格尔眼中它们总是革命战争），拿破仑的失败，凭借旧世界的复辟来对抗奔流的革命力量的努力，在一个任何没有任何事情是决定好了的，一切都还悬而未决，有待解答，这是一个无解的时代，Ritter J., *Hegel and the French Revolution*, trans. Richard Dien Winfield（Cambridge Massachusetts/London, England：MIT Press, 1982），pp. 45 – 46.

② G. W. F. Hegel, *Vorlesung über die Philosophie der Geschichte*（Frankfurt am Main：Suhrkamp Verlag, 1989），S. 534.

③ F. Rosenweig, *Hegel und der Staat*（Berlin/München：R. Oldenbourg, 1920），S. 205.

④ W. R. Beyer, "Der Stellenwert der französischen Juli-Revolution von 1830 im Denken Hegels", *Deutsche Zeitschrift für Philosophie*, Jan 1, 1971, S. 629.

个反对党只要成为政府当局，又遭多数人的反对。这样一来，运动和不安就继续下去。"①

这种革命的"抽象原则"阻碍了后革命时期的社会进入一种持久的政治生活之中，宪法和国家的制度架构不断地被改写，"对于黑格尔来说，这种革命的否定性的直接后果就是革命无法寻找到任何持续性的政治解决方案"②。他对这些进步的革命反对力量表示了怀疑，在他看来这些"进步力量并没有找寻到作为组织的团结，它们没有表达出任何清晰的'概念'以及停留在'原子化的特殊性'"③之上。1789年法国大革命已经过去数十年之久，人民却仍然继续以革命的破坏性方式来反抗这种不义，这种反抗会将所有的一切都推向毁灭——而这就是欧洲历史在此时面临的困境，一向笃信哲学只应当反思过去的黑格尔，此时也将目光投向思想难以涉足的未来："这种冲突、这种难结、这种问题，便是历史现在所处的境地，而历史须在未来设法解决之。"④

如同里特尔所指出的那样："于黑格尔而言，对历史所涌现出来的政治问题的积极驾驭在历史条件成熟之前都还是艰巨的任务……因此，在黑格尔与革命的关系之中，凭借革命已经进入历史之中之物的乐观主义是与对革命尚未得到解决的性质、其必然会'跌入'暴政之中这两种认识结合在一起的。"⑤

（二）革命与现代国家的构筑

在《草稿》中，黑格尔对七月革命的肇因作了更进一步的探究：

---

① G. W. F. Hegel, *Vorlesung über die Philosophie der Geschichte* (Frankfurt am Main: Suhrkamp Verlag, 1989), S. 525. 里特尔说，这也是黑格尔为数不多谈到了未来的地方，Joachim Ritter, *Hegel and the French Revolution*, trans. Richard Dien Winfield (Cambridge Massachusetts/London, England: MIT Press, 1982), p. 45。

② Joachim Ritter, *Hegel and the French Revolution*, trans. Richard Dien Winfield (Cambridge Massachusetts/London, England: MIT Press, 1982), pp. 45 – 46.

③ W. R. Beyer, "Der Stellenwert der französischen Juli-Revolution von 1830 im Denken Hegels", *Deutsche Zeitschrift für Philosophie*, Jan 1, 1971, S. 633.

④ G. W. F. Hegel, *Vorlesung über die Philosophie der Geschichte* (Frankfurt am Main: Suhrkamp Verlag, 1989), S. 525.

⑤ J. Ritter, *Hegel and the French Revolution*, trans. Richard Dien Winfield (Cambridge Massachusetts/London, England: MIT Press, 1982), p. 47.

人们为此辩护或者至少开脱："这是人民做了的。"人们不能忘记，[人民]是多么地愤怒；人民以不法对抗法律，但是这是基于一种公正的原则，——之后人民就再次安然入睡了。与之相反，当政府以一种同样的政治动机来反叛法律，纵容劫掠[等等行径]，人们还会为政府开脱吗[？]人们会讨伐这最令人愤怒的暴政。①

在这里，黑格尔继续批判了那种激进革命，但是他也明确地指出七月革命的爆发是因为人民的"愤怒"，这种愤怒由法国贵族的顽固不化所引发，在新时代已然降临之时仍然固守过时之物，逼迫人民"以不法对抗法律"的内在原因使得人民的行动本身乃是"基于一种公正的原则"。罗森茨威克说，七月革命不可阻挡地推进了那些仍能适用于今日政治反思的问题，即历史性的权利与理性权利之间的斗争以及诸种宪制性（verfassungsmäßigen）权力之间的关系，② 这也就意味着黑格尔所说的"公正的原则"就是理性国家的原则，就是以这种理性改造历史旧物创造新时代的原则，七月革命本身彰显了这种原则的光芒与力量。

必须看到，黑格尔绝不是一个革命的反对者，就如里特尔所言，"无论是恐怖的经验抑或是革命无力达到一种积极而稳定的政治解决方案的批判性洞见，都无法把黑格尔转变为革命的反对者"③。青年时期的黑格尔就以马基雅维利式的语调宣称"生命到了朽烂的边缘，只有用最强有力的处置才能使之起死回生"④，于他而言，"革命的必然是高度的自由感与统治者的旧制度之间的矛盾"。⑤ 他从来都是法国大革命原则和"伟大的拿破仑"的坚定支持者。在他看来，法国大革命之所以发生，就是因为旧制度极端地违反公理；"当时法国的所有状况是一堆混乱不堪的、与

---

① G. W. F. Hegel, *Berliner Schriften 1818 – 1831* (Frankfurt am Main: Suhrkamp Verlag, 1986), S. 553.

② F. Rosenweig, *Hegel und der Staat* (Berlin/München: R. Oldenbourg, 1920), S. 230.

③ Joachim Ritter, *Hegel and the French Revolution*, trans. Richard Dien Winfield (Cambridge Massachusetts/London, England: MIT Press, 1982), p. 46.

④ 〔德〕黑格尔：《黑格尔政治著作选》，薛华译，中国法制出版社，2008，第 92 页。

⑤ Joachim Ritter, *Hegel and the French Revolution*, trans. Richard Dien Winfield (Cambridge Massachusetts/London, England: MIT Press, 1982), p. 45.

一般思想与理性相悖逆的特权，这是一种完全荒唐的状况，是风俗与精神最大限度的败坏"，这种旧制度沉重地压迫和剥削人民，并最终激怒人民，引发了大革命。"压在人民肩头上的可怕沉重负担，政府无力再搜刮财物以供奢侈与挥霍的窘境，是引发不满的第一个诱因。新的精神变得活跃；压力推动着人们去探究。"人们发现，从自己身上压榨出来的血汗并没有被用于国家的目的，而是以最荒谬的方式被挥霍掉了，人民总算知道了"这一整套的国家制度显现为不平等"。但是由于政府不愿采取必要的改革，"宫廷、教会、贵族与议会都不愿为了一时的紧急之需或者自在自为存在着的法权意志而扬弃自己对特权的占有"——那么改变就必然是暴力性的。① 即使已步入生命的晚年，黑格尔仍然以最富激情的语言描述了法国大革命的历史意义：

> 自从太阳仁立在苍穹，众星围绕着它，还从未发生过这样的事情——人站立到头脑，也就是站立到思想之上，并依据思想来构筑现实性。阿那克萨戈拉首先说出了努斯（nous）统治世界；而只有到了现在人们才进而认识到，思想应当统治精神的现实性。这因此乃是一次壮丽的日出。所有思维着的本质共同庆祝这一时代［时代的转折点］。一种崇高的感动支配着那个时期，精神的热诚激动了整个世界，仿佛现在终于达成了神与世界的首次和解。②

黑格尔也热情地称赞英国的光荣革命，"英国新教教会也必须通过战争来加以确立：斗争乃是反对国王们，这些国王暗中信奉天主教会，而

---

① 里特尔说"没有哪种哲学在其最内在的驱动力上如黑格尔哲学那般革命"，"从其青年时代到他生命的最后那些年，黑格尔对于革命的坚持与赞同清晰而一贯"，参见 Joachim Ritter, *Hegel and the French Revolution*, trans. Richard Dien Winfield（Cambridge Massachusetts/London, England：MIT Press, 1982）, pp. 45 –46.

② G. W. F. Hegel, *Vorlesung über die Philosophie der Geschichte*（Frankfurt am Main：Suhrkamp Verlag, 1989）, S. 529. "于黑格尔而言直到其生命的尽头法国大革命都保持为范式的革命，因为通过法国大革命新原则踏入了历史的世界之中"，参见 Hans-Christian Lucas, "Die 'Tiefere Arbeit'. Hegel zwischen Revolution und Reform", *Politik und Geschichte：Zu den Intentionen von G. W. F. hegels Reformbill-Schrift*, hrsg. v. Christoph Jamme und Elisabath Weisser-Lohmann（Bonn：Bouvier Verlag, 1995）, S. 234.

在天主教教义之中这些国王们找到了绝对任意的确认"，反对绝对任意的专断权力乃是英国革命的目标，"反对绝对权力的主张，按照这种主张，唯有上帝也就说唯有告解神父（Beichtvater）才有权对国王进行归罪"。①他还称赞了革命的领导人克伦威尔，在革命狂热主义开始出现之时，克伦威尔作为一名军事领袖掌握了权力和政府，"因为国家必须得到治理；而克伦威尔懂得治国理政（Regieren）是什么"②。

革命乃是推翻旧世界建立新世界的行动，革命昭示了理性的正当性，但是就如同黑格尔对七月革命的忧惧一样，不断革命只会是灾难而不是精神的胜利。革命建立了新世界的原则，然而，就如同黑格尔在《精神现象学》中所说，新世界还只是一个初步的形相③，好比一个初生的婴儿还未能成长为人，"我们不能说建筑物在奠基的时候就算是已经落成"④。黑格尔希望在革命之后，既然现代世界的原则已经确立，那么人们就应该参与到制度的实在构建之中，参与到改革的进程之中，"黑格尔希望革命之后是能够将新原则切实地构筑起来的改革之路。因此，黑格尔同时是一位支持革命和改革的哲学家，但他绝不是一位支持永远革命的哲学家（ein Philosoph der permanenten Revolution），他对这种民主原则的革命表示出极大的忧虑，这种革命并不符合于黑格尔的思想"⑤。

如同雅默所言，在《改革法案》中"表面上黑格尔致力于英国的选举权问题，而实际上他所要处理的是革命问题，更准确地说是如何以改革治

---

① G. W. F. Hegel, *Vorlesung über die Philosophie der Geschichte* (Frankfurt am Main：Suhrkamp Verlag, 1989), S. 516.

② G. W. F. Hegel, *Vorlesung über die Philosophie der Geschichte* (Frankfurt am Main：Suhrkamp Verlag, 1989), S. 516.

③ "我们不难看到，我们这个时代是一个新时期的降生和过渡的时代。人的精神已经跟他旧日的生活与观念世界决裂，正使旧日的一切葬入于过去……犹如在母亲长期怀胎之后，第一次呼吸才把过去仅仅是逐渐增长的那种渐变性打断——一个质的飞跃——从而生出一个小孩来那样，成长着的精神也是慢慢地静悄悄地向着它新的形态发展，一块一块地拆除了它旧有的世界结构……这种逐渐的、并未改变整个面貌的颓毁败坏，突然为日出所中断，升起的太阳就如闪电般一下子建立起了新世界的形相。"〔德〕黑格尔：《精神现象学》，贺麟、王玖兴译，商务印书馆，1980，第6~7页。

④ 〔德〕黑格尔：《精神现象学》，贺麟、王玖兴译，商务印书馆，1980，第7页。

⑤ Hans-Christian Lucas, "Die 'Tiefere Arbeit'：Hegel zwischen Revolution und Reform", *Politik und Geschichte：Zu den Intentionen von G. W. F. Hegels Reformbill-Schrift*, hrsg. v. Christoph Jamme und Elisabath Weisser-Lohmann (Bonn：Bouvier Verlag, 1995), S. 234.

愈革命之疾"①，依据黑格尔对七月革命的认识可以得出，黑格尔心中的"原则"就是在革命与改革的时机成熟之时应该勇敢地对之予以推进，依据理性构筑现代国家，依据理性反对历史性的特权与陈旧之物——任何在非理性之物上的犹豫与胆怯都只会酿成历史的大错，这也是本文解读《改革法案》的出发点。如同佩尔岑斯基所言，"在法国大革命中诞生的新政治观是黑格尔政治著作致力于宣传的终极目标。黑格尔所有政治著作都展示出他对这种新政治观的接纳，以及他对其对手——那些反动的传统主义者，或者说'实证'态度的反对。我们可以将之称为理性法原则反对黑格尔所急切谴责的实证法原则。因此，黑格尔政治信念的基本要义就在于：将理性法信奉为法律、制度以及宪制的唯一合法且站得住脚的基础"②。

四 《改革法案》文本解读

一直以来黑格尔就对英国问题抱有浓厚的兴趣，根据罗森克朗茨的报告，青年黑格尔对于英国的政治经济学和社会状况尤其是英国的财产和所有制形式进行了仔细的研究，他在1796年开始接触苏格兰政治经济学，并于1799年完成了对詹姆斯·斯图亚特《政治经济学》德文译本的评述。③ 赫内指出，黑格尔著作中关于政治与历史、社会学说与国民经济学的诸多思想印记都要追溯至英国精神。④ 但是不同于同时代人的英国热（Anglomania）⑤，黑格尔一直对英国状况持批判态度。黑格尔在其出版的第一部著作《卡特密信》中对英国议会进行了批判，他强调了这样一个

---

① C. Jamme, "Einleitung", *Politik und Geschichte*: *Zu den Intentionen von G. W. F. Hegels Reformbill-Schrift*, hrsg. v. Christoph Jamme und Elisabath Weisser-Lohmann（Bonn: Bouvier Verlag, 1995）, S. 7.

② Z. A. Pelcynski, "An Introductory Essay", G. W. F. Hegel, *Hegel's Political Writings*, trans. by T. M. Knox（Oxford: Oxford University Press, 1964）, p. 29.

③ 〔德〕黑格尔：《黑格尔政治著作选》，薛华译，中国法制出版社，2008，第15～16页。

④ Horst Höhne, "Hegel und England", *Kant-Studien*（Berlin: De Gruyter, 1936）, S. 301.

⑤ 佩尔岑斯基认为"对于《论英国改革法案》中的极端批判论调说得通的假设是，这篇文章的一个目标就是要反击当时在普鲁士掀起的那股英国狂热（Anglomania）"，Z. A. Pelcynski, "An Introductory Essay", G. W. F. Hegel, *Hegel's Political Writings*, trans. by T. M. Knox（Oxford: Oxford University Press, 1964）, p. 24.

事实："（在英国）一个内阁大臣通过使自己获得议会多数，就可以违抗民意；国家民族并未得到代表，它在议会不能使自己的主张生效。"① 赫内指出，"虽说黑格尔在与伯尔尼经济形式的严格限制进行比较时指出了自由的英国，并且在此强调了经济自由的精神，但是他却一反同时代的英国痴梦，毫不隐瞒他对英国各种状况的批评"，总之，黑格尔"认为当时的英国并没有达到自由与权力相融合的程度"②，英国并不是一个真正的理性国家。基于这种认识，黑格尔在《改革法案》中展开了他对英国社会的考察，他试图说明到底哪些因素在妨碍英国成为一个真正的理性国家。

（一）理性法与传统法

黑格尔对英国法制的基本看法可以以《1831/31 年历史哲学讲演录》中的这段话作为代表：

> （在英国）这样的普遍利益是具体的，各种特殊利益都要通过这种普遍利益来被认识、被希求。这种特殊利益的建制完全不会允许普遍的体系建立起来。因此英国人对各种抽象的和普遍的原则毫无兴趣，充耳不闻。特权利益都有其实证法权，这些实证法权产生于封建权利的时代，英国比之任何国家都保留了更多这些权利。以其最不一贯的表现，这些实证法权同时就是最不公正之物，至于代表真实的自由的制度没有比英国更少的了。在私权和财产自由的领域，英国令人难以置信地落后；人们只消想到长子继承权，这使贵族阶级幼子们不得不靠官职或教职买卖为生。③

众所周知，英国法建立在历史生成的习惯法基础之上，而黑格尔本人却一直对这种习惯法非常反感。在《法哲学原理》第 211 节黑格尔说："法律是自在地是法的东西而被设定在它的客观定在中，这就是说，为了提供

---

① 〔德〕黑格尔：《黑格尔政治著作选》，薛华译，中国法制出版社，2008，第 3 页。
② Horst Höhne，"Hegel und England"，*Kant-Studien*（Berlin：De Gruyter，1936），S. 306.
③ G. W. F. Hegel, *Vorlesung über die Philosophie der Geschichte*（Frankfurt am Main：Suhrkamp Verlag，1989），S. 537.

于意识，思想把它明确规定，并作为法的东西和有效的东西予以公布。通过这种规定，法就成为一般的实定法。"① 在他看来，法律应当采取普遍性的形式并且让所有人都加以通晓②，这乃是一项"精神的权利"③。而且重要的不单单是这种普遍性的形式，更是"获得其真实的规定性"④。尽管习惯法中也包含了"思想"的成分，但是它们是"主观地和偶然地被知道的"⑤，黑格尔在《1818/19 年柏林讲演》中说："当其还停留在赤裸裸的习惯法、一部成文法并没有作为体系在自身中得到完善的时候，那么思想的普遍性也就还停留在一种晦暗不明之物上。"⑥ 因此黑格尔并不满足于一种庞杂的习惯法汇编，在他看来这种习惯法产生于"未受教养的时代"⑦，习惯法本身也还是"畸形的""模糊的""残缺的"，这种习惯法权由于其认识的偶然性会产生多种多样的偏差和混乱。⑧

具体到英国这种习惯法的形式，他首先特别提到了布莱克斯通，"布莱克斯通说，为了深入研习这种习惯法，人们至少要花费二十年时间"⑨。这样一种法律形式为普通人获得法律知识造成了巨大的障碍，民众也就难以明确地根据法律来安排和处理自己的行为。黑格尔一向对律师等法律职业团体抱有警惕，在他看来，"法律知识仅仅操于专家之手的地方，

---

① 〔德〕黑格尔：《法哲学原理》，范扬、张企泰译，商务印书馆，1982，第218页。

② 黑格尔在《1819/20 年柏林讲演》中说："法权应当一般地被认识到，法权应当被设定起来，也就是说法权应当成为法律。法权应当成为一项实定的法权，自在的法权一般应当成为现实的。这种现实性的第一个形式就是其对意识是存在的。自在的法权应当作为法律、作为意识的对象存在。没有思想在此是行不通的。通过法权被思考到，法权也就获得了其普遍性的形式。" G. W. F. Hegel, *Philosophie des Rechts. Die Vorlesung von 1819/20 in einer Nachschrift*, S. 170.

③ "法权作为思想来规定，也就是法权被客观地造就以及成为认识的对象，这一般是精神的权利。法权通过成为思想才获得了其真实的规定性。倘若法权只是一个内在之物，那么它就还带有主观性的东西。" G. W. F. Hegel, *Philosophie des Rechts. Die Vorlesung von 1819/20 in einer Nachschrift*, S. 170.

④ G. W. F. Hegel, *Philosophie des Rechts. Die Vorlesung von 1819/20 in einer Nachschrift*, S. 218.

⑤ G. W. F. Hegel, *Philosophie des Rechts. Die Vorlesung von 1819/20 in einer Nachschrift*, S. 218.

⑥ G. W. F. Hegel, *Philosophie des Rechts. Die Vorlesung von 1819/20 in einer Nachschrift*, S. 170.

⑦ "习惯法权的形式产生于一个未受教养的时代，那个时代人们只是把普遍物看作某种所有人的共同行为，还不是看作某种自在自为存在之物。" G. W. F. Hegel, *Philosophie des Rechts. Die Vorlesung von 1819/20 in einer Nachschrift*, S. 170.

⑧ G. W. F. Hegel, *Philosophie des Rechts. Die Vorlesung von 1819/20 in einer Nachschrift*, S. 171.

⑨ G. W. F. Hegel, *Philosophie des Rechts. Die Vorlesung von 1819/20 in einer Nachschrift*, S. 171.

这些专家就是那些受制于对他们而言无法认知的陌生命运之人的主人"①。法律人职业团体习惯于去创造职业共同体的神话，总是习惯按照职业思维不容许他人插手法律事务。但是正如黑格尔所言："每个人毋须都成为鞋匠才知道鞋子对他是否合穿，同样，他也毋须是个行家才能认识有关普遍利益的问题。法与自由有关，是对人最神圣可贵的东西，如果要对人发生拘束力，人本身就必须知道它。"② 黑格尔批评这种专家的思维，他说专家们可能希望好好保存所有罗马法学家们的手稿，但是这种东西于生活而言无甚意义。③

就黑格尔所使用的"实证的"（Positive）这一概念而言，在黑格尔早期的神学著作中，黑格尔在描述宗教制度时主要在这一意义上使用"实证性"，即"宗教信徒对于某种宗教制度规则和规范的信从，并不是基于其内心信念和自由的道德选择，而是宗教制度已经如此这般地创立、制订和'设定'了这些规则和规范"④。黑格尔在此将这种描述宗教制度的概念同样迁移到对于英国宪制的批判上——好比"实证性"的犹太教对于犹太人生活的统御，随着历史的行进往日作为英国宪制基石的先人的智慧也退变为英国政治生活的"实证性"，失却了其制度底蕴的这些智慧仍然在"坟墓中"对今人进行支配："这就是英国公法和私法制度本身带有的、占主导地位的实定性质，每种法权及其法律，形式上确是一种实定的、由最高国家权力制定和确立的东西。"⑤ 黑格尔认为，尽管在那个时代英国宪制有着让全欧洲钦羡的"自由"，但是这种建构法律原则的任意性与历史性一直不为黑格尔所容，它们必须经受这一拷问："法权依其实质内容就只是实定的，还是自在自为地也是正当的和合理的。"⑥

在黑格尔看来，习惯法和实定法不过反映了"人们不愿放弃的对历

---

① G. W. F. Hegel, *Philosophie des Rechts. Die Vorlesung von 1819/20 in einer Nachschrift*, S. 172.

② 〔德〕黑格尔：《法哲学原理》，范扬、张企泰译，商务印书馆，2017，第255～256页。

③ G. W. F. Hegel, *Philosophie des Rechts. Die Vorlesung von 1819/20 in einer Nachschrift*, S. 172. 佩尔岑斯基指出，黑格尔对法律人共同体的警惕和厌倦与边沁相当一致，Z. A. Pelcynski, "An Introductory Essay", G. W. F. Hegel, *Hegel's Political Writings*, trans. by T. M. Knox（Oxford: Oxford University Press, 1964），p. 55.

④ Shlomo Avineri, *Hegel's Theory of the Modern State*（Cambridge: Cambridge University Press, 1972），p. 13.

⑤ 〔德〕黑格尔：《黑格尔政治著作选》，薛华译，中国法制出版社，2008，第229页。

⑥ 〔德〕黑格尔：《黑格尔政治著作选》，薛华译，中国法制出版社，2008，第229页。

史的回忆"①，是早已丧失了其历史理性的"先人的智慧"，只具有纯粹基于"传统"的正当性。大陆国家对罗马法的继受特别是《拿破仑法典》的颁行②让黑格尔看到，"在其他国家——开始是法国，后来是德国——这些传统已经让位于现代的自觉、理性的立法。英国连带它的普通法传统仍是这种古代的、前现代的与非理性体系的最后堡垒"。③黑格尔将英国的普通法称为"奥吉亚斯的牛圈"，是应当早日加以清理的粪堆④。英国需要"根据普遍原则对法律进行科学的改制"，唯有如此"大陆较新国家那些主要是按一般原则制定的国法典和国家法权制度才可能产生了出来，这时才允许普通人类理智和健全理性就正义东西的内容取得自己应得的份额"⑤。佩尔岑斯基认为："黑格尔的主要敌人并不是一种确定的宪制形式或者任何特定的弊端，而是对国家及其法律那种我们已经称之为传统主义或'实证的'的态度。这种态度意味着接受持存着的、既已建立起来的制度，按照它们已经历史性地发展而成的样子，因为这些制度已经被如此建立，是传统的、习惯上的以及实证的，而并不去考虑它们整体上无体系、无序、混杂的特性以及隐藏在这些制度背后的荒谬与不义。"⑥

（二）英国社会状况：腐败、特权与贫困

在黑格尔看来，英国特权阶层运用政治权力的这种方式造成了英国下层民众的极端贫困，在写作《改革法案》之前黑格尔就对英国的社会

---

① 〔德〕黑格尔：《法哲学原理》，范扬、张企泰译，商务印书馆，1982，第221页。
② 对比于英国浩如烟海、不经过长年累月的研习难以窥其堂奥的习惯法，黑格尔为新时代的《拿破仑法典》做了辩护，突破了当时狭隘的民族意识，黑格尔说"在引进了《拿破仑法典》的地方，它都被承认为一项福祉"。G. W. F. Hegel, *Philosophie des Rechts. Die Vorlesung von 1819/20 in einer Nachschrift*, S. 172.
③ S. Avineri, *Hegel's Theory of the Modern State* (Cambridge：Cambridge University Press, 1972), p. 210. 佩尔岑斯基说"改革法案表明这种理性法原则开始在英国发挥影响——就如同15年前的符腾堡和45年前的法国"，Z. A. Pelcynski, "An Introductory Essay", G. W. F. Hegel, *Hegel's Political Writings*, trans. by T. M. Knox (Oxford：Oxford University Press, 1964), p. 30.
④ 在这个角度上，他支持罗伯特·比尔爵士（Robert Peel）和现任大法官伯路姆（Lord Brougham）改善普通法的建议，尽管事情最终未能取得太多的进展。
⑤ 〔德〕黑格尔：《黑格尔政治著作选》，薛华译，中国法制出版社，2008，第230页。
⑥ Z. A. Pelcynski, "An Introductory Essay", G. W. F. Hegel, *Hegel's Political Writings*, trans. by T. M. Knox (Oxford：Oxford University Press, 1964), p. 37.

状况进行了细致的考察。阿维内里指出，"在最初写作关于改革法案的文章之前的几年里，黑格尔艰辛地搜集关于英国社会环境的资料。我们能从他保存的记录与剪报中看到，他是如何得到大量关于英国贫困阶级条件方面的结论的，以及这些结论为何是他评定英国社会与政治景象的核心"①。黑格尔所摘录的这些英国现状与 1844 年恩格斯眼中的英国如出一辙，在《改革法案》的正文中也可以看到黑格尔对这些英国状况摘录的运用，而明晰在这些摘录中黑格尔所采取的立场也有助于理解黑格尔此时的观点。根据佩特里的研究，黑格尔长期阅读激进的改革倡导者功利主义学派代表人物 J. S. 密尔和布莱克所主编的《纪事晨报》（Morning Chronicle）②，这一报纸所强调的功利主义改革思想对黑格尔此时的政治和法律思想具有重要的影响，如同雅默指出的，黑格尔本人对"将改革法案推向议会议程的政治手段背后的社会与制度背景的分析非常感兴趣，对边沁功利主义改革思想的研究构成了黑格尔英国状况摘录的核心"③。佩尔岑斯基认为，黑格尔对法律确定性与可理解性的强调与边沁思想极其相似，边沁与黑格尔一样是政治理性主义的拥护者。④ 尽管并没有足够的证据表明黑格尔了解边沁，但是我们也可以在这个基础上理解黑格尔对英国法的批判态度。

在柏林时期的摘录中，黑格尔控诉了英国法律特权阶层和法律运行的悖谬，他摘引《爱丁堡评论》，"有如此众多频繁地向我们的法律及其执行表达的称颂——而诉讼的困难、花销、冗长的程序，案件的不确定性，以及在许多情况下判决的拙劣拖延，同样为人所熟知的是，对于许

---

① Shlomo Avineri, *Hegel's Theory of the Modern State* (Cambridge：Cambridge University Press，1972)，p. 214.

② 当然，佩特里认为黑格尔的分析是脆弱的，他对这一报纸所持的激进立场一无所知，根据"现代历史学分析可以相当确定地证实，1818 年以后根本没有发生那种密尔和布莱克试图吓唬他们的读者的那种危险"，黑格尔在其摘录中描述的英国社会现状很大程度上是失真的，M. J. Petry，"Propaganda and Analysis：the background to Hegel's article on the English Reform Bill"，ed.，Z. A. Pelczynski，*The State &Civil Society：Studies in Hegel's Political Philosophy* (Cambridge：Cambridge University Press，1984)，p. 150.

③ C. Jamme，"Einleitung"，*Politik und Geschichte：Zu den Intentionen von G. W. F. Hegels Reformbill-Schrift*，hrsg. v. Christoph Jamme und Elisabath Weisser-Lohmann (Bonn：Bouvier Verlag，1995)，S. 8.

④ Z. A. Pelcynski，"An Introductory Essay"，G. W. F. Hegel，*Hegel's Political Writings*，trans. by T. M. Knox (Oxford：Oxford University Press，1964)，p. 55.

多人来说这一切都是一项谋利的来源，而对更多的人来说这只会带给他们灾难和毁灭"，接着黑格尔特别在摘引中强调了"对于这些罪恶的渊薮进行探寻的第一步就是，搞清楚此刻统治英国的不成文法的性质"。① 而且他指出了英国法律的残酷性，在英国造假就会被绞死："总检察官反对项旨在减轻手抄本造假犯罪刑罚的提案，因为假如犯人不被绞死，那么就必须得建造新的监狱，这座监狱会被叫作巴士底狱然后在整个英国遭到诅咒。"② 黑格尔认为英国法对穷人就是一场灾难，警察会对他们所逮捕的人进行拷问和交叉问询，之后就会给他们断定上一条罪名，由于穷人没有钱聘请律师，他们根本就没有办法进行反驳，因此"穷人获得无罪释放的机会近乎零"，黑格尔特别摘引出："英国实践与其他国家之间的区别主要与英国法的精神有关，而英国法以谬误和虚妄为乐。英国法的主要目的是帮助富人……"③

同时黑格尔在摘录中也明确地谴责了英国政治实践对平民生活所造成的侵害。统治阶层对爱尔兰人的歧视④导致了爱尔兰人的极端贫困，爱尔兰的状况甚至与 16 世纪非常相似，农民的处境由于受到特权阶层的严重剥削，其贫困程度甚至大大超过了大陆上的落后国家。并且济贫法仍未在爱尔兰实施的现状使得爱尔兰的状况更令人担忧，因为统治阶层认为济贫法会产生过剩的人口。地主们会想尽办法阻止修建超过耕种土地所需的劳工数所需的农舍，不单单是农业人口，英国的总人口在此期间也大量减少；而在政治领域的迫害依旧，最近 20 年英国不顺从国教者的数量不断增长，黑格尔发出"这么多英国人该如何生存"的感慨；在社会经济领域，黑格尔通过考察得出"在英格兰谷物和地租的价格 50 多

① G. W. F. Hegel, *Berliner Schriften 1818 - 1831*, hrsg. v. Johannes Hoffmeister (Hamburg：Verlag v. Felix Meiner, 1956), S. 719，黑格尔原文为斜体。

② G. W. F. Hegel, *Berliner Schriften 1818 - 1831*, hrsg. v. Johannes Hoffmeister (Hamburg：Verlag v. Felix Meiner, 1956), S. 720.

③ G. W. F. Hegel, *Berliner Schriften 1818 - 1831*, hrsg. v. Johannes Hoffmeister (Hamburg：Verlag v. Felix Meiner, 1956), S. 721.

④ "艾克勒斯先生说，爱尔兰人不是异教徒，不是穆斯林，也不是犹太人，但他们比这些人加起来还要恶劣，因为他们是天主教徒；他们的信条十足的就是谬误、堕落、欺骗、苦难与暴力。他们向童贞女祈祷——他们全然依赖于神父以宽恕他们的罪行，而且他们把内在的神圣德行替换成了外在的仪式。" G. W. F. Hegel, *Berliner Schriften 1818 - 1831*, hrsg. v. Johannes Hoffmeister (Hamburg：Verlag v. Felix Meiner, 1956), S. 719.

年来已经上涨了 3 倍，而田间劳动的日工资却保持不变"。①

　　首先，在《改革法案》中黑格尔批判了英国当时选举制度的腐败，在他看来这种腐败是法制建设未能与时俱进所造成的。英国选举制度的弊端首先就体现在"腐败选区"和"口袋选区"上。由于工业革命的影响，原先拥有选送议员权利的许多地区变得人口稀少，而选举制度并未有任何相应改变，这使得英国选举制度异乎寻常地"反常和悖谬"："据以决定英国不同州郡和城市占有议会席位份额的基础，随时代进程已完全改变了，从而'享有这类份额的权利'已完全变得同这种基础本身的原则相背离，变得同法制这部分上在极单纯的人类理智看来也显然公平合理的一切都相矛盾。"② 由于只有人口稀少的地区（黑格尔说"甚至是降到只有两三个居民的地区"）才有资格向英国议会委任议员，同时人口稀少降低了贿选和腐败的成本，选举结果极易受到少数人操控，这些选区就沦为了腐败和贿选的天堂："其产生的直接后果就是大量议席的占有落入少数个人之手……其次就是更众多的席位是可以买的，部分地是一种公认的买卖对象，以致通过贿赂、正式向有选权者付一定数额的钱，就可以获得议员地位这种'财产'，或者以其他多种变化形态把议员地位这种'财产'归结为金钱关系。"③ 在《草稿》中，黑格尔把英国政治的腐败状况比作罗马共和国末期，"出卖选票，如同罗马共和国最后时期。皇帝给他——如党派首领们——饮食和金钱赠礼，那么就为他省却了为了获得金钱而在市场上声嘶力竭叫嚷的劳顿，省得他被打成肉饼和被谋杀了，大肆斗殴。他的兴趣始终就盯着美食、金钱与娱乐（circenses），而这种方式使得两者都能得到满足"④。在黑格尔看来，这种腐败状况就是对自由最大的侵害，他指责英国人"为了金钱把自由和我的选票出卖给了出价最高的人"⑤。

---

① G. W. F. Hegel, *Berliner Schriften 1818 – 1831*, hrsg. v. Johannes Hoffmeister（Hamburg：Verlag v. Felix Meiner，1956），S. 723.

② 〔德〕黑格尔：《黑格尔政治著作选》，薛华译，中国法制出版社，2008，第 227 页。

③ 〔德〕黑格尔：《黑格尔政治著作选》，薛华译，中国法制出版社，2008，第 227 页。

④ 黑格尔非常喜欢将当时英国的状况与古罗马作比较，参见 G. W. F. Hegel, *Berliner Schriften 1818 – 1831*（Frankfurt am Main：Suhrkamp Verlag，1986），S. 553.

⑤ G. W. F. Hegel, *Berliner Schriften 1818 – 1831*（Frankfurt am Main：Suhrkamp Verlag，1986），S. 553.

这种腐败状况与英国的贵族寡头政治相结合，造就了英国式的特权社会。因为国家权力为贵族所把持，而这些贵族为了自身利益千方百计地阻挠英国在政治权利领域的现代化改革，黑格尔列举了三种在大陆国家早已废除但在英国仍然顽固存在的实定特权——这些特权在黑格尔看来不过是早已过时的封建权利，是现代理性国家必须予以铲除和清理的旧时代遗物。佩尔岑斯基认为，黑格尔眼中的特权，本身乃是荒谬的产物："不平等的法律关系以及特权本身就是错误的，因为它们损害了正义的理性原则。他们也是不明智的，因为他们造成了仇恨并可能导致普遍的不满与骚乱；为了特权利益而牺牲公共利益，以及其非理性，削弱了公共权威的力量并破坏了国家的统一与独立。"①

其一是什一税，黑格尔认为这样一种早已为新教国家所废除的税种本身就违反正义，因为"通过辛劳、花时间和费用把土地收益提高得越多，这种赋税就越是要增高，结果就不是鼓励改革耕作——在英国，投入这方面有大量资本，而是给其加上税负重负"②。其二，这种赋税在英国已经与其本身的宗教本质、宗教目的毫不相干，而变成了教士本人横征暴敛的工具，无论这些教士个人在宗教品行、个人道德上如何败坏，也无法对其进行革除。其三，黑格尔指出，由于英国在财产权法律上顽固保守，导致封建性的"长子继承权"仍然大行其道，这种实定特权沦为特权阶层为其子弟输送利益的管道："但在这方面固执私人法权的抽象观点对议会中拥有压倒影响的那个阶级来说是太有利了，因此这个阶级就与可以授予高等有利教会职位的内阁联系起来，而且关心用这类俸禄来照料系少子或弟弟的人。"③ 英国特权阶层对下层人民倒行逆施集中体现在爱尔兰问题上。一方面，英国极力压制信仰天主教的爱尔兰人民的宗教信仰自由，废除了爱尔兰的天主教堂，④ 另一方面又强迫作为天主教

---

① Z. A. Pelcynski, "An Introductory Essay", G. W. F. Hegel, *Hegel's Political Writings*, trans. by T. M. Knox (Oxford: Oxford University Press, 1964), p. 55.

② 〔德〕黑格尔：《黑格尔政治著作选》，薛华译，中国法制出版社，2008，第234页。

③ 〔德〕黑格尔：《黑格尔政治著作选》，薛华译，中国法制出版社，2008，第235页。

④ 阿维内里指出，黑格尔对天主教一向猛烈批判的态度此时也退居幕后，"甚至土耳其人也曾允许屈服于他们的基督徒、亚美尼亚人和犹太人绝大多数有其自己的教会……可是英国人却把他们征服了的天主教居民的所有教堂都给废除了"。参见〔德〕黑格尔《黑格尔政治著作选》，薛华译，中国法制出版社，2008，第236页。

徒的爱尔兰人向英国国教教士缴纳什一税，"爱尔兰人甚至被迫为维修现在英国国教教堂建筑，为备办礼拜器具等等出钱"①。黑格尔指出，这一切都"是为自私自利所支持的"②。

其次，黑格尔惊讶于已经进入工业革命时代的英国仍然保留了封建时代的领主权，工业革命和资本主义生产关系的建立使得领主不再要求农奴的人身依附，但是这种人身依附关系的瓦解毋宁说是使特权阶层的领主们免除了保障农奴生活的传统义务，领主们可以依其意愿任意驱逐在其土地上的农奴。③ 黑格尔颇为悲愤地指责领主权：

> 就是由于领主权所赋予的权利，才产生了这种现象：当领主们发现一种耕作方法更为有利，用这种耕作方法他们无需更多人手时，就把现今的耕种者成百甚至成千地从那些不属这些居民所有的茅屋里驱逐出去，而这些耕种者为了自己的生存差不多就像农奴一样维系于他们耕种的那块土地，他们的家庭几百年来就居住在这块土地的茅屋里，耕种这块土地，现在这些已然就一无所有的人连自己祖传的生存机会和故乡也被剥夺了，——这是为了行使权利，甚至为了确保把这些居民赶出那些茅屋的所在地，杜绝他们拖延迁徙和重又爬进这类住处的可能，让他们把茅屋一把火烧掉，这也是为了行使权利。④

最后，为了贵族特权阶层狩猎的兴致，无论这种特权阶层的癖好会对农民耕种产生多大的妨碍，也难以对之进行变革——因为遂行立法的特权阶层不会为正义所驱动而触动哪怕一丁点自身的利益。

在黑格尔看来，英国状况之混乱与不堪由英国国家政治生活和法律的非理性而起，如果英国法能够与时俱进，促使封建体系向现代制度和平有序地转变，那么下层民众受到的特权阶层的压迫和剥削就会大大减

---

① 〔德〕黑格尔：《黑格尔政治著作选》，薛华译，中国法制出版社，2008，第236页。
② 〔德〕黑格尔：《黑格尔政治著作选》，薛华译，中国法制出版社，2008，第237页。
③ "爱尔兰农奴虽拥有人身自由，另一方面领主却完全把财产掌握在自己手里，以至这些领主抛弃了关心耕种属他土地的居民生计的任何义务。"〔德〕黑格尔《黑格尔政治著作选》，薛华译，中国法制出版社，2008，第237页。
④ 〔德〕黑格尔：《黑格尔政治著作选》，薛华译，中国法制出版社，2008，第237～238页。

轻，如果英国的财产立法能够符合现代所有权原则，废除老旧的长子继承制，农业阶层也许就会获得土地以保生计，而不是陷入绝对的贫困状态。[1] 同时，英国只能靠向现代理性原则靠拢来改善自身状况，废除诸如什一税、领主权与狩猎法这样的封建特权本身就是成为现代国家的根本前提之一，它们是国民"增加的福利和根本自由的重要基础"[2]。

（三）改革法案：迈向理性与平等的开端

在《改革法案》开篇，黑格尔就表明了对英国议会改革法案的赞同："当前向英国议会提出的改革法案，首先是意在通过确立一种较大的均衡来取代现行选权分配中占统治地位的不平等和不公正的状态，使民众中不同阶级和党派在议员选举中所占份额的分配变得公正合理。"[3]

黑格尔以其一贯的政治理性主义对改革法案报之以欢迎，在他看来，对选区和议会议席的重新分配是对社会已发生的变化迟来的承认，改革法案攻击了英国对习惯法和"实定"法的依赖，表明英国开始接纳历史之中的理性，有史以来第一次将理性标准运用到现行政治制度上，从改革法案开始英国迈向现代的理性国家。英国所迈出的这一小步，将会对英国的政治和历史产生无比深远的影响：

> 正如我们说过的那样，英国一般的法权状态是以实定的东西为基础的，这种实定东西的原则事实上正在由于法案而受到震撼。这场震撼在英国是全新的，闻所未闻的，从这一推翻现存事物形式的基础的行动里，人们本能地预感到一些更深远的变化。[4]

这一变化更重要的意义还在于，通过议席的重新分配，把持议席的

---

[1] "从采邑占有向所有制转化的时机，没有给农业阶级取得地产带来好处，就转眼过去了。通过改变继承法，采取在子女中平分双亲财产的做法，通过准许为清债扣压和出卖财产……也许能给农业阶级取得地产带来某些可能性。但英国有关财产的立法……比之大陆国家享受的财产自由来说是差得太远了。"〔德〕黑格尔：《黑格尔政治著作选》，薛华译，中国法制出版社，2008，第238页。

[2] 〔德〕黑格尔：《黑格尔政治著作选》，薛华译，中国法制出版社，2008，第234页。

[3] 〔德〕黑格尔：《黑格尔政治著作选》，薛华译，中国法制出版社，2008，第226页。

[4] 〔德〕黑格尔：《黑格尔政治著作选》，薛华译，中国法制出版社，2008，第231页。

那些特权阶层将会被更广泛的社会代表所代替，这些人将是改革法案所试图攻击的特权阶层。佩尔岑斯基指出，黑格尔察觉到了改革法案的头等重要性，也就是对英国人对实定法权之服膺的一次震撼。法案似乎有远远超越于其直接目的的结果，而这就是黑格尔处理改革法案的理由。[①] 黑格尔在围绕改革法案的博弈中，看到的是一个不愿放弃特权的阶层背后的利益：

> 那情况也不可能是别的，而不外是迄今在议会内进行统治……那一阶级，由于引进新的人和不同原则，而愿经受某种改变。改革法案本身是会损害这一制度迄今的基础、即纯粹实定法权的原则的；这种原则可以使特权确保共占有状态，而不论这些特权同现实自由的法权有何种它们想要有的关系。[②]

1. 平等主义者黑格尔

贯穿《改革法案》的主题是黑格尔对于英国式的贵族特权政治的批判，有鉴于此，必须在此特别指出，黑格尔乃是一个真正的反对贵族特权的平等主义者，其对贵族特权的批判是一以贯之的，其对英国贵族及其特权制度的批判亦不是一时兴起，而是有着黑格尔政治思想的深刻根源。

在黑格尔看来，英国宪制始终处在私法、私权的程度上，这种私权性质以及贵族为了维持其自身利益顽固拒绝任何针对自身特权的改革，是一切贵族政治的通病。[③] 在《1830/31 年历史哲学讲演录》中，就卢克莱齐娅受辱后诸王被逐这一事件，与孟德斯鸠的观点不同，黑格尔认为"是贵族而不是平民，驱逐了这些国王"[④]，黑格尔借此讽刺贵族将自身特

---

① Z. A. Pelcynski, "An Introductory Essay", G. W. F. Hegel, *Hegel's Political Writings*, trans. by T. M. Knox (Oxford: Oxford University Press, 1964), p. 23.

② 〔德〕黑格尔：《黑格尔政治著作选》，薛华译，中国法制出版社，2008，第 256 页。

③ "大家知道，英国的立法完完全全是以特殊权利、特殊自由和特权为基础的……而国家法权仍停于其起源中的私人法权形式，从而也没有离开其偶然的内容。"〔德〕黑格尔：《黑格尔政治著作选》，薛华译，中国法制出版社，2008，第 230 页。

④ G. W. F. Hegel, *Vorlesung über die Philosophie der Geschichte* (Frankfurt am Main: Suhrkamp Verlag, 1989), S. 362.

权看作"神圣权利"的辩护,"所以,假如人们把贵族确立为神圣的族类,那么他们就侵犯了这种合法性,因为国王是他们的最高祭司"①,贵族压制平民的特权本身非但不是什么"神圣不可侵犯"的权利——贵族只不过是通过偶然的历史事件确立了这些私权,而且针对这种特权的平民行动还是正当的、具有历史精神的意义。在罗马贵族和平民的斗争中,黑格尔看到,贵族倾向于既存制度和自身特权辩护,并利用整套制度来压制平民——贵族是最为冷酷无情的。黑格尔把罗马贵族对平民的压制与英国在爱尔兰的统治相比较,"人民处于这种受压制的状况之下,就如同数年前爱尔兰人在大不列颠的情形,当时爱尔兰人民同样完全被排斥在政府之外"②。如同洛苏尔多所指出的,"黑格尔经常将古罗马和英国作比较:他反对罗马贵族的立场同时也就是反对英国权贵的立场"③。

在《1819/20年柏林演讲》谈到《拿破仑法典》的反对者时,黑格尔曾暗示,反对《拿破仑法典》的复辟运动背后是贵族封建特权的顽固性在作祟,他嘲讽那些烧毁《拿破仑法典》的行为,称它们只不过让人想起了蠢驴脚踢死去的雄狮的寓言,④ 这些人反对《拿破仑法典》是因为:"那些写东西以及叫喊着反对《拿破仑法典》的那些人可能已经认识到,《拿破仑法典》对他们而言是危险的。《拿破仑法典》包含了那种财产自由与对所有起源于封建时代之物加以克服的伟大原则。"⑤ 在《符腾堡》论文中,黑格尔猛烈地抨击了符腾堡贵族们为保持其封建特权所引发的这场宪政危机,在他看来这些贵族是符腾堡社会"最保守、最反动的成分"⑥,因为贵族们抗拒国王要求等级议会批准宪章以确认符腾堡所

---

① G. W. F. Hegel, *Vorlesung über die Philosophie der Geschichte* (Frankfurt am Main: Suhrkamp Verlag, 1989), S. 362.

② G. W. F. Hegel, *Vorlesung über die Philosophie der Geschichte* (Frankfurt am Main: Suhrkamp Verlag, 1989), SS. 362 – 363.

③ 〔意〕洛苏尔多:《黑格尔与现代人的自由》,丁三东等译,吉林人民出版社,2008,第141页。

④ G. W. F. Hegel, *Philosophie des Rechts. Die Vorlesung von 1819/20 in einer Nachschrift*, S. 172.

⑤ G. W. F. Hegel, *Philosophie des Rechts. Die Vorlesung von 1819/20 in einer Nachschrift*, SS. 172 – 173.

⑥ G. W. F. Hegel, *Philosophie des Rechts. Die Vorlesung von 1819/20 in einer Nachschrift*, SS. 172 – 173.

取得的现代转型成果的努力。①

与对贵族的厌恶相反，黑格尔对历史上推行的平等的任务和行动都予以高度评价。他称赞推行社会平等的格拉古兄弟为"最高贵的（die Edel-sten）人物"，说"这些人物所希望和致力的事业自为地拥有世界精神更高的认可，而且最终必将赢得胜利"②。而与对七月革命的支持相反，黑格尔对几乎同时爆发的 1831 年比利时暴动却持有保留态度，因为这场暴动是贵族王党分子发起的复辟风波。

2. 改革法案的问题：现代国家、王权与君主立宪制

与黑格尔这种反贵族的平等主义倾向相吻合的就是黑格尔对于王权的重视。与当今大多数人的想象不同，真正从历史的角度考察，王权在欧洲的封建体系下是促进平等的重要手段，如同基佐在其《1640 年英国革命史》中所指出的，贵族"行使了自卫的权利并保持了自由的准则"，而"君主们攻击过封建制度和贵族特权，他们将举国一致带进了立法机构，带进了行政机构；他们促进了平等"。③ 因此贵族制是强调自由的，而君主制是侧重平等的。

黑格尔在《1819/20 年柏林讲演》中对于王权在国家之中的地位作了较为明晰的界定。他说，"王权之所以首先被考察，是因为在王权中概念自身作为主观性的实存拥有了其地位。这一规定的第一个环节就是一般国家主权"④。从这一定义中我们可以看出，一方面，黑格尔将立宪君主制视为新时代的发明与作品，因为不同于古代人从飞禽的内脏、神谕中

---

① 阿维内里指出了符腾堡宪政危机的背景，"1815 年以后的符腾堡王国是一个完全不同于拿破仑时代之前的小小公国的政治动物。通过兼并周边小国和教会的土地，以及以前直属皇帝和中央（Reichsunmittelbar）的帝国骑士的归附，作为公爵领地的符腾堡的祖传领土几乎扩大了一倍，其统治者也上升到国王之尊的地位。在拿破仑影响的激励下，全面的行政和司法改革改变了这个国家的全部结构，现代的、理性的文官制度取代了旧等级议会常务委员会的旧的、寡头的、半独立的和腐败的小官僚团体"，S. Avineri, *Hegel's Theory of the Modern State* (Cambridge: Cambridge University Press, 1972), p. 73.

② G. W. F. Hegel, *Vorlesung über die Philosophie der Geschichte* (Frankfurt am Main: Suhrkamp Verlag, 1989), S. 377, 洛苏尔多指出，格拉古家族在当时几乎就是"事实平等"（de facto equalitiy）、"农业法"，甚至社会主义和共同体主义的代名词。〔意〕洛苏尔多：《黑格尔与现代人的自由》，丁三东等译，吉林人民出版社，2009，第 127 页。

③ 〔法〕基佐：《1640 年英国革命史》，伍光建译，译林出版社，2016，第 5 页。

④ G. W. F. Hegel, *Philosophie des Rechts. Die Vorlesung von 1819/20 in einer Nachschrift*, S. 247.

获得政治决断，现代人以主观性的君主来行使政治权力；另一方面，黑格尔将君主与主权等同视之，王权代表了国家的政治统一和普遍利益。①

与王权相对立，黑格尔把贵族私权及其顽固性视为构筑现代国家的一大障碍，在开启国家的现代之路时，强有力的王权是铲除邪恶的封建特权的必要条件，因此，黑格尔批评历史上各种强化贵族自由而削弱王权的举动，在他看来由贵族自由主导建构的国家缺乏"政治整合能力"，最终只会是一盘散沙，无力给予现代国家以其所必需的凝聚力。在《1819/20 年柏林讲演》中黑格尔通过历史考察指出，打着古老自由旗号的贵族政治如何毁掉了德意志帝国和波兰。② 德意志帝国和波兰都实行所谓的"君主选举制"，这种"君主选举制"作为贵族等级自由制无非就是贵族私人利益的丑陋交易，充满了各式利益平衡和幕后的暗箱操作。③ 在青年时代的《德意志宪制》中黑格尔描述了实行贵族等级自由制的德意志帝国如何无法形成国家的"有效防御"，从而导致了战争的一败涂地，而在波兰，这种政体直接造成了一个历史上颇为强悍的民族亡国三百余年。④

在这一立场上，黑格尔歌颂近代欧洲历史上"专制主义"（Despotismus）压制贵族特权的努力，在他看来革命也可以由君主自上而下发起。

---

① 施内德尔巴赫指出，黑格尔反对人民主权学说的原因就在于此，在他看来"黑格尔凭借那种论证，即人民仅仅在一个人格表现了这种主权的最清晰的那个地方，才在国家中赢得了其主权，从而拒绝与君主制相对立的一种革命性的人民主权想象"，G. W. F. Hegel, *Grundlinien der Philosophie des Rechts*, hrsg. v. Ludwig Siep（Berlin：Akademie Verlag, 1997）, S. 252.

② "执政者在这种情况下（君主选举中）显得好像是受人民委托而担当职务的；君主就有了一种委托人的性格。当我们以史为鉴，我们发现，在那些简单的民族那里可能会发生这种事情。德意志帝国因此陷入了沉沦，波兰同样如此……只有德意志帝国从来没有表现出一种理性的状况。" G. W. F. Hegel, *Philosophie des Rechts. Die Vorlesung von 1819/20 in einer Nachschrift*, S. 247.

③ G. W. F. Hegel, *Philosophie des Rechts. Die Vorlesung von 1819/20 in einer Nachschrift*, S. 247.

④ 1374 年波兰贵族获得"科息茨特权"，波兰贵族的领地依照此特权可以世袭相传，有权选举国王和充任国家文武官职，且除了服役外不必再纳税；1433 年"克拉科夫特许状"规定未经审判不得监禁任何贵族；其后贵族不断获得各种可以对抗王权的特权；1652 年在贵族纵下，波兰议会甚至通过了所谓的"自由否决权"，规定议会的决议只有在一致通过的情况下，才能发生效力，只要有一人表示反对就不能通过。这种贵族权力限制王权的最终代价是波兰于 17 世纪走向衰落、18 世纪亡国。

在《1817/18 海德堡讲演》中，黑格尔在述及革命的发生原因之后，[①] 指出"革命不是从君主发起就是从人民发起。因此黎塞留主教压制了贵族并且把普遍物提高到他们之上。这是专制主义，但是他对贵族特权的压制是真理之事（das Wahre）。至于他的敌人，即德国人，他支持贵族反对国家"[②]。黎塞留对专制主义的压制与法国大革命是一体两面，[③] 他们最终造就了现代国家。

就英国的情况而论，英国宪制是以《大宪章》为开端的典型的贵族自由制。当黑格尔把目光转向英国式的贵族式自由之时，对以《大宪章》和《权利法案》为基础的英国宪制当然会予以毫不留情的批判。就《大宪章》的历史起源来说，黑格尔在《1830/31 年历史哲学讲演录》中称："英国贵族强迫国王接受《大宪章》，然后公民（Bürger）却从中一无所获，毋宁说他们的境遇还是停留在先前的状态。"[④] 英国贵族采取了和罗马贵族同样的方式，即强迫君主接受自身特权、私权，并将此种特权永恒化和神圣化。[⑤] 黑格尔紧接着又谈到了贵族自由下的波兰："波兰的自由同样不过是贵族反对君主的自由，在这种自由之下国家被贬低到了绝

[①] "当精神自为地进化而各种制度并未随着进化着的精神发生变化之时，就会出现一种真正的不满，而且这种不满又无法得到补救，那么就会出现和平的紊乱，由于这种紊乱其他制度而不是现实中的制度就出现在了自我意识的概念中：一场革命就发生了。" G. W. F. Hegel, *Philosophie des Rechts*. Die Mitschriften Wannenmann（Heidelberg 1817/18）und Homeyer（Berlin 1818/19），herausgegabe，eingeleitet und erläutert von Karl-Heinz Ilting（Stuttgart：Klett-Cotta，1983），S. 174.

[②] G. W. F. Hegel, *Philosophie des Rechts*. Die Mitschriften Wannenmann（Heidelberg 1817/18）und Homeyer（Berlin 1818/19），herausgegabe，eingeleitet und erläutert von Karl-Heinz Ilting（Stuttgart：Klett-Cotta，1983），S. 174.

[③] 黑格尔在多处地方提到了黎塞留压制贵族封建特权的举动，在《1830/31 年历史哲学讲演录》中他认为路易十四成为绝对君主要归功于黎塞留对贵族特权的压制，而黎塞留作为一个天主教主教，为了法国的国家利益，"拯救"了德国的新教宗教自由。

[④] G. W. F. Hegel, *Vorlesung über die Philosophie der Geschichte*（Frankfurt am Main：Suhrkamp Verlag，1989），S. 511.

[⑤] 黑格尔在《改革法案》中又对这种贵族强迫君主接受的私权进行了批判："大宪章、权利法案这些后来经议会决议进一步加以规定的英国法制的极重要的基础，都是用强力逼取来的国王的特许，或恩赐品、协定之类的东西，而国家法权仍停于其起源中的私人法权形式，从而也没有离开其偶然的内容。"参见〔德〕黑格尔《黑格尔政治著作选》，薛华译，中国法制出版社，2008，第 230 页。

对的奴役状态（absoluten Knechtschaft）。"① 在黑格尔看来，贵族自由就是国家和人民的奴役。

黑格尔把王权视作人民的盟友，而贵族从来都是迫害人民的敌人："获得人民支持的君主们战胜了施加不平等的特权阶层；但在人民支持贵族或者贵族断言其自由是反对君主的地方，实定法权或者说不法（Unrechte）都得到延续。"② 黑格尔把贵族的实定法权与不法等而观之，依照这种看法，他对英国式的君主立宪制展开了批判。《改革法案》就是在论及英国王权状况的时候，语调为之一变从而转向批判：

> 但现筹划的改革完全没有运用能使法制中君主成分得以进一步扩展势力的方式；恰恰相反，如果法案不可能立即就遇到普遍不满的话，对王冠权力的忌恨，并且是那种英国人的最执拗的偏见，就一定会照样存在下去，所建议的方策也毋宁要将其一部分声望归诸如下情况，即人们看到通过法案王权的影响将更为削弱。③

很显然，黑格尔非常不满意改革法案未能扩展王权反而削弱了王权这种情况。黑格尔对这种情况下改革法案是否能够成功地动摇实定法权表示怀疑，因为王权与平民的联合是推行平等、推进国家走向理性的根本动力，并且在英国国家内部各种政治权力的剧烈的冲突中，王权本来可以作为一个理想的居间调和者、抑制各种党派斗争的重要力量：

> 那么，假使实定特权利益与现实自由要求间没有更高的中间威力调解和抑制它们，斗争就可能以威胁的姿态变得更加危险。因为，君主制成分在英国是没有威力的。由于有这种威力，其他国家才能把从早先仅仅以实定法权为根据的立法向以现实自由为基础的立法的过渡归功于君主制成分，而且是那种纯粹免于震撼、暴行和劫夺的过渡。④

---

① G. W. F. Hegel, *Vorlesung über die Philosophie der Geschichte* (Frankfurt am Main: Suhrkamp Verlag, 1989), S. 511.

② G. W. F. Hegel, *Vorlesung über die Philosophie der Geschichte* (Frankfurt am Main: Suhrkamp Verlag, 1989), SS. 511－512.

③ 〔德〕黑格尔：《黑格尔政治著作选》，薛华译，中国法制出版社，2008，第231页。

④ 〔德〕黑格尔：《黑格尔政治著作选》，薛华译，中国法制出版社，2008，第258页。

众所周知，光荣革命之后英国确立起议会主权原则、议会至上主义，而君主也逐渐处于"统而不治"的地位，成为名义上的国家元首，实际上只具有代表国家统一和国家荣誉的象征性地位，而黑格尔却从这种虚君制中看到了危险。黑格尔仍然依据其王权压制贵族特权的政治观理解和抨击英国的君主立宪政体。在摘录中，黑格尔又以其罗马史观来理解英国的政治局势："新内阁可以为国王搞到上院，但是会造成国王输掉下院，那么国王的获利在哪儿呢？——英国的贵族政治在尝试冒险的举动，也就是把政府（Regierung）和人民分离开；他们在召唤贵族（Patriziat）与平民（Plebejer）的危险冲突。"①

在他看来英国贵族一方面架空了王权，另一方面竭尽一切手段阻止人民参与到政府权力之中，英国贵族已经垄断了英国几乎所有的政治权力——人民受压迫，但是却无法靠王权来获得解放，因为英国王权已经沦为虚弱的象征。在《改革法案》的正文中，黑格尔考察了英国的君主立宪制，他指出英国君主的政治功能已经彻底沦为政治职务的"任命者"，并不具有任何影响实际政治的权力，国王虽然任命首相，但是内阁的召集却是由首相负责，而国家真正重要的"即对进行和战、掌握军队和大使等等方面需用的一整范围手段的主权决定，是归议会掌握"②，甚至王室的生活费用预算也必须经议会批准，王室的私产也被议会收归到自己的管辖之下。黑格尔暗示，在贵族操控的议会内部反君主的力量占据了多数，而贵族对通过改革法案让中产阶级与自己分享政治权力并不心甘情愿。③ 在英国这种议会制下，内阁本身也是依附于议会，只有顺从于议会的"想法和意志"，内阁"才能存在"。在天主教解放法案和改革法案的辩论中，议会指责内阁将国王对这些法案的赞成态度泄露了出来，黑格尔惊讶于英国的政治礼节已经将王权限制到了极其狭窄的地步——

---

① G. W. F. Hegel, *Berliner Schriften 1818 - 1831*, hrsg. v. Johannes Hoffmeister（Hamburg：Verlag v. Felix Meiner, 1956），S. 723.

② 〔德〕黑格尔：《黑格尔政治著作选》，薛华译，中国法制出版社，2008，第250页。

③ "在这里不应忽视的是，昔日为了能使威灵顿内阁解职而有足够份量的反君主制成分的多数，现在正如众所周知的那样，在对改革法案进行二读时，却仅仅是超过一票的多数，而这个法案是指向贵族特权的。"〔德〕黑格尔：《黑格尔政治著作选》，薛华译，中国法制出版社，2008，第255页。

国王的态度也是一种不适当的影响，① 《草稿》中说公爵、伯爵可以有影响、私产，但是国王却偏偏不允许有。在这种情形下，黑格尔根本看不到他所期望的那种由王权推动的改革前景，因为"君主参与政府权力更多就是幻想，而不是现实的事情，政府权力的实体也就在议会之内"②，国家权力结构中属于国王的对两院法案进行批准和拒绝的权利，"最终也就更成为幻想了"。

黑格尔对塞耶曾试图在法国推行的这种与英国类似的政治法案进行了嘲讽，这样一位不享有任何政治权力的虚君被黑格尔所崇拜的拿破仑看成是一头"靠几百万人喂肥的猪"③，有才干和荣誉感的人只会把这样的角色看成是耻辱，结合《草稿》，就更可看清黑格尔反对这种虚君制的原因。黑格尔在《草稿》第 2 页中写道："国王被降成胜利的宣命者兼选举人（Proclamateur-electeur）。国王无须负责，政府会出问题（problematisch）。"④

不负担任何责任的王权难以平衡各种冲突着的政治利益，而处于转型期的英国需要的是拥有足够政治权威的"主权性力量"，并借着这种力量来缓和纷繁复杂的党派斗争。国王的那些政治权力虽然仅仅是"形式的东西和没有权势的东西"，但是真正说来，其"实质上是落脚到政府权力有效存在的问题上去"，因为王权是一国政治权力的根基，只有在这种根基之上才会有稳固的政治秩序。因此，黑格尔在《草稿》中将国王看作"弥补缺陷的那种平衡"，而这些缺陷是如此的"无能、无知和粗野"，然而可叹的是，"这种缺陷却并没有在提出的方案中被抛弃"⑤。

---

① "这里的问题倒不是实现君主全权，被认为不适当的只是权威或国王个人的看法可能发挥的影响。"〔德〕黑格尔：《黑格尔政治著作选》，薛华译，中国法制出版社，2008，第 36 页。《草稿》："首相被指责，把国王对改革法案的赞同透露了出来，国王借此施加了不得体的影响。"G. W. F. Hegel, *Berliner Schriften 1818 – 1831*（Frankfurt am Main：Suhrkamp Verlag, 1986），S. 554.

② 〔德〕黑格尔：《黑格尔政治著作选》，薛华译，中国法制出版社，2008，第 250 页。

③ 〔德〕黑格尔：《黑格尔政治著作选》，薛华译，中国法制出版社，2008，第 250 页。

④ G. W. F. Hegel, *Berliner Schriften 1818 – 1831*（Frankfurt am Main：Suhrkamp Verlag, 1986），S. 554.

⑤ G. W. F. Hegel, *Berliner Schriften 1818 – 1831*（Frankfurt am Main：Suhrkamp Verlag, 1986），S. 554.

（四）理性国家：民主抑或良政？

1. 改革法案的具体政治局限

改革法案本身并不是英国社会环境的彻底变革，它不过只是一次议会改革而已。英国众多领域都需要进行彻底的改革，而这些改革的推行或许需要英国法制的进一步彻底改革，而全面的改革包含着其他更深远的社会条件——它们涉及司法、社会救济、国家与宗教的关系等各个领域。① 改革法案推行后什一税不会减少，更遑论废除，因为在英国什一税和教职已经成为和私人财产一样的东西，教会和国家都没有建立监督使用的制度；面对积重难返的爱尔兰问题，按照改革法案下议院确实为爱尔兰增加了席位，天主教徒会占据这些席位，但是法案同时增加了"那个其利益与教会前述状况联在一起的阶级的成员，却可以超过与安排爱尔兰成员保持平衡的程度"②，并且爱尔兰农民的贫困状况不会有丝毫的改变。

改革法案不但无力推进全面改革，甚至可能适得其反进一步恶化现状。黑格尔认为，"改革法案甚至可能强化既有社会阶级对议会代表的掌握"③。迄今统治英国议会的特权阶层不仅不会被削弱，反而获得了加强：

> 然而，有种看法是普遍的，并且靠法案也得到了颇大的重视，这就是地产和农民的利益不惟根本不丧失其影响，反而更多地会得到一种相对的扩展，因为关于待转除的选举权的方案要分给大城市或商业利益的只有25个议会成员，但却把其余81个席位分给一些州郡或地产方面，其中包括一些小自治市，这里绝大部分也为地主的影响所支配。④

---

① "使法院道路只许富人靠近的混乱司法中的那种过高费用，在爱尔兰必要性和正当性都要求的、但内阁不能加以采纳的济贫税，我们还要进一步谈到的教会财产的使用，以及社会联系的其他许多大的分支都予以变更，就还要有国家政权中其他一些先决条件，这些条件和改革法案中所包含的条件有别。"〔德〕黑格尔：《黑格尔政治著作选》，薛华译，中国法制出版社，2008，第233页。

② 〔德〕黑格尔：《黑格尔政治著作选》，薛华译，中国法制出版社，2008，第237页。

③ S. Avineri, *Hegel's Theory of the Modern State* (Cambridge: Cambridge University Press, 1972), p. 218.

④ 〔德〕黑格尔：《黑格尔政治著作选》，薛华译，中国法制出版社，2008，第241～242页。

由于大地主不费吹灰之力就可以将自己手下的佃农装扮成拥有四十先令收入的自由不动产所有权人，继续操控选举于他们而言根本算不上什么难事。而且，改革法案看似扩大了选举权的范围，实际上却使得爱尔兰的选民人数减少了二十万之多，制造了新的社会不公。最后，由于通过贿选获得的金钱已被穷人们视为光明正大的收益，由于改革法案提高了选举资格，这些可怜的穷人丧失了这一收益，却未得到一分一毫的补偿。

2. 抽象民主与利益代表制

在指出改革法案的这些具体政治局限之后，黑格尔对改革法案的批判展现出了更鲜明的"黑格尔风格"——也就是对抽象民主的批判。黑格尔一直以来都对改革法案及其背后的自由主义势力不甚满意，黑格尔认为这些自由主义者首先是幼稚地"试图通过纯粹的议会选举改革来改变这些现实环境"[①]；其次，在"在自由主义者们的努力背后，黑格尔看到了新中层阶级的自我利益，这个阶级把改革等同于自己掌权"[②]。自由主义者们拥护的是黑格尔一直持批判态度的抽象民主，这种抽象民主将加重现代生活中孤立个体的原子化危险。[③]

因此，在《改革法案》开篇，黑格尔就暗示在历史的这个时刻，欧洲人还没有做好应对民主的准备："古代人从其年轻时起就属于民主制，在民主制下身历一长系列经验，同时也善于在这些经验上作自己深邃的反思，他们对民众意见具有另一种观念，与今日似乎更多是 a priori（先验地）就存在和流行的观念不同。"[④]

在黑格尔的"第一部法哲学"著作《论自然法的科学探讨方式》中，黑格尔就提出了自己的"等级"学说。[⑤] 后来随着黑格尔对现代社会认识

---

① S. Avineri, *Hegel's Theory of the Modern State* (Cambridge: Cambridge University Press, 1972), p. 208.

② S. Avineri, *Hegel's Theory of the Modern State* (Cambridge: Cambridge University Press, 1972), p. 208.

③ 如同赫内所言，"改革法案扩大选举权只是意味着一种更进一步的原子化"。Horst Höhne, "Hegel und England", *Kant-Studien* (Berlin: De Gruyter, 1936), S. 253.

④ 〔德〕黑格尔：《黑格尔政治著作选》，薛华译，中国法制出版社，2008，第 227 页。

⑤ 在《论自然法》中黑格尔按照伦理的绝对必然性，将登记划分为自由人的等级和非自由人的等级，其中第一等级（即自由人等级）对应着伦理领域，表现为统治者和护卫者，类似于柏拉图《理想国》中的哲学王与城邦护卫者；而第二等级（即不自由人等级）对应着实在经济领域和财产法律领域，表现为市民（商人）、农民。

的加深，黑格尔的等级学说也相应地从古典意义上的等级转向了现代等级。按照施内德尔巴赫（Herbert Schnädelbach）所言，黑格尔提出等级学说的基本动机不是怀古或者试图复辟旧的社会秩序，而是基于利益，从思想的角度探讨抽象—普遍的国家权力与人们习惯上称之为"人民的"、孤立的个人的"无形式的大众"之间的对立。① 黑格尔看到的是，那种他不满意的霍布斯以来的公民契约理论家就一直主张这种原子的、抽象的观点以及私人与作为公共生活的国家之间的对抗。在黑格尔看来，等级作为中介，可以抵御这种危险，保障"个人也不致结合起来成为群众和群氓，从而提出无机的见解和希求并成为一种反对有机国家的赤裸裸的群众理论"②。个体的人有必要通过等级活动与普遍的国家联系在一起，以个人主义为名废除等级结构乃是危险的举动。③

现代世界的个体陷入了原子化与相互疏离的状况，这种状况会导向彻底的物欲化和完全的利己主义，而等级却"有助于把市民社会成员的利己主义目的引向普遍结构"④，促使个体参与到普遍的共同生活之中。在黑格尔看来，完全自私自利的个体会遗忘人本身的公共性，完全忘却普遍性的一面，与共同体的政治生活、与国家相疏离，把国家作为陌生之物对待，对共同体的政治活动持冷漠的态度。在《符腾堡》论文中，黑格尔认为在国王试图建立的那种无差别的代议制下，"公民们是作为孤立的原子而出现，选举集会表现为混乱而无组织的聚集，整个民众分解成了一堆人。这是共同体在着手行动时决不应该采取的一种形态。这种形态是与共同体极不相称、与共同体的概念——作为精神的秩序——极为矛盾的

---

① H. Schnädelbach, "Die Verfassung der Freiheit", G. W. F. Hegel, *Grundlinien der Philosophie des Rechts*, hrsg. v. Ludwig Siep, （Berlin: Akademie Verlag, 1997）, S. 257.

② 〔德〕黑格尔：《法哲学原理》，范扬、张企泰译，商务印书馆，2009，第 365 页。

③ "在近代，人们废除了同业公会，这意味着个人应各自照顾自身。我们可以接受这点，但仍认为个人谋生的义务并不因同业公会之故而有所变更。在现代国家的条件下，公民参加国家普遍事务的机会是有限度的。但是人作为伦理性的实体，除了他私人目的之外，有必要让其参加普遍活动。这种普遍物不是现代国家所能常提供他的，但他可以在同业公会中找到。"参见〔德〕黑格尔《法哲学原理》，范扬、张企泰译，商务印书馆，1982，第 251 页。

④ S. Avineri, *Hegel's Theory of the Modern State* （Cambridge: Cambridge University Press, 1972）, p. 165.

形态"①。这种代议制只会使人民沉溺在"私人利己欲和有限精神"②,产生巨大的政治冷漠。因此,黑格尔主张不以财产,或者单纯的人口数字来设置选举权,而代之以一种有差异的划分方式,他称之为"一种有生命力的联系仅仅存在于有机划分的整体,这一整体的各个部分本身便构成特殊的、附属的范围"。③

我们可以看到1817年《符腾堡》论文中的这些提法与1831年的《改革法案》的思想高度相似。在《改革法案》中,黑格尔认为英国改革法案所主张的那种更普遍的选举权,"并不显得那么诱人,可以引起强烈的权利要求及由此而产生的运动,在有选举权的人们那里占统治地位的毋宁似乎是对选举权的巨大冷漠态度"④。他为了说明这种"冷漠",就具体讨论了几个选举的例子:在爱尔兰因为议会法令二十多万人丧失了选举权,但不见得这些失去选举权的人会"对丧失参与国家政府事务的这种职分而提出申诉"⑤;在英国和法国的选举中,出席人数往往很少,并且在英国选民往往把选举看成是"于他们不大要紧的苦差",需要候选人用贿赂手段才能让他们投下选票。黑格尔指出,在现代的普遍选举中,由于选民的巨大基数,一张选票所代表的意义变得非常微不足道:"助长这种(选举)情绪的东西,显然是对个别选票在成千上万张竞相投于一次选举的选票中真正漠不相干的感觉。"⑥ 在法国要选举的大量议员中,"那么个别选票就表现为整个选举权利的二十万分之一,表现为立法权力三分之一中的九千万分之一"。⑦

针对这种抽象选举权所带来的普遍政治冷漠,黑格尔的解决方案与《符腾堡》论文中提到的类似,他提出了利益代表制的选举体系,即"一种有差异的选举体系,在这种体系中正当利益团体将会得到代表且不是一种抽象的选举团"。在英国这样一个繁荣的商业帝国,有众多对英国国家来说重要的大利益——如果依照改革法案,选举权人数占多数的中产

---

① 〔德〕黑格尔:《黑格尔政治著作选》,薛华译,中国法制出版社,2008,第136页。
② 〔德〕黑格尔:《黑格尔政治著作选》,薛华译,中国法制出版社,2008,第141页。
③ 〔德〕黑格尔:《黑格尔政治著作选》,薛华译,中国法制出版社,2008,第137页。
④ 〔德〕黑格尔:《黑格尔政治著作选》,薛华译,中国法制出版社,2008,第245页。
⑤ 〔德〕黑格尔:《黑格尔政治著作选》,薛华译,中国法制出版社,2008,第246页。
⑥ 〔德〕黑格尔:《黑格尔政治著作选》,薛华译,中国法制出版社,2008,第247页。
⑦ 〔德〕黑格尔:《黑格尔政治著作选》,薛华译,中国法制出版社,2008,第247页。

阶级就会主导国家事务，英国议会就会由"小商贩"主导，议会就变成了一个仅仅是有"有投票权者的会团"而无法形成一个整体。因此黑格尔认可"大利益应该得到代表"这一传统英国式观点，如马杜所言，"黑格尔赞同传统英国人的观点，也就是国家中的大利益通过其自己的建议要比通过普选的代表更能得到实现。普选的代表制基于主体的个体意志。抽象的个体在此与普遍的国家相对立。个体既没有通过制度、阶级或者同业公会与国家连结起来，也没有有机地整合到伦理国家的结构之中"。①虽然由于时代的变化，英国议会现有的利益代表制已经落后于时代的发展，但其是否可以在新时代条件下重获新生？

就国家生活的各现实基础成分实际上作了区分，就政府与行政管理中必须对这些成分的不同内蕴作根本考虑来看，也应当有意识地、明确地承认和注重这些基础成分本身，在要谈论它们并对其作出决定时，也应当允许辩明这些成分。拿破仑在他给意大利王国制定的那个宪法中就曾用上述观点的精神，依据 Possidenti，Dotti，Merchanti〔所有者、学者、商人〕的阶级区分，分配代表权。②

虽然黑格尔支持英国的传统利益代表制，但是他也抨击了英国这些大利益集团（比如东印度公司与英格兰银行）在维护这种利益代表制所采用的腐败方法，也就是那些"重要通道"——通过在腐败选区贿买议席，各大利益集团能够向英国议会派驻自己的代理人。而改革法案推行后，腐败选区的议席会被取消，这些"重要通道"就会被堵死，利益代表制就不复存在了。黑格尔指出，英国的"法制使得必然的东西听诸偶然，使必然的东西必需得通过道德所谴责的道路才能奏效，这却是法制的缺陷"③。

3. 治国者与原则家

黑格尔从利益代表制的这种消亡中看到了更深层次的问题所在，因为英国历史上包括了伯克在内的众多卓越政治家都是通过这些"重要通

---

① *Politik und Geschichte*，*Zu den Intentionen von G. W. F Hegels Refrombill-Schrift*，hrsg. v. Christoph Jamme und Elisabeth Weisser-Lohmann（Bonn：Bouvier Verlag，1995）.

② 〔德〕黑格尔：《黑格尔政治著作选》，薛华译，中国法制出版社，2008，第243页。

③ 〔德〕黑格尔：《黑格尔政治著作选》，薛华译，中国法制出版社，2008，第242～243页。

道"发展起来的，这些人有着卓越的治国理政才能，他们献身政治活动，以其卓越才能参与英国国家的管理，没有旧体制下的他人襄助，这些没有多少财产和利益关系的人根本无法踏上政治舞台。如同赫内所言，"但英国这种完全自相矛盾与腐化的状况也有好处，这种状况可以为一种政府的形成奠定基础，即议会内的大多数人都是治国者（Staatsmänncr），他们自青年时代开始就献身于政治事务，以政治为业，靠政治为生……必须构建政府，因此必须给予在治国理政上富有经验的治国者团体以信任"①。尽管黑格尔说出现这样的治国者只是一种"或然性"，但是他也承认，"事实上，改革法案本身并没有什么进一步的保障，使按照这一法案经损害迄今的实定法权选出来的一届下院会更卓越一些"②，他第一次肯定英国议会，说在那里"一定数目富有才能、完全献身于政治活动和国家利益的人物，总是胜于一大堆无能无知、染有习惯的偏见、从交谈中吸取教养甚切连这些东西也不具备的人"③。

正如其推动者格雷所言，改革法案本身只是试图把在工业革命的时代大潮中发展起来的工商业资产阶级纳入英国国家权力体系中。在黑格尔看来，改革法案承诺的抽象民主并不会带来更好的政治治理，因为这些阶级中选出的代表不一定会更"优秀"。治国者要求具备各种"才能、专业知识、熟练能力和精神教养"④，国家管理人员应当"对理论有研究、有科学素养、有实际训练和经验"⑤。黑格尔嘲笑改革法案以 10 镑自由收入作为选举权门槛，因为改革法案认为一个人有了 10 镑收入就可以参与国家管理，就可以决断无限重要的国家事务。而黑格尔也重复了其在《法哲学原理》中对于行政人员选拔的强调，在他看来，英国这些委身政治

---

① Horst Höhne, "Hegel und England", *Kant-Studien* (Berlin: De Gruyter, 1936), S. 314.
② 〔德〕黑格尔:《黑格尔政治著作选》，薛华译，中国法制出版社，2008，第 243 页。
③ 〔德〕黑格尔:《黑格尔政治著作选》，薛华译，中国法制出版社，2008，第 252 页。
④ 〔德〕黑格尔:《黑格尔政治著作选》，薛华译，中国法制出版社，2008，第 249 页。
⑤ 〔德〕黑格尔:《黑格尔政治著作选》，薛华译，中国法制出版社，2008，第 240 页。在《法哲学原理》中，黑格尔强调了行政人员选拔必须依据才能，而不是其出生，国家权力不能成为任何人的私产和特权:"个人之担任公职，并不由本身的自然人格和出生来决定。决定他们这样做的是客观因素，即知识和本身才能的证明;这种证明保证国家能满足它对普遍等级的需要，同时也提供一种使每个市民都有可能献身于这个等级的唯一的条件。"参见〔德〕黑格尔《法哲学原理》，范扬、张企泰译，商务印书馆，1982，第 311 页。

的优秀政治家，他们之所以不得不靠与特权结交的方式获得政治机遇，是因为英国并没有如德国那样建立起一套现代的理性行政选拔制度："只要公务与其他条件——例如从事过科学研究、通过了国家考试、完成了预习科目这类——不相联系，个人就一定会归向那一阶级。"① 作为普鲁士行政改革的支持者，黑格尔当然捍卫了普鲁士通过改革所取得的成就。阿维内里指出，在黑格尔的时代，"在英国，尚不存在真正的公务员。因为普鲁士有相对开明的官僚阶级，所以与当时英国普遍流行的腐败行为相比，19 世纪 20 年代的普鲁士在这方面肯定更为现代"②。

青年时代的黑格尔在《德意志宪制》中希望有一位提修斯式的"强力人物"来充当国家的立法者和创建者，以使得德意志能够从四分五裂的状态转变为一个真正的政治统一体：

> 对他们来说德意志各族的结合是某种完全异己的东西。德意志民族的普通民众……必得一位征服者的强力才会聚为一体，他们必定要被迫把自己看作是属于德国的。这位西修斯必须能有宏大气概，让他从许多分散小族创造成的民族参与和一切人相关的事情。③

而在历史情境完全不同的 1831 年，黑格尔所期望的已经不是那种"强力人物"，而是切实践行政务、推行国家治理的行政人员，他开始为现实的政治态度进行辩护而不是激烈地批判它。其中的缘由在于，黑格尔认为《德意志宪制》中的那个德国已经实现了真正的现代化转变，"现在，要求改变和现代化、要求彻底抛弃旧秩序的声音变成了要求适度、要求小心保存事物现有架构的声音。有时，这被认为是黑格尔好像已经从一个年轻的激烈批判家变成了一个适应现实的温和主义者，如果不是古板的保守主义者的话。然而，关键在于，社会—政治秩序已经同时得到了完全的改造。黑格尔现在开始辩护的制度已经不是他在 1801 年十分激烈地批判过的制度。在 1805 年至 1815 年的关键十年中，不是黑格尔的观点改变了，而是德

---

① 〔德〕黑格尔：《黑格尔政治著作选》，薛华译，中国法制出版社，2008，第 252 页。

② S. Avineri, *Hegel's Theory of the Modern State* (Cambridge: Cambridge University Press, 1972), p. 159.

③ 〔德〕黑格尔：《黑格尔政治著作选》，薛华译，中国法制出版社，2008，第 112 页。

国社会和政治生活的整个框架在拿破仑战争的剧烈震撼下被改造了。黑格尔1815年左右为之辩护的德国体制正是他在1802年乐见其成的体制"①。

在英国局势下，黑格尔看到了他所信赖的"从政者"与"原则家"之间的对立，即英国会选择德国式的理性"良政"还是法国式的抽象"原则"？由于更大数量的贫民和无产阶级被改革法案忽略了，这些人及其代表会为了争取更大范围的选举权和社会权利以激进的方式对抗现存政治体制。因为英国特权阶层迄今拒绝接受和采纳构建理性国家的那些"原则"，固守习惯法和实定特权，甚至都还没"认真想想这些制度设施"，所以英国离理性国家的距离仍然相当遥远，更由于"英国内部可惊的财富和绝望的贫困之间的对立是非常之大的"②，那些寻求改革的力量、那些借着改革法案走上政治前台的政治新人很可能就会蜕变成社会中的"反对者"，以法国式的"原则家"的姿态出现——他们可能会为了虚荣或者政治利益煽动大众，以法国式暴力革命颠覆现行体制，要求疾风骤雨般地实现这些"原则"的要求。在《草稿》中黑格尔谴责那些煽动家，说这些是"为了内阁之位进行煽动"，进行煽动"给了这些脑子里（无意识的？）总是普遍东西的人以利益"。就如佩尔岑斯基所指出的，"统治阶级在保持现状的情况下拥有既得利益，并且怀揣了实证态度，一种粗糙的理性主义可能就会对大众或者说至少政治上没有经验的中产阶级产生影响，这就会造成他们与统治者之间的冲突。这种冲突越是互不妥协也就越容易走向暴力，最终现状的改变也就越是彻底。一旦古老的秩序被破坏，新的秩序，尽管在理论上看起来是理性的，在实践上却并不是那么完全稳定和持久的。革命会造成动乱，于普通民众间流传了数年的扭曲的以及过分简单的原则，煽动政客们准备利用这些原则来获得压制其对手的权力，所有这些恶魔都会困扰一个国家数年之久"。③

---

① S. Avineri, *Hegel's Theory of the Modern State* (Cambridge: Cambridge University Press, 1972), pp. 69 – 70.

② 〔德〕黑格尔：《黑格尔政治著作选》，薛华译，中国法制出版社，2008，第253页。

③ Z. A. Pelczynski, "An Introductory Essay", G. W. F. Hegel, *Hegel's Political Writings*, trans. by T. M. Knox (Oxford: Oxford University Press, 1964), pp. 44 – 45. 佩尔岑斯基还在此指出，"对于既定的、持存着的，实证的东西的不满或者疏离，导致人们逃遁到理念、理性关系的王国。但这只会加重不幸福，因为既定之物也不再被看成是必然的。假如这种紧张持续地太长它可能会产生暴力"

这些煽动家身上的那种抽象原则与良好的行政人员素质相矛盾：

> 只得作为反对政府、反对事物现存秩序的反对派出现了，而这些原则本身也一定不会像在德国这样以其具体的实践的真理性和运用来出现，而是将以危险的法国抽象思想的形态来出现。hommes d'état〔从政者〕同 hommes à prin ciples〔原则家〕的对立，在法国革命一开始时就十分猛烈地表现出来了。①

黑格尔在《草稿》中说："在法国总是那些新人物〔novi homines〕——在最新的革命里是奥迪隆、波德等等这些人——占据议会的部长之位，而不是那些执政者〔Staatsmänner，hommes d'Etat〕。最容易的莫过于那些原则（principes）——除了这些原则什么也没有，老是普遍的东西，通过这些原则这些新人物被推为统治者。只有这些新人物成了部长，他们才会改变。"② 法国政治展现了极端抽象、以"原则"为纲的极端反复性，由法国政治理论塑造的法国民众、法国政治家都习惯于广场政治，在对"政治治理"毫无经验的情况下作出极端幼稚的评论，只有他们真正知道了什么是国家的"执政"之后，他们才会有所长进，才不会只懂得成日叫嚷"人权和公民权"的大道理。

法国人总以抽象的方式希望从国家的政治生活中完全摆脱出去，似乎政府只会施加不法，一些人总是自命为"人民"与政府相对抗——因为民众的主权意志就代表了最高的合法性，黑格尔说这是一个"被这些形式的范畴所支配的民族"③。在《草稿》中，黑格尔称法国贱民较之英国贱民更"有一种普遍的政治动机"，总是喜欢在一连串的政治事件中"按照自己的方式实施本来归属政府的事务"④。而深究法国政治的这种抽象性起

---

① 〔德〕黑格尔：《黑格尔政治著作选》，薛华译，中国法制出版社，2008，第254页；赫内指出，各个党派进行纯粹为了私利的权力斗争，如同在法国大革命时期在政治家与原则家之间所产生的严重后果。Horst Höhne，"Hegel und England"，*Kant-Studien*（Berlin：De Gruyter，1936），S. 316.

② G. W. F. Hegel，*Berliner Schriften 1818－1831*（Frankfurt am Main：Suhrkamp Verlag，1986），S. 555.

③ 〔德〕黑格尔：《黑格尔政治著作选》，薛华译，中国法制出版社，2008，第257页。

④ G. W. F. Hegel，*Berliner Schriften 1818－1831*（Frankfurt am Main：Suhrkamp Verlag，1986），S. 553.

源，黑格尔认为法国政治集权主义在很大程度上要为法国政治权利理论的抽象性负责，由于身处那种过于庞杂的政治体系，法国人总是倾向于去反抗它。①"在法国就是最为僻小的村落村长也要由内阁或其下属机关来任命。在法国人们不能忍受让他人自作决定：内阁把行政权力集中于自己，而众议院又要与闻这种权力。"②

对黑格尔而言，法国政治生活完全陷入了抽象原则之中，而与法国相比，英国似乎不大会被这种"抽象原则"裹挟到革命之中——黑格尔当然也没有否认这种可能。雅默指出，黑格尔之所以讨论英国问题，就是因为英国人懂得如何通过政治体系的疏导，所以才逃脱了18世纪在整个欧洲大肆传播的"雅各宾派病毒"③，黑格尔试图搞清楚，面临19世纪的新挑战，英国到底会不会也走向革命。在他眼中，英国是一个充满了"实践感"的民族，英国人思考问题以"赢利、生计和财富为目标"④，英国议会成员和普通英国人"都有较多的实践政治感"，在《草稿》中黑格尔写道，"英国人是最不政治性的；政治生活非常地微弱"⑤，比之喜好政治活动的法国贱民，英国贱民只会以"在特殊实质的特殊利益感下去破坏蒸汽机"⑥，在《草稿》中黑格尔也说，"同样的具体政治感而不是

① 参见 S. Avineri, *Hegel's Theory of the Modern State* (Cambridge: Cambridge University Press, 1972).

② G. W. F. Hegel, *Vorlesung über die Philosophie der Geschichte* (Frankfurt am Main: Suhrkamp Verlag, 1989), S. 537.

③ C. Jamme, "Einleitung", *Politik und Geschichte: Zu den Intentionen von G. W. F. Hegels Reform-bill-Schrift*, hrsg. v. Christoph Jamme und Elisabath Weisser-Lohmann (Bonn: Bouvier Verlag, 1995), S. 8.

④ 〔德〕黑格尔：《黑格尔政治著作选》，薛华译，中国法制出版社，2008，第244页。在《1830/31 历史哲学讲演录》中，黑格尔说，"英国的物质生存建立在工商业的基础之上，同时英国人承担了在全世界范围内传播文明的使命；因为他们的商业精神驱使着他们去寻遍所有的海洋与陆地，与野蛮民族建立起联系，激起他们的需要，创造新的工业，以及特别是创造商业交往所必需的条件，也就是暴力理性的扬弃，培养起对财产的尊重和对客人的友善"，参见 G. W. F. Hegel, *Vorlesung über die Philosophie der Geschichte* (Frankfurt am Main: Suhrkamp Verlag, 1989), S. 538.

⑤ G. W. F. Hegel, *Berliner Schriften 1818 – 1831* (Frankfurt am Main: Suhrkamp Verlag, 1986), S. 553.

⑥ G. W. F. Hegel, *Berliner Schriften 1818 – 1831* (Frankfurt am Main: Suhrkamp Verlag, 1986), S. 553.

抽象理论已经在议会的反对派中建立起来了"①。这种"实践政治感"与英国的政治生活更加自由有关——相比于法国，英国是一个更允许多元性存在的国家，英国人习惯自己照料自己。② 正因为这种社会氛围，黑格尔觉得，即便社会问题很严重，英国也不太可能走向暴力革命："市民生活的这种较自由的状态，首先就能增加这样一种可能性：形式主义的自由原则不致马上就在那一居于下等阶级……之上的阶级中，找到改革法案的反对者径直威胁地指出的那种通道。"③

这一点也如阿维内里所言，"英国人的更'具体'的态度——它代表了一种'更务实的政治意识'——或许能防止这种抽象理论的危险成为主导的。因此，英国有一个比法国原来曾有的更好的机会发展向现代化，以及通过和平——而非暴力——转变而彻底修补它的政治体系"④。黑格尔认为英国有机会通过改革走上理性国家之路，及时的改革"可以填补理念与持存的实在之间的鸿沟，使得人的心、精神以及意志与他们必须遵循的法律与制度相和解"⑤，使得人民对于现状的怨气能够及时得到消解，社会也能够走上合理有序的发展之路。

但在最后，黑格尔还是意味深长地指出了，正在进行的这场改革，稍有不慎局面就会失控，从而导致的"不是一次改革，而是一场革命"。在《草稿》中黑格尔说，改革法案可能会"给极端分子，完全不同的诸种差别，那种民主的极端分子打开大门"⑥，黑格尔担忧，"即使是英国人

---

① G. W. F. Hegel, *Berliner Schriften 1818 – 1831* (Frankfurt am Main：Suhrkamp Verlag, 1986)，S. 555.

② "英国的宪制完全是由众多个别权利与特殊特权所构成的：政府本质上是管理性（verwaltend）的，也就是说，代表所有特殊等级与阶级的利益；每一个特殊的'教会'、郊区、乡、县、社会，都是自己照料自己，以致英国政府比之他国政府，所要做的事情是最少的了。这主要就是英国人称为自由的东西，和法国那种中央集权政府恰恰相反。" G. W. F. Hegel, *Vorlesung über die Philosophie der Geschichte* (Frankfurt am Main：Suhrkamp Verlag, 1989)，S. 537.

③ 〔德〕黑格尔：《黑格尔政治著作选》，薛华译，中国法制出版社，2008，第 258 页。

④ S. Avineri, *Hegel's Theory of the Modern State* (Cambridge：Cambridge University Press, 1972).

⑤ Z. A. Pelcynski, "An Introductory Essay", G. W. F. Hegel, *Hegel's Political Writings*, trans. by T. M. Knox (Oxford：Oxford University Press, 1964), p. 45.

⑥ G. W. F. Hegel, *Berliner Schriften 1818 – 1831* (Frankfurt am Main：Suhrkamp Verlag, 1986)，S. 554.

那种实践的、自我管理中培养起来的理智也可能会遇到这种危险——英国面临着一场新革命爆发的危险。按照法案人民被提升为唯一对国家事务的领导决策起决定作用的机关，因此又产生了一位新的拿破仑执政的危险，他将会把刚刚稳定下来的欧洲局势带入完全无序的局面中"①。

（五）贫困与社会保障？

由于无缘一睹黑格尔《改革法案》最后一部分，因此本文试图以黑格尔的《草稿》为基础，探究黑格尔原本试图继续做何种研究。在《草稿》的最后部分，黑格尔写道："政治经济学已经造就了巨大的进步，抽象的产业自由已经做了一切，也就是说政府已经放弃了对之进行干预，尽管并不总是如此一贯；对穷人进行照料（在英国国家管理机构内）是必需的。"②

如同在《法哲学原理》中对于英国政治经济学及其背后的那种个人主义观念的批判，黑格尔这里又谈到了这种政治经济学所谈论的"抽象产业自由"，这种产业自由在理性经济人的假设下，主张市民社会的利益高于任何更高的目的，不应当遭受到任何干预，而居于其中的个体基于理性抉择和市场的力量都能够充分地照顾好自己。但是黑格尔在贫困问题上，看到了这种个人主义经济学的弊病所在。黑格尔把贫困问题看成是市民社会的一大难题，它最令人困扰之处就在于——它是社会无力摆脱的影子：

> 社会状况趋向于需要、手段和享受的无穷尽的殊多化和细致化。这一过程如同自然需要与高尚需要之间的差别一样，是没有质的界限的。这就产生了奢侈。在同一过程中，依赖性和贫困也无限增长。贫困跟对它进行无限抵抗的物质有关，即跟成为自由意志所有物的那特殊种类的外部手段有关，因此，这种物质的抵抗是绝对顽强的。③

---

① Horst Höhne, "Hegel und England", *Kant-Studien* (Berlin: De Gruyter, 1936), S. 316.
② G. W. F. Hegel, *Berliner Schriften 1818–1831* (Frankfurt am Main: Suhrkamp Verlag, 1986), S. 553.
③ 〔德〕黑格尔:《法哲学原理》，范扬、张企泰译，商务印书馆，1982，第208页。

贫困不是某种偶然现象，而是整个市民社会失控的表现，而这一失控只能借助于国家的力量来进行干预，① "黑格尔相信，只有通过国家——它对这种情况拥有权力——手段，才可能使这种情况变得和谐"②。

因此，为穷人提供救济以缓解市民社会日趋严重的贫困乃是必需的。如同佩尔岑斯基所提示到的，黑格尔"国家观"经历了这一个转变，在《德意志宪制》时期黑格尔的"国家"仅仅局限于外部防御和内部安定，而到了《改革法案》黑格尔承认了国家对财产关系进行干预以为全体社会阶级提供就业和生计的必要性。③ 在又一次提及爱尔兰人口"以可怕的方式、可怕的形态"呈现出来的"最外在的贫困、愤怒以及这种贫困的粗野"之后，黑格尔指出是"政府让其发展起来的"④。

也许，黑格尔会在其他文章中强调政府在干预社会贫困、提供社会救济上的作用，这同样也是他眼中现代理性国家应当担负的基本责任之一。

五　结语：黑格尔式的国家与社会

《改革法案》一文如同一面棱镜，透过它黑格尔的国家与社会观得以展现出其身形。那么，我们想问一问，黑格尔的国家究竟是什么样的、有多现代？⑤ 正如施内德尔巴赫所言，对这一问题的回答取决于我们采取怎样的标准——如果我们以黑格尔对法国大革命反对实定法权、崇尚理性原则的拥护为准，那么我们可以看到黑格尔坚持法治和宪政国家，他

---

① 阿维内里认为，"对斯密而言，贫困对他的模型来说总是不太重要的，而在黑格尔那里，贫困则呈现出另一层面来。对于黑格尔来说，贫困以及随之而来的社会的异化不是这个体系偶然发生的，而是这个体系所特有的病症"。S. Avineri, *Hegel's Theory of the Modern State* (Cambridge: Cambridge University Press, 1972), p. 148.

② S. Avineri, *Hegel's Theory of the Modern State* (Cambridge: Cambridge University Press, 1972), p. 151.

③ Z. A. Pelcynski, "An Introductory Essay", G. W. F. Hegel, *Hegel's Political Writings*, trans. by T. M. Knox (Oxford: Oxford University Press, 1964).

④ G. W. F. Hegel, *Berliner Schriften 1818-1831* (Frankfurt am Main: Suhrkamp Verlag, 1986), S. 555.

⑤ H. Schnädelbach, "Die Verfassung der Freiheit", G. W. F. Hegel, *Grundlinien der Philosophie des Rechts*, hrsg. v. Ludwig Siep (Berlin: Akademie Verlag, 1997), S. 258.

明确地反对代表传统主义和实定法权的旧制度，这些旧制度以法国大革命前的法国、德意志民族衰落的帝国形式、波兰帝国荒唐的贵族自由制以及英国式的贵族寡头政治为典型。黑格尔坚信，在现代国家纯粹基于出生而获得的特权、仅仅具有历史性制度底蕴的传统已经彻底无效，唯有理性才能给予其合法性。黑格尔的现代国家崇尚法治，拥有理性的现代法律体系和市民社会所有权，公民在法律面前一律平等，拥有法律范围内的言论自由以及一套理性的政治秩序。

同时，黑格尔在《改革法案》中也依据其政治理性观将英国社会弊病归于英国法制的习惯法性质以及与之相随的贵族私权，在他看来19世纪工业革命初期的英国面临巨大的社会挑战：一方面是严重滞后的法制进程，另一方面是内部由于弊病丛生而不断积压的社会不满，当致力于完善法制的努力太过激进的时候，也许会招致激进革命，而统治阶层过于保守，固守特权，迟迟不能将理性允诺的改革付诸实践，同样也会招致受迫害阶层的反抗，最终又会招致革命。改革乃是一项重大的挑战，必须在各种利益集团的努力之下以通观全局的智慧，以最谨慎的步伐因势利导、谋定后动，否则将会一失足成千古恨。

黑格尔也以英国社会为样本对现代社会进行深刻的剖析和考察。工业革命初期的英国展示了现代社会最极端的面貌，英国内部可惊的财富与同样令人震撼的贫困交织在一起，一方面，工业革命的成果促进了生产力的极大发展，英国确立了自己在经济领域的霸权地位；另一方面，爱尔兰问题、司法不公、触目惊心的贫困，还有英国人骨子里的"民族骄傲感"，都在困扰英国的社会转型。而英国政治秩序特有的弊端很可能使得英国的现代之路要比其他国家艰辛，由于缺少黑格尔本来寄望王权能够予以担当的社会中介和调解力量，统治阶层上层与下层民众之间陷入了直接对抗之中，本来现代国家应该以稳健的治理来推行各项改革，现在却每每都必须以过度政治化、激进化的方式来解决。

在《改革法案》中我们也看到了黑格尔政治哲学独具特色的风格。在一个现代民主制度的拥护者看来，黑格尔式的国家也许不够"现代"，黑格尔以其现代社会理解将政治的原则建立在人的公共性之上，批判英国改革法案背后所蕴含的个人主义和私人化倾向。他对民主制度充满疑虑，在他看来民主制无法提供优秀的治国者和公共德性，并且为各种极端主义和激进主义提供了滋生的土壤，确切地说，现代社会备受困扰之根源就是以个体化私人之任意为原则的民主。他忧虑，一堆各自为战的原子怎么才能进入国家的伦理共同体之中，现代世界的人与心何时才能重归安宁？

Der vernünftigen Staat und die moderne Gesellschaft

—Hegels Englische Reformbill-Schrift

Huang   Yuzhou

Abstract: Der Ausbruch der Julirevolution förderte unmittelbar die Einführung des britischen Reformgesetzes, das einerseits Hegels rationalistische Sicht des Landes bestätigte und andererseits Hegel befürchtete, dass die europäische politische Ordnung würde ins Chaos zurückkehren. Ausgehend von seinen egalitären und rationalistischen politischen Ansichten begrüßte Hegel das Reformgesetz und betrachtete es als ersten Schritt in Richtung Rationalität und Gleichheit im Vereinigten Königreich. Die politischen Grenzen des Reformgesetzes wurden jedoch sofort sichtbar: Es half nicht nur nicht, die sozialen Probleme Großbritanniens zu lösen, sondern trug sogar zu den Flammen bei. Noch wichtiger war, dass Hegel im Gesetzentwurf zur politischen Regelung des Reformgesetzes den Individualismus sah, mit dem er immer unzufrieden war. Dieser Individualismus fördert die politische Gleichgültigkeit, und das nach demokratischen Prinzipien gewählte britische Parlament ist nicht unbedingt besser als das traditionelle britische Parlament. Wenn Frankreich die Seite der abstrakten Prinzipien vertritt, vertritt Großbritannien die Seite, die an Privilegien und Sonderinteressen festhält. Diese Zusammenführung von Sonderinteressen ermöglicht der britischen Gesellschaft mehr Freiheit als Frankreich, und das relativ freie bürgerliche Leben bietet mehr Möglichkeiten für friedliche und geordnete Reformen in Großbritannien. Nach Hegels Ansicht kann das Vertrauen auf die Zivilgesellschaft selbst die chronischen Krankheiten der modernen Armut nicht heilen, daher ist es notwendig, dass der Staat eingreift. Es ist auch die grundlegende Pflicht des modernen Staates, die unteren Schichten mit den unentbehrlichen Lebensbedürfnissen und gerechten sozialen Bedingungen zu versorgen.

Keywords: Reformgesetz; rationales Recht; positives Recht; an der Macht; soziale Sicherheit

家庭、公民与"人"

黑格尔家庭法哲学研究

唐冰发 *

内容摘要：亚里士多德、康德、费希特以及德国浪漫派的家庭观念对黑格尔家庭思想的形成有着重要影响。在亚里士多德看来，家庭是城邦的有机组成部分但不属于道德领域。康德、费希特则为家庭的道德性留出路径。浪漫派侧重家庭的情感维度并且将家庭作为完全独立的社会存在领域。及至黑格尔，家庭作为伦理实体的一环具有重要的承启作用。家庭通过爱而实现个体与共体的统一，同时，家庭因其自然属性而成为具有特殊规定的伦理实体。婚姻是具有法的意义的伦理性的爱，借此，黑格尔将自己的婚姻观跟当时流行的自然主义、契约论以及浪漫主义婚姻观区别开来。婚姻的目的在于实现实体性的统一，正因如此，缔结婚姻成为一项伦理义务。家庭财富不仅是确保家庭成员生理存在的物质保障，而且是家庭及其成员获得承认的外在条件。家庭财富具有重要功能，一方面，家庭财富赋予家庭以外在现实性，另一方面，家庭财富在现代社会还具有十分重要的净化功能。家庭财富是由作为丈夫或父亲的男性参与市民社会生活而获取并进行管理的，在性质上为家庭成员所共有。在黑格尔的伦理体系中，家庭作为直接的和自然的伦理实体会向更高的伦理阶段过渡，走向解体是家庭的必然归宿。具体来说，有法律上解体、自然解体和伦理上解体三种情形。家庭或者因婚姻的破裂，或者因父母死亡，或者因子女成年脱离原属家庭而解体，这是家庭的伦理使命。从

---

* 唐冰发，男，法学硕士，广西壮族自治区南宁市中级人民法院法官助理。

家庭过渡到市民社会，继而过渡到国家，是为伦理的发展过程，亦为自由的现实化过程。

关键词： 黑格尔；家庭；伦理实体

引　言

家庭是人类个体发展的必然产物，是人类最初的栖息之所，也是人格形成的地方。家庭是共同体的一种最古老形式，是人类生存和繁衍的最基本组织形式，故而是法哲学研究不可回避的一个领域。在人类文明数千年的发展过程中，家庭发挥着重要作用。人类之所以延续不绝，缘由之一是个人通过家庭结合成为整体，进而克服了单个人的孤立无依，为个体提供了心理甚至经济支撑。然而，家庭在现代社会遭受了重大冲击，甚至其存在的合理性受到质疑。我们今天是否还需要家庭？如果答案是肯定的，我们所需要的是什么样的家庭？在黑格尔生活的时代，家庭尚未遭受如此重大的危机，但同样经历着巨大变革。对此，黑格尔提出了关于家庭问题的深邃思考。

而在后世对黑格尔法哲学和政治哲学的研究中，家庭这一环节是最少受到关注的。而且在这不多的关注中，绝大多数是对黑格尔家庭理论的批评。黑格尔哲学在西方哲学中占有极其重要的地位，可与柏拉图、亚里士多德、康德等思想巨人比肩，其思辨哲学是一座后人不可逾越的高峰。黑格尔整个哲学体系及其各部分虽然广受争议，但黑格尔家庭理论所受到批评之持续性和压倒性是不多见的。黑格尔在家庭问题上观点如何？为什么作这样的主张？其家庭理论又为何受到如此严厉的批评？经历这些批评之后黑格尔家庭思想在今天是否仍有价值？这些是本文试图解决的问题。

黑格尔著作中涉及家庭问题的主要是《伦理体系》《精神现象学》《法哲学原理》《精神哲学》《美学》。可以说自耶拿时期开始黑格尔对家庭问题的思考是贯穿始终的，且其在此问题上的基本观点是一以贯之的——当然在某些问题上黑格尔对自己先前的观点作了修正——只不过不同时期的思考侧重点有所不同。无论在观点上还是体系上黑格尔的家庭思想在《法哲学原理》中臻于成熟。因此，本文希望以《法哲学原理》为主要文本，辅之以其他相关著作，探索黑格尔家庭思想的要义及其对今天家庭问题的出现和解决所具有的启发。

本文试图从黑格尔以前以及同时代所流行的四种家庭观开始。亚里士多德、康德、费希特以及德国浪漫主义对黑格尔家庭思想的形成具有不可忽视的影响，本文将分别对四者在家庭问题上的立场作简明扼要的介绍，以期探寻黑格尔家庭思想形成的思想基础。黑格尔对四种家庭观虽有继承但同时作了严厉的批判，从而在其逻辑体系内形成了自己独具特色的家庭思想，最显著的是突出家庭的伦理实体性，因此有必要对家庭伦理实体的路径以及制度层面上的必然要求进行阐述。按照黑格尔的逻辑进路，家庭是在三个方面构建起来的。具体言之，婚姻是家庭构建的基础，对婚姻的实质和目的进行研究可以发现，这二者从根本上将黑格尔的婚姻观跟其他婚姻概念区别开来，进而形成了黑格尔自己的婚姻概念。婚姻要实现实体性的统一需要制度层面的保障，这是《法哲学原理》"婚姻"部分末尾所探讨的主题。作为家庭之外在定在的财富是家庭必不可少的要素，对家庭财富的性质和功能进行研究十分重要。同时，家庭作为直接的自然伦理实体，根据解体原因分别对家庭的法律上的解体、自然解体以及伦理上的解体进行研究，将有利于了解解体的伦理必然性。

一 西方家庭观之流变

在进入黑格尔家庭理论之前，有必要对西方主流家庭观念，特别是对黑格尔家庭思想的形成有直接影响的古希腊、德国古典唯心主义（在本文语境中仅指黑格尔之前的康德和费希特）、浪漫主义家庭观先作一个探讨。黑格尔一方面对这些家庭观念有所借鉴，同时又对之进行了彻底的批判，所以，要探索黑格尔家庭思想的缘起，对上述家庭观念之研究殊为必要。

（一）作为城邦有机组成部分的家庭

古希腊在家庭与城邦之间进行了严格的界分：管理家庭的家长和治理城邦的政治家之间的差别绝非简单地在于受治理对象的数量不同。亚里士多德在探究城邦起源的时候指出："城邦〔虽在发生程序上后于个人和家庭]，在本性上则先于个人和家庭。就本性来说，全体必然先于部分……"①古希腊将家庭看作城邦的有机组成部分，并且以全体必然先于部分的方式主张城邦先于家庭，家庭对城邦的助益在于允许其部分成员参与城邦事务，并且教给孩子以对城邦有益的技能，以及最重要的，对孩子进行教育以使其培养出公民所需的美德。家庭的善与否可以通过是否有助于城邦之目的来判断。②

在家庭内部成员关系上，丈夫对妻子、父亲对子女，都是一种治理关系，只不过这两种治理关系存在差异，"父子关系好像君王的统治，夫妇关系则好像共和政体"③。与古希腊的二元对立论一致，亚里士多德认为男性的品德是"动"，女性的品德是"静"，男性所具有的理智要素大于女性的理智要素，女性的非理智要素大于男性的非理智要素，由此决定了男性占主导地位而女性处于服从地位，具体到夫妻关系上，"就天赋说来，夫倡妇随是合乎自然的"④。

家庭必须建立在经济基础之上，这是古希腊社会的共识。家庭财产是家庭的一个不可或缺的组成部分，而且在更高的意义上是确保家庭成员过上优良生活的物质保障。亚里士多德认为家庭的最终目的在于满足物质需要，也是因此之故，亚里士多德否认家庭的内在价值，家庭不属于伦理的范畴。

亚里士多德有两个著名的论断：人是政治动物；正义属于城邦。这两个论断都暗含着这样一层意思，即正义以及其他道德德行在城邦的政治活动中才能得到最充分的实现。由于家庭的最终目的在于满足物质需要，所以执行家庭中任务的人只不过是在增进这一目的，其行为由于仅仅停留在物质的层面上而不可能是高尚的，从而也不可能是道德的。因此在家庭领域中从事的所有行为都不可能是道德的，尽管由于其有助于高尚的行动而可能在附属意义上是道德的。家庭行为之所以不像国家行为那样属于高尚行为，是因为家庭行为并不是其自身的目的。尽管家庭

① 〔古希腊〕亚里士多德：《政治学》，吴寿彭译，商务印书馆，1965，第9～10页。
② 参见 E. C. Halper, "Hegel's Family Values", *The Review of Metaphysics* 54, 4（2001）: 821 - 822。
③ 〔古希腊〕亚里士多德：《政治学》，吴寿彭译，商务印书馆，1965，第36页。
④ 〔古希腊〕亚里士多德：《政治学》，吴寿彭译，商务印书馆，1965，第36页。

满足了其成员的物质需要以使其能够参加国家行为，但是国家行为是其自身的目的，亦即旨在使国家长存不朽。所以无论家庭行为是多么必要的，其都不在道德行为范围内。① 家长在对家庭的管理中也不需要运用道德德行，他只需要依靠理智预见能力来确保所有家庭成员的需要得到满足。

（二）属于道德领域的家庭

与亚里士多德不同，黑格尔之前的德国唯心主义并没有拒绝家庭属于道德领域的可能性。康德（Immanuel Kant）和费希特（Johann Gottlieb Fichte）都是在法权哲学中探讨家庭问题的。

1. 权利体系中的家庭

康德对家庭问题的探讨是在其权利科学体系内进行的，家庭成员之间的各种权利关系构成了康德的家庭理论。康德对涉及家属和家庭的权利创设了一个专门概念——"有物权性质的对人权"，即"把一外在对象作为一物去占有，而这个对象是一个人"。② 于是，家庭在康德看来就是由家庭成员间的占有权利组成的一个权利体系。由此，对于作为家庭关系产生之基础的婚姻，康德将其定义为"两个不同性别的人，为了终身互相占有对方的性官能而产生的结合体"③。同时，康德将婚姻的目的规定为双方相互利用对方的性官能来实现自己感官上的欢乐，进而将婚姻的本质规定为"依据人性法则产生其必要性的一种契约"④。因为婚姻双方是平等的占有关系，所以康德认为只有一夫一妻制才是符合这种平等

---

① 参见 E. C. Halper，"Hegel's Family Values"，*The Review of Metaphysics* 54，4（2001）：819 - 821。

② 〔德〕康德《法的形而上学原理——权利的科学》，沈叔平译，商务印书馆，1991，第94页。

③ 康德认为属于同一性别的双方之间产生的"两性关系"是"不自然的"，是违背一切法则的，并且是违反天性的犯罪；只有两性间"自然交往或自然的联系"才能产生婚姻。参见〔德〕康德《法的形而上学原理——权利的科学》，沈叔平译，商务印书馆，1991，第95~96页。

④ 这种以相互占有为内容的契约必然要求婚姻中的各方将自己降格为一种"物"交付对方占有——因为人是一个整体，通过婚姻将自己的性器官交由对方占有与其说是将自己身体的一部分作为契约的标的，不如说是完全将自己交付出去——不过这种交付是相互的，亦即将自己作为"物"交付给对方的同时也获得了对方的交付，在康德看来，这就"恢复并重新建立了理性的人格"。

关系的，一夫多妻或一妻多夫将会使"多妻（夫）"中的"妻（夫）"由于不平等的占有关系而沦为一种纯粹的物，无法恢复并重建理性人格。

虽然从康德所秉持的夫妻之间的平等占有关系可以合理地推出双方在家庭中地位平等的原则，但家庭中夫妻之间的主从关系并不必然是违背这种原则的。从自然意义上说，家庭中夫妻双方的权利是平等的，但如果丈夫在促进家庭整体利益方面具有优势，而且丈夫的主导地位是基于这种优势以及这种目的而非其他，那么家庭中的平等原则是可以妥协的，妻子的从属地位是可以得到正当性论证的。

在父母子女间关系的问题上，康德也是运用权利理论来分析的。父母对子女的抚养就其性质而言属于义务，而且是直接由自然法规定的义务，也就是说，子女要求父母抚养是一种无须经过实在法论证即具有自然正当性的权利。作为父母培植彼此欲望和性爱的自然结果以及传宗接代之功能实现的必要环节，子女是在未经本人同意的情况下被带入人间世界的，这就足以给父母施加一项抚养子女的义务——虽然生养子女并不是婚姻的一个必要条件。养育子女对父母而言既是义务也是权利，接受抚养对子女来说亦然。到子女独立成人以后，父母不能根据以往在养育子女过程中所承受的操心和麻烦而提出法律上的债权要求，只能"依据感恩的责任，可以向子女提出任何作为（对父母的）道德义务的要求"①。

子女随着年龄增长具备自主能力而成为自己的主人，父母也不再对子女负有法律上的责任，于是，父母和子女"获得或重新获得他们自然的自由"②。基于权利法则组成的家庭就这样在父母和子女相互免除权利义务关系之后自然地解体了。值得注意的是，康德通过下列两个环节为家庭的道德可能性留出了路径："首先，康德将必要的道德能力从实践智慧降低到实践理性；其次，康德认为道德行为并不是为了自身，善良意志，亦即对普遍的道德律的尊重才是。"③

---

① 〔德〕康德：《法的形而上学原理——权利的科学》，沈叔平译，商务印书馆，1991，第101~102页。

② 〔德〕康德：《法的形而上学原理——权利的科学》，沈叔平译，商务印书馆，1991，第103页。

③ E. C. Halper, "Hegel's Family Values", *The Review of Metaphysics* 54, 4 (2001): 823.

2. 自然与道德之结合的家庭

费希特将婚姻家庭问题放在他的法权哲学中进行演绎①，并突出其道德维度，"婚姻是一种以道德为根据，只有通过道德才存在的东西"②。婚姻不是通过法权概念产生的，"婚姻决不像国家那样仅仅是一种法律的结合，而是一种自然的和道德的结合"③，如果单纯地将婚姻看作一种法律上的结合，所得出的结论必然是不道德的。

在家庭中夫妻间的主从关系上，费希特的结论与前人并无二致，不过论证过程迥然不同。费希特认为，女性按照"自然格局"来说要比男性低一个等级，在家庭中，妻子把自己当成满足丈夫需要的工具，将自己拥有的一切——包括人格和财产——都奉献给丈夫，这种奉献是毫无保留的，只有这样她才能够重新获得人格和她的全部尊严。④ 不过，丈夫在家庭中的绝对权力并不会对妻子造成压制，因为"对于抱着信任态度献身于他的女人，男人会放弃自己的一切权力"⑤。在这种相互委身中，两性实现了最佳方式的结合，费希特由此规定了婚姻的概念："婚姻是一种通过性欲建立起来的性别不同的两个人之间的完美结合，这种结合以其自身为目的。"⑥ 费希特之所以认为婚姻以自身为目的而无须指向其他，是因为他认为"婚姻关系是大自然所要求的两性成年人的真正生存方式"⑦。

---

① 虽然费希特将婚姻家庭放在法权哲学中进行演绎，但是他认为婚姻家庭这种"感性的理性存在者及其感官世界决不是通过法权概念才产生的"，相反，婚姻是先于婚姻法的，"一般来说，在能够谈论婚姻法之前，婚姻必须首先存在，正如在能够谈论法权之前，人必须首先存在那样"。只不过为了更好地理解，才将婚姻家庭的演绎放在法权学说中。参见〔德〕费希特《自然法权基础》，谢地坤、程志民译，商务印书馆，2004，第315页。

② 梁志学主编《费希特著作选集》（第二卷），商务印书馆，1994，第582页。

③ 〔德〕费希特：《自然法权基础》，谢地坤、程志民译，商务印书馆，2004，第302页。

④ 为什么妻子在将自己的一切奉献给丈夫之后能够重新获得人格和尊严，在此问题上费希特的论证过程是这样的。从表面上看，妻子在进入婚姻关系中就彻底成为丈夫达到自己目的的工具，但这只是就感性上的满足而言。而在更深层次的意义上，妻子的完全奉献是为了自己，即让自己在内心感到满足。所以在——也只有在——为了对丈夫的爱而奉献自己的时候，这种将自己作为工具的外观下所内含的是自己的目的，就使得妻子重新获得了自己的人格和尊严。

⑤ 妻子在婚姻中的完全献身和丈夫出于对妻子的爱而报之以"宽宏大量"，决定了费希特家庭思想中的婚姻必然采取一夫一妻制。

⑥ 〔德〕费希特：《自然法权基础》，谢地坤、程志民译，商务印书馆，2004，第313～314页。

⑦ 〔德〕费希特：《自然法权基础》，谢地坤、程志民译，商务印书馆，2004，第314页。

按照费希特的婚姻概念，为了实现两性完美的结合，妻子的人格消融在丈夫的人格之中。于是，丈夫成为妻子的合法监护人，妻子的全部财产和政治权利转交给了丈夫，在家庭的对外关系上，丈夫是家庭的天然代表，所有公开的法律活动都由丈夫来执行。[①]

跟婚姻关系一样，费希特认为父母与子女之间的关系也不单纯是由法权概念规定的，还需受到自然和道德的规定。因此，父母对子女的抚养在最初意义上是出于对弱者的同情，就父亲而言再加上其对子女之母亲的爱。

在离婚问题上，费希特的态度并不像同时代的思想家那样保守。如果妻子的"无限的爱"和丈夫的"无限的宽宏大量"消失了，婚姻解体也就成为必然。[②] 费希特之所以不对离婚多加限制是因为他特别重视婚姻的道德基础，如果道德基础不复存在，夫妻之间的共同生活也就成为不道德的了，企图通过法律对离婚加以限制只能是徒劳而且同样是不道德的。[③]

（三）作为独立存在的家庭

浪漫主义家庭观在 18 世纪末期有着重要影响。在浪漫主义者看来，他们所处的时代是一个"理性统治一切"的时代，启蒙运动所倡导的理性主义虽然崇尚知识与科学的进步，肯定了人认识和把握世界的能力，

---

① 需要注意的是，费希特并没有否定妻子所享有的政治权利，只是她们的一切权利都通过丈夫行使，所以她们只是没有权利的外观，并且她们不应该希求这种外观，否则就是无理性、不道德的。费希特之所以拒绝女性——至少是已婚女性——参加公共事务管理，并不是因为他认为女性在智力方面逊于男性，相反，他认为女性是天生就有理性的，而男性则必须通过不断的努力才能使自己有理性，男女两性的角色分工主要是由两性才智上的不同特点决定的：男性的智力特点是思辨；女性的智力特点是辨别。另一个理由是费希特认为，就其性质而言，国家官员管理国家公务是基于最高当局的权力授予，接受这种权力的人必须完全对国家负责，这就要求官员是绝对自由的并且始终按照自己的意志行事。而女性是无法满足这个条件的，因为作为自然感情的爱是必定会来的，于是结婚就成为其职责。换言之，女性是必定要结婚的，作为妻子的女性完全献身于自己的丈夫，女性在担任公职的情况下一旦结婚就意味着将自己从最高当局那里接受的权力转交给了自己的丈夫，这种未经考察的公权力转让是不可接受的。在这个问题上，费希特考虑到了几种例外情况，比如女性作出不结婚的承诺或者在公务问题上不顺从自己的丈夫，不过按照费希特的论证这些例外仍然都是无法保证女性担任公职的。

② 参见〔德〕费希特《自然法权基础》，谢地坤、程志民译，商务印书馆，2004，第334页。

③ 至于离婚的相关问题，费希特则作了相当详尽的规定，比如离婚的财产分割以及抚养子女的职责归属问题等等。

但是理性的极端化却导致了人类价值观朝着实用化和功利化的方向发展，从而滋生了人的物欲，结果便是社会道德庸俗化，人的精神领域特别是情感的发展受到抑制。① 面对受到理性支配而变得庸俗功利的社会现实，德国浪漫派②开始对理性主义进行反思，并且掀起了一场对启蒙运动的反对运动。德国早期浪漫主义主张理性只是一种文化价值观，而不是一种普世的价值观，这股思潮在后期甚至更加极端，其秉持一种反理性主义的绝对主义观点，认为理性主义是文化和道德的异常行为，是一种罪恶。③

由于在庸俗的现实中找不到美的理想，浪漫派的创作避开反映外在的现实转而描写人的内心世界，也是因此之故，浪漫派没有在制度层面上研究家庭，他们关于家庭的思想散布于文学作品和不成形的断片中。德国早期浪漫派虽然呼喊"回到中世纪"④，但并不意味着他们乐于接受中世纪的封建制度，所以在家庭问题上他们的观点并不那么保守。浪漫派反对理性主义对人的抽象化，认为人应该是充满感情的生命个体，因此，在家庭问题上总的立场是，家庭是一个以爱为基础的情感性结合，家庭构成一个完全独立的社会存在领域。伴随着工业资本主义的出现，私人生活与公共生活得以分离，19 世纪浪漫主义认为家庭是个人从不如意的市民社会或国家生活中暂时逃离出来的避难所。⑤

浪漫派认为，家庭是社会制度的一个基本单位，任何人类社会都可以简化为家庭、统治集团和国家。此外，浪漫派对于家庭的重要地位有

---

① 参见王赛丽《"浪漫主义反讽"的现代审美意义》，《西安外国语大学学报》2012 年第 2 期，第 92 页。

② 德国浪漫派以奥古斯特·施莱格尔（August Schlegel）和弗里德里希·施莱格尔（Friedrich Schlegel）兄弟、诺瓦利斯（Novalis, Friedrich von Hardenberg）、施莱尔马赫（Ernst Daniel Schleiermacher）、蒂克（LudwigTieck）等文人——亦可谓哲学家——为代表。这场存在于 18 世纪末期和 19 世纪前半叶的文艺运动对黑格尔影响颇深，黑格尔年轻时就是一个积极的浪漫主义者，虽然其思想成熟之后对浪漫主义进行了公开而有力的抨击，但是黑格尔早年的浪漫主义思想不可避免地交织在成熟阶段的哲学中。参见〔德〕里夏德·克朗纳《论康德与黑格尔》，关子尹译，同济大学出版社，2004，第 164 页。

③ 参见张廷国《从浪漫主义向民族主义的转变——德国民族主义形成的原因》，《华中科技大学学报》（社会科学版）2005 年第 5 期，第 13～14 页。

④ 德国浪漫派之所以对中世纪充满向往，是因为他们认为在这个社会里人性的纯精神理想能得以充分的体现，进而为艺术家的创作提供最有利的外在条件。参见〔德〕曼弗雷德·弗兰克《德国早期浪漫主义美学导论》（上），聂军等译，吉林人民出版社，2011，译序，第 9 页。

⑤ J. B. Landes, "Hegel's Conception of the Family", *Polity* 14, 1 (1981): 6.

着明确的认识："如果想要看见完整的人性，必须去家庭中找寻，在家庭中各个成员的灵魂有机地合而为一，而且正是基于这一原因，家庭是纯粹诗性的。"①

浪漫主义对爱的情感之推崇达到了无以复加的程度，爱成为人之完整性的一个必要因素，"只有通过爱以及爱的意识，一个人才成之为人"②。在浪漫派看来，爱的最高原则是信任，"爱的第一个原则是对另一个人的感觉，而最高原则是对另一个人的信任，对之献身即是这种信任的表达"③。爱对于社会制度来说同样是必不可少的，道德与宗教是与爱相联系的，爱将宗教与政治联结起来，因此爱必须应用于家庭、统治集团和国家，如果没有爱，这三者显然都是不可想象的。④ 因此，爱虽然是完全主观的，但是与整体相联系，爱是共同体的完成。⑤

德国浪漫派没有摆脱那个时代所流行的女性观之束缚，"女性绝非完美的典范，堪称典范的绝不是女性"⑥，她们没有思辨能力以及对艺术的感知。女性的品质决定了她们不适合于公共生活，在性别角色分工上仍然主张女性的活动领域在家庭中而不是公共领域。不过较之于那个时代的主流观念，浪漫派在女性问题上的立场并不那么绝对，浪漫派虽然承认女性就天性而言不及男性，但是在其看来女性仍然具有不可替代的重要性，女性按其本性是家庭的核心与纽带，"只有（作为妻子和母亲的）女性才能使家庭具体化。女性在家庭中应该占统治地位，正如男性在国家中一样"⑦。特别地，弗里德里希·施莱格尔（下文所提"施莱格

---

① *The Early Political Writings of the German Romantics*（剑桥影印本），edited and translated by Frederick C. Beiser（北京：中国政法大学出版社，2003），p. 139.

② *The Early Political Writings of the German Romantics*（剑桥影印本），edited and translated by Frederick C. Beiser（北京：中国政法大学出版社，2003），p. 132.

③ *The Early Political Writings of the German Romantics*（剑桥影印本），edited and translated by Frederick C. Beiser（北京：中国政法大学出版社，2003），p. 116.

④ *The Early Political Writings of the German Romantics*（剑桥影印本），edited and translated by Frederick C. Beiser（北京：中国政法大学出版社，2003），p. 153.

⑤ *The Early Political Writings of the German Romantics*（剑桥影印本），edited and translated by Frederick C. Beiser（北京：中国政法大学出版社，2003），p. 149, 166.

⑥ *The Early Political Writings of the German Romantics*（剑桥影印本），edited and translated by Frederick C. Beiser（北京：中国政法大学出版社，2003），p. 132.

⑦ *The Early Political Writings of the German Romantics*（剑桥影印本），edited and translated by Frederick C. Beiser（北京：中国政法大学出版社，2003），p. 163.

尔"皆指弗里德里希·施莱格尔）认为，仅仅由于性别上的差异而拒绝
赋予女性选举权是没有正当性根据的，[①] 总体来说，浪漫派在两性问题上
更加倾向于平等态度。

在家庭财产这一问题上，浪漫派认为家庭财产是所有社会财富的存
在形式，"财产是一个家庭概念，所有的财产本质上是家庭的财产"，所
以"每一个真正的国家是一个大家庭"[②]。在财产继承问题上，浪漫派对
当时流行的长子继承制提出了批评，主张子女不分男女长幼皆享有平等
的继承权。[③]

二 家庭的伦理实体性

黑格尔既吸收了前人以及同时代家庭思想中的某些成分，又对之进
行了彻底的批判，用他自己的话来说就是"扬弃"。黑格尔家庭思想与古
希腊和其他德国古典哲学家的思想以及风靡一时的浪漫主义最大的不同
之处就是其将家庭作为一个直接的和自然的伦理实体。因此，理解黑格
尔家庭思想的关键就是对家庭的伦理实体性先作把握。

（一） 家庭在黑格尔哲学体系中的位置

黑格尔以其严谨的逻辑思维建构起庞大的客观唯心主义体系，其中
的各个部分都处于相互关联之中故不宜单独分离开来考察，而必须考虑
各自逻辑上的生发关系，否则难以从整体上把握其中的内涵。因此研究
黑格尔的家庭理论，首先需要明确其在黑格尔哲学体系中所处的位置。

黑格尔认为我们所认识的整个世界不过是绝对精神的外在表现，万
事万物都是绝对精神所创造，这可作为黑格尔哲学体系的总括，黑格尔
所思所著正是在为"绝对精神"塑造人类可识别之外形。《精神现象学》

---

① *The Early Political Writings of the German Romantics*（剑桥影印本）, edited and translated by
　Frederick C. Beiser（北京：中国政法大学出版社，2003）, p. 102.
② *The Early Political Writings of the German Romantics*（剑桥影印本）, edited and translated by
　Frederick C. Beiser（北京：中国政法大学出版社，2003）, p. 161.
③ *The Early Political Writings of the German Romantics*（剑桥影印本）, edited and translated by
　Frederick C. Beiser（北京：中国政法大学出版社，2003）, p. 147.

是黑格尔整个体系的开端，即导言部分①，黑格尔体系中的认识论、自然哲学、美学、伦理学、法哲学、历史哲学、哲学史、逻辑学等部分中的思想以及辩证法的表达和具体运用在《精神现象学》中都有所体现。《精神现象学》作为黑格尔哲学的"诞生地和秘密"，是黑格尔其后的很多思想的源头，因此《精神现象学》是打开黑格尔哲学之门的锁匙。

逻辑学是"研究理念自在自为的科学"，是黑格尔哲学的核心与灵魂，是黑格尔为人类智识所提供的最大贡献。逻辑阶段处于"绝对精神"自我发展的第一个阶段，"绝对精神"在这个阶段只是抽象的概念之间、范畴之间的转化。逻辑学包括存在论、本质论、概念论三个部分。黑格尔整个哲学体系可以看作逻辑学及其应用，自然哲学和精神哲学即逻辑学的概念、范畴分别在自然界和人类精神现象中的应用。

自然哲学是"研究理念的异在或外在化的科学"，是"绝对精神"在自然阶段中的表现形式。在自然界，"绝对精神"表现为感性事物的形式，而不再是逻辑阶段中那样毫无外衣包裹的赤裸裸的概念转化。绝对精神在自然阶段分为机械性、物理性、有机性三个层次。

逻辑学应用于意识形态方面就产生了精神哲学，精神哲学是"研究理念由它的异在而返回到它自身的科学"，是绝对精神发展的最高阶段。精神哲学体系可分为三个阶段：从主观精神发展到客观精神，最后到达绝对精神。主观精神即个人意识或个人精神，指只在自身内存在的、尚未与外物发生关系的精神；客观精神即社会意识，是主观精神表现在外部世界中的精神。主观精神的发展分为三个阶段，即灵魂、意识和精神，分别是人类学、精神现象学和心理学的研究对象。客观精神包括三个发展阶段：抽象法、道德、伦理。抽象法即自由意志通过对外在物之占有

---

① 关于黑格尔哲学的体系结构，学界存在两种不同观点，一种以黑格尔《哲学全书》之体系直接作为黑格尔哲学之体系，即以逻辑学、自然哲学、精神哲学三部分进行概括。另一种观点认为不能将黑格尔的哲学体系限于《哲学全书》，特别是《精神现象学》在黑格尔整个体系中起导言性作用，因此必须将其（以及其他著作）纳入黑格尔哲学体系结构中，这种观点由贺麟先生首先提出并受到广泛认同。参见贺麟《黑格尔哲学讲演集》，上海人民出版社，2011，第387~406页；吴琼、刘学义《黑格尔哲学思想诠释》，人民出版社，2006，第36~43页；宋祖良《试论黑格尔体系的形成》，《哲学研究》1988年第7期，第17~20页；杨祖陶、陈世夫《黑格尔哲学体系问题——试论贺麟先生对黑格尔哲学体系构成的创见》，《北京大学学报》（哲学社会科学版）1988年第4期，第60~63页。

或者说通过所有权而实现自己，道德是自由在主体的内心的实现，伦理则是抽象法和道德的统一，既克服了抽象法的对外物的依赖性又克服了道德的纯粹主观性。绝对精神是主观精神和客观精神的对立统一，是普遍的永恒的精神，绝对精神以显示自身为唯一目的，除此之外别无其他，因此是绝对的。绝对精神的自我显示经历了艺术、宗教、哲学三个阶段，绝对精神在哲学中认识了自己，达到了思维与存在的绝对统一。①

客观精神之伦理部分又可分为三个发展阶段：家庭、市民社会和国家。由此，在黑格尔的哲学体系中，家庭所处的位置可以做如下示意（见图1）：

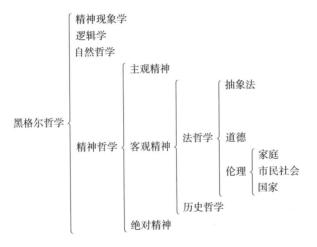

图1　黑格尔哲学体系

资料来源：本文作者自行整理。

伦理本身是一个精神性的、活生生的、有机的整体，黑格尔称之为伦理实体。从上述黑格尔哲学体系图中可以看出，家庭属于伦理实体中的一个环节，并且是伦理实体的第一个环节，这是理解黑格尔家庭思想的关键所在，考察黑格尔家庭思想必须从伦理实体这个角度入手，这也是黑格尔家庭思想与以前及同时代思想家在家庭问题上的最显著区别。

（二）作为伦理实体的家庭

伦理是"客观精神"的最高体现。一般看来，伦理（Sittlichkeit）与

---

① 关于精神哲学各部分的具体概述，参见〔德〕黑格尔《精神哲学》，杨祖陶译，人民出版社，2006，译者导言第16～40页。

道德（Moralität）并没有明显的区别，二者甚至在某些场合可以通用，而在黑格尔的哲学概念中则不然，伦理是道德在制度中的具体表现形式。黑格尔之所以将他的伦理理论跟抽象法和道德区别开来是因为伦理的具体性。"伦理是自由意志的体现"，是主观自由和客观自由的统一，自由意志既体现于外物又体现于内心才能获得充分的现实性。形式权利是抽象的，道德是纯粹内在主观的，二者都不能够作为独立的现实而存在，只有通过将这两者统一起来成为一个整体才能获得一个具体的观点。黑格尔在"伦理"中完成了这种具体化，家庭、市民社会和国家①都是客观性和主观性的具体统一，并因此能够获得其真实存在。②

亚里士多德仅仅将家庭看作城邦的一个组成部分以及实现城邦之目的的手段，家庭因此决然不属于道德领域。黑格尔虽然将雅典城邦看作伦理的理想形式，但他同时深刻地意识到现代家庭生活与古希腊城邦的家庭生活早已不同。在黑格尔的体系中，家庭被提升至伦理实体的高度。这种提升是如何实现的，换言之，家庭是如何成为伦理实体的？

1. 家庭成为伦理实体的路径：特殊性与普遍性相统一

家庭之所以成为伦理实体，是因为家庭与伦理具有概念上的符合性，因此，探寻家庭成为伦理实体的路径，关键是要考察二者概念的一致性。伦理是自由意志的普遍方面与个别方面的具体符合，是公共利益与个人自由的同一性，是单个人与共同体的完美结合。③ 黑格尔认为，伦理就其本质而言是一种普遍性，在《法哲学原理》中，黑格尔认为"伦理是在

---

① 黑格尔对伦理的三种类型的划分是以亚里士多德的国家起源理论为模型的。亚里士多德认为国家是从家庭开始，而后经过村落发展起来的，黑格尔用市民社会代替亚里士多德的村落这一中间阶段。黑格尔认为这三个发展阶段都属于道德制度，而亚里士多德则认为只有在最后一个阶段中，亦即在国家中，人类的道德行为之可能性才得以实现。参见 E. C. Halper, "Hegel's Family Values", *The Review of Metaphysics* 54, 4 (2001)：826。具体说来，在黑格尔构建的伦理实体诸形态中，家庭是直接的或自然的伦理实体，市民社会是过渡的和否定的伦理实体，国家是复归的和否定之否定的伦理实体。参见樊浩《伦理实体的诸形态及其内在的伦理——道德悖论》，《中国人民大学学报》2006 年第 6 期，第 107 页。

② 参见 T. C. Luther, *Hegel's Critique of Modernity：Reconciling Individual Freedom and the Community* (Lanham：Rowman & Littlefield Publishers, Inc., 2009), p. 155。

③ 参见 A. T. Peperzak, *Modern Freedom：Hegel's Legal, Moral, and Political Philosophy* (Dordrecht, Boston, and London：Kluwer Academic Publishers, 2001), p. 408。

它概念中的意志和单个人的意志即主观意志的统一"①。概言之，伦理是个别性与普遍性的统一，是个体性在整体之中的消融或消除。

伦理本性上是一种普遍的东西，因此家庭成员之间的直接关系不可能构成伦理关系体系，家庭的伦理实体性必须建立在更加坚实的基础之上。家庭之所以成为伦理实体，是因为家庭具有伦理实体本质上所蕴含的普遍性，具体言之，家庭成员的特殊性与家庭整体的普遍性实现了统一，个别成员的个体性消融在家庭之中，"在这里个人把他冷酷无情的人格扬弃了，他连同他的意识是处于一个整体之中"②。这种统一的结果一方面是使个体成员的人格成为整体人格的一部分，个体不再是作为完满的主体而是作为整体的一部分而存在；另一方面，家庭成员不是以自己本身为目的，而是将自己的行为之目的指向作为整体的家庭。"在这里，我们似乎必须把伦理设定为个别的家庭成员对其作为实体的家庭整体之间的关系，这样，个别家庭成员的行动和现实才能以家庭为其目的和内容。"③ 家庭内部因此不可能出现个体成员的权利主张，这种主张只有在家庭解体的时候才有出现的可能性。

2. 家庭统一的中介：爱

家庭是如何实现普遍性与必然性相统一的，亦即家庭是如何将单个成员的个体性消融其中的？黑格尔的回答是"爱"（Liebe）。爱是家庭的实质性基础和决定性因素，随着各个成员获得一种关于其自己的个体性的自我意识，家庭成员通过爱联系起来。黑格尔承认自己的关于"爱"的辩证法归功于席勒（Friedrich Schiller），此外，谢林（Friedrich Wilhelm Joseph Schelling）在这个问题上的观点是"爱的秘密是，它融合了那种每个人自身都可能是、但又不是、而且没有他者就不可能是的东西"④。这种通过"爱"自我否定而又在他者中获得肯定最终实现重新获得自我的

---

① 〔德〕黑格尔：《法哲学原理》，范扬、张企泰译，商务印书馆，1961，第43页。
② 〔德〕黑格尔：《法哲学原理》，范扬、张企泰译，商务印书馆，1961，第43页。
③ 〔德〕黑格尔：《精神现象学》（下卷），贺麟、王玖兴译，商务印书馆，1979，第10页。
④ 〔德〕曼弗雷德·弗兰克：《德国早期浪漫主义美学导论》（上），聂军等译，吉林人民出版社，2011，第107页。

观点为黑格尔所继承。①

　　家庭中的成员之所以愿意抛弃自己独立的人格而委身于家庭统一体之中是因为"爱"这种具有统一倾向的感觉，通过这种感觉，家庭中的成员"意识到自己是在这种统一中、即在自在自为地存在的实质中的个体性，从而使自己在其中不是一个独立的人，而成为一个成员"②。作为一种结合，家庭将父母和子女融合为一体，如此一来，他们就不再是抽象法意义上的人，而是作为家庭的成员而存在。只要他们继续作为这个共同体的成员，他们就不会将彼此视作独立的权利主体。他们的权利就在于与其他家庭成员共同享有家庭的集体权利，他们的适当情绪就是意识到自己是在这种统一体中。

　　爱通过两个环节使家庭成员统一成一个伦理性的整体，第一个环节是"我不欲成为独立的、孤单的人，我如果是这样的人，就会觉得自己残缺不全"；第二个环节是"我在别一个人身上找到了自己，即获得了他人对自己的承认，而别一个人反过来对我亦同"。③ 在爱的第一个环节中，个人拒绝了仅仅追逐一己私利的资产阶级立场，当事人双方各自超越了形式权利和抽象权利的立场，双方通过否定自己的以自我为中心的特性来获得自我意识。可以说，第一个环节是个体性要求自我否定，而在第二个环节中，否定性规定被超越了，个人通过另一个人重新获得了自己，另一个人也以同样的方式获得了自己的个体性。在这两个环节中，"个人

---

① 皮伯扎克认为，在黑格尔青年时期的手稿中，特别是在那些 1791～1793 年和 1797～1800 年写就的手稿中，黑格尔经常思考感觉与爱的意义和基础性作用，直到 1800 年，黑格尔始终把宗教、感觉和爱看作比反思、概念性和哲学更加深刻和更加高级的东西。但是在 1801 年黑格尔成为耶拿大学哲学系副教授之后，他对前者的作用之看法经历了巨大的转向：概念性知识成为对现实的最恰当回应，而知识的经验主义形式或者情感性形式则只是部分的、不完美的，概言之，理性才是值得信任的。因此在黑格尔成熟时期的作品中，特别是在《百科全书》和《法哲学原理》中，可以从很多地方看出黑格尔在贬低感觉的作用，皮伯扎克认为，黑格尔之所以突然对"感觉"的作用加以不适当的贬低，部分原因是黑格尔对自己以往在此问题上的立场矫枉过正。但是，在其他形式的感觉遭到黑格尔贬斥的同时，"爱"却作为构成家庭的理性意志之情感表达仍然保有重要地位。参见 A. T. Peperzak, *Modern Freedom: Hegel's Legal, Moral, and Political Philosophy* (Dordrecht, Boston, and London: Kluwer Academic Publishers, 2001), p. 410。

② 〔德〕黑格尔：《法哲学原理》，范扬、张企泰译，商务印书馆，1961，第 175 页。

③ 〔德〕黑格尔：《法哲学原理》，范扬、张企泰译，商务印书馆，1961，第 175 页。

首先被否定，然后在一个更高的层次上重新获得了自己"①。

"在爱情里最高的原则是主体把自己抛舍给另一个性别不同的个体，把自己的独立的意识和个别孤立的自为存在放弃掉，感到自己只有在对方的意识里才能获得对自己的认识。"② 只有通过抛弃自己的独立性并同时意识到自己与另一个人的相互统一才能获得自我意识，所以，爱对家庭成员的个体性既是一种束缚，更是一种解放。在家庭中，个人成为真正的社会存在，与另一个人结合成一个整体。③ 家庭成员通过爱获得了他与另一个人的统一的自我意识，在这种统一中每个人都超越了他自己的利己主义。

3. 家庭伦理实体的直接自然性

不过，在伦理实体的三个环节中，家庭是直接的、自然的伦理实体。原因主要是使家庭统一起来的是一种作为情感的爱，所以必然囿于主观性和非理性的困境。此外，家庭与更高的伦理阶段存在冲突的可能性，"家庭，作为无意识的、尚属内在的概念，与概念的有意识的现实相对立，作为民族的现实的元素，与民族本身相对立，作为直接的伦理的存在，与通过争取普遍目的的劳动以建立和保持其自身的那种伦理相对立，——家庭的守护神与普遍精神相对立"④。因此，家庭是仅仅具有中介意义的伦理实体，有向更高伦理阶段过渡的伦理义务。

（三）家庭伦理实体性的必然要求

具体到制度层面，家庭的伦理实体性是从下述几个方面确立起来的，同时，这也是家庭作为伦理实体的必然要求。

1. 性别角色分工

（1）西方一贯立场

家庭中的性别角色分工以及这种分工背后所体现的男女两性不平等似乎伴随着家庭发展的始终。黑格尔在此问题上的基本立场是，作为丈夫的男子进入市民社会和国家领域，代表家庭从事经济、政治活动；作

---

① J. B. Landes, "Hegel's Conception of the Family", *Polity* 14, 1 (1981): 19.

② 〔德〕黑格尔：《美学》（第二卷），朱光潜译，商务印书馆，1979，第326页。

③ 参见 J. B. Landes, "Hegel's Conception of the Family", *Polity* 14, 1 (1981): 17。

④ 〔德〕黑格尔：《精神现象学》（下卷），贺麟、王玖兴译，商务印书馆，1979，第9页。

为妻子的女性则仅将自己的生活领域限定在家庭之中，照料家庭成员的生活以及抚养子女。丈夫在家庭中占据主导地位，所根据的是对家庭财富的控制和社会分工。这种立场并不稀奇，可以说无论中西方，自人类进入文明社会以来两性分工基本上以此为主流。

两性分工造成的不平等是西方所一贯坚持的，体现在哲学中，亚里士多德、康德、费希特都持类似主张，德国早期浪漫主义对此虽有所缓和，但女性在某种程度上仍未走出两性的不平等困境。亚里士多德认为，男性的灵魂本质上是理性的，女性虽然具有理智要素但并不充分，所以按照亚里士多德的理智要素决定主从关系理论，女性天然地处于从属地位而应该受到男性的支配。康德虽然强调家庭中夫妻关系的平等性，但他同时认为这种平等性是在丈夫的"自然优越性"基础上为"造就家庭共同体的共同利益"[1] 而产生的，是与两性的不平等，亦即女性的从属地位相符合的。在费希特看来，无论在家庭内部还是公共领域，男性都可作为女性的合法监护人而在两性关系中居于主导地位。德国早期浪漫主义虽然强调两性之间的平等关系，但同时也承认并接受女性的相对劣势地位。"女性对于她们所处共同体中的关系一无所知，她们只有通过自己的丈夫才能够与国家、教堂、公众等建立联系，女人是所谓的未开化的生物。"[2]

（2）争议与辩护

黑格尔家庭理论中最受争议的地方就是他在性别角色分工上的观点，该观点自黑格尔在世时起就一直受到质疑，尤其在女性主义者看来是完全不可接受的，并对之口诛笔伐。同时，也有人为黑格尔的性别角色分工理论进行辩护，认为黑格尔的这一立场是合理的，至少是合乎其思辨逻辑的。

黑格尔哲学体系的逻辑本应该引导他得出承认女性在社会、经济、政治领域中的平等权利的结论，黑格尔自己的个人自由之理想以及他对人人生而自由的基督教原则之认同所暗含的倾向是，所有的人，无论男女，都应该能够实现自己的自由。但是黑格尔并未作此看法，女权主义

---

[1] 〔德〕康德：《道德形而上学》（注释本），张荣、李秋零译注，中国人民大学出版社，2013，第72页。

[2] *The Early Political Writings of the German Romantics*（剑桥影印本），edited and translated by Frederick C. Beiser（北京：中国政法大学出版社，2003），p. 91.

者认为其中的原因是黑格尔屈从于所处时代对女性的偏见。女性主义者批评说，黑格尔按照性别差异所预先配置的角色分工剥夺了女性的自由，女性在经济上以及心理上的依赖性使她们在家庭中容易受到各种形式的不平等待遇，她们在家庭中的价值和作用没有得到有效承认和重视。

哈迪蒙认为，黑格尔之所以秉持传统的性别角色分工观点，是因为他坚持同样非常传统的两性差异观念。虽然黑格尔对女性的尊重是真挚而深沉的，不过从整体来看，黑格尔基本上是一个不平等主义者，无论他对女性多么地尊重，绝对可以明确的是黑格尔认为女性在智力水平上是劣于男性的，并且不能参加公共生活。黑格尔毫不犹豫地将女性排除在公共领域之外并且使其在家庭中处于从属地位。①

艾莉森·斯通对于这种解释并不完全赞同，黑格尔政治哲学的一个立场是，所有公民都应该能够参与现代社会的每一个关键领域，包括家庭、市民社会和国家，然而，黑格尔在女性问题上的观点的确与这一立场存在着紧张关系。艾莉森·斯通认为这种紧张关系是可以得到解释的，按照黑格尔的有机国家概念，家庭、市民社会和国家是作为一个整体的政治有序社会的必要部分，所以，对这三个领域的参与以及作为这些领域的成员的自我认同，是社会成员身份和现代社会中的归宿感以及切实归宿所必不可少的。然而，有机国家所暗含的另一层意思是，每一个社会领域都必须具有适当类别的代表，其中家庭就是由女性代表的。黑格尔的有机国家概念并没有简单地指向性别平等，而是同时具有平等主义和反平等主义内涵，这两者之间存在着一定的张力，在女性问题上，黑格尔总体上遵循的是后者。艾莉森·斯通认为，黑格尔在两性分工问题上的立场并不仅仅是出于偏见，而是在遵循其政治哲学中的一个核心要素，亦即他的有机国家概念，但这并不意味着黑格尔的哲学是不可补救的性别歧视论而必须被抛弃，因为其中也具有内在的平等主义内涵。②

兰德斯认为，黑格尔超越了亚里士多德的仅仅从经济角度来构建的女性观，而提出了一种非经济的甚至跨越性别的女性观，黑格尔将女性

---

① 参见 M. O. Hardimon, *Hegel's Social Philosophy: The Project of Reconciliation* (Cambridge: Cambridge University Press, 1994), p. 185。

② 参见 T. Brooks, ed., *Hegel's Philosophy of Right* (West Sussex: Blackwell Publishing Ltd, 2012), pp. 145 – 146。

规定为作为一个完整的人能够获得与男性平等的地位的存在。在这一点上，"黑格尔的思想非常接近于新教的女性观，后者对中世纪的基督教道德提出了挑战，要求丈夫与妻子之间相互的贞洁，并且将婚姻看作一种合作关系，在这种关系中，妻子是伴侣而不是丈夫的附属物。黑格尔将这些早期新教观念世俗化，提出了一种使两性倾向于平等的家庭生活观念"①。尽管如此，黑格尔认为男女两性适合于不同的社会分工，这主要是缘于他们具有不同的，亦即不平等的天性：男性是理性的创造物，女性是直觉的创造物。按照黑格尔的观点，女性的实质性命运是在家庭中，没有权利参加理性的最高层次活动（艺术、宗教、哲学），也没有权利参与最高形式的伦理生活（市民社会和国家），"女性由于不被允许进入公共领域，所以永远不能体验到最高层次的自由"②。

按照蒂莫西·路德的说法，黑格尔并不认为女性相对于男性是低等的，只是两性间的自然差异使他们适合于不同的社会角色和功能，对于黑格尔来说，两性之间的差异是合理的，因为它们对应于概念的两个基本环节——直接的实体性和思维的普遍性，黑格尔按照这种逻辑对立构想出两性之间的根本差异。③ 哈尔珀同样认为，黑格尔的性别角色分工理论不能简单地归因于经验观察，亦即他不是在为所处时代的性别偏见进行辩护，而是取决于他在《逻辑学》中发展出来的抽象概念关系，甚至有理由相信黑格尔为了使之符合他的概念框架而夸大了性别差异。同时，哈尔珀认为在黑格尔家庭理论中，"不同的性别角色对于解释家庭的道德性具有重要作用，如果拒绝了性别角色分工将有破坏家庭的道德性之风险"④。

（3）伦理意义

在黑格尔看来，两性分工之所以不同，不仅是因为自然差异，更是伦理层面上的差异使然：男性是有自我意识的、独立的人，是"精神而自身分为自为的个人的独立性和对自由普遍性的知识和意志，也就是说分为思辨的思想的那自我意识和对客观的最终目的的希求"⑤。女性则以

---

① J. B. Landes, "Hegel's Conception of the Family", *Polity* 14, 1, (1981): 20.

② J. B. Landes, "Hegel's Conception of the Family", *Polity* 14, 1, (1981): 20 – 23.

③ 参见 T. C. Luther, *Hegel's Critique of Modernity: Reconciling Individual Freedom and the Community* (Lanham: Rowman & Littlefield Publishers, Inc., 2009), p. 163。

④ E. C. Halper, "Hegel's Family Values", *The Review of Metaphysics* 54, 4 (2001): 818.

⑤ 〔德〕黑格尔：《法哲学原理》，范扬、张企泰译，商务印书馆，1961，第182页。

自身无意识的统一为特征，是"保持在统一中的精神，它是采取具体单一性和感觉的形式的那种对实体性的东西的认识和希求"①。

正因为两性的这种伦理上的差异，黑格尔认为男女两性各自适合于不同的生活领域，男性代表精神的积极、客观、强有力的方面，所以"男子的现实的实体性的生活是在国家、在科学等等中，否则就在对外界和对他自己所进行的斗争和劳动中"，女性代表精神的被动、主观、和平的方面，于是"在家庭中获得她的实体性的规定，她的伦理性的情绪就在于守家礼"，在家庭中女性代表古老家礼的伦理美德。② 黑格尔在此问题上深受古希腊家庭观念，尤其是索福克勒斯③的《安提戈涅》（Antigone）之影响。按照黑格尔对该剧的分析，克瑞翁（Creon）作为以理性为导向的男性代表城邦的法律，安提戈涅（Antigone）则作为以（无意识的）感觉或直觉为行动根据的女性代表神律或者家庭的法律。黑格尔虽然没有在"人的规律"和"神的规律"之间作出明确的价值判断，但是隐含地提示了两性的伦理生活领域。因此，黑格尔在《精神现象学》中严防女性进入政治领域而将国家的公共性贬低为家庭的私人性，并且毫不掩饰地表示女性是"对共体的一个永恒的讽刺"。④ 黑格尔在两性问题上的总体观点是，男性和女性的伦理能力是互补的，正因如此，男性和女性都需要彼此来实现伦理上的完整。婚姻能够使男性和女性克服各自所固有的伦理上的片面性。正如邓晓芒教授所言："男主外女主内的模式使男女双方以不同的方式共同提升到自我意识的普遍本质，这是对他们自然本质的克服，但同时又是以这种自然区别（男女）作为自身个体性的体现。自然并没有被取消，而是被扬弃在伦理精神的实体之中，由自我意识的个体独立性来主导了。……在'人的法则'之下，固然是由父权制和男性主导着社会生活，但在'神的法则'之下，妇女仍然保持有自己的尊严，并以另外一种方式维持着自己特定的个体性，她们是在男权

---

① 〔德〕黑格尔：《法哲学原理》，范扬、张企泰译，商务印书馆，1961，第182页。
② 〔德〕黑格尔：《法哲学原理》，范扬、张企泰译，商务印书馆，1961，第182页。
③ 索福克勒斯（Sophocles，公元前496～前406年），古希腊三大悲剧诗人之一，其作品反映了雅典民主政治全盛时期的思想。参见罗念生《罗念生全集 第二卷·悲剧之一》，上海人民出版社，2004，第275～276页。
④ 〔德〕黑格尔：《精神现象学》（下卷），贺麟、王玖兴译，商务印书馆，1979，第35页。

社会中建立起伦理世界的精神实体这一事业的不可缺少的合作者。"①

综合上述分析，黑格尔的性别角色分工理论并不是歧视女性，而是实现家庭之伦理性的必要。黑格尔承认女性可以获得优良的教育，只是她们不适宜从事哲学研究和政府管理工作。黑格尔对女性是尊重的，安提戈涅即是例证。黑格尔虽重视男性的理性能力，但并未贬斥女性的情感判断能力，甚至赋予女性的这种感性能力以相当重要的伦理意义。此外，黑格尔生活的时代要求夫妻双方必须有一个人在家庭中抚养子女，另一个人走出家庭从事劳动以满足家庭物质需求，这无疑强化了两性差异。

2. 开明家长制家庭模式

（1）父亲的权威性

黑格尔反复指出罗马法是有缺陷的，尤其是其中的父权家长制在黑格尔看来赋予了父亲过于巨大的权威，以致其他家庭成员在家庭中人格受到严重贬抑。尽管如此，黑格尔并没有完全拒斥家长制，他甚至接受了家长制的核心特征。

在黑格尔的家庭理论中，作为家长亦即家庭法定代表人的父亲或丈夫在家庭中居于支配地位，这种绝对性优势地位是基于下述两个事实产生的：在家庭内部关系上，家长有控制和管理家庭财富的权利，包括通过遗嘱继承的方式处置家庭财富的最终决定权；在家庭外部关系上，家长单独进入市民社会并在该领域中代表其他家庭成员，为家庭争取其存续所必需的物质资料。"家庭作为法律上人格，在对他人的关系上，以身为家长的男子为代表。此外，男子主要是出外谋生，关心家庭需要，以及支配和管理家庭财产。"② 对于其他家庭成员，除了儿子成年以后有进入市民社会的可能性，伦理活动领域都被严格地限制在家庭中。③ 父亲通过市民社会取得维持家庭成员生计的财富，其他家庭成员则与社会生产相脱节，这就为父亲在家庭中继续享有支配性地位提供了社会基础。

家庭中的其他成员在家庭中处于这种权威性的相对地位：按照黑格

---

① 邓晓芒：《黑格尔的家庭观和中国家庭观之比较——读〈精神现象学〉札记（之一）》，《华中科技大学学报》（社会科学版）2013 年第 3 期，第 5 页。

② 〔德〕黑格尔：《法哲学原理》，范扬、张企泰译，商务印书馆，1961，第 185 页。

③ 只不过女儿在成年后按其伦理义务会通过婚姻进入另一个新的家庭中，进而作为妻子像其母亲一样在家庭中承担抚养子女的义务而不会进入市民社会。

尔的观点，女性绝对不能也没有必要进入需要的领域，所以妻子只是负责家庭的内部生活并且承担抚养子女的主要责任；子女作为"自在地自由的"人，在家庭中主要是接受"教训和教育"，为了矫正子女的主观任性，父母有惩罚子女的权利，所以子女在家庭中处于服从地位，是家长权威的主要对象。

这种家庭成员关系模式对黑格尔来说并不陌生，包括德国在内的欧洲各国在 19 世纪前均采用这种模式，黑格尔之所以在其家庭理论中沿袭这种模式是因为其中具有符合家庭伦理性要求的合理内核。尽管如此，黑格尔并没有全盘接受这种传统模式，他的家长制模式与当时及之前所流行的家长制有着本质区别。

（2）权威的非绝对性

黑格尔意识到欧洲家庭正在经历一场历史性变革，与现代工业资本主义相关联的社会秩序已经彻底改变了原有的根植于农业生活的"自然的"父权社会，男性家长的地位和角色需要被重新定位。因此，黑格尔虽然接受了传统的家长制家庭模式，但是他对传统家长制进行了限制，具体说来体现在三个方面。第一，尽管对家庭财富进行控制和管理是父亲之家长角色的应有之义，但是家庭财富从性质上而言并不属于父亲所有，也就是说父亲的这种权利在法律上不是所有权而是管理权。按照黑格尔的家庭建构模式，家庭财富无一例外地属于家庭成员所共有，父亲的管理权受到严格的限制。第二，丈夫虽然对妻子拥有法律上的权威，但是黑格尔拒绝了传统欧洲社会将妻子作为丈夫的财产的观念，与此相反，黑格尔承认妻子作为个人权利的适格主体拥有法律上的人格，故而不能被当作财产来被包括丈夫在内的他人占有。第三，黑格尔同样认为子女不能被作为财产而被家长"拥有"，子女作为父母之爱的定在是自在地自由的，他们"不是物体，既不属于别人，也不属于父母"①。在此问题上，黑格尔对罗马法家长制进行了反复而严厉的批评，在罗马法中，"孩子对父亲来说是物，因而父亲可在法律上占有他的孩子"，孩子实际上成为类似于奴隶的财产，黑格尔认为这样的规定是"不合法的和不合乎伦

---

① 〔德〕黑格尔：《法哲学原理》，范扬、张企泰译，商务印书馆，1961，第 188 页。

理的"。①

可见，黑格尔的家长制家庭与西方传统家庭模式有着一个虽不显著但具重大意义的差别，那就是虽然家长在家庭中继续拥有权威性权利，但是家长的这种权利并不是绝对的、任意的，而是受到伦理精神和一系列伦理规范的制约。受到伦理限制的家长权之行使在某种程度上也具有伦理的意义，其指向家庭的共同的善。同时，对家长权利的这种制约是与黑格尔的"凡是权利也是义务，凡是义务也是权利"的观念相契合的，家庭中没有绝对的权利，如同没有绝对的义务一样——虽然按照黑格尔的家庭实体性统一观念，除非家庭解体，否则家庭成员之间的相互关系不以权利义务的形式出现。但就其实质而论，是可以运用权利义务模式来描述家庭成员间关系的——"家长对于家庭成员的权利同样是对他们的义务，正如孩子们服从的义务是他们被教育成为自由的人的权利一样"②。

尽管黑格尔意识到家长制家庭并非没有缺陷，但总体而言，家长制家庭是合理的，因为这种家庭模式所体现出的家庭成员的"直接统一"，亦即他们在直接的爱的感觉之基础上对他们的共同利益的直接认同，③ 是现代社会的一个至关重要的方面。④

3. 家庭功能缩减

在前工业化阶段甚至工业化起步阶段的欧洲社会，家庭不仅是生活单位而且在很大程度上还是一个独立的生产单位，在农业家庭和手工业家庭中尤其如此。黑格尔认为现代家庭从经济学角度来看应该是资产阶级家庭，与传统家庭不同，现代家庭不是一个独立的经济生产单位而是一个消费单位，它的内在经济生活以购买和使用商品为特征，而不是诸如农业耕种这样的生产性活动。⑤

---

① 〔德〕黑格尔：《法哲学原理》，范扬、张企泰译，商务印书馆，1961，第52页。

② 〔德〕黑格尔：《精神哲学》，杨祖陶译，人民出版社，2006，第315页。

③ 不过，这种直接性内在地蕴含了偶然性和不稳定性，可能会产生许多问题，本文"五　家庭的解体"部分将论及。

④ 参见 T. Brooks, ed., *Hegel's Philosophy of Right* (West Sussex: Blackwell Publishing Ltd, 2012), pp. 144 - 145.

⑤ 参见 M. O. Hardimon, *Hegel's Social Philosophy: The Project of Reconciliation* (Cambridge: Cambridge University Press, 1994), p. 175.

黑格尔认为现代社会中的家庭不能作为生产性经济活动的场所，承担这一职能的是市民社会，现代家庭需依赖于市民社会以满足其成员的物质生活需要。现代家庭在经济上的职能只是辅助性的，具体言之在于通过教育使子女具备进入市民社会所需要的能力、情绪和态度。"家庭是实体性的整体，它的职责在于照料个人的特殊方面，它既要考虑到他的手段和技能，使能从普遍财富中有所得，又要考虑到他丧失工作能力时的生活和给养。"① 市民社会的"惊人权力"把人从家庭联系中"揪出"，要求其通过市民社会从事生产性活动，依赖于市民社会满足其物质需要，实际上，在家庭与市民社会的这种关系中，家庭成为市民社会的一个部分。

在黑格尔看来，现代家庭是典型的私人间独立自足的精神结合，家庭成员相互提供情感性的承认和支持。随着市民社会的出现，家庭从更广泛的亲属群体中撤退出来并且放弃了原有的生产性活动，于是现代家庭变成了一个规模较小的、内部成员相互联系更为紧密的、更加私人的单位，其中的情感性关系较之其他方面的关系都要强烈。所以现代家庭的最主要功能在于为现代世界中本质上孤独的人们找到情感性的承认提供支撑。

家庭的这种功能缩减似乎表现为一种防御性撤退，家庭在强有力的市民社会面前，为了自保而退守情感领域。实际上，正如哈迪蒙所认为的那样，"黑格尔断然不会同意这种观点，相反，正是在这种结构转变中家庭才最终获得了其成熟形式，因为较之于传统家庭，现代家庭更显专门化"②。整体而言，市民社会比起传统家庭能够更加有效地满足人们的物质需求。作为对市民社会出现以及传统家庭结构转变的回应，情感领域与经济领域的分离能够最佳地满足人们的情感需要和物质需求。

黑格尔试图通过将经济功能从家庭中排除出去而使现代家庭能够最充分地满足人们的情感需要，另一方面也为市民社会留出空间。在这个

---

① 〔德〕黑格尔：《法哲学原理》，范扬、张企泰译，商务印书馆，1961，第 241 页。

② M. O. Hardimon, *Hegel's Social Philosophy: the Project of Reconciliation* (Cambridge: Cambridge University Press, 1994), p. 177.

问题上，黑格尔与亚里士多德的观点迥然不同，亚里士多德只是将家庭看作城邦的一个必要的经济基础，对于黑格尔来说，家庭的伦理性只有在家庭本身不是经济生产单位的情况下才是可能的。

4. 家庭作为国家的伦理根源

在黑格尔的伦理理论中，家庭和国家分别作为伦理实体的最初和最后的环节，二者之间的区别是明显的：家庭与国家的关系是少数人的情感结合与为数众多的人的概念结合之间的这种关系，家庭是一个爱的共同体，国家是一种理性与意志的结合体。① 同时，家庭与国家之间存在重要的联系。

黑格尔把政治国家看作自由的最高实现，认为国家是唯一具有真正的独立性的社会制度。现代家庭经济上依赖于市民社会，家庭和市民社会又同时依赖并从属于政治国家。② 在国家起源的理论上，黑格尔并不赞同早期自由主义思想家所主张的社会契约论，"国家的本性也不在于契约关系中，不论它是一切人与一切人的契约还是一切人与君主或政府的契约"③，国家不可能机械地在利己主义基础上产生。同样，黑格尔没有采纳那种假定家庭与国家之间存在无差别的连续性的父系遗传观点。相反地，黑格尔把家庭看作国家的伦理根源。④

家庭对于国家的最重要的作用在于帮助国家去除公民身上原初不成熟的个体性，并且创造国家的存续所必须依赖的公民精神。这是通过家庭的教育功能实现的，家庭教育其成员要完全放弃自己的个人利益而以整个家庭的共同利益为中心，家庭是通过抽取出体现在个人的爱的直接感觉中的理性的、普遍的维度来实现这一教育目的的，在家庭中个人第

---

① 参见 A. T. Peperzak, *Modern Freedom*: *Hegel's Legal*, *Moral*, *and Political Philosophy*（Dordrecht, Boston, and London: Kluwer Academic Publishers, 2001）, p. 409。

② 关于这个问题，参见 A. W. Wood, *Hegel's Ethical Thought*（Cambridge: Cambridge University Press, 1990）, p. 29。

③ 〔德〕黑格尔：《法哲学原理》，范扬、张企泰译，商务印书馆，1961，第82页。

④ 黑格尔将家庭作为构成国家的第一个伦理根源，同业公会是第二个（基于市民社会的）伦理根源。参见〔德〕黑格尔《法哲学原理》，范扬、张企泰译，商务印书馆，1961，第251页；亦可参见 J. B. Landes, "Hegel's Conception of the Family", *Polity* 14, 1（1981）: 26 - 27。

一次学会使自己的行动之目的指向整体。① 这是一种"特殊的利他主义"②，国家中所要求的"普遍的利他主义"③ 需以此为基础：虽然"特殊的利他主义"中将家庭成员联系起来的自然纽带是生物学意义上的血缘关系，"普遍的利他主义"中的联系建立在自由意识的基础之上，但是后者需以前者为基础。通过家庭教育可以确保个人在与国家的关系中不是自私自利的而是二者形成一种具有伦理性的关系，④ 从而使公民的行动之目的趋向国家伦理实体，这对于国家来说是至关重要的。

现代家庭是政治的一个部分，但不能完全简化成政治或经济关系的逻辑。⑤ 换言之，家庭并不是政治的一个简单模型，二者中的权威关系并不具有同质性，家庭中的纪律和权威不能直接应用于政治领域。

三　家庭的基础：婚姻

黑格尔认为家庭是在三个方面完成起来的，一是婚姻，二是家庭的财产和地产，三是子女的教育和家庭的解体。婚姻是"家庭的概念在其

---

① 参见 T. Brooks, ed., *Hegel's Philosophy of Right* (West Sussex: Blackwell Publishing Ltd, 2012), p. 148。

② 一方面，家庭成员不是以自己的利益，而是以他人的利益为目标，并且能够随时为他人之目的而做出牺牲，所有这些活动都是以他人为导向的而不是以行为人自身利益为依归，通过家庭关系这一纽带联系起来的人才是行为的目的所在。另一方面，这些活动被限定于一个固定的人类范围：我不是为所有的女人或所有的孩子之目的而行为，我只是为我的妻子以及我的子女而为之。因此这种利他主义是有限而特殊的，并不能适用于所有的人。参见 S. Avineri, *Hegel's Theory of the Modern State* (Cambridge: Cambridge University Press, 1972), pp. 133 – 135。

③ 公民为了他人利益之目的而牺牲自己的财产甚至生命，能够对此进行解释的是共同体意识，是为了不特定他人的利益之目的而牺牲的"普遍的利他主义"。在普遍的利他主义模式中，公民的行为同样不是出于私利，而是出于团结、出于与其他人共同生活在一个共同体中的意志；其与特殊的利他主义之间的区别在于从中受益的对象是普遍的而不是特定的。

④ 不仅家庭，市民社会同样发挥着这种作用，因为在市民社会中，"私人虽然是利己的，但是他们有必要把注意力转向别人。这里就存在着一种根源，它把利己心同普遍物即国家结合起来"。参见〔德〕黑格尔《法哲学原理》，范扬、张企泰译，商务印书馆，1961，第 212 页。

⑤ 关于这个问题，可参见 J. B. Landes, "Hegel's Conception of the Family", *Polity* 14, 1 (1981): 5 – 6。

直接阶段中所采取的形态"①，婚姻是家庭构建的基础，家庭是婚姻的直接结果。

（一）婚姻的实质与目的

1. 婚姻的伦理实质

"婚姻实质上是伦理关系"②，这是理解黑格尔婚姻观的关键所在。通过将婚姻看作一种伦理关系，黑格尔使自己的婚姻观念跟当时流行的三种婚姻观区别开来。

（1）自然主义婚姻观

黑格尔首先对自然主义婚姻观进行了批判，因为这种观念仅仅"从肉体方面，从婚姻的自然属性方面"③ 来对婚姻进行考察。按照所强调自然属性侧重点的不同，自然主义婚姻观可分为两种各具显著特征的版本：一种主张婚姻的主要目的在于生育子女以使人类得以繁衍，另一种认为婚姻的存在主要是为了满足自然的性欲望。黑格尔认为前者无疑将婚姻降低到动物层次，因此不能作为婚姻的首要目的，后者则将婚姻等同于满足自然冲动的手段，而这种满足在婚姻中只是次要的。

概言之，在自然主义婚姻观那里，婚姻"只被看成一种性的关系，而通向婚姻的其他规定的每一条路，一直都被阻塞着"④。人类的性关系需要从生物的和自然的层次提升到伦理的和精神的层面，婚姻的自然环节虽然在婚姻中继续具有重要性，但是必须从属于婚姻的精神环节。婚姻最初是作为一种自然的统一，但是"自我意识"将这种自然统一转化为一种精神统一，婚姻也就因此成为一种伦理关系。

（2）契约论婚姻观

婚姻是从准契约关系开始的，但是婚姻又扬弃了这种关系，所以按照黑格尔的观点，将婚姻看作一种契约关系同样是错误的，黑格尔将这种"粗鲁"的婚姻观归之于康德。在康德看来，婚姻是不同性别的两个人，为了终身互相占有对方的性官能而订立的民事契约。黑格尔认为：

---

① 〔德〕黑格尔：《法哲学原理》，范扬、张企泰译，商务印书馆，1961，第176页。
② 〔德〕黑格尔：《法哲学原理》，范扬、张企泰译，商务印书馆，1961，第177页。
③ 〔德〕黑格尔：《法哲学原理》，范扬、张企泰译，商务印书馆，1961，第177页。
④ 〔德〕黑格尔：《法哲学原理》，范扬、张企泰译，商务印书馆，1961，第177页。

"根据这种观念，双方彼此任意地以个人为订约的对象，婚姻也就降格为按照契约而互相利用的形式。"①

黑格尔认为婚姻是一种伦理性的、法律上的关系而非抽象的、偶然的、利己主义的契约关系，这种观点是直接从黑格尔在契约、财产、人格、个体性上的观点中产生出来的。具体说来，黑格尔认为婚姻不能成为契约关系的理由是契约本身所具有的特性：第一，契约是从任性出发的；第二，通过契约而达到定在的同一意志只能由双方当事人设定，从而它仅仅是共同意志，而不是自在自为地普遍的意志；第三，契约的客体是个别外在物，因为只有这种个别外在物才受当事人单纯任性的支配而被割让。② 不过，黑格尔认为契约的第一个特性，即任意性，不能作为反对婚姻关系契约化的理由，而应作为反对国家契约说的理由。黑格尔承认婚姻在某种程度上是从主观任性出发的，只不过在当事人双方缔结婚姻和解除婚姻的时候需要伦理性的法来对这种任意性进行限制。③ 所以，契约的后两种特性才是黑格尔的论据。

首先，契约是主体双方从各自利益出发所达成的一种双方意志的妥协，通过契约形成的只是一种"共同意志"而不是"自在自为地普遍的意志"。在这种"共同意志"中，契约当事人双方的意志指向的是各自的利益，婚姻中所要实现的是双方的意志共同指向作为整体的家庭之利益。所以康德的婚姻观只不过使婚姻降低到一种互惠利用的层面，未能克服个体的利己主义倾向，进而无法将婚姻提升到伦理性的层面。

其次，将婚姻作为一种契约在概念上是行不通的，因为契约的对象只能是物，人类不能降低到单纯"物"的层面，因此，人不能作为订约标的。"任何一种权利都只能属于人的，从客观说，根据契约产生的权利并不是对人的权利，而只是对在他外部的某种东西或者他可以转让的某种东西的权利，即始终是对物的权利。"④

黑格尔对一个人占有另一个人的能力之限制，在其对康德法哲学的

---

① 〔德〕黑格尔：《法哲学原理》，范扬、张企泰译，商务印书馆，1961，第177页。
② 〔德〕黑格尔：《法哲学原理》，范扬、张企泰译，商务印书馆，1961，第82页。
③ 参见〔德〕黑格尔《法哲学原理》，范扬、张企泰译，商务印书馆，1961，第82、83、178、180、190页。
④ 〔德〕黑格尔：《法哲学原理》，范扬、张企泰译，商务印书馆，1961，第49页。

批判中表现得尤为明确。在黑格尔看来，个人必须由自己占有而不具有通过契约让与自己的权利。① 康德的婚姻契约观念之所以是错误的是因为忽略了这一事实，即就其性质而言，人格是不可让渡的。② 就其实质而论，康德是把"私有制的各种规定搬到一个在性质上完全不同而更高的领域"③，较之于抽象法，家庭代表了自由的更高的发展阶段和更加具体的体现，因此把抽象法的规定直接应用于家庭范畴在概念上是不可行的。不过值得注意的是，将婚姻当作契约关系在那个时代具有人的解放的历史意义，因为在中世纪以及更早时期，婚姻的缔结"不是由当事人决定的事情"。而契约论婚姻观一方面赋予了资产阶级以婚姻方面的选择自由，另一方面对正处于不平等困境的女性而言无疑是一种"理论上的拯救"，因为"只有能够自由地支配自己的人身、行动和财产并且彼此权利平等的人们才能缔结契约"。④ 承认女性能够作为契约当事人也就等于承认女性具有和男性同等的人身财产权利。

（3）浪漫主义婚姻观

浪漫主义婚姻观是黑格尔所反对的第三种错误观念，将婚姻等同于爱是"应该受到唾弃的观念"⑤，这种观念在 18 世纪末期的浪漫主义思潮中十分流行。浪漫主义重视人的内在性，因此对作为情感的爱之推崇达到了无以复加的程度，认为当事人双方的爱的情感是婚姻的本质所在，婚姻主要甚至单独建立在这种情感的基础之上。

黑格尔认为爱作为感觉具有偶然性，是易变的。"一旦现有的爱情出现瑕疵，那么婚姻便会有危机，或者新的爱情出现，婚姻就得要让位。因此仅仅基于爱情的婚姻往往较为脆弱，反不如那些以经济或政治利益为纽带的婚姻，更比不上以伦理为基础的婚姻来的稳定，原因就在于人的内在的感情（感觉）要比外在的利益和规范更加难以捉摸和不易把握。"⑥

---

① 关于这个问题，可参见 J. B. Landes, "Hegel's Conception of the Family", *Polity* 14, 1 (1981): 8 – 9。

② 关于这个问题，可参见〔德〕黑格尔《法哲学原理》，范扬、张企泰译，商务印书馆，1961，第 73 页。

③ 〔德〕黑格尔：《法哲学原理》，范扬、张企泰译，商务印书馆，1961，第 82 页。

④ 〔德〕恩格斯：《家庭、私有制和国家的起源》，中共中央马克思恩格斯列宁斯大林著作编译局译，人民出版社，1999，第 82 页。

⑤ 〔德〕黑格尔：《法哲学原理》，范扬、张企泰译，商务印书馆，1961，第 177 页。

⑥ 张有才：《论黑格尔婚姻伦理思想及其当代价值》，《求索》2012 年第 3 期，第 102 页。

所以，在黑格尔看来，浪漫主义的爱作为婚姻的基础是不稳固的。爱属于感觉的范畴，是主观的、暂时性的并且完全偶然的，这些是与婚姻的伦理特性相冲突的。究其根本，浪漫主义者将爱的主观方面和个别性方面绝对化了，其仅仅从主观动机方面来观察爱，而没有理解其社会规定。

黑格尔认为，婚姻的实质不能够建立在这些错误观念的基础之上，而必须寻找更加坚实的基础，也就是必须具有伦理规定。通过对上述三种婚姻观的批判，黑格尔认为婚姻既不是一种自然关系，也不是一种契约关系或纯粹主观的爱的情感关系，而是一种具有法和伦理规定的爱。是为婚姻的实质。

2. 实体性的统一

婚姻的实质是一种具有法和伦理规定的爱。"婚姻的伦理方面在于双方意识到这个统一是实体性的目的，从而也就在于恩爱、信任和个人整个实存的共同性。"① 婚姻既包括自然环节又包括精神环节，人的动物属性决定了作为两性结合制度的婚姻不可能完全摒弃自然环节的因素，所以"婚姻作为直接伦理关系首先包括自然生活的环节"②，性的本能冲动、对于婚姻对方当事人的特殊爱慕构成婚姻的自然环节。不过按照黑格尔的观点，这种自然环节一旦得到满足就会消灭，而精神环节则会在婚姻中居于支配地位，"至于精神的纽带则被提升为它作为实体性的东西应有的合法地位"③。爱欲是人之为动物所必然，精神性战胜自然性则是人异于兽禽之所在。④

婚姻的目的在于实现一种伦理性的统一，这种统一是以人格牺牲为基础的。婚姻不仅是自然性别的统一，更要经过这个阶段达到更高层次的统一，亦即精神的统一，"当事人双方自愿同意组成为一个人，同意为

---

① 〔德〕黑格尔：《法哲学原理》，范扬、张企泰译，商务印书馆，1961，第178页。
② 〔德〕黑格尔：《法哲学原理》，范扬、张企泰译，商务印书馆，1961，第176页。
③ 〔德〕黑格尔：《法哲学原理》，范扬、张企泰译，商务印书馆，1961，第179页。
④ 在这里，黑格尔的目的在于实现精神与自然之间的和谐，精神通过自然表达自己，自然从精神那里获得意义，在这个自然环节提升到精神环节的过程中，人的自由得到发展。人通过理性而非自然欲望组织家庭关系，从而实现对欲望的合理控制并摆脱直接自然性，对欲望进行控制而非受其摆布彰显了真正的自由。如果自由就是对任性的克服，那么在爱的基础上建立起来的统一体中的双方就克服了仅仅寻求生理欲望的直接满足的任意性，而第一次享受到了实质性的自由。

那个统一体而抛弃自己自然的和单个的人格"①。这种精神的统一与其说是一种束缚，毋宁说是一种解放，因为当事人双方通过婚姻"获得了自己实体性的自我意识"，也就是以家庭为目的和内容的自我意识。

在婚姻的实体性统一中，缔结婚姻的当事人双方都毫无保留地放弃了自己的独立人格，实现了双方人格的同一化，进而形成了家庭这个扩大的人格，于是在这个扩大的人格中，其成员成为"偶性"，从外观上看，这似乎是对当事人双方人格的贬损，实质上，这是他们人格的升华。

（二）婚姻的概念

1. 具有法的意义的伦理性的爱

通过对前述三种婚姻概念的批判以及对婚姻实质与目的的考察，黑格尔将婚姻的概念规定为：具有法的意义的伦理性的爱，这样就可以消除爱中一切倏忽即逝的、反复无常的和赤裸裸主观的因素。② 这个概念的核心要素是"爱"，限定是"具有法的意义的"和"伦理性的"，黑格尔不允许一种单纯地基于情感的关系成为道德关系，因此，婚姻中作为一种纽带的爱不能是一种单纯的感觉，还需加上"具有法的意义的伦理性的"之限定。因为伦理取决于普遍意志，所以这种"具有法的意义的伦理性的爱"是一种对伦理的意志。黑格尔将具有法的意义的伦理性的爱理解成一种融合：尽管婚姻这种统一并没有破坏双方各自的意志，但是其取消了他们的独立性和分离性。当事人双方基于爱的情感而自愿放弃自己独立的人格，形成一个原则上不可分离的共体。

作为婚姻之基础的爱必然是富于精神性的爱，而作为感觉的爱仅仅是主观的，是一种倾向（Inklination）。倾向属于婚姻的自然方面，黑格尔明确拒绝将这种纯粹主观性的爱作为婚姻的基础，因为它包含有一种不应存在于伦理中的偶然性。

2. 缔结婚姻的伦理必要性

亚里士多德认为婚姻以及奠基于其上的家庭只是满足生理需要和物质需要的手段，家庭行为因此不具有高尚的品质进而不可能进入道德

---

① 〔德〕黑格尔：《法哲学原理》，范扬、张企泰译，商务印书馆，1961，第177页。
② 〔德〕黑格尔：《法哲学原理》，范扬、张企泰译，商务印书馆，1961，第177页。

行为的领域。与此相反，黑格尔认为，进入婚姻状态是一项伦理义务，因为婚姻具有伦理意涵，亦即提供了要求当事人运用普遍意志的具体环境，所以"我们的客观使命和伦理上的义务就在于缔结婚姻"①。一个单独的个人的意志必须与另一个人的意志结合起来，通过成为一个更高实存的环节而超越他们自己的私人性，于是，一个实体性的共同体将这两个人从他们对自然冲动和激情的依赖性中解放出来，从而使其获得真正的自由。②

3. 缔结婚姻的路径

在缔结婚姻的路径上，黑格尔认为有两个极端，一个是好心肠的父母为自己预先安排的婚姻，这是 18 世纪德国的婚姻实践所采用的主要方式；另一个是当事人完全根据"现代世界的主观原则"，按照自己的特殊喜好，通过偶然的选择而与另一个人培养出彼此之间的专一性。在这二者之间，黑格尔实际上倾向于传统的婚姻缔结模式，亦即父母安排的婚姻。之所以如此，黑格尔可能是在两个极端之间未找到一个恰当的平衡点，所以权衡之下就在两个极端之中选择了较优的一端。黑格尔不相信年轻的婚姻当事人"自然情感结合的自然性"，而将父母的经验和远见作为婚姻选择的主要参考。

但是黑格尔同时极力反对将婚姻作为达成其他目的的手段，这既是对子女，特别是对女性的不尊重，也是对婚姻伦理性的毁灭性破坏。若将婚姻降格为手段，奠基于其上的家庭的伦理实体性将会遭遇巨大的困难。黑格尔虽然认为父母安排的婚姻是一条更加符合伦理的路径，但是他对这条道路上可能阻碍伦理性的东西保持着警惕，父母在安排婚姻的时候只能是出于"好心肠"而不能在此过程中掺杂诸如财产、门第、政治目的等的其他考量进而将子女的婚姻作为手段。③ 此外，父母的这种安

① 〔德〕黑格尔：《法哲学原理》，范扬、张企泰译，商务印书馆，1961，第 177 页。

② 参见 A. T. Peperzak, *Modern Freedom：Hegel's Legal, Moral, and Political Philosophy*（Dordrecht, Boston, and London：Kluwer Academic Publishers, 2001），pp. 412 – 413。

③ 根据历史学家对德国 18 世纪晚期到 19 世纪初期——也就是黑格尔生活时代——这个阶段社会生活的考察，在婚姻的缔结过程中，纯粹实用主义的择偶标准盛行，特别是农村地区，结婚更多地变成一种经济合作，而不是基于爱情的结合。参见 D. B. Eric, *German History 1789 – 1871：From the Holy Roman Empire to the Bismarckian Reich*（New York and Oxford：Berghahn Books, 2013），p. 123。由此我们可以合理地推测，黑格尔之所以作此主张，是基于其对现实状况的观察和反思。

排须以当事人的自由同意为前提，否则就构成了对主观自由原则的抹杀。

（三）婚姻的内在要求

1. 一夫一妻制

婚姻的实体性的统一之完成是通过当事人双方将原本独立的人格置身在婚姻关系中并委身于这个关系，而且这种委身必须是"全心全意的"和"相互的"，如此才能"产生婚姻关系的真理性和真挚性（实体性的主观形式）"进而使当事人双方在婚姻中"获得了自己实体性的自我意识"。① 所以，婚姻本质上是一夫一妻制。

在婚姻的这种人格统一中，当事人双方各自放弃了自己自然的、单一的人格，结果就是，双方各自在对方身上意识到了自己的人格。"人格如果要达到在他物中意识到他自己的权利，那就必须他物在这同一中是一个人即原子式的单一性，才有可能。"② 换言之，婚姻当事人一方的人格如果要在对方中意识到自己的权利，那么对方必须具有单一性，亦即人格不可再分，也就是除了置身于这特定婚姻关系中之外不再置身于其他婚姻关系中。反过来说，如果婚姻当事人一方并不具有单一性，而是可分的，也就是说他置身于多种婚姻关系中，那么他的人格就分为数个部分而分别地与数个相应的对方当事人结合成婚姻关系，在这种婚姻关系中，这数个对方当事人就无法在"他物"中获得自己的实体性的自我意识，无法在对方身上意识到自己的人格，因此这种婚姻就不可能具有伦理性。所以，只有一夫一妻制的婚姻才能构成"任何一个共同体的伦理生活所依据的绝对原则之一"，才可谓之"神的或英雄的建国事业中的环节之一"。③

黑格尔概括的爱的辩证法以一夫一妻制婚姻中两性平等关系为先决条件，一夫一妻制为两性之间的平等关系提供了保障。婚姻是由两个自足的人通过一种相互毫无保留的方式献出自己的人格而缔结的，如果这种委身不是相互的，其中一方的权利就受到了侵犯。对于黑格尔来说，一夫多妻制必将使女性陷于被奴役的状态，只有在一夫一妻制中，女性

---

① 〔德〕黑格尔：《法哲学原理》，范扬、张企泰译，商务印书馆，1961，第 177、183 页。

② 〔德〕黑格尔：《法哲学原理》，范扬、张企泰译，商务印书馆，1961，第 183~184 页。

③ 〔德〕黑格尔：《法哲学原理》，范扬、张企泰译，商务印书馆，1961，第 184 页。

才得到承认并因此获得平等的权利。①

2. 婚姻仪式

黑格尔特别强调婚姻仪式②的重要性，甚至将其作为婚姻缔结的必要环节，"只有举行了这种仪式之后，夫妇的结合在伦理上才告成立，因为在举行仪式时所使用的符号，即语言，是精神的东西中最富于精神的定在（第78节），从而使实体性的东西得以完成"③。婚姻仪式确保了伦理性的结合被当事人双方的家庭以及更大的团体所承认和认可，这"构成了正式结婚和婚姻的现实"④，缔结婚姻即结婚仪式将当事人双方的结合的本质"明示和确认为一种伦理性的东西"⑤，只有通过这种仪式的举行，当事人双方之间的那种自然性的爱才获得了一种伦理性规定。⑥ 而且，在这种仪式中，婚姻当事人的爱获得了客观表达。

在浪漫派特别是施莱格尔看来，婚姻仪式是确无必要甚至适得其反的虚文浮礼，婚姻仪式只是一种外在的形式和单纯的民事命令，在这种形式和命令之下，湮没的是婚姻的实质，即主观性的爱，因此，婚姻仪式作为一种"异物"破坏了当事人双方结合的"真挚性"。

黑格尔认为，这种贬低婚姻仪式的观念"妄以为自己提供了爱的自由、真挚和完美的最高概念"，但不过是一种想当然的虚妄，"它倒反否认了爱的伦理性，否认了较高的方面，即克制和压抑着单纯自然冲动的那一方面，……更确切些说，这种意见排斥了婚姻的伦理规定"，因为按照黑格尔的观点，婚姻具有使当事人双方的意识"从它的自然性和主观性中结晶为对实体物的思想"之伦理意义。⑦ 而浪漫主义婚姻观所强调的

---

① 参见 T. C. Luther, *Hegel's Critique of Modernity*: *Reconciling Individual Freedom and the Community* (Lanham: Rowman & Littlefield Publishers, Inc. , 2009), pp. 161 – 162。

② 《法哲学原理》中所论及的"婚姻仪式"不同于我们今天所理解的通常含义，黑格尔所说的"婚姻仪式"指的是婚姻所采取的外在形态，具体到当时的社会环境，就是在教堂内举行的具有法律和道德约束力的宗教婚姻仪式。

③ 〔德〕黑格尔：《法哲学原理》，范扬、张企泰译，商务印书馆，1961，第180页。

④ 〔德〕黑格尔：《法哲学原理》，范扬、张企泰译，商务印书馆，1961，第180页。

⑤ 〔德〕黑格尔：《法哲学原理》，范扬、张企泰译，商务印书馆，1961，第181页。

⑥ 此外，按照黑格尔的将家庭作为国家的伦理根源之一的观念，若不将性爱限于婚姻，这种伦理根源作用是无法实现的。参见〔德〕黑格尔《法哲学原理》，范扬、张企泰译，商务印书馆，1961，第212~213页。

⑦ 参见〔德〕黑格尔《法哲学原理》，范扬、张企泰译，商务印书馆，1961，第181页。

爱具有偶然性和任性的缺陷，这种由单纯的作为感觉的爱结合起来的关系无法摆脱任性的领域，因此也就不可能具有伦理性。

此外，黑格尔之所以强调婚姻仪式的必要性，是基于现实基础的考量，亦即男女两性的差异性，"就男女关系而论，必须指出，女子委身事人就丧失了她的贞操；其在男子则不然，因为他在家庭之外有另一个伦理活动范围"①。浪漫主义所主张的那种不采取婚姻仪式的两性关系实质上是长期的非婚姻同居，这是一种毫无伦理性规定进行规范的关系。可以想见，这种关系对于女性而言是潜藏着巨大风险的，而社会观念对于男性在这种关系上的对待则相对宽容，所以这种主张不采取婚姻仪式而仅仅将两性关系建立在爱的基础上的观念在某种程度上属于"诱奸者"所惯用的托词。故而，为保护女性，"她的爱应采取婚姻的形态"②。

实际上，黑格尔与浪漫主义在婚姻仪式问题上争议的内在原因是对婚姻的实质所持的立场各异。施莱格尔认为"爱才是实体性的东西"，仪式对这种实体性的东西来说不仅多此一举，更是一种冒犯；黑格尔则认为作为婚姻实质的爱还具有法和伦理的规定，结婚仪式对于这种伦理关系具有"明示和确认"的作用。

3. 不可离异

婚姻是两个主体在形成一种永久性结合的欲求下实现的实体性统一，这种统一是通过婚姻的精神性规定超脱自然环节的偶然性完成的，并且一旦完成原则上就不存在解体的可能性，婚姻的目的正是形成一种历久弥坚的伦理结合，因此不可离异是婚姻的内在要求。

自然冲动在婚姻中是次要的，婚姻是精神性对自然性的超越，"从而超脱了激情和一时特殊偏好等的偶然性"③，因此婚姻不应被自然性的东西所破坏，本质上来说它是不可解体的。"婚姻的目的是伦理性的"④，所以不应该因激情而产生，也不应该被激情所破坏。按照伦理实体的意涵，家庭中夫妻双方的关系不仅是彼此之间的相互关系，更是作为个体的家庭成员对家庭这一整体的关系，当事人双方在缔结婚姻的时候所指向的

---

① 〔德〕黑格尔：《法哲学原理》，范扬、张企泰译，商务印书馆，1961，第182页。
② 〔德〕黑格尔：《法哲学原理》，范扬、张企泰译，商务印书馆，1961，第182页。
③ 〔德〕黑格尔：《法哲学原理》，范扬、张企泰译，商务印书馆，1961，第179页。
④ 〔德〕黑格尔：《法哲学原理》，范扬、张企泰译，商务印书馆，1961，第179页。

是一个伦理性实体，而伦理实体本身从概念上说是不可解体的。

为此，黑格尔主张通过立法来使离异变得难以实现，用伦理性的东西来反对主观任性。黑格尔虽然承认婚姻本身含有离异的可能性，但是他的基本立场是极力反对离异的，所以黑格尔在此问题上表现为一个保守主义者。

4. 血亲通婚之禁止

黑格尔反对血缘关系较近的两性之间通婚。"婚姻是由于本身无限独特的这两性人格的自由委身而产生的，所以在属于同一血统、彼此熟知和十分亲密的这一范围内的人，不宜通婚。"① 这是一个绝对的原则，不会因当事人的自然冲动而破除：婚姻具有伦理性，而不是建立在直接自然性之上，所以即使男女双方彼此具有结合的自然冲动，也不能够作为论证血亲通婚合理性的依据。

可以说，黑格尔的这一主张是有遗传学依据的，按照优生学理论，"属于同族动物之间交配而产生的小动物比较弱，……生殖力好比精神力所由以获得再生的对立愈是显明，它就愈强大"②。人类繁衍的历史表明，血缘过近的亲属间通婚，容易把双方生理上的缺陷遗传给后代，而没有血缘关系的双方之间的婚姻，能够创造出在体质上和智力上都更加优质的后代。不过，黑格尔之所以作此主张主要还是基于他对婚姻目的之认识。婚姻所要达到的是一种实体性的统一，只有在相异最大化的两人之间才能最充分地实现这种统一，血亲范围内的主体之间不具有独特的人格，因此也就无法实现实体性的统一，他们所缔结的婚姻不可能成为一种伦理性的结合。

此外，黑格尔反对血亲之间通婚还是基于"已经结合起来的，不可能通过婚姻而初次结合起来"③ 之逻辑，属于同一血统范围内的两个人已经通过自然的血缘关系结合起来成为具有人格依赖性的人，而按照婚姻的概念，婚姻中的结合应该是当事人双方初次的结合。血亲通婚的这种"再次结合"与婚姻概念所要求的"初次结合"之间的矛盾为黑格尔的禁止血亲通婚之主张提供了逻辑上的依据。

---

① 〔德〕黑格尔：《法哲学原理》，范扬、张企泰译，商务印书馆，1961，第184页。
② 〔德〕黑格尔：《法哲学原理》，范扬、张企泰译，商务印书馆，1961，第184页。
③ 〔德〕黑格尔：《法哲学原理》，范扬、张企泰译，商务印书馆，1961，第184页。

四 家庭的外在定在：家庭财富

婚姻是从当事人双方庄严地宣布自己同意进入婚姻这种伦理结合开始的，婚姻要求两性人格的自由委身，所以作为结果的家庭具有其独立的人格。"人格"在黑格尔哲学中具有十分重要的意义，因为黑格尔将其看作"构成权利之基础的抽象的自我意识"[1]。如果不具有独立的人格，就不可能拥有独立的权利，家庭的人格只有通过财产权才显示出来。

（一）家庭财富的性质

家庭财富[2]对于家庭来说是必不可少的要素，一方面，家庭财富是家庭生活的物质保证，家庭的存续、家庭成员的生活都需要家庭财富来确保。"在同业公会中，家庭具有它的稳定基础，它的生活按能力而得到了保证，这就是说，它在其中具有固定的财富。"[3]

另一方面，家庭财富是家庭及家庭成员获得承认的外在条件，"这种能力和这种生活都得到了承认，因之同业公会的成员毋须用其他外部表示来证明他的技巧以及他的经常收入和生活，即证明他是某种人物"[4]。被承认为"某种人物"亦即隶属于某一特定等级之所以具有重要性是因为这里的"某种人物"具有实体性的意义，"不属于任何等级的人是一个单纯的私人，他不处于现实的普遍性中"[5]。因此，家庭必须拥有所有物，如此方能确保其成员被承认隶属于某一特定等级，而不至于沦为无所依归的纯粹的私人。所以，家庭财产是家庭成员在他的等级中获得其应有尊严的基础。

---

[1] E. C. Halper, "Hegel's Family Values", *The Review of Metaphysics* 54, 4 (2001): 829.

[2] 皮伯扎克认为，黑格尔之所以用"财富"（Vermögen）一词而不用"财产"（Eigenheit）指称家庭产业，是因为"财产"过度强调个人状态以及财产的私有性，"财富"则可突出家庭特征，且表明家庭财富并不限于单个成员的生命周期，更具持久性。参见 A. T. Peperzak, *Modern Freedom: Hegel's Legal, Moral, and Political Philosophy* (Dordrecht, Boston, and London: Kluwer Academic Publishers, 2001), p. 419.

[3] 〔德〕黑格尔：《法哲学原理》，范扬、张企泰译，商务印书馆，1961，第249页。

[4] 〔德〕黑格尔：《法哲学原理》，范扬、张企泰译，商务印书馆，1961，第249页。

[5] 〔德〕黑格尔：《法哲学原理》，范扬、张企泰译，商务印书馆，1961，第216页。

（二）家庭财富的功能

1. 赋予家庭以外在现实性

家庭作为婚姻当事人双方人格的相互委身而组成的一个独立的人格要获得现实性还需拥有所有物作为其外在的定在，家庭财富的首要功能即是使家庭的人格外化进而获得现实性。

黑格尔在论述所有权的时候说道："所有权所以合乎理性不在于满足需要，而在于扬弃人格的纯粹主观性。人唯有在所有权中才是作为理性而存在的。"① 这同样适用于家庭，家庭是一个扩大的人格，家庭的人格同样是纯粹主观的，家庭的人格只有通过所有权才能获得现实性，进而成为一个伦理实体。取得所有权即达到人格的定在。所以黑格尔不是在"一般的经济学层面上——即仅将财富看成满足我们需要的手段，而是在法哲学层面上将财富视为扬弃家庭这一人格主观性的一种东西，……家庭财富不仅是像它所表现出来的那样一种物质性实体，更是自由意志和家庭实体性人格的定在形式"②。

占有所有物给家庭的本质存在赋予了外在的现实性，家庭通过财产之占有获得了人格的法律地位，并且拥有了以财产所有权为基础的形式权利，家庭甚至还具有超越和对抗个别家庭成员之权利的权利。③

按照黑格尔的抽象人格概念，人只有通过使自己跟外在世界联系起来才能克服纯粹主观性，反过来，只有通过占有某种特殊物进而作为一个财产所有者被普遍认同，才能确保人与外在世界的这种联系。因此，私有财产是个人意志的外在体现和客观化。黑格尔的财产概念发挥着使主观意志客观化的作用，所以黑格尔"在家庭理论中重新引入财产概念，而不是仅仅依赖于子女来作为家庭的实体性人格的外在表现形式"④。

---

① 〔德〕黑格尔：《法哲学原理》，范扬、张企泰译，商务印书馆，1961，第50页。
② 曹兴江：《家庭伦理实体的生成与裂解——黑格尔家庭伦理思想释要》，《华中科技大学学报》（社会科学版）2013年第2期，第18页。
③ 参见〔德〕黑格尔《法哲学原理》，范扬、张企泰译，商务印书馆，1961，第176页；亦可参见 J. B. Landes, "Hegel's Conception of the Family", *Polity* 14, 1 (1981): 11.
④ T. Nicolacopoulos and G. Vassilacopoulos, *Hegel and the Logical Structure of Love* (Melbourne: Ashgate Publishing Ltd., 1999), p. 164.

2. 净化功能

家庭财富一方面使家庭成员"单单一个人的特殊需要这一任性环节，以及欲望的自私心，就转变为对一种共同体的关怀和增益，就是说转变为一种伦理性的东西"①。家庭使财富道德化和共有化，从而将财富提升到仅仅超越自私自利和贪婪的层次。

在家庭共同财产中，"需要"丧失了其自然的和直接的特性，这种"需要"与作为一个原子式的个体在市民社会中的"需要"是迥然不同的，对于后者来说，对于某种事物之欲求就足以作为寻求其满足的基础。②

（三）家庭财富的获取与管理

作为黑格尔家庭思想之对象的不是传统家庭而是现代资产阶级家庭，现代家庭的经济功能已经丧失，家庭获取生活资料的领域已经从家庭本身转移至市民社会。质言之，家庭已不再从事生产性活动，只有进入市民社会才能够满足家庭及其成员的物质需要。

在前述黑格尔"性别角色分工理论"部分已经提到，女性不能进入市民社会领域，所以，"出外谋生，关心家庭需要"的职责是由男性承担的，男性进入市民社会通过商品生产和交换而获取家庭生活所需要的物质资料。此外，因为"个人所有物同他的婚姻关系有本质上联系，而同他的宗族或家族的联系则较为疏远"③，家庭成员所获取的财产应该归属于家庭，而不是宗族或家族。④

在家庭财富的管理上，家庭财富为家庭成员所共有，任何成员包括家长都不能对家庭财富之全部或部分主张私人所有权，而只是在份额上对家庭财富享有权利，"家庭的任何一个成员都没有特殊所有物，而只对于共有物享有权利"⑤。黑格尔之所以认为家庭成员不能单独地拥有财产，一方面是因为家庭财富作为家庭的人格外化，本身是一个整体而不可分

---

① 〔德〕黑格尔：《法哲学原理》，范扬、张企泰译，商务印书馆，1961，第185页。

② 参见 T. Nicolacopoulos and G. Vassilacopoulos, *Hegel and the Logical Structure of Love* (Melbourne: Ashgate Publishing Ltd., 1999), p.168。

③ 〔德〕黑格尔：《法哲学原理》，范扬、张企泰译，商务印书馆，1961，第186页。

④ 关于这个问题，可参见吕世伦《黑格尔法律思想研究》，中国人民公安大学出版社，1989，第11页。

⑤ 〔德〕黑格尔：《法哲学原理》，范扬、张企泰译，商务印书馆，1961，第185页。

化；另一方面，私有财产以独立的法律人格为先决条件，家庭成员获得独立人格的情况只可能存在于家庭范围外。

家庭的规范性结构与私有财产是不相容的，所以家庭中的财富只能采取共有的形式，"个人财产和契约都是以私人人格的预设为基础的，所以剩余资料、劳动和财产都内在地、明确地为家庭成员所共有"①。

在这里，黑格尔意识到家庭内部存在权利冲突的可能性，家庭成员对共有物享有的权利可能同家长对共有物的支配权发生冲突。这是家庭财富中所内含的家庭的解体性因素。

五 家庭的解体

家庭属于伦理实体的第一个环节，其直接性和自然性决定了家庭存在解体的可能性，而且家庭伦理实体有着向更高伦理阶段过渡的伦理义务。概括说来，家庭统一体随着夫妻离异或者家庭成员自然死亡或者子女进入市民社会和国家而解体，在这一过程中，原本作为家庭成员而存在的个人现在无论在精神上还是在现实中都变成了独立的个体。

（一）法律上解体

1. 婚姻概念所内含的解体可能性

前述"婚姻的内在要求"部分已经指出，黑格尔认为，家庭就其目的而言是不可解体的。但是，黑格尔意识到婚姻的不可解体只是一种应然要求。实际情况中，"当两个主体的情绪和行动变得水火不相容时，也很少可能有单纯法的积极的纽带来硬把他们联系在一起"②。之所以如此，是因为婚姻的实质性基础是爱，而爱具有直接性，这种直接性在于它的准自然特性，所以"婚姻所依存的只是主观的、偶然性的感觉"③。婚姻含有主观性的感觉的环节，所以婚姻"不是绝对的，而是不稳定的，且

---

① G. W. F. Hegel, *System of Ethical Life (1802/3) and First Philosophy of Spirit* (Part Ⅲ of the System of Speculative philosophy 1803/4), edited and translated by H. S. Harris and T. M. Knox, (Albany: State University of New York Press, 1979), p. 127.

② 〔德〕黑格尔：《法哲学原理》，范扬、张企泰译，商务印书馆，1961，第190页。

③ 〔德〕黑格尔：《法哲学原理》，范扬、张企泰译，商务印书馆，1961，第190页。

其自身就含有离异的可能性"①。黑格尔承认婚姻在很大程度上是以主观性的感觉为基础的，所以当这种感觉发生根本性的变化时，离婚也就成为不可避免的了。而且正如恩格斯所言，在没有感情的情况下继续维持婚姻状态是不道德的，此时，解体反倒是一种对道德的救赎，"如果说只有以爱情为基础的婚姻才是合乎道德的，那么也只有继续保持爱情的婚姻才合乎道德。……如果感情确实已经消失或者已经被新的热烈的爱情所排挤，那就会使离婚无论对于双方或对于社会都成为幸事"②。

2. 离婚的限制

尽管黑格尔承认离婚是当事人的不可剥夺的权利，不过这种权利在黑格尔看来不应该被任意地使用，"立法必须尽量使这一离异可能性难以实现，以维护伦理的法来反对任性"③。

婚姻中固有的自然环节所具有的主观任性是导致家庭法律上解体的内在原因，不过伦理实体性的家庭必须尽可能少地受这种主观任性的破坏，所以黑格尔要求"第三个伦理性的权威来维持婚姻（伦理的实体性）的法，以对抗出于这种敌对情绪的单纯的意见，以对抗只是一时脾气的偶然性"④，这里的"第三个伦理性的权威"在黑格尔看来就是教堂或法院，夫妻离婚必须如同缔结婚姻那样通过教堂或法院进行，而不能单凭双方的主观任性决定，而且教堂或法院必须对夫妻双方的离婚理由进行细致考察，只有在确定双方的确"情绪和行动变得水火不相容"而不是仅仅"敌对情绪的单纯的意见"和"一时脾气的偶然性"使然的情况下才可允许婚姻解体。⑤ 这看似陈旧的保守主张，实际上是对婚姻神圣性的维护，对婚姻伦理性的高扬。

3. 离婚的结果

离婚的伦理上的结果是家庭伦理实体解体，原来消融在家庭这一实体性关系中的双方人格按照其结合的相反方式独立出来，"原来的家庭成

① 〔德〕黑格尔：《法哲学原理》，范扬、张企泰译，商务印书馆，1961，第180页。
② 〔德〕恩格斯：《家庭、私有制和国家的起源》，中共中央马克思恩格斯列宁斯大林著作编译局译，人民出版社，1999，第84~85页。
③ 〔德〕黑格尔：《法哲学原理》，范扬、张企泰译，商务印书馆，1961，第178页。
④ 〔德〕黑格尔：《法哲学原理》，范扬、张企泰译，商务印书馆，1961，第190页。
⑤ 参见〔德〕黑格尔《法哲学原理》，范扬、张企泰译，商务印书馆，1961，第190页。

员在情绪上和实际上开始成为独立的人"①；法律后果是家庭成员各自从原属家庭财富的财产中取得各自应有的部分，如此一来，原来家庭成员在家庭中所享有的东西开始以权利的形式出现，"从前他们在家庭中以之构成一个特定环节的东西，现在他们分别地只是从外部方面（财产、生活费、教育费等等）来接受"②。黑格尔还特别强调离婚时对女方的特殊保护，为其提供保障性措施，"继续给予女方以法律上辅助"。不过，黑格尔对离婚法律后果的论述并不充分，最突出的一点是没有明确离婚时的子女抚养问题，在此问题上费希特作了细致而全面的思考。

（二）自然解体

导致家庭解体的另一原因是作为家庭的基础性成员的父母特别是作为家长的父亲的生理上的死亡，在这里黑格尔并不认为任何家庭成员的死亡都会导致家庭的自然解体，因为就伦理意义上而言，子女作为夫妻双方的自然产物通常情况下并不具有唯一性和不可替代性。③家庭自然解体的法律后果是遗产继承，在此问题上黑格尔作了较为深入的考察，尤其对古罗马以及当时德国④和英国的继承制度进行了尖锐的批判。

1. 继承的本质

黑格尔认为，继承制度并不是起源于对无主物先占的法律确认。按照这种无主物先占观点，财产因所有者死亡而成为无主物，按照无主物的先占取得原则，死者的亲属按照一般观念和实际情况来说是最早占有该无主物的，因此长期的实践就是亲属取得死亡者所遗留的无主物，这就是法律意义上的"习惯"，为了维持稳定的财产秩序，必须使这种财产关系稳固下来，立法者于是将这种做法提升至法律规范的高度。黑格尔认为这种观点"忽视了家庭关系的本性"⑤，家庭关系实质上是一种伦理关系，是作为特殊性的家庭成员与作为普遍性的家庭之间的关系，在这

---

① 〔德〕黑格尔：《法哲学原理》，范扬、张企泰译，商务印书馆，1961，第176页。
② 〔德〕黑格尔：《法哲学原理》，范扬、张企泰译，商务印书馆，1961，第176页。
③ 实际上，如后所述，即使子女死亡或者未生育子女而家庭成员仅有夫妻双方，这样的家庭仍不至于解体，只不过家庭的完整性受到影响而不可能作为完满的伦理性实体。
④ 德国在继受罗马法之后，继承制度中遗嘱继承和长子继承制盛行。关于这个问题，可参见何勤华主编《德国法律发达史》，法律出版社，2000，第28页。
⑤ 〔德〕黑格尔：《法哲学原理》，范扬、张企泰译，商务印书馆，1961，第191页。

种关系中，家庭成员不具有独立的人格，因此也就不具有特殊所有物。家庭财富按性质属于家庭共有，个别家庭成员所享有的只是一种份额，因此不存在随着家庭成员死亡而出现无主物的可能性。

2. 立遗嘱权之限制

根据遗产继承是否涉及被继承人的意志，继承分为直接按照法律规定进行的法定继承和按照被继承人的意志进行的遗嘱继承。在早期的时候，黑格尔对遗嘱继承的不容忍是绝对的，"在家庭成员死亡的时候，其在家庭财富中的份额也不可能转移给一个家庭外的人，所发生的只是死亡者所享有份额的终止"①。在《法哲学原理》中黑格尔的态度虽然有所缓和，不再绝对地反对遗嘱继承，但是强调必须给遗嘱继承加上必要的限制以维护家庭的伦理性不受主观任性的破坏，"立遗嘱当然是容许的"，但是，这种权利的行使只有在"家庭成员的分散和疏远"以及"缺乏婚姻所组成的较亲近的家庭和缺乏子女"这两种情况下才被允许。②

黑格尔之所以对订立遗嘱的权利进行限制，是因为在订立遗嘱的过程中难免掺杂权利人的主观任性进而破坏家庭的伦理关系，家庭范围外的人也有可能利用这种任性使自己的非良善意图得逞。因此"不能把死亡者赤裸裸的直接任性建立为立遗嘱权的原则，尤其如果这种任性违反了家庭的实体性的法"③。死亡者的任性在家庭的伦理性面前显得不那么重要，所以不能出于对已逝家庭成员的心爱和尊敬而败坏风尚。实际上，黑格尔更加青睐于遗产的法定继承方式，并且倾向于家庭成员间的平等继承权，亦即遗产在其他家庭成员之间不分男女长幼地平均分配。结合黑格尔相关理论，可以推知黑格尔之所以有此倾向是为了避免家庭成员因财产问题而陷于猜忌和纷争，进而破坏家庭的伦理性。特别是赋予女性家庭成员与男性平等的遗产继承权，在某种程度上确保了两性在人格上的平等地位，这是黑格尔家庭理论的一个重要基础。

---

① G. W. F. Hegel, *System of Ethical Life* (*1802/3*) *and First Philosophy of Spirit* (Part III of the System of Speculative philosophy 1803/4), edited and translated by H. S. Harris and T. M. Knox (Albany: State University of New York Press, 1979), p. 127.

② 参见〔德〕黑格尔《法哲学原理》，范扬、张企泰译，商务印书馆，1961，第 194 ~ 195 页。

③ 〔德〕黑格尔：《法哲学原理》，范扬、张企泰译，商务印书馆，1961，第 192 页。

（三）伦理上解体

上述两种家庭解体情形属于家庭的"非正常"解体，属于伦理实体的单纯破除而不新立。家庭的第三种解体方式是伦理上的解体，这也是实践中家庭解体最常见的情形。家庭的伦理上解体并不造成原来家庭的消亡，相反，结果是新的家庭在此基础上形成。

1. 核心家庭

家庭伦理上解体的必然结果是现代社会中"核心家庭"（Nuclear family）成为家庭的主流形式。欧洲传统的家庭结构是具有血缘关系的一定范围内的"小家庭"共同组成一个"大家庭"，这个"大家庭"是一个单独的法律人格，其中的各个组成部分，即"小家庭"则消融在这一人格之中。按照黑格尔的家庭理论，现代家庭就其规模而言应该受到适当的限制，较之于前现代的"扩大的家庭"，现代的完整而自足的基本家庭单位仅仅由父亲、母亲以及他们生物学意义上的子女组成，家庭成员代际上不超过两代，这种家庭结构被默多克（G. P. Murdock）称为"核心家庭"。①

不同于农业生活塑造的欧洲传统家庭模式，黑格尔认为子女达到成熟年龄之后就从原来所属的家庭中独立出去，通过缔结婚姻与另一个人组成新的家庭，在此意义上，婚姻不是新的成员并入既存家庭，而是一个新的家庭的建立。于是，家庭就以为数众多的"小家庭"形式存在，前现代的那种"扩大的家庭"，也就是家族（Stamm）就不再有存在的可能性和必要性。如此一来，现代家庭就和更广泛的亲属群体分离开来，换言之，现代家庭从它的家族中解放出来，作为一个"自为的独立体"取得独立的法律人格地位。

黑格尔清楚地认识到，现代家庭从本质上而言是在传统家庭瓦解，散失了原有凝聚力从而将其成员作为拥有自身权利的主体释放出来的基础上建立起来的，在这种较小规模的资产阶级家庭那里，家庭制度才

---

① 默多克（G. P. Murdock）是美国社会学家和人类学家，他在《社会结构》（1949）一书中首次提出"核心家庭"（Nuclear family）概念。在该书中，默多克从亲属关系着眼把人类家庭分为核心家庭、复婚家庭、扩大家庭等三种基本单位，默多克将核心家庭所起的作用归纳为性、生育、教育、生活四种。参见李厚羿、李红文《论黑格尔的家庭观及其现实关切》，《理论界》2013 年第 5 期，第 112 页。

"找到了最终的概念形式并获得了最充分的发展"①。

2. 子女在伦理上的重要性

家庭伦理上解体的路径是"子女经教养而成为自由的人格，被承认为成年人，即具有法律人格，并有能力拥有自己的自由财产和组成自己的家庭"②。子女从原属家庭中脱离出去的结果是家庭解体，这说明在黑格尔的家庭思想中，子女对于家庭的统一具有伦理上的重要作用。

婚姻的一个方面是生产、抚养和教育子女，黑格尔将此归属于"自然生活的环节"以及"类及其生命过程的现实"。③尽管自然激情属于婚姻的主观方面，但是通过婚姻被提升到了伦理的层面。也就是说，性关系在婚姻中不仅仅是自然的，而且是精神联系的一种表现形式，这种关系的结果就是子女的产生。

一方面，子女是父母相互之爱的外在的和自然的表现形式，以及他们的实体性的体现。构成婚姻的精神纽带首先是在夫妻双方的自然关系中，并且"最终是在更具持久性的所有权和子女中获得具体的内容"④。夫妻之间人格的统一在所有物那里获得的只是一种外在的统一；必须在子女身上，这种人格统一才能达到精神性的层面，婚姻的实体性的统一在子女身上才"成为自为地存在的实存和对象"⑤，在子女身上婚姻的实体性的统一获得了客观性。

另一方面，子女被作为父母之爱的定在，具有使父母之爱客观化的作用，子女身上体现了父母结合的整体，所以，"在子女身上，母亲爱她的丈夫，而父亲爱他的妻子，双方都在子女身上见到了他们的爱客观化了"⑥。在子女身上，夫妻之间的关系才获得现实性，"夫妻是由对对方的自然（身体外貌）的直接认同和互相承认而结合起来的，但这种互相承认只是一种'精神的表象'，而不具有精神的现实性，他们的关系只有在孩子这个'他者'身上才间接地拥有其现实性，并靠这种代际之间滚动

---

① R. B. Pippin, and O. Höffe, eds., *Hegel on Ethics and Politics* (Cambridge：Cambridge University Press, 2004), p. 187, 190.

② 〔德〕黑格尔：《法哲学原理》，范扬、张企泰译，商务印书馆，1961，第190页。

③ 参见〔德〕黑格尔《法哲学原理》，范扬、张企泰译，商务印书馆，1961，第176页。

④ E. C. Halper, "Hegel's Family Values", *The Review of Metaphysics* 54, 4 (2001)：832.

⑤ 〔德〕黑格尔：《法哲学原理》，范扬、张企泰译，商务印书馆，1961，第187页。

⑥ 〔德〕黑格尔：《法哲学原理》，范扬、张企泰译，商务印书馆，1961，第187页。

式的世代交替而加入了整个民族的现实存在"①。最后，通过这一客观化过程，"在子女身上家庭摆脱了它的偶然的和经验的存在"②。

布鲁克斯认为，黑格尔的家庭理论经历了一个重大转变，这一转变主要涉及子女在家庭中的伦理重要性问题。在海德堡时期关于政治哲学的讲演中，黑格尔明显将重点放在夫妻之间的统一上，认为只要婚姻双方具有一种爱的欲望来创造一种统一的同一性，是否生育子女都无关紧要。③ 而在《法哲学原理》中，黑格尔明确放弃了这一立场，养育子女不仅对于夫妻之爱的外在体现是必不可少的，而且按照黑格尔的辩证结构是理所当然的，传统家庭具有正当性是因为它满足了普遍性、特殊性与个体性的三段论结构。如果家庭缺失子女这一要素，夫妻双方仍然是不完整的，他们彼此之间的爱也只具有一种内在定在，只有通过养育子女，夫妻双方才能够"完成他们的使命"。④

3. 子女教育

子女教育，也就是使子女合乎伦理、使子女社会化，是家庭伦理上解体的必要环节，子女经过抚养和教育才可能获得离开原属家庭建立自己的新家庭的能力，黑格尔认为接受抚养和教育是子女的权利，相应地，抚养和教育子女也是父母的义务。⑤

---

① 邓晓芒：《黑格尔的家庭观和中国家庭观之比较——读〈精神现象学〉札记（之一）》，《华中科技大学学报》（社会科学版）2013 年第 3 期，第 3 页。

② G. W. F. Hegel, *System of Ethical Life* (*1802/3*) *and First Philosophy of Spirit* (Part Ⅲ of the System of Speculative philosophy 1803/4), edited and translated by H. S. Harris and T. M. Knox (Albany: State University of New York Press, 1979), p. 128.

③ 参见 G. W. F. Hegel, *Lecture on Natural Right and Political Science* (Berkeley, Los Angeles, and London: University of California Press, 1995), pp. 145 – 146。

④ 参见 T. Brooks, *Hegel's Political Philosophy*: *A Systematic Reading of the Philosophy of Right* (Edinburgh: Edinburgh University Press, 2007), pp. 73 – 74。

⑤ 费希特并不认为子女有接受教育的强制性权利，因为子女并不是可能的权利主体，而只是父母行动的对象。按照费希特的国家契约论，"每个国家公民都在公民契约中允诺过要全力以赴地增进国家存在的可能性的一切条件"，而通过对儿童进行教育使之获得各种技能手段能够增进这一目的，所以"国家在公民契约中获得了要求有这种教育的权利"。因此，父母对子女进行教育的权利并不是固有的，而是国家遵照自然和理性的安排所交付的任务，这就是为什么虽然父母对子女的教育事务拥有独立自主的决定权，但国家仍有权进行监督——并且有责任提供各种可能性的条件——的原因所在。参见〔德〕费希特《自然法权基础》，谢地坤、程志民译，商务印书馆，2004，第 359 页；另外，在此问题上，黑格尔与康德的结论相同，不过论证的依据相异。

（1）教育的必要性

黑格尔之所以认为子女需要接受教育是基于他对"人"的看法，"黑格尔认为，人生来是邪恶的，人的直接的倾向符合他的动物的本性，惟有通过教育和训练才能使人达到明确的道德生活阶段"①。黑格尔赞同康德的"训练或教育使人从动物性向人性转变"之主张：尽管人天生具有自由的潜在性，但人并非天生就是自由的，人不是生而具有理性，理性能力是人通过教育后天习得的，"应该怎样做人，靠本能是不行的，而必须努力"②。也就是说，子女在最初的生活中缺乏关于如何控制自己的欲求的知识，因此无法自由地行为，为了成为自由的主体，他们必须接受教育。人生而带来的纯粹感性和本性的东西必须通过教育来清除出去，如果不接受教育，人只会本能地按照"直接的恣性任意"行动。因此，人虽然是"自在地自由的"，但是这种自由受到本性迷乱，需要"把普遍物陶铸到他们的意识和意志中去"③。

（2）教育的目的

基于以上考虑，黑格尔认为子女教育的目的是使其摆脱本能自然性的控制而达到伦理性，进而为进入更高阶段的伦理实体做好准备。"家庭阶段总的原则是个人的主体性从属于家庭的整体性，而子女的教育问题就是一个如何由家庭的原始的普遍性和缺乏个人的主体性过渡到市民社会的特殊性和具有个人主体性的途径问题。教育子女的目的一方面是使子女从属于普遍性，而破除其主观任性的成分；另一方面又是培养子女的独立能力和主体性，使之成为市民社会的一个成员。不通过子女教育这个环节，就无法发挥个人的主体性。"④

具体言之，子女教育的肯定的目的是给子女"灌输伦理原则"，并且是那些"采取直接的、还没有对立面的感觉的那种形式的"的原则，之所以如此是为了使子女拥有"伦理生活的基础，而在爱、信任和服从中度过他的生活的第一个阶段"⑤。

---

① 徐小洲：《论黑格尔人的精神发展与教育观》，《浙江大学学报》（人文社会科学版）1999年第6期，第15页。

② 〔德〕黑格尔：《法哲学原理》，范扬、张企泰译，商务印书馆，1961，第188页。

③ 〔德〕黑格尔：《法哲学原理》，范扬、张企泰译，商务印书馆，1961，第187页。

④ 张世英主编《黑格尔辞典》，吉林人民出版社，1991，第160页。

⑤ 〔德〕黑格尔：《法哲学原理》，范扬、张企泰译，商务印书馆，1961，第188页。

子女教育的否定的目的是"使子女超脱原来所处的自然直接性，而达到独立性和自由的人格，从而达到脱离家庭的自然统一体的能力"①。为了达成这种否定的目的，黑格尔还特别强调教育中的纪律性和服从原则：教育的一个主要环节是纪律，唯有通过纪律才可破除子女的自我意志，在整个教育进程中，子女需要绝对地服从自己的父母而不可凭本性任意行事。

孩子在家庭中所接受的教育——连同在学校中所接受的教育②——的目标是，让孩子拥有自由和自足的人格。对于黑格尔来说，这一目标的达成标志着家庭的解体和向市民社会的过渡。③ 养育子女不是为了使其作为家庭成员而继续存在家庭中，而是为了使其成为独立自存的人。潜在的自由人格是为家庭内在的伦理解体而预设的，为此目的，"子女必须被教育以摆脱他们最初的与其父母无差别的统一"④，从而成为独立的作为原子式个体的人。

4. 向更高伦理阶段过渡

在较高的伦理阶段中，家庭只具有过渡的、中介的意义，"家庭的目的在于通过系统的教育而培养合格的、超越家庭而具有社会公德的公民，以利于他走出家庭进入社会，这就是家庭的现实意义，是通过家庭的自我否定而实现的"⑤。正像家庭的建立按照精神的运动过程是必然的一样，

---

① 〔德〕黑格尔：《法哲学原理》，范扬、张企泰译，商务印书馆，1961，第188页。

② 对于黑格尔来说，学校发挥着重要的过渡作用，它使孩子准备好离开家庭进入市民社会。在《精神哲学》中，黑格尔讨论了作为家庭与市民社会之间过渡阶段的学校，"现在已经必须使超越感性的世界早日接近儿童的表象。这件事在大得多的程度上是通过学校，而不是在家庭里进行的。在家庭里，孩子的直接个别性受到认可，他被宠爱，不管他的举止是好还是坏；相反地，在学校里儿童的直接性失去其意义；儿童只有在他具有价值、作出某些成绩的范围内才受到重视；在这里他不再只是受到喜爱，而是依照普遍的规则受到批评和校正，根据确定的规则通过教学内容受到培养，总之受制于某种禁止做许多本身天真无邪的事的普遍规则，因为任何人做这种事都是不能允许的。这样学校就构成了从家庭到市民社会的过渡"。参见〔德〕黑格尔《精神哲学》，杨祖陶译，人民出版社，2006，第82页。

③ 关于这个问题，可参见 T. C. Luther, *Hegel's Critique of Modernity: Reconciling Individual Freedom and the Community* (Lanham: Rowman & Littlefield Publishers, Inc., 2009), p. 164.

④ T. Nicolacopoulos and G. Vassilacopoulos, *Hegel and the Logical Structure of Love* (Melbourne: Ashgate Publishing Ltd., 1999), pp. 173 – 174.

⑤ 邓晓芒：《黑格尔的家庭观和中国家庭观之比较——读〈精神现象学〉札记（之一）》，《华中科技大学学报》（社会科学版）2013年第3期，第2页。

家庭的解体在伦理上也是必然的，家庭只是绝对精神自我实现过程中的一个环节，而不是完成和终结。

家庭的实体性的使命是走向解体。家庭的伦理统一是一种以作为自然情感的爱为基础的直接统一，家庭代表伦理的最简单形式，因此，家庭必须过渡到更高的伦理实体，也就是通过市民社会过渡到国家。在黑格尔的法哲学中，这种过渡不是按照历史发生顺序进行的，换言之，黑格尔并不是按照这三种制度出现的时间顺序来进行阐述的，真实的历史过渡是从家庭直接到国家，家庭和国家在发生顺序上先于市民社会，市民社会从经济上来说依赖于发达的工业基础。① 在伦理的发展过程中，家庭和市民社会并不是在达到国家这一环节之后就被抛弃了，对于黑格尔来说，它们是构成政治制度的至关重要的要素。黑格尔的政治哲学"允许家庭和市民社会自由地发展并且获得一定程度的相对于国家的独立性，而非试图抑制根植于家庭和市民社会中的个体性和主观自由"②。

家庭过渡到更高的伦理阶段不仅是精神在伦理阶段的必然发展过程，而且具有人的自由之实现的必要性。家庭过渡到市民社会，再由市民社会过渡到国家是为了更充分地实现自由，因为"国家的法比其他各个阶段都高，它是在最具体的形态中的自由"，所以在自在自为的国家中能够实现自由的现实化。③

结　语

实际上，黑格尔在建构其家庭理论的时候，时值欧洲风云变幻的19世纪前后，这是一个伟大的变革时代，欧洲社会被政治革命和工业革命浪潮卷入未知海域，旧有的社会秩序在这两场运动的裹挟之下发生着巨大变化。资本主义经济蓬勃发展并对社会生活各方面造成深刻影响，具体到家庭方面，传统家庭模式受到冲击，欧洲传统的家庭结构开始解体，

① 关于这个问题，可参见 R. B. Pippin, and O. Höffe, eds., *Hegel on Ethics and Politics* (Cambridge: Cambridge University Press, 2004), p. 184。

② T. C. Luther, *Hegel's Critique of Modernity: Reconciling Individual Freedom and the Community* (Lanham: Rowman & Littlefield Publishers, Inc., 2009), pp. 156 – 157.

③ 参见〔德〕黑格尔《法哲学原理》，范扬、张企泰译，商务印书馆，1961，第43、258 页。

现代家庭始见雏形，因此可以说黑格尔实际上是在对这种社会现象作出回应。

这种变化虽然在德意志民族那里还不明显，[①] 不过黑格尔敏锐地洞察到经济理性正在对传统家庭伦理造成巨大冲击，而且这种冲击的力度会随着资本主义经济的进一步发展而变得更强。家庭观念淡薄、家庭成员间关系日趋松散和平等化、契约关系开始应用于家庭关系特别是婚姻关系中、家庭财产私有化就是家庭在经济理性冲击下初步形成的结果。在黑格尔看来，导致这些结果的具体原因是市民社会中的价值和规则移植到家庭领域，消除了家庭的伦理本质。黑格尔深刻意识到现代家庭易受到市民社会的否定性、特殊性、自私自利的破坏，简言之，受到资本主义社会最典型的社会后果的破坏。因此，黑格尔试图通过保留一块免受市民社会最贪婪自私特性影响的社会领域，对现代市民社会的无政府主义、崩解性、自私自利的倾向进行控制，将家庭从市民社会的异化中解救出来。[②] 具体说来，黑格尔试图突出家庭的伦理性维度和精神性向度来抵制这种冲击。

一方面，黑格尔在人与人之间契约关系盛行的社会生活诸领域之间进行了严格的界分，特别是，黑格尔将家庭和国家从契约领域中解脱出来。黑格尔认为并非所有的社会关系都是契约关系，换言之，契约关系并不是唯一可能的人际关系，存在着某些需要扬弃契约观点的关系。

另一方面，黑格尔将家庭作为一个伦理实体，使家庭实体意识陶铸在家庭成员的内心，从而使家庭关系成为个体性的家庭成员与作为整体的家庭之间的关系，而不是家庭成员间原子式的关系。如此，他们就不再是仅仅关注于自身私利的利己主义者，相反，他们将目光转向其他家庭成员，转向家庭实体。而且，这种实体意识的培养具有更高的伦理意义，一个合格的家庭成员在政治国家中必然是一个合格的公民。

因此，黑格尔的家庭理论虽然在外观上充满了保守主义色彩，但是其依据绝非经验主义的传统基础，相反，黑格尔的家庭思想满怀现实关

---

① 19 世纪初期的普鲁士土地改革客观上开启了农业资本化道路，为德国资本主义发展完成了原始积累，并且在一定程度上影响了传统的农村家庭生活模式。但是，真正对德国家庭生活造成广泛而深入影响的是 19 世纪 30 年代起步的工业化。

② 参见 J. B. Landes, "Hegel's Conception of the Family", *Polity* 14, 1 (1981): 10, 27.

切，他以一个现代欧洲人而不是传统德意志人的视角捕捉到现代家庭的现状与未来图景，试图解决由于现代经济关系的出现而产生的家庭伦理颓败问题，在个人与共体之间创造一种新的统一。

在经济理性的冲击下该如何重塑家庭？这是黑格尔面临的难题，也是每一个从传统社会向现代社会转型的国家在建构家庭法的时候必须考虑的问题。

A Research on Hegel's Philosophy of the Family Law

Tang   Bingfa

Abstract：For quite some time, Hegel's theory of family have been questioned for its conservatism, most researchers denounce it as a defense of obsolete familial practices and institutions. The western concept of family, particularly the concept of Aristotle, Kant, Fichte and the German Romantics, which has a major impact on the formation of Hegelian family thought. In Aristotle's view, the family is an integral part of the city-state but do not belongs to the field of ethical life, while Kant and Fichte leave a path to the morality for the family. The German Romantics focus on the emotional dimension of family and consider family as the completely separate social existence. In Hegel's view, the family, as a moment of ethical substance, functions as an important connecting link between the preceding and the following. Family completes the unity of the individual and the universal through love, at the same time, becomes ethical substance with special determination because of its natural character. According to Hegel, the end of marriage is to achieve substantial unity, for this reason, to enter the state of marriage becomes an ethical duty. Family capital is not only material guarantee of the physiological existence of family members, but also external conditions by which the family and its members gain recognition. Family capital has important function, on the one hand, it endows the family with external reality, on the other hand, it has an important purification function in modern society. In Hegel's view, family capital, jointly owned by family members in nature, is acquired through the participation in civil society and managed by male as husband or father. The family disintegrates either due to the breakdown of marriage, or as parents die, or because children grow up to separate themselves from original family, and that is the ethical mission of family. The transition from family to civil society, then to the state, is the development process of ethical life, as well as the actualization process of freedom.

Keywords: Hegel; Family; Ethical Substance

卢梭公民美德思想研究

曾玉锋*

内容摘要：公民美德思想的核心在于公民，"公民"一词是"人"政治学上的概念。研究卢梭的公民美德思想需以卢梭对人性的理解为起点，这是其思想建立的基础。卢梭认为，公民美德思想不是建立在自爱、理性、怜悯的基础上，而是来自骄傲的情感；自治和爱国是其公民美德的核心。作为科西嘉岛和波兰的"立法者"，卢梭认为可通过公民宗教、立法者和荣誉三种途径来塑造公民美德。一方面，卢梭的思想具有很强的时代性，他看到人类一步步走向奴役的道路，并开出了时代的药方。另一方面，他对公共利益的过度强调也使其背上极权主义始作俑者的骂名。在卢梭的论述中我们可以看到这个一生追求自由的"日内瓦公民"既非个人主义者亦非一个集体主义者。在他看来，公民的救赎和国家的救赎是一个硬币的两面。

关键词：卢梭；公民；美德；自治；爱国

引　言

随着"祛魅"时代的到来，西方世界陷入了公民美德的危机。一方面，伴随着上千年基督教信仰体系的瓦解，世俗政权的壮大，人类摆脱了宗教的桎梏，逐渐呈现出原子化的倾向。理性的崛起让人类发现神圣

---

* 曾玉锋，男，法学硕士，广东省惠州市仲恺高新区人民法庭法官助理。

的宗教不过是人类无知的产物。在此岸与彼岸的选择上，人们更在乎此岸的生活，对权力和金钱的追逐充斥着人类的文明，人们对公共事务毫不关心。另一方面，伴随着自由主义思想的崛起，"消极公民"① 理论在政治思想上占据主导地位，导致公民公共性逐渐萎缩，公民参与公共生活的积极性降低，公民的美德逐渐隐退在物欲世界之中。

美德一词的法文为"vertu"，可翻译为美德、德行、道德。该词的希腊文是"αβετη"，最初见于荷马史诗《奥德赛》。其拉丁文为"aretê"，"aretê"一词最初表示某人具有某种能力或特长。② "快跑选手展现了他双脚的 aretê，儿子可以因为任何种类的 aretê——如作为运动员、作为士兵以及因为心智能力——而胜过其父亲。"③ 到了亚里士多德生活的年代"aretê"的词义发生了变化，它不再表示某种特长和能力，它演变为表示公民在政治生活中所展现出来的善良、优秀品质，"aretê"一词在这个年代被明确地定义为"美德"。随着词语的演化，"aretê"一词演化为"virtue"，"vir"这个词根来源于古希腊的城邦政治，城邦政治以男性公民为参与主体，因此"vir"具有男子和男人气概之意，表示男子在政治参与中所表现出的优秀品质。例如，"virile"表示有男子气概的意思，"virago"表示泼妇，暗示像男人一样的女人。所以，词根"vir"蕴含着善良、优秀的政治品质，把法语"vertu"翻译为"美德"放在公民的语境下更能表现该词语原有的含义。因此把"vertu"翻译为"美德"比翻译成"道德"或者"德行"更具有政治哲学上的意义，也更符合卢梭的公民政治思想。

---

① "消极公民"理论以个人为起点，充分肯定作为个体的公民的权利，该理论认为公民在法律规定的范围内追求私益，国家是无涉的。从政治思想史的角度来看该理论最早源于霍布斯。霍布斯的主权学说认为：主权者是政治共同体的维系者，具有至高无上的权力，在主权者面前公民被取消政治参与资格，但是，作为国家的臣民其享有人身的自由，在法律无涉的情形下有自由去从事理性认为有利的事情。霍布斯的消极公民理论认为，作为主权者的臣民可以对施加于他们身上的暴力进行反抗，但这种反抗不是对政治反抗，而是基于个人自身的反抗。洛克在霍布斯消极公民理论基础上走得更远，在洛克看来，政治活动在国家中是工具性的存在，其目的是保障个人追求私利，政治共同体的存在是公民为保障个体私利而不得不承受的负担。因此，作为国家的公民在身份上也就具有了权利和义务、限制和自由。洛克这一观念开创了近代欧洲自由主义的信条，即政府的存在是为了保障公民的权利和自由。
② 龚群：《亚里士多德的德性与社会的关系理论》，《理论月刊》2006 年第 5 期。
③ 〔美〕A. 麦金太尔：《追寻美德：道德理论研究》，宋继杰译，译林出版社，2003，第 154 页。

一 卢梭公民美德的思想渊源

"实际上，我根本不知道美德是否能教，也不知道美德本身是什么……我很惭愧地承认，我根本没有关于美德的知识。"[1] 这就是讨论公民美德的困境之所在，不同时代，不同民族对于公民美德都有着不一样的界定。卢梭一生命途多舛，生活颠沛流离，以至于其思想内容纷呈复杂，很难对其思想给出明确性、条理性的发展脉络。但是，卢梭的公民美德思想并不是空穴来风，而是有着相当丰富的理论与现实的渊源。

（一）斯巴达和古罗马

在卢梭著作中，经常出现斯巴达和古罗马的例子，对这两个国家公民美德的称赞在其著作中随处可见。斯巴达和古罗马既是卢梭心之所向的理想公民美德栖息之地，同时也是卢梭公民美德思想来源之所在。

在古希腊，斯巴达是一个以武力和严苛的军事制度著称的城邦。为了确保在城邦战争中取得胜利，斯巴达整个国家实行的是军事体制的政治制度。为使小孩成为一个合格的斯巴达公民，斯巴达的小孩出生不久就得接受军事训练的磨砺。亚里士多德曾说："整个体系用意都在培养一种品德——战斗的（军人的）品德——以保证在战争中〔取得胜利而〕树立霸权。"[2] 因此，在城邦中，作为公民被要求须具有军人的美德和品质。这些美德包括忠诚爱国、骁勇善战、团结友爱等。每个公民都是城邦的一员，时刻为城邦的荣誉而战，每一个公民都把城邦的荣辱当作自己的事情。此情此景，也不得不使卢梭高声地赞誉，斯巴达人们的道德是无人能超越的，他们生来就是讲求美德的，这个国家的空气散发出道德的馨香，斯巴达人给我们留下的，全是英勇行为的记录。[3] 不容置喙，斯巴达这种带有浓烈军事色彩的公民美德对卢梭公民美德思想具有一定的启示作用，以至于在卢梭公民美德思想里可以看见斯巴达城邦给卢梭

---

[1] 〔古希腊〕柏拉图：《柏拉图全集》（第1卷），王晓朝译，人民出版社，2002，第492页。

[2] 〔古希腊〕亚里士多德：《政治学》，吴寿彭译，商务印书馆，1965，第91页。

[3] 〔法〕卢梭：《论科学与艺术的复兴是否有助于使风俗日趋纯朴》，李平沤译，商务印书馆，2011，第18页。

所留下的大量痕迹。

卢梭在《忏悔录》中说自己十二岁前就成为罗马人，古罗马在卢梭心中是神圣伟大的。在他看来，古罗马的公民勤劳勇敢、忠诚爱国、同仇敌忾，有着强烈的公共精神和公共责任担当，"在我看来罗马共和国是一个伟人的国家，罗马是一个伟大的城市"①。然而，自公元2世纪后，随着罗马帝国海外扩张，罗马公民原有的美德和公共精神逐渐萎缩，骄奢淫逸代替了勤劳勇敢，忠诚爱国让渡于自私自利。具有美德的公民逐渐沉沦于对权力和金钱的崇拜，整个帝国都充斥着奢靡之风。在卢梭看来，古罗马帝国的衰败在于古罗马的公民美德在帝国的扩张中逐渐萎靡，古罗马公民的美德作为帝国政治基石与帝国的繁荣休戚与共。因此，在对古罗马公民美德的赞誉中，卢梭也对古罗马的衰败进行了反思，这种反思构成了其公民美德思想的一部分。

（二）柏拉图

在《理想国》里，柏拉图认为组成国家的公民中，每个公民的秉性和天赋都是不同的。最好的铁匠最善于冶铁，但不懂得如何管理国家。在可能或打算建立的理想国家里，应当根据国家的不同职能及公民秉性的差异，把所有的公民分成"三种人"以承担不同的职能。这三种公民分别是：劳动者或生产者；军人或护卫者；治理者或统治者。三种公民相对应的品性分别为欲望、勇敢和智慧。在柏拉图看来，建立理想国家的一条基本原则是：每个人必须在国家里从事一种最适合他天赋的职务。按照这一原则，全体公民无一例外，都应分派与其天赋相当的任务。同样，根据这一原则，当整个国家里的三种人各做各的事情而不相互干扰时，便有了正义，从而也就使国家成了正义的国家。② 反过来说，三种人之间争斗不和或者互相干涉，就是不正义，从而也就没有正义的国家。哲学王依靠自己卓绝的智慧和完美的德性来治理国家；武士用自己的勇敢和忠诚来守卫国家的安全；劳动者则通过自己的勤劳为国家提供生产。在整个理想国里哲学王就如同卢梭的立法者一样伟大，建立一个理想的

---

① 〔法〕卢梭：《社会契约论》，李平沤译，商务印书馆，2011，第101页。
② 〔古希腊〕柏拉图：《理想国》，郭斌和、张竹明译，商务印书馆，1986，第133~134页。

国家无不需要公民勇敢、节制的美德。

什么是政治家？在《政治家》中柏拉图所描述的政治家给我们更多的是一种哲学家的形象，一种对正义、智慧、善和美德有全面、深刻把握的哲人形象。柏拉图眼中那种充满美德的哲学王与政治家，为卢梭塑造立法者的形象提供了有力的理论素材。与此同时，柏拉图把政治和德性看作一体的思想在某种程度上也对卢梭有着一定的启示，以至于卢梭也把道德当作政治大厦的基石，柏拉图与卢梭在这里有如此多的相似之处，使得波普尔把他们都称为"集体道德的理想主义者"。但是卢梭对柏拉图的思想并不是简单地复制和套用，其对公民美德思想有着自己独到的理解。在《社会契约论》里卢梭认为立法者并不像柏拉图《理想国》里的哲学王一样是国家权力的拥有者，而是一个国家良好风尚和立法的主导者。①

（三）马基雅维利

11 世纪，西欧城市逐步开始了复苏，以意大利热那亚、佛罗伦萨、威尼斯为代表的近代城市开启了自治运动。与之相伴随的是公民美德思想的理念与实践都呈现出了与古典公民美德不同的转变，马基雅维利是这一时代公民美德思想的代表。长期以来马基雅维利之所以饱受争议、背上骂名，是因为他把政治放在了美德与宗教之上。所谓的公民美德就是把个人的利益放在集体之下，而这种美德在马基雅维利看来是属于罗马人的。曼斯菲尔德指出，马基雅维利的公民美德不属于"希腊"，不属于"基督"，是属于"罗马的德性"。② 马基雅维利对人性持有一种悲观的态度，"由于人性是恶劣（tristi）的，在任何时候，只要对自己有利，人们便把这条纽带一刀两断"。③ 因此，公民美德不是天然的禀赋，美德的养成需要法律和制度的约束。在他看来，人因为害怕惩罚而变得没那么有野心，罗马美德的长存就在于罗穆卢斯、努玛和其他人所制定的法

---

① 〔法〕卢梭：《社会契约论》，李平沤译，商务印书馆，2011，第 45 页。

② 任军锋主编《共和主义：古典与现代》（思想史研究 第二辑），人民出版社，2006，第 67 页。

③ 〔意〕马基雅维利：《君主论·李维史论》，潘汉典、薛军译，吉林出版集团有限责任公司，2011，第 65 页。

律对它强加了如此之多的要求。① 然而，法律也并不是万能的，法律要想得到执行必须要有良好的风尚。法律的手段要想发挥自己的作用还需要执法者也具有良好的美德，具有这种美德的人不惧权势，敢于和违法犯罪的人做斗争。要知道在罗马从来不乏像布鲁图斯那样伟大的人，为了祖国的利益不惜处死自己的儿子。马基雅维利眼里的罗马一直都有这样的人物：他们（德基乌斯）骁勇善战，无所畏惧，他们（钦纳图斯）安贫乐道，威武不屈，他们（托尔夸图斯）明镜高悬，公正不阿。他们不仅为自己获得了尊荣，也是共和国伟大的捍卫者。马基雅维利虽认为个人的美德不足以维持整个国家的政体，但那些具有伟大公民美德的人可以作为榜样去激励每个公民。以致好人希望模仿它们，坏人则羞于维持与他相反的生活。② 马基雅维利对公民的美德如此重视，以至于卢梭经常阅读其著作，并称他为"思想深邃的人"，在卢梭的书中也经常可以看到其引用马基雅维利的语言。英国的政治思想家波考克把卢梭称为"18 世纪的马基雅维利"。③

（四）百科全书学派

早期的卢梭不仅是狄德罗的好友，同时也是"百科全书学派"的成员之一。但随着卢梭与"百科全书学派"在思想和价值上冲突的加剧，最终卢梭与"百科全书学派"走到了决裂的境地。然而，我们却不能忽略"百科全书学派"对早期卢梭公民美德思想形成的影响。这种影响既包括正面影响，也包括负面影响。

在卢梭早期写作中，狄德罗对卢梭的影响是巨大的。在卢梭公民美德思想重要代表作品《论科学与艺术》中，卢梭说要感谢狄德罗对该书写作的指导；在《论人类不平等》一书中卢梭更是宣称：在我的著作中没有任何一篇著作比这篇著作更能符合狄德罗的观点，在这篇论文里他

---

① 〔意〕马基雅维利：《君主论·李维史论》，潘汉典、薛军译，吉林出版集团有限责任公司，2011，第 147 页。
② 〔意〕马基雅维利：《君主论·李维史论》，潘汉典、薛军译，吉林出版集团有限责任公司，2011，第 442 页。
③ 应奇、刘训练编《共和的黄昏：自由主义、社群主义和共和主义》，吉林出版集团有限责任公司，2007，第 87 页。

给我的观点，对我是非常有益的。① 伏尔泰对卢梭的影响也是不容忽视的，卢梭坦言自己通读过伏尔泰的文章，可以说正是伏尔泰的书为卢梭政治思想的形成提供了哲学的视野。在所有"百科全书学派"人物中，孟德斯鸠是卢梭最为青睐的，卢梭在文章中会经常引用孟德斯鸠的观点，孟德斯鸠在《论法的精神》一书中指出："在平民政治的国家里，却需要一种更为强悍的原动力，这就是品德。"② 无疑，孟德斯鸠的观点正是卢梭公民美德思想的注脚。

卢梭与"百科全书学派"存在着一道难以跨越的隔膜，这种隔膜用狄德罗的话来说，就是"当我想到卢梭这个家伙我就不能正常工作"。但也正是这种隔膜与分裂的存在，经过一次次的论战，卢梭的公民美德思想逐渐地彰显出来。1755 年，伏尔泰在其日内瓦的家里举办了《扎伊儿》的朗诵会，得到了当地名流的赞赏，欣喜若狂的伏尔泰把自己想在日内瓦开办剧院的想法告诉了达朗贝尔。为支持伏尔泰的想法，达朗贝尔撰写了《日内瓦》的词条。看到达朗贝尔写的词条后卢梭非常的愤慨，写了十万字的《致达朗贝尔的信》，在该信中公民美德的字眼随处可见，同时，全书也流露出卢梭的担忧，在日内瓦设立戏院，将会导致日内瓦公民美德沦丧。

（五）日内瓦共和国

卢梭于 1712 年 6 月 12 日出生在日内瓦共和国老城的格朗大街 40 号。这个命途多舛的少年 16 岁离开了日内瓦，开始了一生流浪的生涯。然而，不管流浪何方，卢梭始终以"日内瓦公民"自称。卢梭的公民美德思想也根深于这片生于斯、长于斯的故土。朱学勤先生对卢梭的故乡作过这样的表述："政教合一的社会结构；清教倾向的政治模式；整齐划一的道德风尚；舆论一律的良心监察。"③ 在这片土地上公民有着淳朴的道德风尚，这种道德风尚在很早的时候就根植于少年卢梭的心坎上，流浪多年的他依旧眷恋着这片少年时期的乐土，以至于在他谈论公民的良风

---

① 〔法〕卢梭：《忏悔录》，刘毅译，吉林出版集团有限责任公司，2010，第 95 页。
② 〔法〕孟德斯鸠：《论法的精神》（上册），孙立坚等译，陕西人民出版社，2001，第 27 页。
③ 朱学勤：《道德理想国的覆灭》，上海三联书店，2003，第 8 页。

善俗时经常可以看到日内瓦共和国的影子。因此，在某种程度上，卢梭的公民美德思想的形成与发展也是对日内瓦共和国一个追溯的过程，这个袖珍的国度给予了他公民美德思想一个灵感栖息地和现实模板。

二 卢梭公民美德的基础

在古希腊和古罗马，美德是判断公民好坏的标准，是国家光荣和伟大所需要的品质。但随着近代王权的崛起以及商业资本的发展，在现代性浪潮的冲击下，公民美德逐渐淹没在自然权利和个人主义浩浩荡荡的洪流之中。在这一背景下，许多思想家也在不断地呼吁美德的回归，卢梭就是其中的一位。然而，卢梭与其他公民美德呼吁者的不同不仅在于他们内容上的差异，更重要的是其公民美德建立的基础与其同时代的启蒙思想家有着显著的区别，卢梭公民美德思想是建立在其对人性理解的基础之上。

（一）理性

如果要给启蒙运动贴一个标签，"理性"无疑最恰当不过。在启蒙思想家看来理性是人的本质，是人之所以为人的条件，是人区别于动物的关键所在。但卢梭却一反启蒙的论调，宣称理性不是人的本质，人的本质是情感，理性只是人进入社会以后才具有的一种能力，是随着社会关系的建立才产生的。他把人的情感分为两种：一种是自然人的情感，它表现为自爱和怜悯；另一种是社会人的情感，它表现为虚荣和良心。理性受情感的制约，情感先于理性产生，因为在他看来，让一个没有欲望又没有恐惧且能够自给自足的原始人花时间去思考是难以想象的。情感没有优劣之分，没有等级之分，人克制自己的欲望不能依靠理性，而要依靠情感本身。在卢梭那里，人对自己的控制不像弗洛伊德所说人有本我、自我、超我之分，本我是个人本能情感的表现，他遵循的是一种"快乐的原则"，但由于理性的存在，"自我"会对"本我"约束，三者的关系受理性的约束，存在着泾渭分明的高低之分。在理性和情感对人行为的影响上，卢梭认为："人只不过是一个有感觉的动物，他唯一无二只按照他的欲念进行活动，人的理性只是用来减少他的欲念使他产生的愚蠢的想法。"①

卢梭把人的本质归为情感，并不是说他一味排斥理性，事实上，他认为人类对道德的认识必须建立在人类理性发展成熟的基础之上，只有当理性成熟，人才有可能成为道德的主体。卢梭还进一步认为，政治共同体的繁荣与稳定不仅需要良好的公民美德，还需要建立在具有公共理性的法律基础之上。卢梭所反对的理性是个人工具主义理性。卢梭当年的好友，百科全书的代表人物狄德罗认为，如果我们每个人都按照自己的理性行事，那么我们就能够找到我们的幸福，因为符合理性的就是符合道德的。这在卢梭看来简直就是天方夜谭，因为不是每个人都是圣人，只有像释迦牟尼这样的圣贤才能通过自己理性的冥想达到德性的彼岸，对于我们绝大多数的普通人来说，支配我们的是情感。对于那些想单拿理性来建立我们道德的人，是不可能的，因为何来坚实的基础？② 启蒙思想家所宣扬的理性对于美德的构建不仅无益，而且有害。他们所主张的理性是一种个人的工具主义理性，这种理性与公共主义理性是背道而驰的，每个人都试图从他人的身上获得自己的利益。这种理性不仅会使人产生虚荣心，而且也会摧毁整个美德基础的大厦。是理性使人产生自尊心，是理性使人多考虑自我，也是理性使人远离烦扰折磨他的一切。③ 因此，在他看来理性并不是美德的基础，恰恰相反，理性是人类走向深渊的助推器。

（二）怜悯

《论人类不平等的起源》一书中，卢梭认为人的情感有两种本能：自爱和怜悯。既然怜悯是人类情感的本能之一，那么怜悯能否构成美德的基础呢？安德鲁·列文（Andrew Levine）认为怜悯是卢梭美德思想的基础。④ 但是怜悯在卢梭看来是人类仁慈、友爱的表现，它并不构成公民美德的基础。

---

① 〔法〕让·雅克·卢梭：《卢梭散文选》，李平沤译，百花文艺出版社，2005，第265页。

② 〔法〕卢梭：《爱弥儿：论教育》（下卷），李平沤译，商务印书馆，2003，第419页。

③ 〔法〕卢梭：《论人类不平等的起源和基础》，高煜译，广西师范大学出版社，2002，第97页。

④ Andrew Levine, *The General Will: Rousseau, Marx, Communism* (Cambridge: Cambridge University Press, 1993), pp. 40 - 41.

怜悯产生于他人所遭受的苦难，当我们看到他人受难的时候，我们才会对他人产生同情。他人遭受的苦难就如同扳机，当扳机扣动的时候才能触动人怜悯的心弦。而公民美德不一样，它是没有条件的，它要求我们无论在何时、何地都要保持一种对他人的爱，对祖国和同胞的忠诚。怜悯是每个人都具有的情感，在道德败坏之人那里也一样会有体现，凶恶的歹徒见到衣不蔽体的人也会动恻隐之心。① 即使道德败坏的人也会有怜悯之心，但是怜悯不能阻止道德的败坏，在罪恶的面前怜悯的力量是如此薄弱，怜悯又怎么能成为美德的基础呢？

卢梭虽把怜悯看作人类情感的本能，然而怜悯的产生需要以人的感受为前提，怜悯之情的产生，需要把自己想成受难的一方。怜悯的产生具有特殊性，它只能对特定的主体产生，只能够对那些它能想象的主体产生。然而，公民美德的基础却是一种普遍的道德主义，他要求我们对所有人，无论是亲朋好友还是未曾谋面的他者都平等相待。因此，怜悯不可能是公民美德的基础，因为怜悯听从的是"个人的心声"，而公民美德听从的则是"共同体的心声"。在卢梭看来，要想把怜悯变成普遍的道德主义就要使人类产生一切自然美好的情感，② 然而在他看来，这在文明人那里是不可能的。让·雅克和爱弥儿之所以能做到是因为他们远离了社会，远离了人才学会爱人。

卢梭在《一个孤独漫步者的遐想》中讲述了一个故事，有一天他在弗尔霍口街道的拐角遇见了一个小男孩向他乞讨，开始几次他都满心欢喜的给小男孩一点东西，但当此事变成一种习惯的时候他就感到厌烦，以至于后来经过那里时他都绕道而走。在这件事中他谈到依照自己的天性行善不能说是具有美德的行为，只因为行善能给我带来快乐，美德是克制自己的天性去做义务所要求的事。③ 怜悯作为人的天性，按照怜悯去帮助一个人只能说他不是一个坏人，但并不代表他是一个有美德的人。美德是克制自己的欲望，克制情感而去履行一个公民所应该履行的义务，所以一个有怜悯心的人可能是一个善良的人，但并不见得是一个有美德的人。

---

① 〔法〕卢梭：《致达朗贝尔的信》，李平沤译，商务印书馆，2011，第49页。
② 〔法〕卢梭：《爱弥儿：论教育》（上卷），李平沤译，商务印书馆，2003，第306页。
③ 〔法〕卢梭：《遐思录》，李菁译，北京出版社，2004，第90页。

（三）自爱

自爱是卢梭政治哲学的一个重要概念，在卢梭看来自爱是人性的基础，是人最原始的情感，是寻求保全自我、趋利避害的本能。自爱可以表述为自利，自己关心自己。在自然状态下，原始人不知道什么是善也不知道什么是恶，他们之间既没有道德关系也没有法律关系，彼此之间的伤害受自爱情感的支配。然而，由于人的情感除了自爱还有怜悯，怜悯使得即使是身强力壮的野蛮人，在食物匮乏的情况下，也不会抢夺小孩和老人的食物。怜悯使得因自爱产生的伤害减小到了最低，原始人虽然暴戾，却心地善良。在自爱和怜悯两种情感的支配下，原始人过得快乐、自足。

随着自然环境的变化，人类进行了第一次变革，人发明了鱼线、鱼钩，学会了从动物身上获得皮毛来御寒，学会了用火烤肉。正是这样的变化，使得原始人的进化加速发展，他们开始搭建茅屋，组建自己的家庭。在这一状态中，人类的需要依旧有限，他们发明了一些工具，使得他们可以有更多闲暇的时间，在这闲暇的时间中人也逐步学会了享受。冶金和农耕技术的发展，使人类发生了第二次变革，两者的出现使人类社会走向文明也走向了衰落。农业的出现使得人具有了财产权的意识，人类逐渐进入了一个贫富分化的社会，人与人之间的差别变得越来越大。人类的各种官能也都得到了发展，人的理智开始活跃起来，每个人的命运和地位，不仅建立在财产多寡之上，而且建立在天资、容貌、才能之上。这个阶段支配人情感的不再是自爱而是自尊。

在自尊的支配下，物质的需求不再仅是满足自身生存的需要，同时也是人获得社会地位和满足虚荣心的需要。人不再限于自己活得好，而且幻想着比别人活得更好。为了得到满足，人变得更加的贪婪、虚伪，富人为富不仁，穷人烧杀掳掠，人最初怜悯的天性也被荡漾的无处可寻。每个人都幻想着出人头地，欲想获得比他人更多的财富，只要存在一个人比他人富有，整个社会就不会中止对财富的追求。人类灵魂深处善良的天性被泯灭，人变得贪得无厌，整个社会陷入了一切人对一切人的战争之中。卢梭与霍布斯的不同在于人类在自然状态下并不是一开始就处于战争状态，物质的缺乏不足以导致人类战争的发生，被他人认同的虚荣没有得到满足才使得人类社会走向了衰落。

与同时代的启蒙思想家不同，卢梭把人的行为动因并非看作一成不变的，人类行为动因在不同的环境中所承受的支配性情感是不一样的。由自爱所发展出来的自尊并不意味着人天性是恶的，他只是跟它所处的坏境结合才产生了恶。自尊虽然带给社会种种的恶，然而，人追求自尊的过程也是人彼此联系交往的过程，在这中间人类不断地获得认知的能力，人的情感也因此得以发展，从而也为人类的道德和理性的发展开辟了路径，这些在原始人那里都是不可能有的。

（四）骄傲

自爱是一种健康的情感，而由自爱发展而来的自尊却是一种扭曲和病态的情感。在卢梭看来，当人类不再离群索居，而是过上群体生活的时候，人类之间的相互比较是在所难免的。人的交往越来越密切，在树下、茅屋前唱歌跳舞……每个人开始渴望被他人关注。谁的歌声最美，谁的舞姿最漂亮，谁就最受青睐，于是众人的尊重就成了对一个人的奖赏。原始的野蛮人依靠自己的天赋获得他人的尊重，而文明人则是通过对财产的追逐赢得地位。无论是原始的野蛮人还是文明人都希望自己比别人过得更好，更受别人欣赏和尊重。既然人类的本性是渴望他者对自己的认同，那么，现代社会的公民是否可以寻找一种情感在获得他人认同的同时又不至于使人堕入罪恶的深渊呢？在卢梭看来，那就是骄傲。

卢梭在《科西嘉制宪意见书》中说："对毫无意义的事物给予过高的评价，是产生虚荣心的原因，而对本身是美好和伟大的事物给予过高的评价，则是产生骄傲心的原因。"[①] 在卢梭看来，虚荣心支配下的人们追求名利、声望、权力，把这些毫无意义的事情当作个人实现幸福的工具。人为了获得财富与名望学会了欺诈，学会了虚伪，学会了背叛，学会了损人利己，践踏美德和善良。与此不同的是，在骄傲心支配下的公民追求的是内在的善，他们依靠美德来获得社会的认同，他们克己复礼，与人为善，为了共同体的利益甘愿牺牲自己的利益。《在论波兰的治国之道及波兰政府的改革方略》中，卢梭认为与其同代的许多欧洲国家都已经

---

① 〔法〕卢梭:《科西嘉制宪意见书》，李平沤译，商务印书馆，2013，第51页。

被病态的虚荣心所败坏，一个好的政治制度就要培养被骄傲心所支配的公民。因为这样的公民会用美德代替金钱和权力，使自己获得他人的尊重，用自己的品德去赢得他人的赞扬。① 因此，要想公民具有美德，具有高贵的品质，就要引导公民培养骄傲的情感。无论是在《科西嘉制宪意见书》还是在《在论波兰的治国之道及波兰政府的改革方略》中，作为一个立法者，卢梭都希望通过制定各种法律和习俗来培养他们骄傲的情感，使他们都成为一个有美德的公民。

综上可知，卢梭的公民美德思想是建立在他的人性思想基础之上的，卢梭的人性思想也是他整个政治思想的主要组成部分，卢梭的自然状态和契约思想与霍布斯、洛克的不同之处在于他们对人性的认识不同。卢梭，这个日内瓦钟表匠的儿子，一生孤苦无依，颠沛流离的生活使得他对人性有着比常人更深刻的认识。他对公民美德思想的贡献不仅在于公民美德的内容上，更重要的是他对公民美德的研究渗入人性的情感之中，使得公民美德不再是空中楼阁、镜中之月和水中之花，而具有坚定的人性基础。在对人性、对社会现状的悲叹之下，卢梭没有放弃对美好制度的构建，他相信通过良好的制度、法律和习俗并且培养以骄傲为支配性的情感，一个具有公民美德的共和国定会实现。

三 卢梭公民美德的主要内容

（一）自治

长期以来，在政治思想史中存在着这样的认识，即政治制度可以划分为两种：一是古典的美德政治，二是现代的利益政治。美德政治试图通过构建公民的美德来达到善的生活；利益政治则依靠制度，法律以及规则的构建使彼此之间的利益博弈达到一个稳定有序的状态。这种认识也导致了政治与美德存在着三种关系：一是政治与美德密切相关，国家制度的构建离不开美德；二是政治与美德完全分离，彼此之间不存在任何关系；三是政治制度的运行需要公民美德的支撑，但美德属于个体范

---

① 《卢梭散文选》，李平沤译，百花文艺出版社，2005，第226页。

围的内容，不应该纳入政治考察范围。早期的古典自由主义学者甚至认为，在经济社会中人的抉择行为是理性的，我们可以不考虑公民美德，只要制定一个合理、相互制约、监督的政治制度，公共利益和个人利益都会达到最大化。然而，现实社会的许多公共政策都需要公民自己做出决策并对此负责，没有公民的自治美德，社会往往很容易陷入"公地悲剧"① 理论之中。卢梭继承了古典共和主义的思想，认为自治是公民美德的重要内容，但公民自治何以可能实现？卢梭给我们展示了一个与以往不同的全新画面。

1. 公民自治的前提——自由的人

"人生而自由，却无往不在枷锁之中。"② 自由思想是西方政治思想史上的一条主线，也是卢梭毕生孜孜不倦的追求，放弃自由就是放弃了做人的资格，放弃了自己的义务。③ 自由是人类的天性，为了说明这一点卢梭把视角回溯到了原始社会。野蛮的原始人生活简单，终日行走于树林，饿了爬树摘果，累了席地而睡，他们的智慧很少，他们的欲望不会超过他们生存所需。他们之间没有像霍布斯所描述的那样因为争斗资源而陷入战争的状态，他们生存所需要的资源在自然状态下是丰裕的。在这里他们怡然自得，自给自足，每一个体都是自由的，既是自己的主人，又是自己的奴仆。野蛮原始人的这种生活方式与文明人的生活方式截然相反，在文明社会中每个人都把财富、权势当作自己所追求的幸福，反而每个人都成为财富、权势的奴隶。在文明社会中人不再是自己的主人，生而自由的人被看似幸福的枷锁牢牢的束缚。人类不平等的历史，也是人类一步步丧失自由的历史，哪里不平等哪里就不自由，平等与自由相伴而生，如影随形。当人类不知道何为"自尊""财富""权势"时，他们是自由平等的，而人类为获得地位和权势希望他人赞美时，人与人之间不仅存在着不平等而且也丧失了自由。主人依赖奴仆，奴仆服从主人，人无不生活在枷锁之中。

---

① "公地悲剧"是英国学者哈丁在 1968 年提出的，他假设在一块草原上，有一块公用的牧地，每个牧民都知道这块牧地对羊的承载量是有限的，但每个牧民基于个人的利益都想在这块公用的牧地上多放羊以获得自己最大的收益，随着每个牧民投放羊的数量的增加，草场逐步退化，最终牧民全都破产。

② 〔法〕卢梭：《社会契约论》，何兆武译，商务印书馆，2003，第 4 页。

③ 〔英〕以赛亚·柏林：《自由及其背叛》，赵国新译，译林出版社，2005，第 33 页。

原始野蛮人之间没有道德的可能，他们的一切行为都是出自自己本能，他们宁愿在风暴中沐浴自由的阳光，也不愿在安宁中通往奴役之路。① 生活在现代的文明人带着自由的镣铐却浑然不知，甚至将这镣铐当作生活的一部分而终日怡然自乐。卢梭在对爱弥儿的教育中认为，爱弥儿在小的时候只能读一本书，那就是笛福的《鲁滨孙漂流记》。在阿兰布鲁姆看来，卢梭这样做的原因是希望给小爱弥儿提供一个人如何保持自己内在自由的视角。② 重返自然状态的路径已经被人们所遗忘，鲁滨孙从文明社会到孤岛，恰好为我们提供了重返历史的路径，卢梭把爱弥儿引入鲁滨孙的世界，正是想让爱弥儿保持自由的天性。

既然人类早已经忘却了重返自然的道路，身处镣铐之中的人类又怎能构建一个所有自由人与自由人的联合？卢梭认为无论是强力、父权还是最强者的权力都不构成权力的来源，我们都没有服从的义务，他们侵害了人的自由，都是不合法的。我们要创建的是一种能以全部共同的力量来维护和保障每个结合者的人身和财产的结合形式，使每一个在这种结合形式下与全体相联合的人所服从的只不过是他本人，而且是以同以往一样的自由。③ 由此可见，在卢梭的政治思想中，自由既是思想的逻辑原点，也是政治生活的最终的归宿，人只有摆脱了束缚自由的枷锁，才能实现自治。政治生活的目的不是限制人类的自由，相反，是扩大和保障个人的自由。

个体的自由是公民自治的前提，只有在自由条件下所建立的人与人的联合才具有合法性，公民才有义务去服从。公民自治的构建要求公民具有独立的人格，没有自由何谈独立人格，自由是公民自治的前提。无疑，自由是卢梭眼里最珍贵的价值，是人类摆脱奴役实现自治的前提。但仅有自由，公民自治是无法实现的，公民自治还需要公民之间彼此协作。

2. 公民自治的实现方式——社会契约

自治是公民美德的表现，他要求公民个体具有治理和被治理的能力，在这个意义上，与他者统治相比较，公民自治要求共同体不再是建立在强权之上，而是公民之间道德上的互相承认。公民自治同时也意味着政

---

① 〔法〕卢梭：《论人类不平等的起源和基础》，李平沤译，商务印书馆，2015，第133页。

② 〔美〕布鲁姆：《巨人与侏儒》，秦露等译，华夏出版社，2003，第230页。

③ 〔法〕卢梭：《社会契约论》，何兆武译，商务印书馆，2003，第2页。

治共同体所做的决策不仅是出自其本身，而且应该代表整个公共利益，如果仅代表少数或者某部分的利益，公民有权利去推翻，因为他不是共同体自我真实的意愿。没有共同体成员之间的彼此一致决定，公民自治是不可能实现的，只有让共同体成员感受到自己是其中的一分子，才能使每个成员在此塑造自己，践行美德。在卢梭看来，公民自治共同体的构建最恰当的方式就是建立在平等基础上的社会契约国家。

卢梭认为以前建立在强力、父权、最强者权力下的联合都是不平等的，社会契约应该建立在自由平等的基础之上。"确立了这样一种平等，以致他们大家全部遵守同样的条件并且全都应该享有同样的权利。"① 在平等基础上确立的契约，每个人的权利都是一样的，每个人都把自己的全部奉献出去，每个人奉献的对象不是别人，而是他自己本身。这样签订的契约使得人类进入了社会状态，构建了一个"道德共同体"。卢梭之所以称之为道德共同体是因为共同体的成立不是建立在强权之上，他是公民之间在道德上的互相承认，相互结合，他们是公民自治和美德塑造的场所。组成共同体的每一个体作为主权参与者的时我们称他为"公民"，作为政治的服从者时，我们称他为"臣民"。② 在这样的政治共同体中，公民是自我统治的主角，又是自我服从和自我治理的对象。共同体置于"公意"之下，"公意"代表着公众的意志和利益，在"公意"之下每个人服从的都是本人，没有奴役，没有压迫，每个人都像以往一样自由。因此，在卢梭看来，统治不再是强制他人履行义务，而是践行公民的美德。

值得提出的是，从亚里士多德以来，美德思想家们都用热情洋溢的笔调论述人应该如何克制自己的欲望，要如何通过节制、审慎来塑造公民的美德。就此而言，卢梭无疑是伟大而又独树一帜的，他的自治思想不仅超越了先贤对欲望与节制的讨论，而且将政治制度和塑造公民美德紧紧地联系在一起，在卢梭这里，公民不再是仅受人类欲望驱使的动物，美德不再是天赋，不再是知识，每一个公民都是自我美德塑造的主体。

---

① 〔法〕卢梭：《社会契约论》，何兆武译，商务印书馆，2003，第40页。
② 〔法〕卢梭：《社会契约论》，李平沤译，商务印书馆，2011，第20页。

（二）爱国

公民作为一个政治的概念，其本身就代表着其与政治共同体之间存在从属关系，作为国家的一员，爱国是每个公民的应有之义。卢梭之所以对斯巴达和古罗马的公民推崇备至，是因为在他看来那里的公民富有爱国的情感。卢梭说，当一个斯巴达的母亲知道自己五个儿子的牺牲换来了祖国的凯旋时，这位伟大的母亲不是悲痛欲绝，而是为神灵赐予她儿子们英勇感到骄傲和荣耀。罗马的政治家卡托一生为国家抵御外敌，当他发现祖国不复存在的时候，他宁愿选择离开这个世界。在卢梭看来，要想不让人民逃避法律的处罚，惩罚和奖励都是有限的，因为正义无法鼓动热情，正义就像健康一样，只有我们失去它的时候才会珍惜它，要让法律能够打动人心，就要让公民去热爱他的祖国。

在卢梭看来，一切高尚的行为都产生于对祖国的爱，[①] 有了爱国的精神，公民就会有美德和情感。爱国，在卢梭的公民美德中具有无与伦比的崇高地位。祖国没有自由，祖国就不能继续存在；有自由没有美德；自由就不能保持；有美德而没有公民，美德就将不复存在。[②]

1. 爱国情感产生的原因

在卢梭看来，对一个没有爱国之心的人来说，哪里生活得幸福哪里就是自己的国家。真正的爱国是即使生活在富裕的异国他乡，也会眷注着母国的命运，思念着她粗糙的沙砾和岩石，只有在自己的国家才有幸福可言。卢梭认为爱国的产生是因为"习惯"带来的个人与所爱对象的连带感，但并不是所有的"习惯"都会产生爱国的情感。我们在一个地方住久了，就会形成习惯，因为我们每日生活的欲望都来自这里，以至于对这个地方产生了感情。可是，这样产生的连带感并不是爱国情感的来源。在不同的地方，人对困难的克服程度不一样，难度大的地方，欲望比较难以实现，人对他的连带感强，难度小的地方，连带感比较弱。真正的爱国是即使去了欲望容易实现的地方，也依旧感觉幸福是缺失的，依旧想念国家，快乐依旧是不完整的。对卢梭来说，爱国不只是爱一个

---

① 〔法〕卢梭：《政治经济学》，李平沤译，商务印书馆，2013，第21页。
② 〔法〕卢梭：《政治经济学》，李平沤译，商务印书馆，2013，第27页。

地方，爱自己所欲求的物，恰当的来说是如同爱自己一样。自爱是人最基本的情感，爱国的源头也是自爱，爱自己，珍惜自己，不仅是因为活着是美好的，还在于活着本身所具有的价值。国家不单是由城墙、公民、领土组成，它还包括了宪法、习俗、风气、自由以及对其他国家的尊重，爱国也包括爱生活在这个国家的每个公民，正因如此，我们在生活中的连带感才日趋强烈。

美国总统肯尼迪在其总统就职演讲中有一句广为人知的名言：不要问国家能为你做什么，而要问你能为国家做什么。① 然而，在卢梭看来并不是所有的国家都值得公民去爱戴它。在《政治经济学》中，卢梭认为对于国家来说，当司法不再维持正义，当一个人含冤入狱，当一个虔诚的信徒遭受宗教的迫害，当国家放弃一个可以被挽救的生命，这时"祖国"二字不过是徒有虚名和可笑的词。② 没有什么比公民的生命更加神圣了。在卢梭这里一个公民的爱国美德不再仅是抵抗外敌时英勇杀敌、不怕牺牲的英雄气概，公民的爱国情感同时也表现为公民对自己同胞的热爱，每一个公民都有责任去保护其他公民免受集体的伤害。爱国主义在卢梭眼中是一种精致的情感平衡，他让每一个人都看重每一个人，群体不在个人之上，个人也不在群体之上。这种精致的情感需要经过公民在一个运作良好的共和国才能产生。正如他对爱弥儿说的不要以为一个让我们诚实为人的国家是随处可见的。③ 一个良好的国家之所以被公民所热爱是因为，每个公民都被国家同样的倚重，与其他公民之间的关系上他们都是平等的，他们的生命与国家同样神圣；每个公民都分享着国家良好的法律、习俗，以及正义、自由等价值，每个公民都因共和国受他国的尊重而感到欣慰和骄傲。

2. 爱国的矛与盾

以上的论述中我们也可以看到卢梭的爱国主义是吊诡的，国家制度的良好运作需要公民爱国美德作为支撑，但是卢梭又认为公民的爱国美德离不开一个良好的国家制度。在卢梭这里，国家制度的良好运作和公

---

① 〔法〕弗雷德里克·马特尔：《论美国的文化：在本土与全球之间双向运行的文化体制》，周莽译，商务印书馆，2013，第36页。

② 〔法〕卢梭：《政治经济学》，李平沤译，商务印书馆，2013，第22页。

③ 〔法〕卢梭：《爱弥儿：论教育》（下卷），李平沤译，商务印书馆，2003，第702页。

民的爱国美德预设了彼此之间的存在。二者的关系可以用图1来表示：

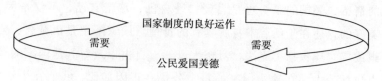

图1　国家制度的良好运作与公民爱国美德的关系

资料来源：作者自行整理。

公民爱国美德和国家制度的良好运作互为因果关系，但二者也是封闭的循环关系。公民的爱国美德不存在，制度能否良好运作呢？如果没有制度的良好运作，公民的爱国美德又何以能产生？这是一个先有鸡还是先有蛋的问题。卢梭自己也认识到了这一点，他没有回避这个问题，同时给出了自己的答案。

卢梭认为要创建一个良好的政治制度，我们需要一个外在于共和政体的立法者，他的任务不是创建基本的法律，而是构建"制度"所需要的精神，也就是公民的爱国之心。人民需要立法者是因为人民知道善是什么，却不知道如何行善。古代的摩西、莱格古士、努玛都是古代伟大的立法者，他们把一群没有德行的民众塑造成热爱自己国家的公民。他们通过举办经常性的全国比赛，让公民聚在一起参加，培养他们在公民中的骄傲感；通过设立纪念碑让民众知道祖先的伟大德行；通过观看戏剧一起开心、一起悲伤，消除他们的隔膜感。[1] 立法者培养公民的爱国情感不是通过设立公正的法律，而是通过风俗、习惯、宗教等让公民在生活中共同融入这个国家独有的文化习惯，使每个公民彼此具有依存感。这样每个公民都会习惯把其他公民看作自己的同胞，把自己看作共同体的一部分。"这种制度使他们不仅相互依赖，而且使他们全部眷恋他们的土地；用表面上看起来带迷信色彩的宗教仪式使他们的城市变成了一个圣地。"[2]

立法者之所以通过社会文化来培养民众的爱国情感，是因为立法者

---

① 〔法〕卢梭：《论波兰的治国之道及波兰政府的改革方略》，李平沤译，商务印书馆，2014，第7页。

② 〔法〕卢梭：《论波兰的治国之道及波兰政府的改革方略》，李平沤译，商务印书馆，2014，第9页。

不能直接给予公民爱国的美德，没有爱国美德的国家就不会有良好制度的运作。国家没有良好制度的运作，即使创立公正的法律对公民美德的构建也无济于事。但是，通过共同体的文化、历史等机制产生的爱国情感是不需要依赖法律的，这也是立法者唯一能给予的社会精神。而当爱国的热情主导人民的时候，即使是坏的立法也能够造就好的公民。通过独特的社会文化、历史风俗建制培养起来的那些具有爱国美德的好公民，是不会拒绝良好的法律和制度的。因此，公民的爱国美德和国家良好制度运作之间的二律背反命题在卢梭这里通过设立立法者而得到了解决。

四　卢梭公民美德的塑造途径

自二战以后，现代的公民理论认为公民享有各种权利，这些权利包括政治权利、经济权利、文化权利、社会权利。把公民看作权利的持有者，无涉公民对政治共同体的责任承担，这样的公民观被看作"消极公民观"。随着公民理论在 18 世纪 90 年代的复兴，这样的一种消极公民理论受到了越来越多的质疑和批评。批评的观点认为我们可以通过公民美德和公民责任来补充"消极公民观"。18 世纪的卢梭无疑在公民理论上早有先见之明。卢梭指出，一个国家不但要履行对公民的消极职能，确保公民享有自由和平等，而且还要引导和培育公民的美德。在卢梭看来，公民美德作为一种后天的品质，引导和塑造公民的美德有三种途径：立法者的塑造、公民宗教和荣誉。

（一）立法者的塑造

卢梭在《社会契约论》和《论波兰治国之道》中都用了一个章节的内容来讲述立法者，可见立法者在卢梭心目中地位是如此之高。在他的论述中立法者有两种：一是民族的立法者，二是政治的立法者。

民族的立法者在卢梭的眼里是一个伟大罕见的人物，他在政治国家形成以前对民族的塑造有着至关重要的作用。一个伟大的立法者是发明机器的工程师，伟大的君主则只不过是安装机器和开动机器的工匠。[①]　换

---

① 〔法〕卢梭：《社会契约论》，李平沤译，商务印书馆，2011，第 45 页。

句话说，民族的立法者奠定了政治国家的基础，君主的主要任务是遵循立法者确定下来的政治逻辑，政治生活的运行受制于民族的立法者。民族立法者的伟大之处，不仅在于他塑造了民族共同体生活的最初形式，还在于他塑造了民族成员的美德。正如摩西、努玛、莱格古士这样伟大的立法者把一群盗贼和奴隶变成了一个民族，不仅改变了他们的人性，还在整体意义上改变了他们存在的方式，他们由自然的存在变成了伦理的存在。这些早期民族的立法者通过戏剧、游戏比赛、对历史文化的回顾等其他生活方式来塑造公民忠诚、坚韧不拔、热爱国家的美德。随着时间的推移，共同体的成员把在庆典、比赛中形成的良好品性内化于心，使它成为支配自己内心的法律。"这种法律既不镌刻在大理石上，也不镌刻在铜表上，而是铭刻在公民们心里。只有它是国家真正的宪法。……它能使一个国家的人民保持他们的创制精神，用习惯的力量不知不觉地去取代权威的力量。"① 因此，民族的立法者通过日常生活方式，使人民在政治国家出现之前就形成了一个民族的共同体，共同体的成员在这些日常生活中得到了锻炼。每个成员都逐渐养成了对美好品德的热爱和向往，以至于在生活中也践行这样的美德，使美德成为民众心里的一道法律。正是这些民族立法者的努力，才使得在政治国家中公民美德的塑造有了更好的基础，个体在进入政治国家之前已经初步具有了作为公民的美德。

在契约思想上，卢梭和霍布斯、洛克不同，在后两者的论述中立法者可以说是毫无地位的。按照卢梭自己的理论，作为主权者的人民甚至具有解除契约权，为何又要在主权者之上创建一个政治立法者？现代政治和古典政治不同，现代政治不再诉诸神秘的自然，而是建立在个体意志的结合之上。这也就不得不使得我们思考卢梭的政治立法者究竟是一个怎样的存在，其对公民美德的塑造又有怎样的作用？

按照人民主权的理论，人民的确应该是自己的立法者。然而，卢梭所考虑的问题是作为个体的人民有没有资格或者能力为自己立法，成为自己的立法者。卢梭认为我们需要政治立法者是因为"个人知道什么是幸福，但往往把幸福轻易失去；公众希望幸福，但却看不到幸福在哪里……要达

---

① 〔法〕卢梭：《社会契约论》，李平沤译，商务印书馆，2011，第61页。

到这些目的，就需要一个立法者"①。人具有理性是毋庸置疑的，但人类的理性和自由选择的意志之间一直都存在张力。正如他在《论人类不平等的起源》中所阐述的一样，人的理性的发展使得人类知道了什么是善，但我们却不知道如何得到善，甚至在欲望的驱使之下选择了恶。因此，面对个体的理性和意志的冲突，在人民之上有必要创立一个立法者。立法者是"能通达人类的种种感情而自己又不受任何一种感情影响的最高的智慧"② 的人。这些不同于凡人的立法者所制定的法律，不仅是规范社会秩序的规则，同时也使个人作为整体的一部分有道德的存在。③ 法律是公意的一部分，因此，遵守立法者所制定的法律也就是在遵守公意。这些政治立法者都是非凡的人，经由他们制定法律的引导，作为政治共同体成员的公民按照法律行事，使自己的理性和自己的意志得以协调，履行公民的义务，节制自己的欲望，践行自己的美德，从而使自己成为一个道德的存在。

在卢梭看来许多民族在没有良好的法律的背景下昌盛过，许多民族即使有良好法律也出现了很多坏人。因为习惯一旦形成，要把它去除不仅是费力的而且也是危险的。民族立法者和政治立法者对公民美德的塑造是承前启后、相得益彰的。早期的民族立法者通过风尚习俗使民众塑造了美好的德性，这使得民族在创立之初即使没有良好的法律也一样昌盛，政治立法者通过法律的引导，让公民的理性和意志得以协调，使得公民践行美德，履行公民义务。在政治国家形成的早期，民族共同体的成员就具有良好的习惯，进入政治国家又有良好的法律规则，经过这种途径的塑造公民的美德就有了坚实的历史和现实基础。

（二）公民宗教

吉尔丁认为，对于卢梭来说，宗教是他最为重要的制度。④ 在西方世界的语境中，虔诚是一个基督教徒必须具有的美德。无论是希伯来文化

---

① 〔法〕卢梭：《社会契约论》，李平沤译，商务印书馆，2011，第 44 页。
② 〔法〕卢梭：《社会契约论》，李平沤译，商务印书馆，2011，第 44 页。
③ 〔法〕卢梭：《社会契约论》，李平沤译，商务印书馆，2011，第 44 页。
④ 〔美〕吉尔丁：《设计论证——卢梭的〈社会契约论〉》，尚新建、王凌云译，华夏出版社，2006，第 194 页。

还是古希腊文化，"两希文明"无不充斥着浓郁的宗教色彩。卢梭认为，宗教从社会关系来看可以分为三种，分别是人类的宗教、僧侣的宗教、公民宗教。人类的宗教没有富丽堂皇的圣殿和哥德堡式的建筑，没有繁杂的教规教义，没有高高在上的神职人员，有的只是教徒对上帝的虔诚和对道德义务的履行。"这种宗教，是《福音书》中所说的纯洁而朴素的宗教，是真正的有神论。"① 公民宗教是由国家法律所规定的宗教，他的神，他的教条、教义、仪式都由国家的法律所规定，早期国家的宗教都是如此，"有多少个民族，就有多少个神"②。最奇怪的就是僧侣的宗教，这种宗教使得政治和信仰分离，出现两个国家，两个君王，两套法律体系，使人民的义务相互冲突。

人类的宗教是一种纯精神性的宗教，每个人看似都恪尽职守，忠诚于自己的良心，但这却不利于政治社会和公民美德的构建。因为在这种宗教下人民为获得精神的依归，幻想着彼岸的世界，看轻现实的生活。能不能进入天国，不在于对自己的国家和公民尽了什么义务，而在于为上帝履行了什么义务。人类的宗教使得公民的心远离自己的国家，因为无论身处哪个国家都不重要，那都是短暂的，教徒心中的国家永远是天国。在卢梭看来，真正的基督教徒生来就是奴隶，他们不关心如何保家卫国，赢得战争的胜利，而是关心如何战死沙场，人的生命在他们看来没有任何价值，因为人生短暂，只有进入天国才是永恒。

僧侣的宗教，在卢梭看来简直就是坏到极端，以至于"若对它加以论述的话，那简直是浪费时间"③。剩下的就是公民宗教，在卢梭看来公民宗教是最好的宗教形式，古希腊和古罗马无不是如此。但对于异教时代的公民宗教，卢梭没有一味地唱赞歌，因为古代的公民宗教充斥着战争和杀戮，"除了把一个民族降为奴隶以外，便没有其他办法使之皈依，除了征服者以外，便没有其他的传教士"④。这是富于仁慈之心的让·雅克不愿意见到的，他所要建立的是一个不能超过公众利益界限的公民宗教。这种宗教只在"涉及道德和涉及信奉该宗教的人必须尽他对他人

---

① 〔法〕卢梭：《社会契约论》，李平沤译，商务印书馆，2011，第150页。
② 〔法〕卢梭：《社会契约论》，李平沤译，商务印书馆，2011，第144页。
③ 〔法〕卢梭：《社会契约论》，李平沤译，商务印书馆，2011，第151页。
④ 〔法〕卢梭：《社会契约论》，李平沤译，商务印书馆，2011，第146页。

的义务时，才与国家和国家的成员有关"①。公民宗教强调共同体成员之间的责任，以及作为共同体成员对国家所应该履行的义务。作为一个自然神论者，在他看来，只要臣民是好公民，主权者则无权干涉公民对来生世界的看法。

公民宗教不强迫人信仰，然而不信仰公民宗教的人却应该被驱逐出共同体。之所以如此规定不在于其反宗教性的行为，而在于其反社会的举动。一个不信仰公民宗教的人在卢梭看来是没有社会情感的，这样的人不会真心的热爱法律和自己的同胞，他们爱的只是自己。如果每一个人爱的只是自己，不爱自己的同胞，不爱自己的国家，那么共同体的幸福谈何容易，更不用说公民美德了。对公民宗教不信仰者的驱逐，也隐含着公民宗教内在的对人类宗教的批判。一个公民首先应该过好的是现实的政治生活，对于那些摈弃公民责任和义务，整天希冀救赎的公民来说，将他们驱逐出共同体，重返自然，也许未尝不是一件好事情。

公民宗教是公意的一部分，因此对公民宗教的虔诚也意味着忠实于自己的国家、法律和同胞。公民宗教使得国家和法律像神明一样崇高，使得每个公民都热爱自己的国家，把服从国家当作听从神明的教导。换言之，通过公民宗教每个公民都能把自己视为国家的一分子，践行自己的美德，承担和履行公民应尽的义务。

（三）荣誉的塑造

这位科西嘉和波兰的"立法者"，在《科西嘉制宪意见书》和《波兰政府论中》，非常强调荣誉对公民美德的塑造。卢梭并不否认人是利益性的动物，正如他在《论人类不平等的起源》中所论述的人一样，每个人都爱自己，都希望获得他人的认可和尊重。在激发公民践行美德上，他认为荣誉比金钱更有效。

卢梭区分了人类的两种利益。第一种利益就是像金钱这样摸得着，看得见的，可以使我们的物质生活过的更好的利益，然而他却不能够成为公民美德的基础。第二种利益看不见也摸不着，但他却与我们的灵魂

---

① 〔法〕卢梭：《社会契约论》，李平沤译，商务印书馆，2011，第155～156页。

和内心的善息息相关，"只有这种利益才通向我们真正的幸福，因为它是如此密切地与我们的本性联系在一起"①。通过金钱的奖赏来激发公民的美德在他看来再糟糕不过了，一方面，这种利益在任何理解他人内心的人看来是最微不足道和最脆弱的，另一方面，它不仅缺乏公共性，而且容易让民众所忘却，它的影响不够深远。所以塑造公民的美德要采取第二种利益的方式，那就是通过荣誉去塑造公民的美德。在他看来，当我们不再用金钱来区分人的高低贵贱时，每个人就会向往荣誉，因为它是唯一使人扬名立万的美德。② 如果说金钱的奖赏对美德的塑造力是最脆弱的，那么荣誉对公民美德的塑造力则是强大的。波兰政府要想不让国家陷于困难的最好办法就是要让贵族多看重荣誉，少看重金钱，这样不仅能改变动荡的局面而且还能使得许多大人物都变成公民。③ 罗马的执政官虽是穷人，但他们却让旁人羡煞。荣誉是这样的一个东西，它使得公民被大众所关注，拥有大众的关注的人，上到国王下至小吏，谁都可以担任执政官。在这样的激励下每个公民都会争取荣誉，在这样的热情中每个人都会达到忘我的境界，从而克制自己的欲望，践行自己的美德，渴望赢得荣誉，赢得公众的关注。

五　卢梭公民美德思想的坐标

（一）异化的救赎之路

在启蒙思想家为现代性摇旗呐喊之际，卢梭发出了对现代性批判的第一声。卢梭坚信人天生是自由和善良的，然而，在历史的长河中人却一步步地走向了奴役的道路。卢梭一生都致力于解答这样的问题：人是

---

① Rousseau, Jean-Jacques, Letter to Offreville, *The Social Contract and Other Later Political Writings*, pp. 261 – 262, 转引自刘训练《卢梭论公民美德的情感基础与动力机制》，《世界哲学》2012 年第 5 期。

② 〔法〕卢梭：《论波兰的治国之道及波兰政府的改革方略》，李平沤译，商务印书馆，2014，第 19 页。

③ 〔法〕卢梭：《论波兰的治国之道及波兰政府的改革方略》，李平沤译，商务印书馆，2014，第 77 页。

如何走向奴役之路的？自由的人又是如何异化为自私自利的"布尔乔亚"①的？异化的救赎之路究竟在何方？事实上，他的《论人类不平等的基础和起源》和《社会契约论》都是在回应上述问题。他在启蒙旗帜之下发现了人性的分裂，即作为自爱、自利的自然人与作为公共义务的承担者的公民之间所存在的分裂。这种人性的分裂也正是现代人异化的关键所在。正是这种异化使人类走向了奴役的道路，然而，这个死后被安葬在法国先贤祠的哲人，面对世俗世界的不幸和恶，既没放弃对世俗世界的拯救，也没把希望寄托在彼岸的天国。当伏尔泰收到卢梭的《论人类不平等的基础和起源》一书时，他声称卢梭是一个彻底的复古主义者，妄图要人类回到四脚爬行的时代。没错，卢梭是一个复古主义者，可是他的复古并不像孔子恢复周礼般狂热，也不像耶稣和释迦牟尼那样放弃此在的世界去追求彼岸的天国。卢梭的复古是托古改制，在他那里历史的尽头是一张等待书写的政治的蓝图，奴役之路并不是一条不归之路，历史终结背后站着的并不是最后之人。在他看来，人类异化的救赎之路就在于人如何实现自由，这种自由不是无拘无束的原始状态的自由，而是共同体的自由，即用共同体公民的自由来取代人类早已经忘却的自由——自然状态的自由。

德国的社会学家达尔多夫（Ralf G. Dahrendorf）认为，社会冲突的根源在于经济和政治的冲突。现代人性的分裂也正是表现在作为经济的人和作为政治的人的冲突，前者表现为理性和自利的市民，后者表现为作为共同体的公民，两者的冲突实际上是市民追求财富和公民追求美德的冲突。市民社会的人异化为布尔乔亚正是现代文明社会走向奴役和不自由的根源。因此，要解决上述问题，"公民"便成为卢梭整个政治思想的核心。国家理论，也就是公民理论，在他看来"如果把人们全部养成公民那么你一切都有了"②。在卢梭的著作中，经常可以看到古罗马和古希腊的影子，可以说重塑古希腊和古罗马的公民政治和公民美德是卢梭的

---

① "布尔乔亚"是"bourgeoisie"一词的音译，最初指在村庄中心的自由人，后来代指自私自利的有产阶级，他们是洛克和霍布斯笔下的自然人。阿兰·布鲁姆认为卢梭是"布尔乔亚"的发明者，"布尔乔亚无诗、无爱、无英雄气，既非贵族，也非人民；布尔乔亚不是公民，他的宗教是贫乏的、此世的"。参见〔美〕布鲁姆《巨人与侏儒》，张辉等译，华夏出版社，2011，第227页。

② 〔法〕卢梭：《政治经济学》，李平沤译，商务印书馆，2013，第27页。

政治理想，他相信一个良好政治共同体对塑造公民美德的作用，同时也坚信拥有美德的公民对共同体的壮大和繁荣来说是必不可少的。这也使得公民作为共同体的成员，需要一种超越自然状态的德性品质。他区分了人的教育和公民的教育，前者是一种自然和家庭式的教育，表现为个数的单位，后者是一种公共的教育，如果说把共同体当作一个分母，那么整个数值的大小就取决于作为分子的公民。

在卢梭看来，与其说洛克的社会契约是建立在的自由主义政治哲学基础上，倒不如说是建立在每一个布尔乔亚个体之上。洛克社会契约论的定约者正是卢梭整个政治哲学所批判的对象。卢梭和洛克的政治哲学存在明显的差异，洛克构建的是一个市民社会和世俗政治，卢梭构建的是一个公民社会和美德政治。在洛克的理论中，政治共同体的合法性存在于保障个人财产的自然权利之中，从自然状态直接到公民状态不存在古典共和主义的冲突。然而，卢梭认为，自然状态到公民的转变必须经历一个洗礼的过程，政治共同体并不是人的简单聚合，他是伦理的共同体，是具有美德的公民的联合。阿兰·布鲁姆也指出，自然的动机无法造就社会的人，洛克和霍布斯所构建的社会契约的缺陷在于，这种建立在布尔乔亚基础上的契约，最终难免会走向无政府的混乱和僭主政治。[①]

卢梭公民美德思想为人从市民社会向公民社会转化提供了必要的养分。在他看来，市民社会向布尔乔亚的异化是人走向奴役的原因，被异化和奴役的个体不可能构建一个伦理的政治共同体，异化的救赎之路在于培养公民的美德。因为公民美德以公共性为其本质，以追求德性为其价值，他们忠于自己的祖国，忠于自己内心的公民宗教，崇尚公民的荣誉，这样的人既是政治的存在又是伦理的存在。讽刺的是，这个一辈子声称追求自由的日内瓦的公民被称为是反自由主义的，很大原因是他追求的自由是公共的自由、政治的自由、道德的自由，而不是个体无拘无束的自由。这种自由用美德政治代替世俗政治，用公民代替市民。

卢梭对市民社会异化的救赎之路，建立在他对现代性批判基础之上，他在某种程度上存在着乌托邦式的幻想，但这却不影响他在政治思想史上的地位，以至于我们在佛格森和阿伦特那里都能看到卢梭公民美德的影子。

---

① 〔美〕布鲁姆：《巨人与侏儒》，秦露等译，华夏出版社，2003，第42页。

（二）单向度的空间

自由主义者面对政治和道德问题往往持分离的立场，诚如朱迪·施克莱（Judith Shklar）所言，当政治和道德相结合的时候，往往就是罪恶的开始。① 但卢梭的美德政治始终坚持道德和政治的不可分离，那些试图把政治和道德分离开来论述的人，他既不可能获得对政治的认识，也不可能获得对道德的认识②。因此，卢梭公民美德涉及的一个根本的问题就是个人空间和公共空间的冲突。

我们从卢梭公民美德的论述中其实可以看到，在政治共同体下个人空间被限缩到一种卑微的地位。很多时候公民美德仅仅表现在爱国主义，人的出生仿佛就是天然的为国家而存在。"使得公民角色成为一种根本的人性、禀赋，……除了通过国家之外，他们什么都不是。国家拥有他们所必需的一切。"③

诚然，任何一个有美德的公民都有理由去热爱自己的国家，在公共利益和社会更高价值的追求上作出应有的让步，这显然是无可非议的。但是当个体存在完全被共同体所压制，个人情感的存在只服务于政治共同体，甚至不惜牺牲个体的自由意志和道德自由，使得整个社会只存在公共空间时，共同体的政治合法性和共同体本身存在的必要性都会变得让人质疑。

卢梭不否认道德的自主性，公民所做的美德行为不存在人性的分裂，公民的美德实践是服从于自己心中的道德律和共同体的法律的。在他看来公意是不会错的，每个人都把自己的一切都献给公意，这样每个人服从的都是心中的道德律。从这个意义上说每个人生下来就被限定在这个公意的共同体中，每个人都被共同体所定义。"自身条件和欲望、义务和自然禀赋、自然和社会规制、人和公民角色之间的矛盾是引起人类痛苦和不幸的原因。使得人统一，你就能使他享有最大的幸福。人要么彻底

---

① Judith Sklar, *Ordinary Vices* (Cambridge：Harvard University Press, 1984), p. 231.
② 〔法〕卢梭：《爱弥儿：论教育》（上卷），李平沤译，商务印书馆，2003，第327页。
③ Rousseau, *The Collected Writings of Rousseau*, Roger D. Masters and Christopher Kelly ed., (Hanover and London：University Press of New England, 1994), p. 41.

交付于国家，要么自我；否则你就分裂了他。"[①] 因此公民美德的践行，避免了人内在和外在的冲突，但在异化的救赎之路上卢梭却把个体全都交给了共同体，人在社会中扮演的角色只有一个，那就是公民。因此，人在卢梭的美德中也就没有个人空间，只有公共空间。

卢梭公民美德的困境在于，美德政治共同体的构建存在于公意构建和公意执行。前者是美德存在的前提，后者是美德塑造的途径，但是他对公民美德的阐述无不是通过后者来实现。这一困境也使得卢梭的公民美德思想走向了朱学勤所叙述的"美德共和国的覆灭"。

The Research of Rousseau's Thought of Civic Virtue

Zeng Yufeng

Abstract: The core of civic virtue is citizen. The word "citizen" is a political concept of "human". Therefore, the research should start from the Rousseau's knowledge of humanity which is the basic of civic virtue. The Rousseau's thought of civic virtue was not based on self-love, rational, pity, but from the pride of emotion, autonomy and patriotism is the core. As the "legislator" of Corsica and Polish, Rousseau considered that the civic virtue can be shaped by the civic religion, legislators and honor. On the one hand, Rousseau's thought of civic virtue has a strong times, for one things, he saw human walked step by step toward slavery and gave the way of the prescription of the times, on the other hand, his excessive emphasis on public interests also made him bear the stigma of totalitarianism. We can find in his research that this "Geneva Citizens" who spent his whole life chasing freedom, is neither an individualist nor a collectivist. In his opinion, the citizen's salvation and redemption of the country are two sides of the same coin.

Keywords: Rousseau; Civic; Virtue; Autonomy; Patriotic

---

① Rousseau, *The Collected Writings of Rousseau*, Roger D. Masters and Christopher Kelly ed., (Hanover and London: University Press of New England, 1994), p. 41.

论公共领域中的"人"

——阿伦特平等思想研究

程　龙*

内容摘要： 作为 20 世纪最独特的思想家之一，汉娜·阿伦特的诸多概念和判断都在知识界引起了极大争论。她批判自由主义平等观，重拾城邦的政治经验，重塑人的复数性形象，推崇卓越的平等。阿伦特将人类活动划分为三个领域，即公共领域、社会领域和私人领域。平等的合法性被限制在公共领域中，其他领域则弥漫着一种同质化倾向，使人变成了一种经济动物，或借用马尔库塞的话来说，成了单向度的人。在阿伦特看来，人的复数性保证了公共领域得以存在。公共领域是平等的空间，这种平等是世界性的，而非"自然"的，因而既不同于基督教的平等，也不同于自由主义的平等。私人领域则是强制性的空间，其间，人局限在自身需求之下，处处受到必然性的强制。社会领域则是家政扩张的产物，需求和顺从成了人们联合的理由。生产和消费这一"生命的节律"牢牢占据着这一领域，人在其中如同木偶一般。在复数性被驱逐之后，公共领域和私人领域之间的界限消弭了。为修复公共领域，阿伦特以杰斐逊的设计为蓝本，提出建立委员会制度的构想。这种由不同层级委员会组成的多层金字塔结构排除了单一普遍意志的主宰，使意见得以表达，复数性得以修复，公共领域的平等得以重建。阿伦特特殊的平等观源于她的现象学思维方法，复数性的平等正是她以无凭借的思考方式

---

* 程龙，男，硕士，重庆沙坪坝区人民检察院检察官助理。

重新理解人的结果。

关键词：阿伦特；公共领域；"人"的复数性

引　言

平等，是法律的核心价值之一；没有平等，现代政治文明便无从谈起。这个词语虽然简单，但对其的理解却众说纷纭。不同历史时期的人对此一问题的看法可谓大相径庭。古代人往往不把人看作平等的个体，这一点在中西方历史上都有所体现。在中国古代占据主流地位的儒家思想以伦常为本，讲的是贵贱、尊卑、长幼、亲疏有别。名位不同，礼数相异。用礼来规范社会，才能达到协调有序。而在西方文明的发源地古希腊，公民身份有严格的限制，妇女、外邦人、奴隶都不享有公民权。亚里士多德甚至认为，奴隶制是天然、合法的——如同灵魂统治着身体一样。人也是有分类的，缺乏理智，只能感应别人理智的人天性就适合当奴隶，成为奴隶是实现其本性的最佳途径。① 对不同的人而言，区别对待才符合正义的要求，正所谓"斩而齐，枉而顺，不同而一"②，这样才能维护社会秩序。随着中世纪末期的"3R 运动"，即文艺复兴（Renaissance）、宗教改革（Religion Reform）和罗马法再发现（Recovery of Roman Law）以及其后的自然科学的兴盛和启蒙运动的发展，自由主义提出的自然平等观念逐渐成为主流思想。美国《独立宣言》将"人人生而平等"视为不言而喻的真理，法国大革命喊出了"自由、平等、博爱"的口号，皮埃尔·勒鲁（Pierre Leroux，1797—1871）更以"我们处于两个世界之间：处于一个即将结束的不平等世界和一个正在开始的平等世界之间"③来赞美这场革命。现代国家以政治上的代议制民主来保证政治平等，以自由市场和国家干预相结合辅之以福利政策来保障经济平等，并通过法律加以贯彻和实施。科耶夫所谓的"普世无差别的国家"（the universal and homogeneous state）似乎已经建成。

然而，黄金时代并未到来，历史也远未终结，但"最后的人"（或

---

① 〔古希腊〕亚里士多德：《政治学》，吴寿彭译，商务印书馆，1965，第 12 ~ 16 页。

② 《荀子·荣辱》。

③ 〔法〕皮埃尔·勒鲁：《论平等》，王允道译，商务印书馆，1988，第 11 页。

"报废的人")已然出现。人们发现，在这种建立在"低俗却稳固"（low but solid）的基础之上的社会里，"一切都是拉平的、平等的，因此最通俗、最流行、最大众化的就是最好的，因为这样最民主、最平等、最政治正确"①。这种社会使得普通个体的声音越来越难以通过代议制民主制度表达出来。市场经济把物化的人视为"平等人"，生产—消费循环更是充满了压制性力量，以至于人不过是一种商品和有待征服的对象。在"最后的人"的形象之中，兽的属性似乎超越了人的属性占据了主导地位，人成了需求的奴隶而非自身的掌控者。面对这种"物化"的奴役，阿伦特展开了对"家政"化社会的激烈批判，认为建立在生产与消费基础上的平等不过是一种同质化。极权主义正是诞生在这种同质化的人之中！为发现本真的平等，阿伦特完全颠覆了自由主义那种自然平等的观念，指出自然平等不过是一种幻想。所谓人人平等，不过意味着人人皆是奴隶。唯有公共领域中复数性的人才可能是平等的。因此，本文将试图从阿伦特复数性的人的平等观出发，分析她对人类活动不同领域的界定，进而阐述人的复数性和公共领域的失落过程，最后则集中在她关于如何重建平等的努力上，以期为"平等"这一法哲学不容回避的话题提供一些有益的思想资源。

一 作为问题的平等

20世纪50年代，美国联邦最高法院审理了一系列案件，确认和保护了美国黑人的基本公民权利。其中以1954年"布朗诉托皮卡教育委员会案"（*Brown v. Board of Education of Topeka*，以下简称"布朗案"）最为典型。此案正式宣告黑人与白人分校这一"隔离但平等"的制度违宪。"公共教育事业不容许'隔离但平等'原则的存在。隔离的教学设施，注定就是不平等。"② 布朗案判决引发了美国南方各州的激烈反对，佐治亚州州长声称法院的判决悍然藐视一切法律和判例，是一种庸俗的政治手段，

---

① 〔美〕列奥·施特劳斯：《自然权利与历史》，彭刚译，生活·读书·新知三联书店，2006，"列奥·施特劳斯政治哲学选刊"导言第33页。

② Brown V. Board of Education of Topeka, 347 U. S. 483（1954），https://supreme. justia. com/cases/federal/us/347/483/case. html，最后访问日期：2015年10月20日。

因此一定要制定一套方案，保证种族隔离制度的延续。1957 年夏，为了贯彻布朗案判决精神，阿肯色州首府小石城教育委员会决定允许 9 名黑人学生到该市中央中学（Little Rock Central High School）就读。但该州州长奥维尔·福布斯（Orval Faubus）却公开质疑联邦最高法院判决的合法性，并在中央中学开学时派遣该州国民警卫队阻止 9 名黑人学生入学。为了控制局势，落实布朗案判决，时任美国总统艾森豪威尔随即下令出动第 101 空降师飞抵小石城，同年 9 月 25 日，黑人学生在军队的保护下进入中央中学，事件的相关照片和报道在世界范围内引起轰动。"小石城"事件也成为美国反对种族主义的一个里程碑。① 应犹太系刊物《评论》（*Commentary*）约稿，阿伦特写了《反思小石城事件》（Reflections on Little Rock）这篇论文，但文章对美国政府推进"平等化"努力的尖锐批评却在《评论》的编辑中引发了不安，他们担心刊发此文会引发过于激烈的争论，不得已，阿伦特撤回了这篇文章。但 1958 年福布斯州长又向联邦最高法院提起了诉讼，请求推迟消除公立学校种族隔离制度的实施，他在遭到最高法院否决后又试图用全州公民投票的方式来阻挠废除公立学校中的种族隔离制度。于是，阿伦特的《反思小石城事件》得以在 1959 年《异见》（*Dissent*）刊物的冬季号（6/1 winter，1959）上发表。阿伦特的论文发表之后，引发了支持民权运动的知识分子的强烈不满，悉尼·胡克（Sidney Hook）、大卫·斯必茨（David Spitz）、梅尔文·图敏（Melvin Tumin）和拉尔菲·埃里森（Ralph Ellsion）等先后撰文批评阿伦特，引发了激烈的争论。

在《反思小石城事件》中，阿伦特将人类的活动划分为三个领域：私人领域、社会领域和公共领域。她指出这三个领域各有其特点，切不可用一种领域的特点去分析其他领域，在三种领域中应当采取的措施和遵守的原则都是不同的。阿伦特指出，问题的实质并不在于种族歧视的社会习俗，而是在于法的强制。"实质问题就是法律面前的平等。而这种

---

① 〔美〕威廉·曼彻斯特：《光荣与梦想：1932～1972 年美国社会实录》第三册，广州外国语学院美英问题研究室翻译组、朱协译，海南出版社，2004，第 1033～1037 页、1124～1136 页；任东来等：《美国宪政历程：影响美国的 25 个司法大案》，中国法制出版社，2005，第 128～208 页。

平等是被有关种族隔离的法律侵犯的。"① 也就是说，问题的关键不在于如何消灭差别，而在于如何把差别合法地限定在一定的范围。

阿伦特认为，法律面前的平等已经成为美利坚合众国的根基，平等是政治生活最重要的意义，在文章中，她以托克维尔式的语气警告人们："人们越是在每个方面都变得平等，整个社会越是渗透着平等，差异就将越来越受到憎恨，那些明显地、天生地不同于别人的人就变得越来越引人注目了。"② 不难发现，《反思小石城事件》一文关注的重点并不是民权运动本身，而是阿伦特对于人类活动的不同领域的划分，由政府强制推行的融合措施，对人的差异性构成了威胁。在她看来，唯有废除带有种族歧视特征的法律，在政治领域内贯彻平等原则，才能解决种族隔离问题。阿伦特所关注的平等主要是政治平等，在她看来，平等是政治体最核心的原则，"因为平等不仅在政治生活中有其根源；其合法性也明显地限于政治领域。只有在政治领域，我们才是平等的"③。强行推行社会融合，消除社会差异，会造成一种"大众社会"——而这种社会正是极权主义的最好土壤。

此处除了政治领域和社会领域，还存在着私人领域。政府必须保障个人权利在私人领域内不受侵犯，"正如政府必须保证社会性区别对待绝不限制政治平等，它也必须保卫每个人在他自己家里做他愿意做的事情的权利"④。学校是三个领域的混合，强迫父母将他们的孩子送入混合学校，将种族的冲突问题转移到孩子的身上去，这极大地损害了父母和学校的权威，剥夺了父母对孩子的私人权力，如此轻率地损害个人权利的行为是不明智的。阿伦特在美国政府保障公民权利的努力中警觉到一种助长均质化、反对多元性的危险倾向。在阿伦特看来，美国政府的措施试图达成两种完全不同的目的：在法律上废除种族歧视和贯彻社会融合。一方面，阿伦特认为，美国政府在废除法律上的种族歧视方面做得还远远不够，比如当时仍然存在反种族间通婚的法律，将与白人通婚的黑人看作罪犯，这是对人基本权利的侵害。但另一方面，她认为贯彻社会融

---

① 〔美〕汉娜·阿伦特：《责任与判断》，陈联营译，上海人民出版社，2011，第160页。
② 〔美〕汉娜·阿伦特：《责任与判断》，陈联营译，上海人民出版社，2011，第164页。
③ 〔美〕汉娜·阿伦特：《责任与判断》，陈联营译，上海人民出版社，2011，第167页。
④ 〔美〕汉娜·阿伦特：《责任与判断》，陈联营译，上海人民出版社，2011，第171页。

合是完全错误的举动。强制要求学生在学校中学习种族融合，进行反对种族歧视的教育和斗争是一种"专制制度的做法"①。阿伦特讽刺那种认为用所谓进步的理念教育儿童，人们就能够改造世界、建立理想国度的行为是一种彻头彻尾的乌托邦式的想法。阿伦特还提出，她反对美国政府强制推行种族融合的另一个原因在于联邦和州之间的关系。"自由主义者"轻易地损害了联邦和州之间的制衡体系，而联邦的权力正是源于各州的权力，对地方权力的损害也同样是对国家政体权力的侵害。而如何平等地协调各个层级的关系，在阿伦特构想新的政治制度即委员会制度（council system）时得到了进一步体现。

二　平等的界限

（一）平等的空间——公共领域

三种领域的划分，尤其是"公共领域"这一概念可以说是阿伦特理论的重要支撑之一，阿伦特的著作和评论文章，从成名作《极权主义的起源》和《人的境况》，到散见于期刊杂志上的评论文章和《论革命》《艾希曼在耶路撒冷——一份关于平庸的恶的报告》，再到晚期的精神生活三部曲，或多或少都可以看到公共领域的影子。写作于1957年的《反思小石城事件》对三种领域进行了较为简要的分析，而发表于1958年的《人的境况》则系统地对三种领域进行了考察。

1. 公共领域的含义

公共领域在阿伦特的理解中有着两个层次的含义。首先，公共领域意味着一种"显现"（appearance），显现是一种现象学用语，意味着事物被人自己和其他人所看到和听到，从而现实地存在（reality），从这种"回到事物本身"的思维模式可以看出海德格尔对阿伦特思想的影响。经过显现的事物走出了被遮蔽的黑暗之处，被公共领域的光所照亮，孤立的经验得以交流和被感知。阿伦特和海德格尔的分歧就在这里，在海德

---

① 〔美〕汉娜·阿伦特：《责任与判断》，陈联营译，上海人民出版社，2011，第162页。

格尔看来"公众性的光把一切都弄得昏暗了"①，他与他人共在的世界是不真实的，无法作为解释的依据，现实被无名的、肤浅的公共世界的"闲谈"所遮蔽了。与之相反，阿伦特认为，这种遮蔽不是公共世界造成的，而是现代社会公共领域的失落造成的。当然，不是任何事物都与公共领域相关，那些无法经受公共领域所带来的喧闹和光芒的事物就不是公共领域所容许的。阿伦特以爱情来说明这个道理——"爱情一旦公开展示，就被扼杀或者变得黯然失色了"，爱情因为其具有的非世界性属性"如果被用于政治目的，例如用于改变或拯救世界，就变成虚假的或扭曲的了"。②

其次，公共领域意味着人们在"共同世界"（common world）中的存在。这里有必要对阿伦特经常使用的概念做一个简要区分：在阿伦特的语境中，地球一词意味着未经人类改造的自然世界；而阿伦特一旦单独使用世界这个词语，则意味着人类创造出来的事物所形成的一个事物世界（a world of things）。这个事物世界"仿佛一张桌子置于围桌而坐的人们之间"③，使人们相互联系的同时又彼此区分。共同世界赋予了公共领域一种类似永恒性的特点，相比生命短暂的人，它是一个更为持久的存在。

> 共同世界是一个我们出生时进入、死亡时离开的地方，它超出我们的生命时间，同时向过去和未来开放；它是在我们来之前就在那儿，在我们短暂停留之后还继续存在下去的地方。它是我们不仅与我们一起生活的人共同拥有，而且也与我们的前人和后代共同拥有的东西。④

任何一种政治哲学，倘若不存在一种超越的维度，就不能称之为政治哲学，柏拉图的理想国，奥古斯丁的上帝之城，再到马克思"一个没有上帝的上帝之国"（洛维特语），概莫如此。正是这种共同世界，为阿伦特的政治哲学提供了这个维度。

---

① 〔美〕汉娜·阿伦特：《黑暗时代的人们》，王凌云译，江苏教育出版社，2006，作者序，第3页。
② 〔美〕汉娜·阿伦特：《人的境况》，王寅丽译，上海人民出版社，2009，第33～34页。
③ 〔美〕汉娜·阿伦特：《人的境况》，王寅丽译，上海人民出版社，2009，第34页。
④ 〔美〕汉娜·阿伦特：《人的境况》，王寅丽译，上海人民出版社，2009，第36页。

2. 追忆城邦

阿伦特在阐述公共领域时用了大量笔墨来描写希腊城邦生活，颇有复活城邦的色彩，以至于被 Noel O'Sullivan 揶揄为"希腊的乡愁"[1]。这个爱琴海旁的半岛所产生的学说奠定了整个西方文明的基础，影响了人类历史进程。每当现代的思想家遇到困境时，希腊的遗产总能提供一个解决之道，以至于"人们常会感到，不管我们如何摸索着前进，我们总也离不开希腊人的经验所提供的几种有限的选择"[2]。通过法设定界限，将暴力的手段排除出去，城邦的生活便开始了，城邦和家庭的区别就在于唯有城邦是平等的空间。只有行动（praxis）和言说（lexis）这两种活动构成了城邦的政治生活，[3] 暴力或强力是一种前政治的手段，用强力迫使人去进行某种行为，是家庭的私人领域的生活方式，处在这种强制支配下的人也就没有平等可言。希腊人高度重视言说这一手段，把人理解为"能言说的存在"，把言说看成是一种技艺。这一点在赫拉克利特对逻各斯（logos）的阐述、智者派的辩论技巧、苏格拉底的"助产术"和亚里士多德《修辞学》那里都有深刻的体现。通过自己与他人之间的交谈、倾听和观看，单一的经验得以交流，事物得以"显现"。而通过行动来使自己能够被看到，进而成为某种不朽的存在更是希腊人所梦寐以求的。[4]通过城邦所构建的共同体也为人们短暂的生命提供了一个共同世界，使得个人的言行能够不朽。阿伦特对城邦的追忆，并不是为了复活城邦，而是为了唤起一种失落已久的政治经验——城邦中的平等与现代的平等不同，平等意味着生活在"同侪"之中，并且自身得以显现。

---

[1] Noel O'Sullivan, *Hannah Arendt*, "Hellenic Nostalgia and Industrial Society", Anthony de Crepigny and Kenneth Minogue, *Contemporary Political Philosophers* (Methuen Publishing Ltd, 1976), pp. 228 – 251.

[2] 〔美〕肯尼斯·米诺格：《当代学术入门：政治学》，龚人译，辽宁教育出版社、牛津大学出版社，1998，第17页。

[3] 〔美〕汉娜·阿伦特：《人的境况》，王寅丽译，上海人民出版社，2009，第16页；〔古希腊〕亚里士多德：《尼各马可伦理学》，廖申白译注，商务印书馆，2003，第5～9页。

[4] 有必要指出的是，希腊人的言说和行动是统一的，而非分离的，正如修昔底德所言："我们雅典人自己决定我们的政策，或者把决议提交适当的讨论；因为我们认为言论和行动间是没有矛盾的；最坏的是没有适当地讨论其后果，就冒失开始行动，这一点又是我们和其他人民不同的地方。"参见〔古希腊〕修昔底德《伯罗奔尼撒战争史》，谢德风译，商务印书馆，1985，第132页。

3. 复数性

复数性（plurality）意味着"不是单个的人，而是人们，生活在地球和栖息于世界"①。阿伦特谈论的复数性有三个层面上的意义。

首先，复数性是一个基本事实，比如不同的人种、不同的文化。这一点是复数性最为一般的含义。

其次，复数性是人生存的条件。对复数性的否定就是对人性的否定，复数性使人分属于不同的团体、种族和国家，使得人们可以有不同的个性。不从属于任何组织的个体的权利是无法得到保障的。这正反映了阿伦特对自由主义的质疑：自由主义者总是高声宣称人权是不可分离的，是不可剥夺的，但是这无法挽回无国籍的犹太人沦为被屠杀对象的命运，成为戈培尔宣称的"人类渣滓"②。阿伦特的切身经历更提供了无可辩驳的证明：1940年5月，在法国当局的命令下，阿伦特被送往比利牛斯山下的古尔（Gurs）收容所，到达收容所几个星期以后，德军占领巴黎，阿伦特侥幸在法国投降的混乱中被释放。而不如阿伦特幸运的人，最后被纳粹帝国送进了奥斯威辛集中营。③ 没有政治共同体保障的人权是空洞的。极权主义视自己为真理的化身，把所有人如同一个人一样组织起来，抹去了区别，以恐怖来推进统一和均质化，身处其中的人自然没有平等可言。

最后，复数性是公共领域的形成条件。只有一个人，就不会有任何政治的问题，鲁滨孙是在发现了沙滩上的脚印以后才变得惊恐万分。④ 作为政治的两大内容——言说和行动需要多样性的个体。倘若只存在一种单一化的个体经验，那么言说和行动便是不必要的了，即便交流这种经验，也只是一种单纯的复制行为，无法改变经验本身的单一性。复数性保障了显现的意义，取消复数性意味着取消公共空间本身，"当共同世界只在一个立场上被观看，只被允许从一个角度上显现自身时，它的终结

① 〔美〕汉娜·阿伦特：《人的境况》，王寅丽译，上海人民出版社，2009，第2页。
② 〔美〕汉娜·阿伦特：《极权主义的起源》，林骧华译，生活·读书·新知三联书店，2008，第382~396页。
③ 〔美〕伊丽莎白·扬-布鲁尔：《爱这个世界：阿伦特传》，孙传钊译，江苏人民出版社，2012，第168~171页。
④ 李猛：《自然社会：自然法与现代道德世界的形成》，生活·读书·新知三联书店，2015，第18页。

就来临了"①。这里我们也发现了以赛亚·伯林和阿伦特二人观点的一致之处，尽管伯林曾对阿伦特恶语相加，称其思想既荒谬又乱七八糟，②但他同样认为：政治哲学以一个目的相互碰撞的世界的存在为基本前提。在受单一目标支配的社会里，只会有技术问题，不会有政治问题，因为那里根本就没有政治。③

阿伦特强调的复数性反映了她对以柏拉图为代表的一种思想传统的批判。自柏拉图以来，西方政治哲学一直试图寻找一种一劳永逸的办法，用某种单一的理念或者指导思想来规制一切。这自然是对以复数性为基础的公共领域的平等的彻底毁灭。苏格拉底之死让柏拉图不再对城邦生活抱有希望，更让他对苏格拉底所采用的启发式的发问方法产生了怀疑，而这种方法本质上是一种"平等的意见交换，其成果不能用结果、达成这样或者那样的普遍真理来衡量"④。柏拉图作出了"理念世界"和"可感世界"的划分，并认为理念是一种客观的和放之四海而皆可用的标准。为了证明哲学家为王的合法性，柏拉图在《理想国》中提出了著名的"洞穴喻"。走出洞穴进而洞悉理念世界并掌握真理（aletheia）的哲人和在洞穴可感世界中持有意见（doxa）的"囚徒"之间的对立紧张关系被塑造起来了——显然，掌握真理的哲学家应当为王。通过对真理的赞扬，柏拉图发现了一种不采取暴力手段即可让共同体内的多数人服从少数人的一种权威体系。这种对意见的贬低无疑开启了对人的复数性之否定，阿伦特进而评价道："把意见（doxa）看做单纯的不负责任的，从而他是蔑视大众的……他确信所有的活动都是无效的，因此所有的变化只可能带来更坏的结果。"⑤在柏拉图的理想国中，自然会有一部分人处于支配的地位，进而在平等的同侪之中产生不平等，"凡人一律平等，但是有些

① 〔美〕汉娜·阿伦特：《人的境况》，王寅丽译，上海人民出版社，2009，第39页。

② 〔伊朗〕拉明·贾汉贝格鲁：《伯林谈话录》，杨祯钦译，译林出版社，2002，第76～77页。

③ Peter Laslett and W. G. Runciman, *Philosophy*, *Politics and Society* (Basil Blackwell, 1962), p. 8.

④ Hannah Arendt, "Philosophy and Politics", *Social Research* 57, 1 (1990): 81.

⑤ 〔美〕汉娜·阿伦特：《马克思与西方政治思想传统》，孙传钊译，江苏人民出版社，2008，第77页。

人比别的人更加平等"① 的情况便无法避免了。尽管如此，这种解决方案实在太有诱惑力，以至于不少思想家前赴后继地寻找绝对尺度。

4. 公共领域的平等

处在同侪中间的平等构成了一种最基本的政治经验。在阿伦特看来，对平等的爱是共和主义的德行，是一种对"支配这种公共生活的德行，为在世界中不是孤独的个人而感到喜悦，因为只有持有同等能力的人在一起的时候，人才不会陷于孤立"②。这种平等首先同人在上帝面前的平等不同，因为阿伦特的平等离不开政治，而基督教体现的是一种"出世"或者说是"非世界性"（worldlessness），基督教的平等源于一种濒死的体验，在上帝面前我们都面临固有的原罪，处处都弥漫着同一性。生与死的体验发生在绝对的孤独之中，没有交流，更谈不上联合的共同体。③ 阿伦特认为，基督教对共同世界没有什么兴趣，它仅仅是通过"博爱"这一纽带将人们联系起来，而这无法建立一种公共领域。基督教通过对彼岸世界的关切而把信徒结成一个联合的组织，进而"带领一群本质上无世界的人，一群圣徒或者一群罪人穿越此世"④，既然这个世界在基督教看来是注定要毁灭的，人类的活动自然也就不值得那么用心关注。

这种平等也同近代的自然平等没有什么类似之处，甚至我们可以说，这两者完全相反。因为这种共和主义的观点认为自然中的人是不平等的，但是可以在人为的共同世界和法律构建中获得平等。也就是说，平等如同权利一样，并不是一种自然拥有之物或者天赋之物，只有在一定的政治制度建立以后才有可能存在。《独立宣言》虽然称"人人生而平等"，但前面却又加上了"我们认为这些真理是不言而喻的"。这其实道出了一个事实，即独立宣言的起草者们隐约认识到了人人生而平等并不像几何学定理那样具有不言自明的不可抗拒的力量。"我们认为……是……"表明了人人平等也是建立在一种同意之上的。由此，我们便不难理解为何阿伦特对古希腊城邦如此着迷。"相反是因为人天生是不平等的，需要一种人

---

① "凡动物一律平等/但是有些动物比别的动物更加平等。"〔英〕乔治·奥威尔：《动物农场》，荣如德译，上海译文出版社，2010，第128页。

② 〔美〕汉娜·阿伦特：《马克思与西方政治思想传统》，孙传钊译，江苏人民出版社，2008，第143页。

③ 〔美〕汉娜·阿伦特：《人的境况》，王寅丽译，上海人民出版社，2009，第168页。

④ 〔美〕汉娜·阿伦特：《人的境况》，王寅丽译，上海人民出版社，2009，第35页。

为的制度，即城邦，通过它的约定使他们平等。"[1] 与阿伦特的理解不同，近代的思想家们往往持有自然平等的观念，尤其是霍布斯。在奥克肖特（Michael Oakeshott）看来，霍布斯虽然不是一个自由主义者，但其思想却比一般意义的自由主义者显得更有自由主义的特点。[2] 霍布斯对平等的描述尤其特别：

> 自然使人在身心两方面的能力都十分相等，以致有时某人的体力虽则显然比另一人强，或是脑力比另一人敏捷；但这一切总加在一起，也不会使人与人之间的差别大到使这人能要求获得人家不能像他一样要求的任何利益，因为就体力而论，最弱的人运用密谋或者与其他处在同一种危险下的人联合起来，就能具有足够的力量来杀死最强的人。[3]

霍布斯将平等理解为"每一个人都能够杀死另一个人"的平等，一旦人们试图获得同一个东西而又不能同时享用，就试图将对方消灭。既然人人都具有如此相等的扼杀能力，那么这种紧张的状态必然是一切人对一切人的战争状态。在这种恐怖的自然状态下，人们处于暴死的恐惧之中，为了摆脱死亡，一个能够使所有人都慑服的权力的存在即利维坦便是必需的了。平等的人在这里降格成了庞大权力机器中的渺小部件，人存在的价值要靠为这部机器的崇高目的来提供服务以获得体现。[4] 霍布斯的论证虽然有着几何学一般的精致和严密，但这种平等并不是阿伦特所称赞的平等，霍布斯的平等将人都置于不安全的境地，一旦失去对权力的控制，人们就又获得了杀人的能力。这种处境下的人，与其说是平等的人，倒不如说是一种处在必然性支配下的兽类。在政治共同体的层面，境况则更加严峻，"在国土边境上筑碉堡、派边防部队并架设枪炮"[5]，这种状态向每一个人提供的只有胜利，或者死亡。最后，利维坦这个巨兽

---

① 〔美〕汉娜·阿伦特：《论革命》，陈周旺译，译林出版社，2011，第19～20页。

② Michael Oakeshott, *Hobbes on Civil Association* (Liberty Fund, 2000), p. 67.

③ 〔英〕霍布斯：《利维坦》，黎思复、黎延弼译，商务印书馆，1963，第92页。

④ 〔美〕汉娜·阿伦特：《极权主义的起源》，林骧华译，生活·读书·新知三联书店，2008，第211页。

⑤ 〔英〕霍布斯：《利维坦》，黎思复、黎延弼译，商务印书馆，1963，第97页。

成了毁灭的化身，它无休止地吞噬一切，将整个地球都纳入它的暴政之中，"假如最后胜利的共同政治实体不能开始'并否其他星球'，它就只能开始摧毁自身"①。这种悲剧的结局对以保存生命为目的的利维坦而言，实为莫大之讽刺。

（二）强制性的空间——私人领域

与公共领域相对的是私人领域。在阐明私人领域这一概念时，阿伦特再一次回到了希腊城邦那里。按照希腊思想，私人生活和公共生活之间有明确的区分。对应私人领域的是以家庭为中心的自然联合，对应公共领域的则是城邦这个由人结成的政治组织。家庭的联合源于人们的自然需求，目的是维系人的生存，因此处处受到自然强制的支配。其中，家长的权力甚至比任何暴君的权力都更为强大和完美，家庭因而被认为是严格的不平等场所。在这个领域中也不可能有自由，因为，在阿伦特看来："平等（不像现代那样与正义相关）正是自由的本质：成为自由的意味着摆脱统治者关系上的不平等，进入一个既没有统治也没有被统治的空间。"②

需要指出的是：古代人的私人领域和现代人的私人领域是极为不同的。首先，在古代人看来，如果一个人只过着一种纯粹的私人生活，完全不涉及公共领域，那么，这种既无法显现自己，又无法进入共同世界的人就缺少了一种最属于人的东西，不再是完整意义上的一个人。这种状态下的人仿若无物，对他人没有任何影响或者意义。正如伯利克里所认为的那样，一个不关心政治的人，我们不说他是一个只注重自己事务的人，而说他根本没有事务。但是，现代人不再缺失私人生活，这是因为社会的发展将本属于公共领域的空间压缩了，私人领域和公共领域不再是一种对立关系，私人领域转而成了社会的对立面。其次，在古代人的私人领域中，家庭占有极其重要的位置。古代人的私人领域是以家庭为单位的存在，而现代人的私人领域则是纯粹的孤独的个体。这一点在某种程度上也同梅因的理论相契合："原始时代的社会并不是像现在所设

---

① 〔美〕汉娜·阿伦特：《极权主义的起源》，林骧华译，生活·读书·新知三联书店，2014，第211页。

② 〔美〕汉娜·阿伦特：《人的境况》，王寅丽译，上海人民出版社，2009，第20页。

想的，是一个个人的集合，在事实上，并且根据生成它的人们的看法，它是一个许多家庭的集合体。"① 现代大众孤独的根源正是这种原子式个体。现代人生活的社会一方面是无世界的，另一方面又是游牧式的。面对这种情况，阿伦特悲愤地指出："大众社会不仅破坏了公共领域，而且破坏了私人领域，不仅剥夺了人在世界中的位置，而且剥夺了他们私人的家庭。"② 私人领域或许不如公共领域那样令人瞩目，却必不可少，它为人提供了一个基本的生存空间，为人们进入公共领域奠定了一个基础，而在这两者的界限之间的，则是护卫城邦的"木墙"③ ——法律。只有神才可能单独存在于公共领域，只存在于私人领域的不过是局限在身体自然需求之下的兽类。

（三）家政的扩张——社会领域

阿伦特的社会概念十分复杂，阿伦特思想最权威的诠释者玛格丽特·卡诺凡就认为读者很难清晰地理解阿伦特的社会概念，这在很大程度上是因为阿伦特在多个层面上使用社会这个词语。

首先，一般地讲，社会是一组由共享相同的文化理念的人组成的，他们占据了某种特定领域，并组成了一个独特的与众不同的存在实体。④ 犹太人社会、上流社会中的社会都是在这个意义上使用的。其次，社会是与国家相对的领域，这个意义上的社会最典型的就是黑格尔《法哲学原理》中的市民社会，这个市民社会是相对于政治国家而言的，是各个成员作为独立的单个人的联合。这个层次也是在现代社会学、法学领域最经常使用的社会概念。阿伦特很少在这个层面上使用"社会"，但那种演进的方式被阿伦特采纳，就像思想家们认为的那样，国家不是一开始就存在的，而是在近代欧洲寻找国家的历程中缓慢塑造起来的。社会也是一样，一开始并不存在，只是在家政（oikia）被从私人领域释放出来以后，才开始形成的。在古希腊城邦，私人领域和公共领域之间有着明

---

① 〔英〕梅因：《古代法》，沈景一译，商务印书馆，1959，第83页。
② 〔美〕汉娜·阿伦特：《人的境况》，王寅丽译，上海人民出版社，2009，第39页。
③ 木墙（wooden wall），源于第一次波希战争中对雅典海军的称谓。而法律，正像护卫雅典的木质战舰一样护卫着城邦。参见 John R. Hale, *Lords of the Sea: The Epic Story of the Athenian Navy and the Birth of Democracy*（Penguin，2009），pp. 37 - 38。
④ *Oxford Dictionary of Sociology*（Oxford University Press，2003），p. 153.

确的界限，公共领域并不关涉人的自然性需要问题，正如柏拉图强调的那样，市场、赋税征收这些经济问题不是立法者应当关注的，永无止境地制定和修改这些法律，就好比"纵欲过度而成痼疾的人不愿抛弃对健康不利的生活制度一样"①。在罗马帝国灭亡之后，公民变成了信徒，公共领域被置换成宗教领域，所有的世俗活动都贬低了，人类的事务都被压缩到了私人领域。伴随着15～17世纪新航路的开辟，贸易活动的繁荣，这些经济上的变化推动了社会从身份到契约的转变，人从家庭的范围进入市场的范围。资产阶级的出现影响了政府的决策，从而将国家关注的焦点转移到经济活动上来，满足物质上的需求成为首要目标。随后的历次社会运动、重商主义、苏格兰启蒙运动、工业革命，都极大地强化了经济的重要地位。政治成为经济的仆人，政治的关键就是促进经济发展，经济发展反过来又为所谓的政治合法性提供证明。古老的界限被彻底摧毁了，社会领域吞没了一切。

如果说阿伦特提到的前两个层面的社会是中性的或者略带一些褒义的领域，那么，阿伦特多数时候提到的社会领域则完全是贬义的。在她看来，"社会（society）——家务管理及其活动、问题和组织化设计，被从遮蔽的家庭内部浮现出来，进入公共领域的光天化日之下"②，过去的家政现在成为经济，并构成了现代的社会。在社会中，顺从主义和个人主义占据了主导地位，欲望和需要成为人们结合在一起的原因。从经济层面上讲，过去只存在于私人领域的经济活动现在成为人们考虑的头等大事，经济成为政治活动的中心议题，正如卢梭所言："古代政客们无休无止地谈论的是风尚和德性；今天的政客们除了贸易和钱，什么都不谈。"③ 当社会将所有人类活动都降低到提供维持生命的必需品或者制造物质财富这个层面上之后，公共领域就无可避免地衰落了。由此，我们便不难理解阿伦特为何每次论及社会就如临大敌。平等的人异化成平等的商品，在所谓平等的市场之中，人不是作为人存在，而是作为商品或

---

① 〔古希腊〕柏拉图：《理想国》，郭斌和、张竹明译，商务印书馆，1986，第143页。
② 〔美〕汉娜·阿伦特：《人的境况》，王寅丽译，上海人民出版社，2009，第23～24页。
③ 〔美〕列奥·施特劳斯：《自然权利与历史》，彭刚译，生活·读书·新知三联书店，2006，第258页。

者交换价值存在，与其说人人平等，倒不如说人人都是奴隶。① 从文化层面上看，私人活动在社会中展开形成了大众文化，这种文化不再相信肉体的需要应该被隐匿，并将财富占有的多寡视为人类实现自身价值的标准而使人醉心于所谓的"成功人生"。欲望和满足之间无法平衡，引发了现代社会幸福的缺失，进一步加剧了人与人之间的不平等。

三　界限的消除

（一）私人领域的崩塌

如何理解社会对私人领域的破坏作用，就需要从阿伦特对财产独特的分析角度出发。阿伦特虽然认为现代经济扩张了"生命的节律"，日益加快的生产—消费循环极大地侵蚀了人类世界的稳固性，但她并未加入取消私有财产的大军中。阿伦特将财产视为私人领域的必不可少之物，而私人领域的存在保证了公共领域的可能性。在她看来，财产和财富是不同的，现代财富积累建立在对私人领域的财产的剥夺之上。私有财产一旦超越了工具性的范畴，具备了自主性，就会变成无限积累和扩大的财富，就如同马克思对资本的批判一样，这种财富会牺牲所有与其积累相冲突的财产。宗教改革对教会和寺庙财产的剥夺，资本主义发展对农民财产的剥夺，私有财产往往成为财富积累的障碍。② 正是在这个意义上，阿伦特颇为赞赏蒲鲁东"财产就是盗窃"这句名言（当然，蒲鲁东并没有像阿伦特那样将财产和财富这两个概念区分开来）。个人对财富的占有的渴望和社会的积累都对私人财产产生了威胁，因此，在阿伦特看来，排除私人所有根源于社会的本性中。而在财富成为公共领域的议题之后，情况就变得一发不可收拾，由私人财产筑成的城堡彻底坍塌了，它所形成的一个稳定的空间即私人领域也消失不见，迎面而来的，则是社会的巨浪。

---

① Hauke Brunkhorst, "Equality and elitism in Arendt", Dana Villa, *The Cambridge Companion to Hannah Arendt* (Cambridge：Cambridge University Press, 2000), p. 195.

② 〔美〕汉娜·阿伦特：《人的境况》，王寅丽译，上海人民出版社，2009，第 43 ~ 44 页。

（二）复数性的取消与公共领域的终结

复数性保障了公共领域的存在，也塑造了阿伦特的平等理念，即一种限于公共领域，通过显现来体现个体的理念，这种平等状态下的人，是有着鲜活个性的个体。伴随着社会的出现，自然的强制在人类活动的各个领域展开了。处在其中的人们现在处处受到必然性力量的支配，被拘禁在自身的需求之中，所有的人都被统一到了一个单一目标之下。社会所造就的平等，意味着人和人是相同的，人不再是复数性的人，而是一样的人。在柏拉图看来，人不过是诸神制造的木偶，人身体的内在状态就像牵引木偶的绳子或线，人被它们拉着活动，引向某些方向。① 我们惊讶地发现，其实现代的逻辑早在柏拉图那里就设定好了，后世的学者们只是在不停地将诸神这个幕后的主导置换成不同的概念，诸如自然、天命的平等、理性、民族精神等。其中，"看不见的手"尤其成功，以至于斯密颇为满意地认为："那就是一个欧洲的王子的食宿并不见得总是要大大地优越于一个勤劳而又节俭的农民的食宿；就好像一个勤劳而又节俭的欧洲农民的食宿要远优越于非洲的许多国王——上万赤身裸体的未开化的人的生命和自由的绝对主宰者的食宿一样。"② 而货币，更是作为解围之神（deus ex machina）被引入了，有了货币，人类活动所造就的纷繁复杂的产物都有了一个明确的和"客观"的尺度。由此建构出来的是由生产—消费循环所主宰的社会，过去存在于私人领域的东西现在被完全释放了。工具和机器的进步更是加快了这一循环的过程，以至于世界开始变得不稳定起来：

> 仿佛我们用力打开了保护世界和人造物品免受自然侵蚀的边界，把它们交付和遗弃给那些始终威胁着人类世界稳固性的东西，在自然中进行的生物过程以及围绕着它的自然循环过程。③

---

① 〔古希腊〕柏拉图：《柏拉图全集》（第3卷），王晓朝译，人民出版社，2003，第390~391页。

② 〔英〕亚当·斯密：《国富论——国民财富的性质和起因的研究》，谢祖钧、孟晋、盛之译，中南大学出版社，2003，第18页。

③ 〔美〕汉娜·阿伦特：《人的境况》，王寅丽译，上海人民出版社，2009，第91页。

　　把人类的命运交给由自然生长出来的强制性去主导，其结果显然是不乐观的，欧洲农民和非洲野蛮人的对比看起来似乎是在人间建立起了天堂，"结果不过是把地狱延伸到了人间"①。不过，这里有必要指出的是，尽管阿伦特有将社会的逻辑结构同自由主义经济学的逻辑结构等同起来的嫌疑，②但家政也并非全然是一种恶，她并未像有些学者认为的那样对经济持否定态度。在《论革命》中，阿伦特认为美国革命能够成功的优势就在于美国的场景中没有匮乏。在阿伦特看来，得益于现代自然科学和技术手段的发展，现代人面对的不是匮乏，而是技术所带来的过于丰富的问题，也就是说，过度的物质化成了严重问题。③经济问题可以靠科学和技术手段去解决，用政治的手段去解决这些问题不仅"老掉牙"，更是无用和危险的。这就是阿伦特在《论革命》中一再强调的，运用政治手段去解决社会问题的每一次尝试都会导致恐怖，而且正是恐怖把革命送上了绝路。④正是在这个意义上，阿伦特认为政治无须考虑经济问题，而经济因素也不再影响政治的发展。对于公共领域之外的经济活动，阿伦特还是持默许的态度。只有当家政被从私人领域释放出来，侵占公共领域并模糊了不同领域之间的分界线进而对人产生压制作用之时，阿伦特才开始对其进行批判。因此，对社会的批判并不代表阿伦特对人的物质需求毫不关注。强调政治平等，正是为了唤醒在物质追求和技术压制下自以为平等而实际上变得同质化的人们。

　　在对家政—经济的批判之后，阿伦特将矛头指向了其他社会科学。经济学之所以能显得科学化，就在于经济反映了自然的强制，而社会科学也试图效仿。在阿伦特看来，数学方法是一种来源于自然的最完美的强制性力量，正如格劳秀斯（Hugo Grotius）所言，上帝也不能使二乘以二不等于四。这种方法进入社会科学领域就产生了统计学。而作为现代社会科学的主要手段，统计学总是试图将人类行为"规范化"，超出一般情况的行为被解释成一种偏差或者波动，甚至定义为反社会。⑤这一点在

---

①　Michael Oakeshott, *On History and Other Essays* (Liberty Fund, 1999), p. 194.

②　〔英〕玛格丽特·卡诺凡:《阿伦特政治思想再释》，陈高华译，人民出版社，2012，第123页。

③　Hannah Arendt, "The Cold War and the West", *Partisan Review* 29, 1 (1962): 17–18.

④　〔美〕汉娜·阿伦特:《论革命》，陈周旺译，译林出版社，2011，第96页。

⑤　〔美〕汉娜·阿伦特:《人的境况》，王寅丽译，上海人民出版社，2009，第27页。

卓别林主演的无声电影《摩登时代》中亦有戏剧化的体现：工厂的数百名工人行动整齐划一，就如同一个人在行为，一旦出现了不同的行为，就被视为异类，甚至是有反社会倾向的危险分子，而这种"有效的方法"也在不断扩展。在法社会学学者涂尔干那里，统计方法被大量地采用，《自杀论》以无可挑剔的严谨态度考证了自杀问题，引用了大量的统计数据，这些数据包括每个月和每一周各天自杀的人数，甚至精确到每一天的早晨、上午、中午、下午、傍晚和夜间的自杀人数。通过对大量数据进行归纳分析，涂尔干作出了自杀的社会类型的病因学和形态学分类，进而提出了控制自杀的方案。对于涂尔干的这种尝试，雷蒙·阿隆（Raymond Aron）就曾评价道："涂尔干所做的解释和所用的词语，其风险在于把社会因素改头换面变成一种超个人的力量（即变成一个人在人群中挑选受害者的新的莫洛克①）。"② 而到了经济分析法学那里，这种倾向就变得更为明显。通过将经济人（或理性人）这一形象引入法律之中，该学科试图说明经济的思考总是在司法裁决过程中起着重要的作用，人们总是倾向于用最小的资源耗费来达到最大预期的目标。如在对诉讼制度的考察中，波斯纳就明确地认为："从经济学的角度看，诉讼制度的目的就是要使两类成本之和最小化。"③ 这两种成本就是错误的司法判决的成本和诉讼制度的运行成本。在法社会学、经济分析法学编织出来的人类行为模式之中，我们仿佛又回到了霍布斯那里。人类所有的感情和行为都可以分解某些最基本的运动，受到基本规律支配的人如同一个钟表，人类行为的奥秘就隐藏在那些摆轮和游丝的组合中，发现这些不同部件组合在一起运动的规律就发现了人类行为的规律。而这种实证主义的社会科学，就像马尔库塞（Herbert Marcuse）批判的那样，"既肤浅，又无批判精神，它的肤浅还是因为它没有批判精神。因此，它的作用就是为一个压迫性的社会提供意识形态的支持"④。19 世纪时曾有一个关于笛卡

---

① 莫洛克（Moloch），古代腓尼基人所信奉的火神，以儿童作为献祭品。

② 〔法〕雷蒙·阿隆：《社会学主要思潮》，葛智强、胡秉诚、王沪宁译，上海译文出版社，2013，第 323 页。

③ 〔美〕理查德·A. 波斯纳：《法律的经济分析》，蒋兆康译，中国大百科全书出版社，1997，第 717 页。

④ 〔英〕迈克尔·H. 莱斯诺夫：《二十世纪的政治哲学家》，冯克利译，商务印书馆，2001，第 58 页。

儿的传说：这位沉迷于机械论的哲学家在晚年出于对他女儿的思念，做了一个和自己女儿法兰西妮长得一模一样的机器娃娃，据说这个机器娃娃和真人令人无法区别，形态举止无不和法兰西妮一样。① 今天的我们，似乎又离这个传说更近了一步。

更为严峻的是，伴随着社会的发展，政治也逐渐异化了。政治不再是平等的公民言说与行动的空间，而成为支配和被支配的场所。"而支配就是某项包含了某项特定明确内容的命令将会得到某个特定群体服从的概率。"② 这种服从显然为阿伦特所拒绝。当经济渗透到政治之中，一种技术化的行政管理便出现了。这种技术性的政治有着几个突出的特点。第一，政治以经济的增长来为其合法性做论证。今天的政治关注的是物质的丰富、市场的繁荣这些所谓的"客观的标准"，而非美德、正义这些元素。第二，政治的构成也发生了变化，如权力、权威这些概念开始被强制、暴力这些元素所贯穿，而这些元素在古希腊人看来正是前政治的。第三，平等的公民转化成了政治运行的零部件。韦伯在这里有同阿伦特在《极权主义的起源》中类似的论述：尽管官僚机器从技术和物质的角度看起来无与伦比，但是"把自己整合到这部机器上的人，都会变成机器上的一颗小小螺丝钉，就像在大型工业企业中的情况那样，他越来越习惯于当一颗螺丝钉的感觉"③。

随着这种种的"进步"，社会科学领域的学者们正日益陷入一种"加入高贵星辰行列"的狂喜中而不能自拔。④ 创造未来、改变世界成了高度自信的人们的一种日常性用语，以至于人们认为可以像解释自然现象一样解释人。如此，复数性的毁灭便是不可避免的了。公共领域的平等现在蜕变成了社会领域中的同质化。在社会的规范化手段和技术政治的共

① 孙卫民：《笛卡尔：近代哲学之父》，九州出版社，2013，第 226 页。
② 〔德〕马克斯·韦伯：《经济与社会》（第二卷），阎克文译，上海人民出版社，2010，第 147 页。
③ 〔德〕玛丽安妮·韦伯：《马克斯·韦伯传》，阎克文、王利平、姚中秋译，江苏人民出版社，2002，第 471 页。
④ 在《人的境况》前言中，阿伦特认为，人造卫星作为自然科学的成就，像星辰一样运行，意味着人造的事物终于获得了一定的永恒性。这种永恒性正是希腊人所梦寐以求的，宇宙的或者说自然的事物的存在与人类创造出来的人类事物之间的区别在亚里士多德看来，不在于后者不如前者那样伟大，而在于人类的事物不是永恒的。而社会科学也希望能确立某些永恒的规则。

同作用下，人仿佛成了流水线上的原料，经过一系列工艺加工之后成为一个个无差别的人。而这些相同的人，"整天为了追逐他们心中所想的小小的庸俗享乐而奔波。他们每个人都离群索居，对他人的命运漠不关心……每个人都独自生存，并且只是为了自己而生存"①。

四　重建平等

阿伦特所追求的平等随着社会领域的兴起和公共空间的衰落变得难以存在，那种在复数性人之间的平等体验在家政式的社会和技术化政治的共同作用之下成了同质化的平等。既然复数性的平等局限于公共领域，那么复兴公共领域就变成了重建平等的自然要求。尽管阿伦特是一个擅于诊断而非建构的学者，但她也做出了虽说不完美却极有启发性的努力。

（一）对代议制的批判

虽然阿伦特并不赞成对她的思想进行归类，②但我们仍然可以较为合理地将其归入古典共和主义的谱系。这条由亚里士多德开启的，包括西塞罗、马基雅维利、哈林顿、孟德斯鸠和卢梭等人的传统十分看重公民、美德和政治平等这些理念。阿伦特也追随亚里士多德，将公共领域视为平等的公民进行言说和行动的空间，并且认为只有在公共领域中，人和人之间才是平等的。通过平等地参与政治生活，公民的意见得以展示，个性也得以塑造，从而，不是相同的人而是不同的人之间存在着平等。这一点我们亦可以通过托克维尔对美国民主制度的观察得到相似的结论。托克维尔认为，要想解决社会的平等观念（即阿伦特所强调的同质化）导致人们过分爱好一般观念这个问题，就需要"强迫每一个公民实际参加政府管理工作的民主制度"。③可见，参与到公共领域中去才能避免公共领域的平等沦为社会的同质化，但是代议制民主的"参与性"却因为政党政治和官僚制度日渐退化，这就导致了这一制度无力解决同质化问

---

① 〔法〕托克维尔：《论美国的民主》（下卷），董果良译，商务印书馆，1989，第946页。
② Richard J. Bernstein, *Hannah Arendt and the Jewish Question* (MIT Press, 1996), p. 3.
③ 〔法〕托克维尔：《论美国的民主》（下卷），董果良译，商务印书馆，1989，第587页。

题。甚至产生了一些离奇的现象："一些只凭常识就可以处理的小事，它却认为公民没有能力办理，而要亲自承揽起来；但是在事关全国的政务问题时，它又赋予公民以无限特权。"①

1. 政党制度的弊病

阿伦特对政党的态度经历了一个转变，在其成名作《极权主义的起源》一书中，她认为英伦三岛的两党制相比欧洲大陆的多党制更为可取。② 原因可以作如下概括。在两种制度下，政党在政体内起的作用是不同的。英伦的两党制度下，执政党的政策受到明日的统治者即反对党的限制，从而避免了一党独裁的可能性。而欧陆的多党制下，每一个党都是整体的一部分，国家超然于政党之上。要么一党独大造成独裁统治，要么多党组成执政联盟，但联盟内的斗争导致各党派懦弱无能，权力无法良好行使。欧陆的多党制引发了民族主义的兴起并进一步地促使民族主义走向极端。因为多党制的每个党派都是某种特定利益的代表，都倾向于保护自己的利益而非关心公共事务。这样，大众利益"只能依靠来自上面的力量"，为了唤起私人的"慷慨牺牲"就只能依赖民族主义所带来的激情。③ 因此，一个宣称自己超越党派利益纠葛的集团就更能赢得大众的青睐，但实际上的结果却是让这个群体成为国家的控制者。这一点正通过法西斯的上台得到了最好的诠释：纳粹党将所有政府位置都置换上了自己的成员，最终将自己和国家的结构完全结合起来。

《极权主义的起源》撰写于1945年至1949年，阿伦特关注的是欧洲大陆的黑暗时代。而到了"种下恶根"（威廉·曼彻斯特语）的20世纪50年代至60年代，美国社会的动荡不安、麦卡锡主义的爆发和民权运动的风起云涌使得阿伦特对政党的态度发生了转变。在完成于1961年底的《论革命》那里，"两党制最大的成就也就是使被统治者对统治者形成某种控制，但它绝没有让公民成为公共事务的'参与者'"。④ 政党醉心于

---

① 〔法〕托克维尔：《论美国的民主》（下卷），董果良译，商务印书馆，1989，第949页。

② 〔美〕汉娜·阿伦特：《极权主义的起源》，林骧华译，生活·读书·新知三联书店，2008，第339页。

③ 〔美〕汉娜·阿伦特：《极权主义的起源》，林骧华译，生活·读书·新知三联书店，2008，第339页。

④ 〔美〕汉娜·阿伦特：《论革命》，陈周旺译，译林出版社，2011，第252页。

研究如何操控人，政治在他们的眼中成了一半是制造形象，另一半是让人们相信这一形象的艺术。公民仅是被代表者而非公共事务的参与者，这种情况下根本没有意见（doxa）可言，被代表者手中仅仅剩下了投票的权利。如何行使这种权利是纯粹的私人事务，我们无须对他人解释，他人更无权评断。正如 Benjamin R. Barber 所批评的那样，投票更像是在使用公共厕所，人们排成长列，为的是将我们自己关在一个可以独自一人私密地释放自身负担的小隔间里，按一下按钮，然后就可以让位于后面的人，最后默默地回家。[①] 选票成了维护私人利益的工具，最大的作用就是换取政客在竞选时承诺（这种承诺往往无法实现）的回报，整个制度就建立在这种腐败的诱惑之上。既然党派只不过是用来控制人的工具，那么两党制和多党制就没有什么区别，这两种体系中都没有公共空间中的平等可言。

2. 恐怖的无人统治

如果说阿伦特在政党问题上有一些犹豫的话，那么她对官僚体系的批评就显得十分彻底。在《人的境况》中，她将官僚制定义为无人统治（no-man rule），在这种体系中，没有任何人可以被认为是负责任的，无论是一个人还是最优秀的人，没有人可能被要求对所发生的事情做出回应。在某些情形下，它是最残酷最专制的形式之一。[②] 在如何理解官僚制的问题上，韦伯可以说做出了非凡的贡献。从促成无人统治的角度上，官僚制有以下特点。

第一，官僚制具有超然性。在现代社会，政治官员不再是统治者的私人仆从而是一份职业，官僚所服从的权威（上司）本身就是一种非人格化的秩序。在这种秩序下，既没有狂热的激情，也没有爱和恨，个人性的东西被严格地剥离了。所有的活动都围绕着一个"非个人的功能性目标"而展开，人的复数性被彻底否定。官僚制的这种特性使其超然于意识形态之上，甚至超然于区分敌我的政治（施米特语）之上，进而导

[①] Benjamin R. Barber, *Strong Democracy*: *Participatory Politics for a New Age* (University of California Press, 2003), p. 188.

[②] 参见〔美〕汉娜·阿伦特《人的境况》，王寅丽译，上海人民出版社，2009，第 25 ~ 26 页；〔美〕汉娜·阿伦特《共和的危机》，郑辟瑞译，上海人民出版社，2013，第 103 页。

致了一种颇为戏剧化的现象："一个理性安顿下来的官员群体，即使在敌人占领了本国领土之后也会继续平稳地发挥功能。"① 这种超然性若进一步发展，就会产生极其疯狂的行为。从这个角度，我们便不难理解为何在艾希曼看来，把犹太人送往集中营只不过是他的工作，自己只是在兢兢业业地履行职责。以至于在他看来以色列的审判不是伸张正义，而是一场满足报复欲望的表演。②

第二，官僚制与经济的要求高度契合。官僚制是阿伦特式社会发展的产物，过去存在于私人领域的家政现在大范围地扩展开来。官僚制为经济的运行提供了一个稳定且可预见的环境，是追求利润的最佳选择。而经济所提供的货币更为官僚制提供了理想的财政支持。③ 从而，官僚制成为"看不见的手"的忠实守卫者。

第三，技术性是官僚制的突出特点。现代社会的各个方面都极为复杂和专业，对其进行管理就需要专门的知识，现代的官僚正变得日益专业化。而这种所谓的专业化则为贬低意见提供了合法性基础。高度发达的官僚制度就犹如一部机器一样，精确而冷酷，人只能匍匐于这部机器前，任其碾压。

官僚制的超然性、经济化和技术性让其成为无人统治的制度，这种最为专制的制度和政党结合在一起，彻底地否定了人的复数性。高效并且"合法"地排除了意见的"干扰"，从而将平等变成了彻底的幻想，把人变成了受奴役的动物。托克维尔极有预见性地为我们展现了这幅恐怖的图景：

> 统治者这样把每个人一个一个地置于自己的权力之下，并按照自己的想法把他们塑造成型之后，便将手伸向全社会了。他用一张其中织有详尽的、细微的、全面的和划一的规则的密网盖住社会，最有独创精神和最有坚强意志的人也不能冲破这张网而成为出类拔

---

① 〔德〕马克斯·韦伯：《经济与社会》（第二卷），阎克文译，上海人民出版社，2010，第1128页。

② 〔美〕汉娜·阿伦特等：《〈耶路撒冷的艾希曼〉：伦理的现代困境》，吉林人民出版社，2011，第30页。

③ 〔德〕马克斯·韦伯：《经济与社会》（第一卷），阎克文译，上海人民出版社，2010，第331页。

萃的人物。他并不践踏人的意志，但他软化、驯服和指挥人的意志。他不强迫人行动，但不断妨碍人行动。他什么也不破坏，只是阻止新生事物。他不实行暴政，但限制和压制人，使人精神颓靡、意志消沉和麻木不仁，最后使全体人民变成一群胆小而会干活的牲畜，而政府则是牧人。①

（二）建立委员会制度的探讨

既然代议制民主成了一种有效的控制，那么统治者的腐败和被统治者的低能便是不可避免的了。更严重的是，一旦有一天人民对自己和自己的代表感到厌烦，他们要么发动革命，要么伏在一个独夫的脚下。② 为了清除代议制民主制度所带来的恶，寻找一种新的制度，构建公共空间以恢复平等就显得十分必要了。阿伦特的解决方案就是建立委员会制度（council system）。这一制度初看起来十分陌生，但阿伦特认为它的萌芽已经在历史中多次出现：普法战争中成立的巴黎公社、1905 年俄国动乱和 1917 年二月革命中的苏维埃委员会、一战德国战败后出现的工兵苏维埃和巴伐利亚共和国以及冷战时期的匈牙利事件中出现的席卷全国的各式委员会。③ 虽然这些委员会被政权的掌权者轻蔑地视为一种"罗曼蒂克式的渴望"，但一旦委员会成员有扩散的趋势，他们就会将其赶尽杀绝。这些组织向人们提供了能够参与进来进行讨论和行动的公共空间，而不是像政党那样把人变成了被操控的选民。

阿伦特关于委员会制度的设计很大程度上来自杰斐逊的设想。这位《独立宣言》的起草者在暮年提出了一种能够为合众国提供坚固基础的体系：将县细分为街区，创建一种"小共和国"，在这个小共和国中，每个人的呼声将会被平等、充分地表达和讨论。这样，每一个人都可以成为共同政府的一员，来亲身处理大量琐碎但又重要的权利和义务，而不是仅仅局限于选举日。而当每个公民都能够参加到治理国家的工作中时，他们就能够突破个人利益形成的束缚，进而放弃自己狭隘的观点。在这

---

① 〔法〕托克维尔：《论美国的民主》（下卷），董果良译，商务印书馆，1989，第 870 页。
② 〔法〕托克维尔：《论美国的民主》（下卷），董果良译，商务印书馆，1989，第 950 页。
③ 〔美〕汉娜·阿伦特：《论革命》，陈周旺译，译林出版社，2011，第 246 页。

些小共和国基础上，又可以建立起大共和国，最终，街区、县、州各级能够组成一个均衡的体系。杰斐逊认为，这种设计比代议制能更好地反映人民的呼声，并且这个平等的共和国可以比其他任何形式的政府更能抵御腐败和堕落。① 我们不难发现，这种设想也相当符合上文中托克维尔关于如何解决一般观念问题的看法。阿伦特吸收了杰斐逊的设想，进一步强化了委员会的重要意义。委员会为每一个参与到其中的人提供了"显现"的机会，不同人的不同观点在人们的思考和讨论中来回往复，不再是单一的理念而是多面的意见占据了人们的心灵。法在其中充当的是人与人之间的纽带，将人们联系起来，这样"其中具体的问题被敞开了，以便从所有方面、在一切可能的角度展示自身，直到它为人类理解的充分亮光所照亮并变得透明"②。人自身的显现，对意见的尊重，无不意味着阿伦特在古希腊城邦中苦心探寻的公共空间重新出现了，她在《论革命》中这样描述委员会制度：

> 从"初级共和国"中，委员会人接着就为下一个更高级的委员会选出了他们的委托人，这些委托人再由他的同侪来挑选，他们不受制于任何自上而下或者自下而上的压力。他们的头衔不依赖别的什么，而只依赖与之平等的人的信心，这种平等不是自然的，而是政治的，不是与生俱来的。一旦被选中并派往下一个更高级的委员会，委托人就会发现自己再度处于同侪之中。③

这种由多个层级的委员会组成的金字塔式的结构④被阿伦特视为一种全新的政治制度（另一种是极权主义），这种政治制度的权威是在金字塔的每一层中产生的。委员会对一致行动必须性的认识不是通过强制而是通过相互之间的实际行动产生的。高层委员会并不是代表着更大的权力，

---

① 〔美〕汉娜·阿伦特：《论革命》，陈周旺译，译林出版社，2011，第 234~238 页。
② Sandra K. Hinchman, "Common Sense & Political Barbarism in the Theory of Hannah Arendt", *Polity* 17, 2 (1984): 317 – 339.
③ 〔美〕汉娜·阿伦特：《论革命》，陈周旺译，译林出版社，2011，第 261 页。
④ 而暴政被视为一种抽空了中间层的顶部悬空的金字塔，极权主义被视为一种洋葱式的结构。参见〔美〕汉娜·阿伦特《过去与未来之间》，王寅丽、张立立译，译林出版社，2011，第 93~94 页。

而是仅仅代表着这样一个事实：高层委员会的决策要考虑到更广阔的区域。① 这种构建共同体的方式可谓十分特殊。在另一位共和主义者卢梭那里，情况就不尽相同了。《爱弥儿：论教育》一开篇，卢梭就讲了这样两个故事：斯巴达人佩达勒斯提出要参加三百人的会议但是遭到拒绝，于是他便因为有二百个人胜过他而倍感欣慰；一个斯巴达妇女的五个儿子都战死了，但是战斗取得了胜利，于是这位母亲便跑到庙中感谢神灵。卢梭在两个故事的末尾都以庄重的语气下了结论——这样的人就是公民。② 可见，在卢梭的共同体中，公民往往是一种"士兵"的形象。卢梭曾经批判狄德罗的社会是一个十足的怪物，认为"人种并不是社会，因为单有种类的相似并不能够产生真正的联合"③。这时卢梭和阿伦特的看法还存在一致性，但立刻就发生了分歧——在卢梭看来，为了构建一种真正的联系，每个人都需要把自己毫无保留地奉献给全体，对公益的服从是无条件的，只有这样，共同体才能让每个人都平等。阿伦特并不赞同这种方法，她认为，历史上，激发民族和国家的统一情感的总是外敌的出现，而卢梭却突破了历史的门槛，将所有的共同敌人放置在公民自己的内心中。在卢梭式的普遍意志中，每个人都成了他自己的刽子手，通过内心的斗争，所有人都变成了一个人，④ 这显然同人的复数性要求是不一致的，所带来的平等也令人怀疑。

委员会制度对实现阿伦特意义上的平等有诸多优势，可以粗略地将其做以下概括。首先，委员会制度体现了人的复数性，公共领域既不是由有着荣耀功绩的英雄组成的，也不是由单一的某种普遍意志主宰的，而是由平等且独一无二的个体的多样化的行为所组成的。⑤ 参加委员会的每个成员都能被听到、被看到，每个人都能显现自己，每个人都能在对公共事务的参与中形成自己的看法。每个人的意见都能够得到表达和聆

---

① John F. Sitton, "Hannah Arendt's Argument for Council Democracy", *Polity* 20, 1 (1987)：88.
② 〔法〕卢梭：《爱弥儿：论教育》（上卷），李平沤译，商务印书馆，1978，第10页。
③ 〔美〕乔治·萨拜因：《政治学说史》（下卷），邓正来译，上海人民出版社，2010，第271页。
④ 〔德〕沃尔夫冈·霍尔、贝恩德·海特尔、斯特凡妮·罗森穆勒主编《阿伦特手册——生平·著作·影响》，王旭、寇瑛译，社会科学文献出版社，2015，第347页。
⑤ Joel Olson, "The Revolutionary Spirit：Hannah Arendt and the Anarchists of the Spanish Civil War", *Polity* 29, 4 (1997)：469.

听，并在我们的讨论中得到澄清、修正或者被证明是错误的。① 不再是某种"哲学王"或者"公意"在引导着大众，这些真理往往对意见不予理睬，并总是试图把人们塑造成一个人。也不像代议制那样，通过一个所谓的多数人决议这种技术性的设计来干净利落地处理不同的意见，而这种行为同古代人依赖所谓神的启示并没有什么本质不同。正是通过对人的复数性的尊重，委员会制度得以在不同的人之间实现平等。

其次，委员会制度挽救了异化的政治。随着消费社会的发展，社会科学的"进步"，政治也开始变为技术化的行政管理，通过利益诱惑和暴力强制来操控人的行为越来越日常化。演变到极端就成了极权主义，极权主义相信"谁控制过去就控制未来，谁控制现在就控制过去"②。为了实现全面支配，编造各种谎言③便是必须的了，所有的一切都被围绕着政治需要加以修改和调整，以至于消灭一个人和创造一个人都如此轻而易举——只需开动官僚机器，生产或者销毁所需要的档案和资料即可。普通的个体面对这种支配关系只能毫无作为。而在委员会制度中，参与性被提高到极为重要的位置上，"委员会制度的权威既不是产生于顶端，也不是产生于底部，而是在金字塔的每一层中产生的"④，得益于这种结构，"协调平等与权威"这个现代政府最严重的问题也得以解决。政治真正实现了她的古老定义，将暴力和支配排除出去，成为平等的空间。

通过对委员会制度的构想，阿伦特找到了公共领域中平等这一消失已久的经验，那种在不同人之间，在周围都是公民之中，言说和行动、追求卓越的平等再度可以为复数的人感知到。阿伦特在《论革命》的结尾，借用索福克勒斯的戏剧台词，来赞美这一崭新的政治制度："不要出生的好处非言语若能形容，对于生命来说，迄今为止次好的，就是一

---

① 〔美〕汉娜·阿伦特：《共和的危机》，郑辟瑞译，上海人民出版社，2013，第179页。

② 〔英〕乔治·奥威尔：《一九八四》，董乐山译，上海译文出版社，2009，第40页。

③ 阿伦特专门针对美国越战决策文件撰写过《政治中的谎言》一文，对现代政治中的谎言进行了思考和批判：一方面，以意识形态为主导，罔顾政治事件及人行为的偶然性和不可预测性，不惜通过制造事件来配合理论，以维护理论的逻辑性和科学性；另一方面，民众渴望确定性而对不确定深怀恐惧，使得谎言比现实更有市场。参见〔美〕汉娜·阿伦特《政治中的谎言——反思五角大楼文件》，载〔美〕汉娜·阿伦特《共和的危机》，郑辟瑞译，上海人民出版社，2013，第3~36页。

④ 〔美〕汉娜·阿伦特：《论革命》，陈周旺译，译林出版社，2011，第261页。

旦出生，从哪里来，尽快回哪里去。"①

五　法哲学的现象学进路

（一）对平等的去遮

传统的政治理念往往预先在人的"生活世界"之上放置了一个参照物，而我们的任务就是比照这个参照物去"制作"人类世界。这个参照物要么来源于一个超人的存在，以至于物的存在成为一种"分有"；要么是一种神秘的历史性的连续性过程；要么来源于科学的力量，人在这里也不过是一个有待物化的对象。当强制性的力量借助征服自然这一"伟大"的活动扩展到征服人的本性之时，就好比古代的普洛克路斯忒斯（Procrustes）② 披上了现代的外衣——大批量制造"类人"的社会便出现了，私人领域和公共领域的毁坏进而成了不可避免的趋势。这种社会一方面把人变成了孤独的原子化的个体，一方面又将这种个体"制作"成庞大机器的渺小零件。颇为吊诡的是，现代政治却将这种既孤独又同质化的个体视为"平等的人"。

与这些学者蔑视甚至试图逃离"生活世界"的倾向不同，现象学强调回到事物本身去。但正如瓦尔特·本雅明（Walter Bendix Schoenflies Benjamin）所言，某种事物或者行为的性质和内涵越发重要，那么他所表现出来的特征就越难以被发现，对其进行观察就越难以得到结论。③ 为此阿伦特不惜采用将我们已经形成或者可能形成的标准答案重新问题化（problematisation）的方式来达成去遮。这种既不依赖任何既定的理论架构或者政治立场，也不依赖某种人性论或者形而上学设定的无凭借地思考（thinking without banisters）之方法正是现象学所强调的悬搁。只有通过悬搁，不受种种预设的干扰，使自然意向中立化，才能发现本真的平等。阿伦特认为，我们处在一个过去不再照亮未来的时代，传统和过去

---

① Hanna Arendt, *On Revolution* (Penguin, 1990), p. 281.
② 希腊神话中的强盗，传说他总是将人放在一张铁床上，超出的部分就砍掉，短的部分就拉长。
③ Walter Benjamin, *One-Way Street and Other writings* (Penguin, 2009), pp. 100 – 101.

面对现代的家政社会是无力的，"传统之线已经断开，而且我们已经无从更新它"①。未来也不再是某种开端（a beginning），有的只是世界的无穷"进步"和永恒的生物性循环过程，只有跳出进步和循环的"神圣"框架，我们才有可能重新理解人。人们，而不是人，生活和栖息在这个世界上。这个最为基本和简单的情态却道出了一个"隐秘"的事实，即人的复数性。

复数性之所以被遮蔽和遗忘是因为人们在自然的强制和从其中生长出来的家政的重压之下变成了单数的人，传统的理念不仅不警惕这种单数化的倾向，反而误以为这样的人是平等人。以至于人成了"只关心存蓄和享乐的工于计算的野兽，或用尼采的话说，堕落成为最后的人（the last man）"②。当极权主义将人变成同质化的奴隶，进而开始毁灭人本身之时，这一被遗忘的复数性才显得弥足珍贵。不同于某种外在权威或者神秘来源，这种复数性的生活和栖息是一种"绝对的被给予性"。这意味着人的复数性不是一种预设，被给予的关系是发生在人自身之中。"如果人仅仅是同一个模子无休止的复制和重复，以至于所有人都是相同的和可预见的"③，那么我们就很难将人和无机物区分开来。虽然动物也有某种异于他者的品质，但动物的存在方式不外乎"身体的显现"，唯有人才能超越单纯的生物性本能如饥渴、恐惧等，交流差异进而将自己和他人区分开来，而言说与行动正是人（人之作为人，而不是物理性的对象）显现的方式。④ 人之复数性的重新发现自然会引发人们重新思考意见的重要性，在阿伦特的理论中，意见与复数性可以说是一体两面的关系，没有复数性的人的生活和栖息，就不可能有来自不同视域的意见；复数性的意见如果只是被视为一种虚假之物，复数性的人势必会被转换成同质化的人。为了阐明意见的价值，阿伦特加入了现象学破坏形而上学的运动，甚至将形而上学的体系完全颠倒过来，"需要研究的问题不是某种所谓的

---

① Hannah Arendt, *The Life of the Mind-Thinking* (Mariner Books, 1981), p. 212, 转引自〔美〕汉娜·阿伦特《马克思与西方政治思想传统》，孙传钊译，江苏人民出版社，2008，第 127～129 页。

② 〔美〕列奥·施特劳斯、约瑟夫·克罗波西主编《政治哲学史》（第三版），李洪润等译，法律出版社，2009，第 887 页。

③ 〔美〕汉娜·阿伦特：《人的境况》，王寅丽译，上海人民出版社，2009，第 2 页。

④ 〔美〕汉娜·阿伦特：《人的境况》，王寅丽译，上海人民出版社，2009，第 138 页。

抽象本质，而是事物如何显现……正因为我们生活在一个显现的世界上，所以我们这个世界上最重要的东西和有意义的东西应该在于外表"①。对意见的强调并非意味着阿伦特为多样性而放弃了同一性，在她看来，根本原因在于人们的位置是不同的，世界向处在不同位置的人展现了不同的面貌，意见并非个人的幻想和随心所欲，更不是放之四海而皆准的东西，而是表述据其所见（dokei moi）者的某种程式。② 阿伦特对意见的理解带有浓重的现象学色彩，这种据其所见的方式颇为类似于现象学在阐明多样和同一的关系时使用的立方体的例子：一个立方体有多个侧面，在一个特定的时空中，人只能观察到立方体的一个侧面，而其他侧面是"缺席的"，唯有改变当前的视域，更多的侧面才可能呈现。"当我绕着立方体走动时，或者用手转动立方体时，外形的连续流就由属于这个单个的立方体而被统一起来。"③ 立方体的同一性正是在这个意义上被我们认识的，也就是说意向活动直接参与着意向对象的构成。通过处在不同位置上持有不同意见人们的言说和行动，我们获得了"扩展的智性"，进而拥有了判断的能力。思想之所以可能是正确的，就在于我们和"那些我们与之交流的思想，而他们也向我们交流思想的人，一起共同生活"④。相比之下，洞穴中人们的日常行为似乎只是观看，言说和行动皆不存在，人类事务只不过是一些虚假的影像，哲学王依靠一种源于人类事务之外的理念统御着洞内"无言"的人们。唯有人们脱离了"真理的暴政"（the tyranny of truth），持有意见的复数性人的形象才可能明晰起来，也只有在言说和行动展开的空间即公共领域之中，人才会被视为平等的人，公共领域的合法性就在于此。

---

① Hannah Arendt，*The Life of the Mind-Thinking*（Mariner Books，1981），pp. 27 – 28.

② Hannah Arendt，"Philosophy and Politics"，*Social research* 71，3（2004）：43. 这里我们也可以发现海德格尔和梅洛庞蒂思想中的相对性对阿伦特的影响，从这个意义上讲，Seyla Benhabib 把阿伦特称为"不情愿的现代主义者"（reluctant modernist）颇有合理之处。参见 Seyla Benhabib，*The Reluctant Modernism of Hannah Arendt*（Lanham MD：Rowman & Littlefield Publishers，2003）。

③ 〔美〕罗伯特·索科拉夫斯基：《现象学导论》，高秉江、张建华译，武汉大学出版社，2009，第 19 页。

④ 〔美〕汉娜·阿伦特：《过去与未来之间》，王寅丽、张立立译，译林出版社，2011，第 218、225 页。

（二）法——在 nomos 与 lex 之间

阿伦特这种向人自身的转向表明，"人类的知识并不是一种与人分离开的代理智能的产物，而是能够说出'我'并且能够为自己的言行承担责任的某个人的成就和所有物"①。人虽然不是莎士比亚笔下高贵的天神，但也不是齐一的兽群。政治的运行必须契合人的本性，人类的事务中必然存在比纯粹满足更高的层面，基于技术而建构的行政化的政治、无人统治的官僚制并不能代替持有意见的复数性的人。正是这种不把人设定为机械的接受者，而视为一种创造性的力量的看法使得阿伦特将强力、支配这些概念排除在公共领域之外。那么，保障复数性人的平等，维护公共领域的法应当以何种形象存在呢？

法在阿伦特笔下有两种类型，即"nomos"与"lex"。据阿伦特的考察，"nomos"是希腊指法律的词，源于"nemein"，意思是分有和定居，法律作为木墙的形象清楚地体现在赫拉克利特的残篇之中："人们应当为法律而战，正如为围墙而战。"② 而罗马指法的词"lex"则有着完全不同的含义：它表示人与人之间的一种正式关系，而非把人们和他人分开的围墙。③ 这两种形态并非一种思想上的断裂或者跳跃，而是充分展现了阿伦特的现象学思维方式，即在不同"位置"（时间与空间）上据其所见对法的理解。这种理解正展现了现象学对法哲学的一种独特影响，即"以事物的本质直观来更新法律"。④ 在《人的境况》一书中，阿伦特思考的焦点是生活领域和人类活动的划分，因而法是作为一种界线而出现的。对希腊人而言，法同时决定了城邦的内在方面和外在方面。在城邦之内，法划分了不同领域的边界，就如同财产护卫着私人领域那样，法护卫着

---

① 〔美〕罗伯特·索科拉夫斯基：《现象学导论》，高秉江、张建华译，武汉大学出版社，2009，第 200 页。

② 〔古希腊〕赫拉克利特：《赫拉克利特著作残篇》，〔加〕罗宾森英译、楚荷中译，广西师范大学出版社，2007，第 58 页。

③ 〔美〕汉娜·阿伦特：《人的境况》，王寅丽译，上海人民出版社，2009，第 58 页。

④ 据阿图尔·考夫曼考察，以现象学革新法哲学有三条路径，除了本文提及的一个方向之外，还有先验的法律学说和事情的逻辑结构。参见〔德〕阿图尔·考夫曼、温弗里德·哈斯默主编《当代法哲学和法律理论导论》，郑永流译，法律出版社，2013，第 123～125 页。

公共领域；在城邦之外，法又界分了不同的城邦。① 这也解释了希腊人为何将立法视为一种前政治的行动："立法者就像城墙的建造者一样，属于在政治活动开始之前就必须做完他们工作的人。"② 法不是行动的产物而是一种制作的产物，法为人们的言说与行动确定了明确的空间，这个空间就是城邦的公共领域，它的结构就是法律。到了《论革命》中，阿伦特将思考的焦点转移到公共领域本身上去，法在公共领域之中起的是一种纽带作用，或者用孟德斯鸠的话来讲，"法是事物本性的必然关系（rapport）"③。与希腊的"nomos"不同，罗马的"lex"与建城并不是同步的，立法不是一种前政治的行为而是一种最具有政治性的行为。在这里，法律被视为"将两种事物或者是被外部形势弄在一起的两名伙伴联系起来的东西"④。《十二铜表法》就展现了这一特点，它调和了平民与贵族矛盾，进而在两者之间建立了一种同盟，整个罗马就是建立在这种同盟体系之上的。阿伦特认为，将法视为一种建立在纯粹强力上的支配会陷入"流俗的两难境地——要么法律是绝对有效的，因而为了它的正当性需要一位不朽、神圣的立法者，要么法律只是国家垄断的暴力命令——是一个幻象"⑤。无论是"nomos"还是"lex"，都不是一种试图将人们压缩成单数人的强力，而是对复数性人之界限的规定和其之间关系的描述，人的能力并不是被神或者自然那样的东西所限制，而是被与自己同等的人所制约。正是基于法的这种特性，公共空间才得以建立和维系，也正是在拥有平等权利的成员活动和共同生活的经验基础之上，法才得以运行。

结　语

自由主义者往往持有自然平等的观念。但阿伦特指出，这种自然的平等没有任何实际意义，因为对于不从属于任何共同体的人来说，其平

---

① Marco Goldoni and Christopher McCorkindale, *Hannah Arendt and the Law* (Hart Publishing, 2012), p. 21.

② 〔美〕汉娜·阿伦特：《人的境况》，王寅丽译，上海人民出版社，2009，第152～153页。

③ 〔法〕孟德斯鸠：《论法的精神》（上卷），许明龙译，商务印书馆，2012，第9页。

④ 〔美〕汉娜·阿伦特：《论革命》，陈周旺译，译林出版社，2011，第174页。

⑤ 〔美〕汉娜·阿伦特：《共和的危机》，郑辟瑞译，上海人民出版社，2013，第148页。

等根本无法得到任何有效的保障，甚至生命本身都可能遭到毁灭。自由主义者鼓吹自由市场，但生产—消费的循环却将人带入了自我吞噬的深渊，并剥夺了人的复数性。左派鼓吹政府干预甚至用革命的手段去实现平等，但阿伦特却警告用政治手段去解决社会问题既过时又危险。在她看来，这些此起彼伏的主义之间的差别与这样一个事实相比显得无关紧要："他们共有一个'社会'视野，据此认为政治的关键就是促进生产和消费活动，即生命过程。"① 这种看法使阿伦特在知识领域显得十分孤独。当然，思想派别的斗争并没有什么实质性的价值，其中的问题才是我们应当关注的。近代以来，人们一直在做的一个努力就是试图将人提高到神的地位，把需求的满足看作是不容置疑的，以为这样就可以带来平等，但现实却是人有堕落为野兽的危险。人人平等这一激动人心的口号离我们越来越远，那么对平等的渴望是不是就一定无法实现呢？

平等是有着丰富内涵的理念，在诸多平等诉求之中，阿伦特最为看重的是政治平等（或者说公共领域的平等）。在阿伦特的眼中，社会和经济的问题不应当成为政治的议题，因为它们都是有着确定解决方式的问题。其背后是一种强制性的力量，这种力量综合了自然的要求和理论的正当性，比任何暴君的力量都更为完美和可怕，毫无疑问，我们应当对这种强制性的力量分外小心，因为它会将人变得像兽群那样齐一。正如乔·萨托利所言，平等有着两副不同的面孔，一方面，平等包含着相同性概念，另一方面，平等又包含着公正。前者看重的是单数性的平等，后者看重的是复数性的平等。② 显然，阿伦特选择的是复数性的平等。在她看来，单数性的平等意味着奴役。自从家政被从私人领域释放出来以后，一种强制性的力量就渗透到人类活动的各个方面去了，市场经济成为塑造同一性的最好场所，政治则为经济服务，两者"齐心协力"共同为社会这台机器将人打造成零部件，而社会科学则不断地为这种行为提供合法性论证。在这种状态下，"公民"、"消费者"和"纳税人"这几个词的区别就消失了，甚至可以等同地使用。作为对极权主义有着切身体验并侥

---

① 〔英〕玛格丽特·卡诺凡：《阿伦特政治思想再释》，陈高华译，人民出版社，2012，第121页。

② 〔美〕乔·萨托利：《民主新论》，冯克利、阎克文译，东方出版社，1998，第380～384页。

幸逃脱其吞噬的学者，阿伦特觉察到了这种场景和极权主义之间的危险联系，被压制的整齐划一的人是极权主义的最好土壤。面对这种困境，阿伦特从古希腊城邦那里发掘出了两个领域的划分，并从公共领域之中看到了复数性人存在的希望，因此着力阐述公共领域的概念。为了避免强制性的力量，阿伦特不惜将经济、支配这些因素都排除在外，构建了一个纯之又纯的政治概念。在这个领域中，人不再被强制性的力量所主导，个体的存在得以显现，意见也不再被视为一种干扰。长期以来，人类历史在不同统治意志和来世理念的冲突下变成了一条鲜血之河，在阿伦特这里，我们隐约地看到了终结这条恐怖之河的可能。在公共领域的空间内，单一的解答不再作为标准，政治问题不仅是选择的问题，更充满了某种新的可能性。① 阿伦特如此看重复数性，以至于她对社会和经济问题都产生了一些看起来不那么"常规"的看法。虽然她也认识到了经济的不平等，但她认为这些不平等有相应的解决途径，并且公共领域中的平等并不以经济的平等为条件，追求公共领域的平等更不应该沦为某种社会的均质化。如果说现代人的平等理论看重的是分配和占有，那么阿伦特的平等更看重的就是责任。但是至于人是否都同意去承担责任，阿伦特就不那么肯定了，很难说每个人都像阿伦特那样，能够"无凭借地思考"（thinking without banister），面对这个困境，再加上阿伦特旁听了以色列对艾希曼的审判，艾希曼的无思想（thought lessness）对阿伦特产生了极大的震撼，于是她晚年便将研究的重心转移到人的精神生活上去了，她试图探究思维、意志和判断这些思想的意义，因此缺乏公共领域具体的制度问题方面的思考。

阿伦特对公共领域平等的思考是极有价值的，虽然她的理论中存在着一些不足，但这并不妨碍我们对其进行有益的借鉴。西方在一些问题上得到的经验对于一直在推进现代化进程的中国来说是极其宝贵的。回望过去，新中国在追求平等上可以说走过了一条极为艰辛的道路，在当下的中国，要想推进平等，无疑需要采取一种兼容并包的态度，学习各

---

① 阿伦特曾提出了这样的问题：要么，我们赞同黑格尔的观点，认为世界历史就是世界精神，把用成功来做最终的判断。要么赞同康德，认为人有精神上的自主性和人之独立性与创生性。显然，阿伦特赞同了康德的看法。参见 Hannah Arendt, *The Life of the Mind- Thinking*（Mariner Books, 1981），p. 216。

家学派的知识。就像阿伦特一直在学习本雅明那样，以一种"深海采珠人"的姿态去获取思想的结晶，以对平等这个备受遮蔽的概念做出更为深刻的理解。唯有这样，才能直面托克维尔在一百七十多年前提出的警告："平等将导致奴役还是导致自由，导致文明还是导致野蛮，导致繁荣还是导致贫困，这就全靠各国自己了。"①

Man in the Public Realm

—Research on Arendt's Equality

Cheng Long

Abstract: Arendt divided human activities into three realms, namely, public realm, social realm and private realm. The legitimacy of the equality was limited to the public realm, while other realms were filled with homogenous tendency, which made people become a kind of animal economic, or one-dimensional man in the words of Marcuse. In Arendt's opinion, it is the plurality of man that guarantees the existence of the public realm, which is equal space, and the equality is worldly, rather than "naturally". So it is different from the equality in Christianity, and the equality of liberalism. By contract, private realm is mandatory space, in which people are driven by their wants and needs, and are always at the mercy of necessity. Social realm is the expansion product of oikia; demand and conformism become the reason of union of people, and what occupy the realm is the "rhythm of life" —production and consumption. Thus, man is like puppets. After the plurality is expelled, the boundary between public realm and private realm collapses. Arendt's idea of equality stems from her phenomenology thinking method, and the equality of plurality is the result of re-understanding people through the thinking without banister. However, there are still some shortcomings in Arendt's theory, such as limitations in the definition of

① 〔法〕托克维尔：《论美国的民主》（下卷），董果良译，商务印书馆，1989，第965页。

public realm, and the conception of the council system. In general, her mind still has important reference significance for the China to construct the society equality at present.

Keywords: Arendt; Public Realm; Pluralism of "People"

图书在版编目（CIP）数据

经典中的法理. 第八卷 / 付子堂主编. -- 北京：
社会科学文献出版社，2021.12
ISBN 978 - 7 - 5201 - 9014 - 5

Ⅰ.①经…　Ⅱ.①付…　Ⅲ.①法理学 - 文集　Ⅳ.
①D90 - 53

中国版本图书馆 CIP 数据核字（2021）第 184264 号

经典中的法理（第八卷）

主　　编／付子堂
副 主 编／胡兴建

出 版 人／王利民
组稿编辑／李　晨
责任编辑／高　媛　单远举
责任印制／王京美

出　　版／社会科学文献出版社·政法传媒分社（010）59367156
　　　　　地址：北京市北三环中路甲 29 号院华龙大厦　邮编：100029
　　　　　网址：www.ssap.com.cn
发　　行／市场营销中心（010）59367081　59367083
印　　装／三河市尚艺印装有限公司

规　　格／开本：787mm × 1092mm　1/16
　　　　　印张：20　字数：313 千字
版　　次／2021 年 12 月第 1 版　2021 年 12 月第 1 次印刷
书　　号／ISBN 978 - 7 - 5201 - 9014 - 5
定　　价／89.00 元

本书如有印装质量问题，请与读者服务中心（010 - 59367028）联系